襄博文库之一

襄阳考古探研

王先福 著

科学出版社

北京

内 容 简 介

本书是作者在襄阳从事25年考古研究工作的阶段性成果，主要通过考古调查、发掘资料等，从雕龙碑文化遗存，楚文化，秦墓，三国、明代考古学遗存，历史地理，器物学六个方面展开了对襄阳地区考古学文化的探索与研究。所研究对象的时代跨度较大，上起新石器时代，下至明代，重点是两周时期的楚文化及其相关问题。本书为楚文化的区域性研究和襄阳地域历史文化研究提供了相关资料。

本书可供从事考古、历史、地理及襄阳地方历史文化等方面研究的专家学者、高校相关专业的师生阅读、参考。

图书在版编目（CIP）数据

襄阳考古探研/王先福著.—北京：科学出版社，2016.12
（襄博文库之一）
ISBN 978-7-03-051052-5

Ⅰ.①襄⋯ Ⅱ.①王⋯ Ⅲ.①考古–研究–襄阳 Ⅳ.①K872.633

中国版本图书馆CIP数据核字（2016）第302317号

责任编辑：王光明 / 责任校对：彭 涛
责任印制：肖 兴 / 封面设计：美光设计

科学出版社 出版
北京东黄城根北街16号
邮政编码：100717
http://www.sciencep.com

中国科学院印刷厂 印刷
科学出版社发行 各地新华书店经销

*

2016年12月第 一 版　开本：787×1092　1/16
2016年12月第一次印刷　印张：16 1/4
字数：385 000

定价：180.00元
（如有印装质量问题，我社负责调换）

作者简介

王先福，1968年10月生，湖北云梦人。1990年7月武汉大学历史系考古专业毕业，本科学历，历史学学士。现任襄阳市博物馆（考古所）馆（所）长、文博研究馆员（三级）。是中国博物馆协会理事，湘鄂豫皖楚文化研究会理事，湖北省博物馆协会常务理事，襄阳市政协文史研究会常务理事，襄阳市三国历史文化学会副会长兼秘书长，襄阳市楚国历史文化学会常务理事、顾问，襄阳市炎黄文化研究会理事，襄阳市荆楚文化研究会理事，襄阳市文化襄阳研究会理事，襄阳市诸葛亮研究会理事；是襄阳市社会科学联合会第四届委员会学术委员、第五届委员会委员，襄阳市规划咨询委员会委员，襄阳市地名委员会委员，襄阳市史志办《史话襄阳》顾问；是首届襄阳"隆中文化名家"。合作出版和发表《襄樊市文物史迹普查实录》《襄阳黄家村》等专著10部，《周代邓国地望考》等论文33篇，《湖北襄阳楚王城西周城址调查简报》等考古学简报、报告26篇。

序

1975年4月28日，襄阳市博物馆正式成立，2006年、2010年分别加挂"襄阳市文物考古研究所""襄阳市文物修复中心"牌子。

从成立时起，襄阳市博物馆就承担着襄阳地区文物征集、保管和考古调查、勘探、发掘的任务，之后陆续成为文物修复保护的省级中心和文物陈列展览、社会服务、科学研究的市域中心。形成博物馆、考古、文物保护三大业务主体，在湖北全省占有重要地位。

博物馆馆舍从无到有，博物馆事业从小到大。从没有陈列展览到年均1个基本陈列、4个临时陈列和1个外展，宣传教育的范围越来越广，社会服务的形式越来越多样，社会效益的发挥也越来越好。

考古工作从开始主要配合湖北省博物馆、考古所在襄阳的零星发掘，到受其委托、接受指导完成小型发掘项目，再到独立完成大型发掘项目；从最初的年均不到一个项目，到现在的年均数十个项目；从仅在襄阳城区开展工作，到走出去承担三峡、南水北调等大型建设的考古项目；收入从零到近千万元。可以说，襄阳市博物馆（考古所）的整个考古工作经历了很"华丽的转身"，成为全省乃至全国本行业的翘楚。

文物保护工作起步最晚，但发展最快。从2004年设立青铜器修复室开始修复本馆馆藏的青铜器，到现在青铜器修复复制业务延伸到市外乃至省外，年均承担青铜器修复复制项目4个、修复数量达到200件以上，并参与国家级专家组的文物保护活动，场所、设备不断完善，业务水平不断提高，成为湖北省青铜器修复的主力军。

与上述工作相适应的是，襄阳市博物馆非常重视专业人才队伍的建设，相继在博物馆、考古、文物保护方面培养出了一批专业人才，形成了一支业务精干的专业队伍，先后编辑出版了10余部文物普查报告、考古报告、考古文集、展览图录、珍品介绍等专著，在各类专业文博杂志和国内国际各种学术会议交流、发表专业论文与考古学简报、报告等百余篇，在全省学术界形成了一定影响。

为总结襄阳市博物馆学者的研究成果，襄阳市博物馆决定从成立40周年之时起启动《襄博文库》的编辑出版工作，根据学者成果的总量分批次出版。

王先福
2015年11月16日

目　　录

壹　雕龙碑文化遗存研究

　　枣阳雕龙碑遗址发掘考证 …………………………………………………（2）

　　雕龙碑文化遗存文明曙光的渐进 …………………………………………（4）

贰　楚文化研究

　　襄阳邓城区域楚陶器墓综述 ………………………………………………（12）

　　襄樊邓城区域两周遗存文化属性分析 ……………………………………（29）

　　楚文化在宜城平原发展的考古学观察 ……………………………………（41）

　　襄樊邓城区域楚墓地考析 …………………………………………………（48）

　　襄阳地区在早期楚文化研究中的地位 ……………………………………（60）

　　襄阳邓文化遗存的楚文化因素考察 ………………………………………（69）

　　襄阳楚王城或为楚熊渠所封鄂王城初考 …………………………………（77）

叁　秦墓研究

　　襄阳秦墓初探 ………………………………………………………………（82）

　　襄樊秦墓楚文化因素的初步考察 …………………………………………（96）

肆　三国、明代考古学遗存研究

　　襄樊三国时段地下遗存 ……………………………………………………（106）

　　明代襄藩王室墓葬的发现与研究 …………………………………………（115）

伍　历史地理研究

　　周代邓国地望考 ……………………………………………………………（136）

　　古代襄樊城市变迁进程的初步研究 ………………………………………（147）

　　襄阳地区汉代南阳郡属县治所初考 ………………………………………（162）

陆　器物学研究

襄随地区两周遗址出土陶鬲分析 …………………………………………（174）

九连墩一号楚墓人甲的复原与初步认识 ……………………………………（185）

襄宜地区西周遗存出土陶器的初步研究 ……………………………………（194）

随枣走廊两周遗址典型陶器的分期 …………………………………………（203）

襄樊余岗墓地楚式青铜礼器分期研究 ………………………………………（219）

枣阳九连墩二号楚墓马勒的复原研究 ………………………………………（239）

作者著述列表…………………………………………………………………（245）

后记……………………………………………………………………………（251）

壹 雕龙碑文化遗存研究

枣阳雕龙碑遗址发掘考证

1990年5~6月、10~12月，1991年10~12月，中国社会科学院考古研究所湖北工作队主持对湖北枣阳雕龙碑新石器时代遗址先后发掘了三次，发掘面积近900平方米，发掘点集中于东北角、东南角及中部。共发现房址14座、窖穴（或称灰坑）53个、成人土坑墓60座、婴儿瓮棺葬43座，出土了一批生产工具和生活用具，计有石器、陶器、骨器等数百件。

雕龙碑遗址位于枣阳市鹿头镇北3千米的沙河和小黄河交汇的台地上，现存面积约3万平方米，文化堆积一般厚2米左右，其上部的晚期遗存因平整土地而遭破坏。

该遗存内涵十分丰富，这三次发掘使其逐步得到充实地展示，为研究雕龙碑遗址的文化性质、经济发展和社会形态等提供了丰富的实物资料。

一 房屋建筑

该遗址房址共有三种不同类型。一是半地穴式，一般为以两个椭圆形浅坑并列挖成的简易房址，两坑内及东坑的外部地面均为经烧烤的粗糙硬面，坑内及坑边有柱洞。二是单间或双间的地面建筑，平面有方形和长方形两种；建墙不挖基槽，系夹长方形木骨垛草拌泥而成，墙及室内居住面普遍烧成红烧土，有的尚存大体呈方形的灶址。三是圆形单间或长方形三至四间的地面建筑，墙挖基槽，有的垫红烧碎土块，居住面及墙均经烧烤。这三类房址从简单到复杂的演化和发展体现了该遗址房屋建筑技术的进化和发展，恰好代表了该文化的三个不同时期中房屋建筑的特征和风格。

二 窖穴（或灰坑）

所发现的窖穴（或灰坑）多集中于房屋附近，也有少数设于房内。一般作为窖穴储存实物、蔬菜或粮食等，或作灰坑倾倒垃圾用，有些本身就是窖穴废弃后用作垃圾坑的。其形状有圆形、椭圆形、不规则形等多种，大小、深浅不一。坑内除有大量的灰烬、兽骨、鱼骨、果核、稻壳等外，还有一些碎陶片及被废弃的石、陶质生产工具和生活用具，以及一些陶、骨质装饰品、乐器等。

三 成人土坑墓和婴儿瓮棺葬

成人土坑墓皆为长方形竖穴,规模不大,人骨一般保存较好,头向除个别东北向外,大多西北向,竖排成行且有规律。还有一具断肢葬及一具断身葬。许多墓在死者身旁随葬有数量多寡不一的猪头盖骨,个别墓中也有一两件陶器。多数无棺,少数为木棺。

婴儿瓮棺葬所用葬具皆为当时使用的陶容器,种类有瓮、罐、缸、鼎、盆等。所用器物大小不一,依据婴儿形体大小而选用;有使用一件的,为初生婴儿,葬具竖放,上用一盘封口;两件的则口对口扣合横放;少数较大婴儿则使用三件陶器相连接而葬。器物有完整的,也有残破的,破处则用陶片补上,其排列方向同成人土坑墓基本相同,且有同样规律。

四 出土文物

遗址出土遗物为石、骨、陶质器具,主要可分两大类:生产工具和生活用具。生产工具石质有斧、锛、凿、刀和镰等,陶质有纺轮、拍、球、弹丸等,骨质有箭头、锥、针等。生活用具主要是陶容器,有鼎、罐、缸、瓮、盘、杯、碗、瓶等。此外,还有石珠、陶鸟等饰品及陶埙、陶铃等乐器。

出土遗物数量多,质地有别,颜色不同,形制千姿百态,最能反映一个文化或遗址的文化面貌,代表它们的风格。由此处所出遗物可以看出,该遗址有自己独特的文化风格,也有外来文化的影响,不断融合,不断发展,创造了具有本遗址文化特征的大批器物。

五 结 语

据地层叠压关系及出土遗物的形制特征,雕龙碑遗址新石器时代文化可分为早、中、晚三期,即雕龙碑文化一期、二期、三期。据^{14}C测定,其绝对年代分别为距今6600年、距今5500年及距今5000年。该遗址为襄樊地区所发掘遗址中时代最早、规模也较大的遗址,将该地区文化发展的时代向前推进了许多年。

该文化前后延续达千余年之久,在漫长的发展过程中,除不断提高本部落原有的传统文化外,还不断吸取邻近地区乃至较远地区的其他原始文化之长,补己之短。而且该地处于古代南北交通要冲,正是南北文化接壤地带,文化交流十分频繁,从而使本族文化得到迅速发展。该遗址的发掘对研究长江流域、黄河流域交汇地带新石器时代文化具有重大意义。

(原载《襄樊社科研究》1992年第3期)

雕龙碑文化遗存文明曙光的渐进

什么是"文明"？怎样从考古学文化层面界定"文明"？即使是在不断的考古新发现逐步清晰地揭示"文明"内涵的今天，学术界仍然有着不同的看法。尽管如此，夏朝的建立作为中国古代文明形成的标志却已成为中国学术界的共识。在考古学上与其相对应的典型遗址即是河南偃师二里头遗址[1]，40多年来的发掘表明，该遗址存在大型宫殿建筑，祭祀建筑，冶铜作坊，随葬铜、玉器的大、中型墓葬，以及用于礼仪活动的玉器，带"刻划符号"的陶器，等等，显示出其作为都城性质的中心聚落的特征。在社会形态上已经进入到等级分明的阶级社会，国家已经产生。恩格斯指出，"文明时代的基础是一个阶级对另一个阶级的剥削"，而"国家是文明社会的概括"，即国家是文明形成的根本标志。换言之，所谓"文明"，在社会形态上应该是指一个氏族制度已然解体从而进入有了国家组织的阶级社会的一个社会发展阶段，其社会生产力水平、社会生产关系状况、社会经济形态、社会分工、社会阶层、社会性质等衡量社会发展状况的几种重要因素即文明社会因素都达到了一个较高的层次。根据二里头文化遗存的发掘情况，"文明"的形成表现在物质文化上有一系列的特征，主要有以宫室、宗庙等大型建筑群为核心兼具多种功能的都城或大型中心聚落的建立，金属冶铸业兴盛带来的金属礼器、兵器或者玉质礼器的广泛应用，数量较多的文字或刻划符号在社会生活中的出现，高下等级居住区和墓地的存在，等等，这些实际上是文明在考古学文化上的基本物化形式。

社会发展到这一阶段，应该算真正成熟的文明，已属于比一般复杂社会更高级的一类社会形态，国家已经产生。而国家的产生或者说文明的形成并非一蹴而就，它应经历了一个从孕育到萌芽、初生再到形成的漫长历程，即文明化进程，它是文明诸社会因素整体发展到一定阶段的产物。文明社会因素属于社会形态方面的范畴，它们之间是彼此联系、互有因果、不可分割的。它们在发展的不同阶段对应着不同的考古学文化特征，或者说其物化形式各有差异。当然，由于自然地理环境的不同，文明社会因素的物化形式也会有所不同，并不是文明形成后就必须全部具备以上特征，也不能简单地把仅具备了其中一两种特征者就看成是文明的形成。

我们不妨沿着夏文化的源往上追溯，就可窥见中国古代文明的形成不仅有一个长期的过程，而且有着多个源头，其特征也不完全相同，但它们都没有跳出文明在考古学上的基本物化形式的范畴，只是这种形式的多少和内涵有别。在洞庭湖区，发现了距今约6000年的湖南澧县城头山大溪文化一期古城址，城内有较大的制陶作坊和不规则椭圆形夯土大祭坛[2]；在辽河流域，发现了独立的大型礼仪建筑，有辽宁喀左东山嘴大型石砌祭坛遗址和牛河梁红山文化"女神庙"及积石冢群遗址[3]；在环太湖地区，良渚文化极为兴盛，发现了大型礼仪性建筑、高台祭坛、高等级墓葬，出土了大量精美的玉礼器[4]；在江汉平原，稍早的有多座屈家岭文化城址，晚一点儿的有目前发现的我国史前时期面积最大的天门石家河城址及大型聚落群，出土了一批小巧的玉器和陶塑动物[5]；更突出的是，在中原地区发现了发展脉络清晰的仰韶文化、龙山文化大型聚落，特别是到龙山时代，城址的数量增多，城内有大型建筑基址，并出土了一些残铜块、铜器，表明人们已掌握了一定的冶铜技术，有较多的陶片上出现了"刻划符号"[6]。如此等等，不一而足。这些考古资料使我们能大致了解新石器时代中晚期尤其是夏文明产生前夕社会的政治、经济、上层建筑、意识形态或者说社会生产力水平、社会生产关系状况、社会经济形态、社会分工、社会阶层、社会性质等状况，毫无疑问，这些发达的各区域文化开始相继步入到高一级的社会。正如苏秉琦先生所指出的那样："这些考古发现已远远不是原始氏族制度所能涵盖解释的内容，已有突破氏族制度的新概念出现，说明中国早在五千年前已经产生了植根于公社又凌驾于公社之上的高一级的社会组织形式，这一发现把中华文明史提前了一千年。""中华大地文明火花，真如满天星斗，星星之火已成燎原之势。"[7]他们在自身的发展过程中不断积累文明的因子，逐步向文明社会迈进，其间也有着不同的结果。其时即新石器时代中晚期正是中国古代多元一体文明化进程不可或缺的重要环节。雕龙碑遗址的氏族聚落也正是在同一时期同一背景下兴起的，也经历了一个从孕育到萌芽的文明化进程。

雕龙碑遗址位于湖北省枣阳市鹿头镇武庄村南沙河、小黄河两条小河交汇处的台地上。该地在随枣走廊北端，西与南阳盆地、襄宜平原相接，东、北虽然分别被大别山、桐柏山所阻，但有襄（阳）南（阳）走廊与中原地区相通，南则通过荆襄古道直下江汉平原，自古以来就是南北交通要道，加上适宜的土壤、气候条件，使得这里既很早就成为人类繁衍生息的理想之地，又可同时接受来自四面八方先进文化的影响，对文明的孕育和形成有着得天独厚的条件，以上各文化的文明化进程莫不与这种优越的自然条件有关。

雕龙碑遗址于1957年文物普查时被发现，面积约5万平方米，1990年试掘，1990~1992年先后四次由中国社会科学院考古研究所主持进行正式发掘[8]，发掘面积约1500平方米。现存文化层堆积厚2.5~3米。共发现建筑房址21座，其中有一座圆形祭祀建筑；墓葬196座，其中土坑墓133座、瓮棺葬63座，大多分葬于两个不同的氏族公共墓地；并有动物葬36座、灰坑窖穴75座。出土石、骨、陶制生产工具和生活用具3000余件。经发掘的文化遗存分早、中、晚三期，据^{14}C测定，其绝对年代距今6300年（上限）~距今4800年（下限），相当于我国新石器时代中期后段至晚期前段，也正是中国古代文明由孕育到萌芽的关键时期。

雕龙碑文化遗存早期处于刚刚建立村落和发展的初期，聚落面积不大，堆积不厚。聚落内居住区与墓葬区已然分开。房屋建筑规模不大，一般不超过10平方米，为小型单、双室半地穴式建筑，均为居住性房屋，建筑布局可能比较严谨，建筑结构简单，建筑材料较为单一，主要利用自然生土和木料，施工方法多凭经验而作，并已懂得用火烧烤墙壁和居住面、门道，以达到坚固、防潮的目的，未发现灶坑，适于单人即女性或双人即母子居住。灰坑窖穴挖在房屋建筑附近，面积也不大，或为储藏室，或为垃圾坑，是房屋建筑的附属设施。墓葬仅发现成人土坑墓，集中葬于居住区西北的一个公共墓地，分布密集且排列有序，墓坑规模小，仅容单人，没有随葬品。还发现有动物葬坑，坑的大小只能容纳动物个体，有猪、狗等。用于农业生产的石质生产工具数量少，主要有斧、锛等翻地工具，磨制不精，器形不很规整，同时还有小型石、骨、陶质狩猎工具和陶质纺织工具。生活用具主要是红陶系，多夹砂陶，并有少量彩陶，以手制为主，种类和数量也不多，质地较差。

发掘情况表明，这一时期，由于受生产工具的限制，社会生产力水平还比较低，农业生产活动虽已出现，但不占主导地位，经济活动仍以采集、狩猎经济为主。牲畜饲养方面，开始驯化狩猎而回的野牲畜。从属于农业生产的手工业有了初步的发展，陶器大多为手制，且火候不高，种类少，制陶业尚处于比较原始落后的阶段；而陶纺轮数量较多，且制作较为规整，说明纺织业有了明显的进步；手工工具的制造应该是由氏族成员直接完成的，并未独立出来。手工业的初步发展表明当时已有了简单的社会分工。

生产力水平低下，使得生产、生活要由社会成员共同完成，并经以血缘为纽带的氏族公社来组织，社会成员之间的地位是平等的，居住房屋建筑的规模、结构相同，墓葬的大小、无随葬品等现象一致，即是明证。其聚落形态也比较原始，居住区与墓葬区的布局反映出当时的血缘纽带仍十分紧密。劳动产品、社会财产不丰富，说明社会所有制形式应该是原始的公有制。此时，女子在社会生产和生活中还发挥着重要作用，仍处于受尊敬的地位，社会形态属于母系氏族社会。

雕龙碑文化遗存中期在早期基础上发展成为一处初具规模的中心性聚落。聚落内同样有明确的分区，房屋建筑规模扩大，一般达十几至几十平方米，为长方形或方形中、小型单、双室地面建筑，均为居住性房屋，建筑布局不甚明了，建筑结构相对复杂，建筑材料种类有所增加，数量也增多，火烤技术更为娴熟，灶围及储藏室等附属设施较为齐全。灰坑窖穴中有相当一部分专门用于储藏红烧土块，是为建造房屋而挖的储藏坑，还有少量窖穴内储存有陶器，结合邻近出土的石立柱和精美的彩陶器皿分析，当时祭祀活动已经出现。墓葬中的成人土坑墓除葬于排列有序的氏族公共墓地外，还出现有小型墓地，墓的规模有大有小，但差别不是很大，少数墓随葬几幅至十几幅不等的猪下颚骨，并有个别墓可能已使用葬具；瓮棺葬多为婴儿墓，葬在居住区附近，依葬具大小挖坑，葬具一般有1至3件，无随葬品；动物葬仍较多，保存好，大多为猪，少量为狗。除少量用于狩猎、纺织的石、骨、陶质生产工具外，石质农业生产工具的器类和数量增加，砍伐、翻土工具以石质为主，并新出现了石刀、骨刀等收割工具。生活用具仍以红陶系为主，夹砂陶居多，纹饰种类增加，器类也有增多，制法虽仍以手制为主，但手制技术有了改进，彩陶数量增多，色彩多样，并采用不同纹饰组合。

生产工具的进步提高了生产效率，使社会经济有了较大发展，农业经济逐步占据了主导地位。农业经济的发展既促使粮食产量的增加又带动了家畜饲养业的发展，不仅家畜骨骸在遗址中出现较多，而且单独埋葬或作为随葬品置于成人土坑墓中。尽管如此，狩猎捕鱼经济仍占有重要的地位，该期遗存中出土的石、陶镞、弹丸、网坠等工具仍占一定比例；采集经济作为人们经济生活的补充依然存在，遗址中发现了少量果核。农业经济的发展需要越来越多的生产工具，手工工具的制造直接关系到生产力水平的提高和社会经济的发展，虽然我们没有发现有关的作坊遗迹，也可能仍然因为其制造简单而并未从氏族成员中分离出专门的工匠，但它们离该行业的独立分离已不远了。制陶业有了很大进步，陶坯除用手捏塑外，还采用泥条盘筑、泥圈叠筑等方法，并有一部分采用了慢轮修整的新技术，烧制陶器的火候有所提高，特别是彩陶工艺，更把制陶业提高到了一个新的水平，由于其技术性较强，可能已有一批有技术的匠师先行分离专门从事制陶工作。纺织业也有一定程度的发展。在建筑上，已有了事先专门烧造的红烧土块储存。祭祀遗迹的出现可能与农业生产活动有关，尚谈不上作为礼仪性建筑独立存在，但毕竟已经出现了。由此可见，社会分工也开始扩大。

同时，社会生活的其他方面也有了变化。房屋建筑形式、结构和施工技术不断进步，居住方式随着建筑规模的扩大也应有所改变，可能以氏族内部的"家庭"为基本单位分开居住，尽管"家庭"内部的血缘关系依然紧密，但"家庭"之间的血缘纽带开始减弱，氏族组织与氏族所有制经济也随之削弱，社会产品与财产多少出现差异。成人墓葬中多数无随葬品，而是仅少数有猪下颚骨随葬，且数量不均，少者几幅，多者十几幅，这显然与氏族阶段所有制方面的平均分配不相符，正是社会阶层开始分化的表现。由于农业经济的发展使得男子的地位上升，社会形态开始由母系氏族社会向父系氏族社会过渡。

雕龙碑文化遗存晚期则在早、中期的基础上有了更大的发展，成为一个规模宏大的中心聚落。

聚落内分区明确，除了与早、中期在一处即遗址西部的居住区外，又在遗址东南部新开辟了一处居住区，前者房屋建筑质量较差，与中期差不多，后者则明显进步。两处居住区房屋建筑经过合理规划，并排列有序，特别是后者体现得更充分，其房屋布局呈东北、西南方向成行排列，前后两行间距约20米，左右房屋间距5米，且每排中心有一座大型房屋。虽未发现作为中心聚落向城邑过渡的护城河性防御设施——环壕，但其外围依托小黄河、沙河形成的自然河道，三面环水，兼具引水、排水及防御等功能，实际上达到了设立环壕的目的。总的来说，居住房屋建筑规模进一步扩大，东南区多为长方形大、中型多室地面建筑，面积在几十至一百多平方米，大型多间式房屋设计巧妙，如分别位于前后两排房屋中心的F15、F19分别以"田""日"形主体墙分隔成7个大小不同的房间，建筑结构复杂，首次发现了推拉式结构房屋门，建筑材料中新增加了石灰质羼和料。从房屋解剖的情况看，其施工方法更为先进，技术更为高超，程序更为规范化，房基、居住面、墙壁等均经加工处理，用红烧土块奠基、砌墙并经火烤，用草泥或稻谷壳泥抹墙，用石灰质羼和料抹平地面，房屋内部附属设施更加齐全。这种高质量的住房显然不是普通成员所能居住的，尤其是在F15北门外出土了一件象征权力的精致的石质礼器钺，更说明主人的身份非同一般。由此推测，两区成员可能已按照身份地位的不同分开居住。房屋的统一规划和大量建筑材料的烧造、储藏、采运、复杂建筑工序的实施表明，当时应存在着较严密的社会组织。结合本期房屋多间相连且每间均有灶围、储藏室的情况看，其居住方式可能以胞族为基本单位，一栋为一个胞族，每间则为对偶家庭，这是父权制的萌芽，进一步削弱了氏族组织的职能，进而超越氏族的其他组织（或许是几个氏族组成的部落或部落联盟）开始出现。

独立于居住区之外，在遗址的中心偏南发现了一处椭圆形祭祀建筑遗存，面积为3.8米×3.2米，现存围墙高0.3米，内外均为平整的红烧土面，外围发现用于祭祀活动的整具猪、狗骨骸，看来，祭祀活动也是有组织地进行的，一方面它是礼仪性建筑开始萌芽的一种表现，另一方面它反映了原始宗教信仰的活动情况。数量较多的整体动物葬也可能与祭祀活动有关。

成人土坑墓已摆脱了统一布置的氏族公共墓地格局，而是多为几座、十几座墓葬于一地的小型墓地和分散的个体墓，这种情况已打破了以血缘纽带为基础埋葬氏族成员的传统界限，墓地的成员可能已不再是纯血缘关系了。绝大多数墓随葬有猪下颚骨，数量多少不等，最少的几幅，最多的达70余幅，并出现了将猪下颚骨摆成动物图案的现象，随葬品的多寡悬殊表明了贫富分化的加剧和社会阶层的分化加大，家畜用于随葬也表明了社会产品已成为私有财富，私有观念已经产生。还发现了屈肢葬、断肢葬、头骨变形等习俗，它们可能也是社会阶层分化的反映。

生产工具的种类和数量大幅度增长，制作精度也大幅度提高。农业生产工具中砍伐、翻土、收割、加工工具一应俱全，且出现了一批大、中型器类如犁、镢等，石质生产工具以磨制为主，加工技术更为先进，骨、陶质生产工具也有很大增长。各种农业生产工具的改进，带来了农业经济的进一步发展并使之占据了主导地位。南方的水稻、北方的粟等粮食遗存在遗址中都有发现，且农业耕地面积扩大，粮食产量增加。此时已处于比较发达的耜耕农业阶段，并开始运用犁耕。从F19灶围中出土的瓮、罐等储藏的黍等粮食这一情况看，当时粮食已出现剩余，人们又将之作为饲料喂养家畜，家畜饲养业也得到很大发展，猪、狗的骨骼在遗址中被大量发现就是明证。渔猎经济仍然存在，渔猎工具已得到改进，弓箭是狩猎的主要工具，因而出土镞的种类、式样都很多，制作精巧。且许多水生动物骨骼的发现说明人们曾从水中获取丰富的食物来源，更有鱼、网纹装饰的彩陶从侧面旁证。手工工具的制造可能已由一些专门的工匠来完成。

陶器的数量和种类也明显增加，主要有炊器、食器、盛器和瓮棺葬具，可能还出现了少量的酒器如壶、杯等，其制作技术大大提高，已普遍采用了泥条盘筑和慢轮修整技术，轮制陶器占据较大比例，器物大多规整、做工精细、型式趋于统一，如瓮棺葬具就基本使用同一形制的折沿深腹小平底矮足罐；泥质陶经过淘洗，陶器火候高，硬度大；纹饰种类增多；彩陶工艺也有所发展。看来，制陶业已开始作为独立的手工业部门逐步从农业中分离了出来。酒器的出土和粮食的剩余意味着酿酒业的出现成为可能。大量陶、石纺轮和骨针的出土证实了纺织业的进一步发展。其时社会分工已更加明确。

原始艺术有了初步的发展，遗址中出土的大量彩陶不仅装饰纹样多，有几何纹、动物纹、植物纹等，而且组合多、富于变化、形象较为逼真。装饰品质料多，有陶、石、骨、玉、牙等；类别也多，有珠、镯、环、坠、首饰，以及陶塑人头像、鱼头像等。还发现有乐器如陶铃、陶埙等。另外，发现的象征礼仪的非实用器石钺可能是王权开始萌芽的标志。

本期聚落的布局特点和大型房屋建筑的规模、结构、工序等表明，其聚落属于具备分区居住、祭祀、防御等多种功能的大型中心聚落，并已初步具备了城邑的雏形，但尚未发现城垣；礼仪性建筑已然存在，礼仪性石器也有出土，但只是刚刚出现，尚不成熟；青铜冶铸和文字的前身刻划符号没有发现，是否与遗址上部被推掉1~1.5米有关，不得而知；社会成员已按地位的不同分区居住；墓葬已有了等级之别。与之相对应的就是社会分工已经明确，手工专业化已达较高程度，社会阶层已分化成贫富等级，上层成员的权力增大，父权制的萌芽使得母系氏族社会瓦解，父系氏族社会开始形成，而且原始公有制开始向私有制过渡，社会的文明化进程日益加快。尽管如此，但社会物质生产水平和精神文化水平还不是很高，社会分工和社会阶层的分化尚未达到文明社会应达到的程度，故我们以上述为依据说其已经进入文明阶段尚缺乏足够的实物证据，然而将其看作经过长期孕育后初露文明曙光的阶段应是不成问题的。

通过雕龙碑三期文化遗存的考古学特征可以看出，其文化具有连续传承性，文明的社会因素及其物化形式在前者的基础上逐步发展，文明的因子不断积累，终于凝聚成文明的种子并即将喷薄而出。

文物普查资料表明，以雕龙碑遗址为中心，还分布着较多的同时期遗址，它们可划入雕龙碑文化遗存的大范畴。相信随着考古工作的进一步开展，雕龙碑文化遗存的文明社会因素及其物化形式会有新的展露，为其文明化进程的研究提供新的资料。

注　释

[1]　中国社会科学院考古研究所：《偃师二里头》，中国大百科全书出版社，1999年。

[2]　湖南省文物考古研究所等：《澧县城头山古城址1997—1998年发掘简报》，《文物》1999年第6期。

[3]　郭大顺等：《辽宁喀左县东山嘴红山文化建筑群遗址发掘简报》，《文物》1984年第11期；辽宁省文物考古研究所：《辽宁牛河梁红山文化"女神庙"与积石冢群发掘简报》，《文物》1986年第8期。

[4]　杨楠、赵晔：《余杭莫角山清理大型建筑基址》，《中国文物报》1993年10月10日；浙江省文物考古研究所：《余杭瑶山良渚文化祭坛遗址发掘简报》，《文物》1988年第1期；浙江省文物考古研究所反山考古队：《浙江余杭反山良渚墓地发掘简报》，《文物》1988年第1期。

[5]　石家河考古队：《湖北石家河遗址群1987年考古发掘简报》，《文物》1990年第8期；北京大学考古系等：《石家河遗址群调查报告》，《南方民族考古（第五辑）》，四川科学技术出版社，1992年。

[6]　国家文物局考古领队培训班：《郑州西山仰韶时代城址的发掘》，《文物》1999年第7期；河南省文物考古研究所等：《登封王城岗与阳城》，文物出版社，1992年；河南省文物考古研究所等：《河南淮阳平粮台龙山文化城址试掘简报》，《文物》1983年第3期。

[7]　苏秉琦：《中国文明起源新探》，生活·读书·新知三联书店，1999年。

[8]　中国社会科学院考古研究所湖北队：《湖北枣阳市雕龙碑新石器时代遗址试掘简报》，《考古》1992年第7期；王杰：《雕龙碑新石器时代遗址发掘收获》，《江汉考古》1995年第3期；王杰：《湖北枣阳雕龙碑遗址的考古收获》，《江汉考古》1997年第4期；中国社会科学院考古研究所湖北队：《湖北枣阳市雕龙碑遗址15号房址》，《考古》2000年第3期。

（原载《中国·枣阳雕龙碑文化研讨会文集》，武汉出版社，2012年）

贰 楚文化研究

襄阳邓城区域楚陶器墓综述

襄阳邓城区域主要指今湖北省襄樊市樊城区北侧以邓城城址为中心的古代文化区域，东至小清河，西不过黄龙沟，北到襄渝铁路，南部不远即是汉水，面积约7.5千米见方。该区正处汉水中游的冲积平原上，地势平缓，东部和北部为低矮的条带状丘岗地。就在这面积不大的地域，分布有邓城、韩岗、周岗、彭岗多处遗址和山湾、蔡坡、团山、彭岗、余岗等墓群，时代以东周为主，其中邓城城址为聚落中心，其他均为其附属遗存。这里的墓葬不仅数量众多，排列密集，而且特点鲜明，是一处重要的楚墓聚葬区。二十世纪七十至九十年代曾先后有过多次发掘工作，共发掘墓地六处。本文拟以这六处墓葬材料为基础对本区楚陶器墓进行综合性的初步研究。

一 各墓地发掘概况

1. 山湾墓地[1]

位于北部丘岗地东段，1972年10月至1973年11月发掘，共清理墓葬34座，除1座秦墓外其余全为楚墓，其中陶器墓19座、铜器墓8座、无随葬品墓4座，并有2座墓因被盗（含1座铜、陶礼器共出墓）而情况不很清楚。将其按墓葬规模和随葬品多少分为三大类，又据形制变化将有随葬品的墓分为五期，即春秋中、晚期，战国早、中、晚期。

2. 蔡坡墓地[2]

位于北部丘岗地西段，1973年1月至1974年春和1976年4月发掘，共清理墓葬12座，均为楚墓，其中陶器墓8座，铜器墓2座，铜、陶器共存墓2座。依墓葬规模和随葬品的情况及其形制的变化分别将它们分为大、中、小型三类和战国早、中、晚三期。

3. 团山墓地[3]

位于东部矮丘岗团山的中北部，1988年10至11月发掘，共清理17座墓葬，均为楚墓，其中陶器墓15座、铜器墓1座、无随葬品墓1座。依墓葬规模和随葬品多寡将它们分为甲、乙（分为乙Ⅰ、乙Ⅱ两小类）、丙、丁四大类，又据墓葬形制和随葬器物的变化分为五期，即春秋中、晚期，战国早、中、晚期。

4. 余岗墓地[4]

位于东部矮丘岗团山中部，1988年11月至1993年8月发掘，共清理墓葬60座，其中已整理出来的24座墓中仅有3座楚墓，均为陶器墓，时代为战国晚期。

5. 彭岗墓地[5]

位于东部矮丘岗团山中南部，1994年11月至1995年8月发掘，共清理墓葬108座，其中楚墓98座，除15座墓无随葬品外其余均为陶器墓。依器物形制变化将其分为五期，即春秋中、晚期，战国早、中、晚期。

6. 墓子地墓地[6]

位于本区中部平原地带，1987年12月、1996年1月至4月先后两次发掘，共清理墓葬30座，其中楚墓仅4座，全为陶器墓，时代为战国晚期。

综合六处墓地材料，本区目前已发掘的楚墓共167座，其中陶器墓132座。由于彭岗墓地第二次发掘的24座墓葬（其中陶器墓18座）资料未整理出来，加上第一次发掘的4座陶器墓因器物太碎无法复原，故本文讨论的陶器墓实际仅110座。需要说明的一点是，本文所述陶器墓仅指随葬陶质日用器、仿铜陶礼器或有铜兵器、车马器、玉饰件、骨器等共存的墓葬，既有铜礼器又有陶器的墓葬不包括在内。

二　关于团山楚陶器墓的分期

团山楚墓的发掘报告《湖北襄阳团山东周墓》已发表于《考古》1991年第9期，作者据墓葬形制、随葬器物的变化将17座墓分为五期，即春秋中、晚期，战国早、中、晚期。通过反复类比分析，我们认为这一分期有值得商榷的地方。由于本文讨论的是陶器墓问题，而团山M1的随葬品全为铜器，故对其分期姑且不论，再撇开无随葬品的M9，现依据报告中随葬器物的形制变化对其余的15座陶器墓提出自己的分期意见。

这15座墓除M2、M5、M14随葬日用陶器外，其余均随葬仿铜陶礼器。报告作者将M2、M5定为第一期，即春秋中期。其依据主要在类型学方面，其中M2、M5之Ⅰ式罐及M5之鬲、盂分别与襄阳山湾东周墓[7]B型罐、Ⅰ式鬲及江陵雨台山楚墓[8]Ⅰ式盂接近。通过对比，我们不难发现，前者与后者之间存在着明显差异。以罐为例，前者整体较瘦高，翻沿，颈较长，长鼓腹，有2件颈肩交接处有折棱（M2之罐颈较M5为短、颈肩交接处无折棱）；后者整体矮胖，翻折沿，颈较短，圆鼓腹，颈肩交接处无折棱，可见，前者要晚于后者；至于鬲，差别更大，前者侈口、翻沿、无颈、无肩、近扁鼓腹，裆略下凸，矮足，后者敛口、仰折沿、短颈、折肩、圆鼓腹、弧裆、高柱足，二者之间几乎无可比性。其实，该鬲形态更接近于当阳赵家湖楚墓[9]JM9：25鬲，只是前者裆部略下凸、器身颈下满饰绳纹，后者则裆部弧、无纹饰，很显然，前者在时代上晚于后者。报告定JM9时代为春秋中期晚段，叶植先生在《赵家湖楚墓的分期研究》[10]一文中考订该墓年代为春秋晚期早段，甚是。那么，团山M2、M5的时代应以春秋晚期为宜。

M14仅陶罐1件，大侈口，束长颈，弧腹，凹圜底。其形制与襄樊彭岗墓地第三次发掘[11]之M9：2相似，时代当属战国早期。

12座仿铜陶礼器墓的基本组合为鼎、敦、壶，有的加上水器盘、匜，报告据其形制对它们进行了分型分式，并借此进行了分期。我们认为，其分型分式的标准不明确，有必要依照该时期不同器形的演变规律对其重新划分。现据报告所用材料提出笔者的见解。

鼎　均为子口，折肩，附耳，除M7之鼎为环耳外其余全为长方耳，圜底，蹄足，承浅盘式盖，盖顶有三纽。据整体形制不同可分二型。

A型　扁鼓腹，矮蹄足内聚，附长方耳，中部略曲。此型鼎仅M8：9。

B型　弧腹微鼓，依腹的深浅及耳、足部变化可分为三式。

Ⅰ式：深腹，直耳微外撇，圆形实蹄足，直足或略内聚。此式鼎有M3：11、M6：13。

Ⅱ式：腹较浅，耳内聚或外撇，中部略曲，圆形实蹄足略外撇。此式鼎有M4：3、M11：4、M12：1、M13：2、M15：14。

Ⅲ式：腹较浅，长方形附耳直立，环耳外撇，足根兽面，横断面为多棱形，实蹄足直立。此式鼎有M7：10、M10：1、M16：4、M17：1。

敦　上下扣合，体、盖形制、大小完全相同。据纽、足的不同分为二型。

A型　扁形尖状纽、足。依形制不同可分为三式。

Ⅰ式：整体呈扁圆形。敞口，浅弧腹，圜底。口外部有对称双錾。此式敦有M3：5。

Ⅱ式：整体近圆形。直口，弧腹较深，圜底略尖。少数口外部有对称双錾。此式敦有M8：8、M11：2、M13：8。

Ⅲ式：整体呈椭圆形。微敛口，深弧腹，圜底较尖。此式敦有M4：2、M12：6。

B型　鸟喙式或立鸟式纽、足。依形制不同可分为三式。

Ⅰ式：整体呈扁圆形。敞口，浅弧腹，圜底近平。口外部有对称双小环耳。此式敦有M6：3。

Ⅱ式：整体呈圆形。子口或直口，弧腹，圜底。部分口外部有对称双小环耳。此式敦有M7：5、M10：11、M15：12。

Ⅲ式：整体呈长椭圆形。直口，深弧腹，圜底略尖。口外部有对称双大环耳。此式敦有M16∶3。

壶 侈口，束颈，溜肩，鼓腹，浅宽圈足。可分二型。

A型 无耳，凸凹圜底，器身部分施彩。平顶，浅弧盘式盖，盖顶有三尖状纽。此式壶有M7∶2、M10∶9、M16∶1。

B型 肩上有实錾或环耳，圜底近平或平底，部分有浅弧盘式盖，于錾或耳部饰弦纹。分二式。

Ⅰ式：圆鼓腹，最大径位于腹中部。此式壶有M3∶20、M11∶1、M13∶1。

Ⅱ式：鼓腹，最大径位于腹上部。此式壶有M4∶1、M12∶4。

盘 除1件敞口外其余全为直口，依盘深浅分二式。

Ⅰ式：深盘，折腹，大平底。此式盘有M6∶2。

Ⅱ式：盘较深，弧腹或折腹，小平底或圜底。此式盘有M8∶4、M10∶6、M13∶4、M15∶11、M17∶2。

Ⅲ式：盘极浅，折腹，圜底近平。此式盘有M7∶8。

匜 弧腹，平底。据平面和流的形状分二型。

A型 平面呈圆形，小流呈尖圆状。此型匜有M7∶7、M10∶7。

B型 平面呈圆形或椭圆形，长方形流。分三式。

Ⅰ式：平面近圆形，流较窄长，略上翘，尾有錾。此式匜有M6∶1、M8∶5。

Ⅱ式：平面呈椭圆形，流较宽短，上翘较甚，尾无錾。此式匜有M13∶5、M15∶11。

Ⅲ式：平面呈扁圆形，短流，尾无錾。此式匜有M11∶6。

至于小口鼎、缶之类，因其器物较少，在此不赘述。

以上12座墓无论是器物组合还是器物形制，均具战国时期特征，依其型、式变化并结合与其他地区同类器的类比分析，可将它们分为早、中、晚三期（因限于篇幅，不作具体对比。其中战国早期墓有M3、M6，随葬AⅠ、AⅡ式罐及BⅠ式鼎，AⅠ、BⅠ式敦，BⅠ式壶，Ⅰ式盘，BⅠ式匜。战国中期墓有M8、M11、M13、M15，随葬BⅡ式罐及A型、BⅡ式鼎，AⅡ、BⅡ式敦，BⅠ式壶，Ⅱ式盘，BⅠ～BⅢ式匜。战国晚期墓有M4、M7、M10、M12、M16、M17，随葬BⅡ、BⅢ式鼎，AⅢ、BⅡ、BⅢ式敦，A型、BⅡ式壶，Ⅱ、Ⅲ式盘，A型匜。

综上所述，襄阳团山15座楚墓分为四期，即春秋晚期和战国早、中、晚期。

三 不同时期墓葬的形制特征

六个墓地110座楚陶器墓全为长方形土坑竖穴墓，其中部分墓地的墓葬被报告的作者依墓葬规模及随葬品多寡进行了分类，主要有乙、丙、丁三类，其中乙类还被分为乙Ⅰ、乙Ⅱ两小类。笔者以为，这种划分没有必要，可以说是今人强加给它们的一种等级划分。就墓葬规模来看，其本身就存在着越晚规模越大的发展趋势，这与后来人不断僭越固有的等级制度的轨迹相吻合。至于随葬品的数量，大多相差不大，一般为一套日用陶器或一至三套仿铜陶礼器，有的加上少量铜兵器、车马器等。故其身份不存在明显的差别，自然不应进行较详细的分类。

这批墓葬除4座墓陶器较碎、无法分期外，其余106座墓在时代上分为五期，即春秋中、晚期和战国早、中、晚期。由于公元前279年秦将白起拔鄢、邓使本区成为秦地，致文化面貌发生了较大改变。本文即以此时间为界将战国晚期分为前、后两段（表一）。以下按期别简述其形制特征。

表一　墓葬分期一览表

时代		数量（座）	墓葬编号
春秋中期		14	山M7、山M24、彭ⅠM10、彭ⅠM12、彭ⅠM20、彭ⅠM23、彭ⅢM11、彭ⅢM13、彭ⅢM17、彭ⅢM20、彭ⅢM22、彭ⅢM23、彭ⅢM24、彭ⅢM40
春秋晚期		15	山M1、山M2、山M8、山M9、山M13、团M2、团M5、彭ⅠM1、彭ⅠM3、彭ⅠM29、彭ⅠM32、彭ⅢM2、彭ⅢM27、彭ⅢM34、彭ⅢM38
战国早期		21	山M20、山M25、山M26、山M28、山M29、山M30、山M31、山M32、团M3、团M6、团M14、彭ⅠM2、彭ⅠM8、彭ⅠM18、彭ⅠM34、彭ⅢM1、彭ⅢM7、彭ⅢM9、彭ⅢM10、彭ⅢM12、彭ⅢM31
战国中期		28	山M5、山M21、山M34、蔡M6、蔡M7、蔡M10、蔡M11、团M8、团M11、团M13、团M15、彭ⅠM6、彭ⅠM7、彭ⅠM11、彭ⅠM13、彭ⅠM14、彭ⅠM16、彭ⅠM19、彭ⅠM24、彭ⅠM36、彭ⅠM37、彭ⅠM39、彭ⅢM14、彭ⅢM15、彭ⅢM26、彭ⅢM36、彭ⅢM37、彭ⅢM39
战国晚期	前段	21	山M4、团M4、团M7、团M10、团M12、团M16、团M17、彭ⅠM4、彭ⅠM5、彭ⅠM17、彭ⅠM22、彭ⅠM25、彭ⅠM26、彭ⅠM27、彭ⅠM31、彭ⅠM35、彭ⅠM38、彭ⅢM6、彭ⅢM19、彭ⅢM21、彭ⅢM29
	后段	7	余M42、余M43、余M50、墓M1、墓M2、墓M3、墓M4

注：墓葬汉字表示墓地简称，罗马数字表示发掘的次序。

第一期（春秋中期）共14座。其中口大底小者8座，口底同大者6座。墓口长、宽分别为2～3.5米、0.8～2.5米，面积主要集中在2米×1米左右。方向上，朝南者9座，朝东者2座，朝东南者2座，朝北者1座。设壁龛者4座。有一级台阶并设壁龛者1座。葬具均为木质，已朽烂，仅据灰痕分辨出单椁单棺者1座、单棺者8座，其余4座葬具不明。

第二期（春秋晚期）共15座。其中口大底小者10座，口底同大者4座，口小底大者1座。墓口长2.2～4.7米，宽1～3.15米，其面积主要集中在3米×1.5米左右。方向上，朝南者8座，朝东者2座，朝东南者2座，朝西者3座。有壁龛者1座。有二层台者6座。半龛半台者1座。葬具均为木质，仅见朽痕，其中单椁单棺者6座，单棺者3座，其余7座葬具不明。

第三期（战国早期）共21座。其中口大底小者16座，口底同大者5座。墓口长2～4.5米，宽1.5～3.3米，其面积主要集中在3.3米×2.2米左右。方向上，朝南者16座，朝东者1座，朝东南者3座，朝北者1座。带斜坡墓道者2座，其中一墓朝东、一墓朝南。设二层台者10座。葬具全为木质，只有少量保存了下来，大部分仅见朽痕，单椁单棺者18座，其余3座葬具不明。

第四期（战国中期）共28座。其中口大底小者22座，口底同大者4座，口小底大者2座。墓口长2.5～8米，宽1.5～6.5米，其面积主要集中在4米×3米、3.3米×1.5米左右两种情况。方向上，朝南者11座，朝东者3座，朝东南者7座，朝西者2座，朝西北者3座，朝东北者1座，朝西南者1座。带斜坡墓道者2座，其中1座设二层台。既有墓道又有台阶者4座，其中3座设二层台。有台阶者3座，其中2座有二层台。有壁龛者1座。葬具全为木质，少量保存较好，大部分仅见灰痕，其中单椁并棺者1座，单椁单棺者18座，单棺者3座。

第五期（战国晚期）共28座，分为前、后两段。

前段共21座。其中口大底小者17座，口小底大者2座，另2座因上部遭破坏而情况不明。墓口长2.4～5.5米，宽1～4米，其面积主要集中在3米×2米左右。方向上，朝南者7座，朝东者3座，朝东南者8座，朝西者2座，朝北者1座。带斜坡墓道者3座，其中1座设二层台。设壁龛、台阶者各1座。既有斜坡墓道又设台阶者2座。可辨葬具（包括朽痕）者有15座，除2座单棺外全为单椁单棺。

后段共7座。其中口大底小者6座，口小底大者1座。墓口长2.8～3.6米，宽1.7～2.5米。方向朝南者6座，朝西南者1座。仅3座设二层台。葬具基本可辨，全为单椁单棺，椁室分为棺室和箱室，椁外填较薄的青膏泥。

各墓地墓葬人骨架保存状况极差，未见一幅完整的人骨架，头骨除极少量有牙齿残存外其余均未保存下来，此外尚有极少数肢骨残存痕迹，可辨葬式者皆为仰身直肢葬。

通过墓葬形制的分期比较，可以看出其主要特点及演变规律。

1）早期墓葬的墓坑较小，自第一期往后呈现出越变越大的趋势，特别是第三、四期十分明显，但到第五期又变小。

2）各期墓葬均以朝南者居多，106座墓中有57座朝南，占墓葬总数的53%；朝东南者次之，有22座，约占21%；朝东者反而少见，只有11座，占10.4%，此外朝其他几个方向者各有几座。

3）墓葬附属设施中除第三期未见壁龛外，其余各期均有，只是早期居多，晚期少见；自第三期开始出现斜坡墓道，并延续至第五期前段；第一、二期仅见一例有台阶的墓葬，到第三期以后，有台阶的墓葬增多，并且有的与斜坡墓道配合使用；二层台比较流行；到第五期晚段，除二层台仍保存外，其他均消失。

4）各期墓葬以口大底小者居多，口底同大者次之，也有少量口小底大者。墓圹内绝大多数填五花土，仅极少量在棺椁外围及底部填塞较薄的青膏泥。葬具全为木质，除个别基本可复原外，其余只见灰痕；早期以单棺为主，第三期后演变为以单椁单棺为主，越晚便越少见单棺，还出现有并棺即合葬现象。人骨架保存不好，能辨清葬式者皆为仰身直肢葬。

四　随葬器物分期及特点

上述106座陶器墓的随葬品，除去少量墓葬有铜、玉器等小件器物外，陶器少者仅1件，多者也只有10余件。其陶系以泥质灰陶为主，泥质褐陶次之，有少量夹砂灰、红陶及泥质红陶。器表多饰绳纹，部分饰弦纹。器物组合相对较为单纯，主要为日用器和仿铜陶礼器两大类，也有少量的混合组合。按其用途，一般为炊器、盛器、水器，或加上盥器。各期器物组合基本情况如下。

第一期以鬲、盂、罐（壶）为主体，或为鬲、盂、豆，或为鬲、盂、豆、罐（壶），或为盂、豆、罐，或仅见盂（罐）；第二期的组合与第一期基本相同，只是新出现了个别鼎、敦、壶组合；第三期虽仍保留有一定数量的鬲、盂、罐组合，但已演变为以鼎、敦、壶为主体，或加缶、罐、盘、匜，此外尚有较单纯的鼎、盂（豆）、壶组合；第四期以鼎、敦、壶组合为大宗，多半加有盘、匜，有的还加罐或豆，日用陶器组合中只见单件的罐；第五期前段同第四期相比没有多大变化，仅保留个别的鬲、盂、罐组合，后段则变为以鼎、盒、壶为主体，鼎、敦、壶组合为辅，或个别的加圜底罐。

由以上五期组合的延续情况可以看出，在第二、三期或第五期前、后段之间，陶器组合发生了较大变化，前者反映在由基本为日用陶器变为新增加并大量出现了仿铜陶礼器，体现了春秋战国之交社会制度的巨大变革引起的墓葬随葬品的变化；后者则不仅反映在由仿铜陶礼器一统天下的随葬品中增加了新的日用器，而且反映在组合类别及器物形制有了新的特征，这与公元前279年白起拔鄢、邓占领本区后带来了崭新的秦文化有直接关系。

除器物组合的变化外，器物形制自始至终遵循着一定的发展轨迹。现将本区楚陶器墓出土主要器物形制的发展变化陈述如下（图一、图二）。

1. 鬲

形制较为复杂，以口径与三足外切圆径基本相等的高足鬲为基本型，兼以少量小口鬲和其他异体鬲。第一期器体一般较瘦高，侈口、翻沿、尖唇，束颈稍高，腹最大径约在中部，弧裆较深，截锥状柱足或柱足，几乎每件鬲均自肩部以下满饰绳纹，直至足底，仅个别素面，敛口。第二期变化为直口或微敛口，翻折沿，颈变短，腹最大径上移，弧裆较浅或变为平裆，个别略下凸，柱状足，少量延续第一期的侈口、翻沿、截锥状柱足鬲；多数绳纹及足底，部分足部素面，个别全素面。第三期鬲的形制多样，均平裆，如彭岗第三次发掘M9∶1，直口，平折沿，平唇，矮领，圆肩，乳头状足，上饰弦纹。M1∶1，侈口，翻沿，圆唇，束颈较长，矮小柱状足，颈以下满饰绳纹。M10∶5，直口，平折沿，平唇，高领，高截锥状柱足，肩、腹、裆饰绳纹。第四期未见鬲。第五期仅见个别鬲（彭岗第三次发掘M29∶1），形制接近于第二期，只是三足外撇。

2. 盂

可分为凹底、平底二型（即A、B型）。第一期普遍深腹，最大径在腹中部或略上移。除个别A型盂翻卷沿、长颈、浅凹底、下腹饰绳纹及个别B型盂直口、平折沿外，均侈口，翻沿，短颈，素面；A型盂凹底较深。第二期未见B型盂。A型盂腹部普遍变浅，腹最大径移至上腹，直口或微敛口，个别为侈口，多折沿，少量翻沿，颈相对较高，凹底变浅，多数下腹及底部饰绳纹。第三期腹部较浅，最大径移至近肩部。A型盂多侈口，翻沿，束短颈，浅凹底，下腹部多饰绳纹，个别素面；B型盂直口，卷沿，无颈，圆折肩，斜腹壁，素面。第四期仅见个别A型盂（蔡坡M10∶2），其形制接近第一期。第五期腹部变得更浅，最大径已移至肩部，侈口或直口，圆唇，颈极短或无颈，折肩，斜直腹壁。A型盂凹底极浅，下腹饰绳纹；B型盂素面或饰弦纹。

3. 罐

形制复杂，有高领罐、长颈罐、矮领罐、双耳罐、三耳罐等多种类型。第一期主要为高、矮领罐。高领罐有两种，一种（彭岗墓地A型罐）体形较矮胖，侈口或微侈口，翻折沿，领较粗短，溜肩，圆鼓腹，最大径在中腹，凹底较深；另一种（山湾墓地A型罐）微侈口，平折沿，高领，圆折肩，微鼓腹，平底。矮领罐也有两种，一种（彭岗墓地C型罐）由侈口、翻沿、束短颈、扁圆鼓腹、平底，向直口、圆唇、短直领、折肩、平底转变；另一种（彭岗墓地B型罐）直口，领极短，折肩，深鼓腹，深凹底。第二期之第一种高领罐领变短，凹底渐浅；第二种高领罐变深，口外侧有双耳，垂鼓腹。矮领罐不见，新出现长颈罐、三耳罐、圜底罐。长颈罐口径小于腹径，大侈口，宽翻沿，束颈较短粗，溜肩，扁鼓腹；三耳罐敛口，无领，垂鼓腹，腹部有三耳，平底；圜底罐除凸圜底、素面外，形制接近于第一种高领罐。第三期之第一种高领罐形制基本不变；第二种高领罐不见。矮领罐仅见于明器，直口，尖唇，扁鼓腹，平底。长颈罐颈部变得细长，鼓腹较深，浅凹底，口径略大于腹径。第四期之第一种高领罐只是由翻沿变成卷沿；第二种高领罐整体变矮，领变短，无耳，圆折肩，斜腹壁，平底。矮领罐直口微敛，领极短，扁圆鼓腹，平底。长颈罐颈部更细长；三耳罐之耳部及最大径移至上腹。第五期，前期各型罐沿用至此期的仅有第一种高领罐，其沿部变成平折沿，颈更长，最大径移至上腹。第三、四期不

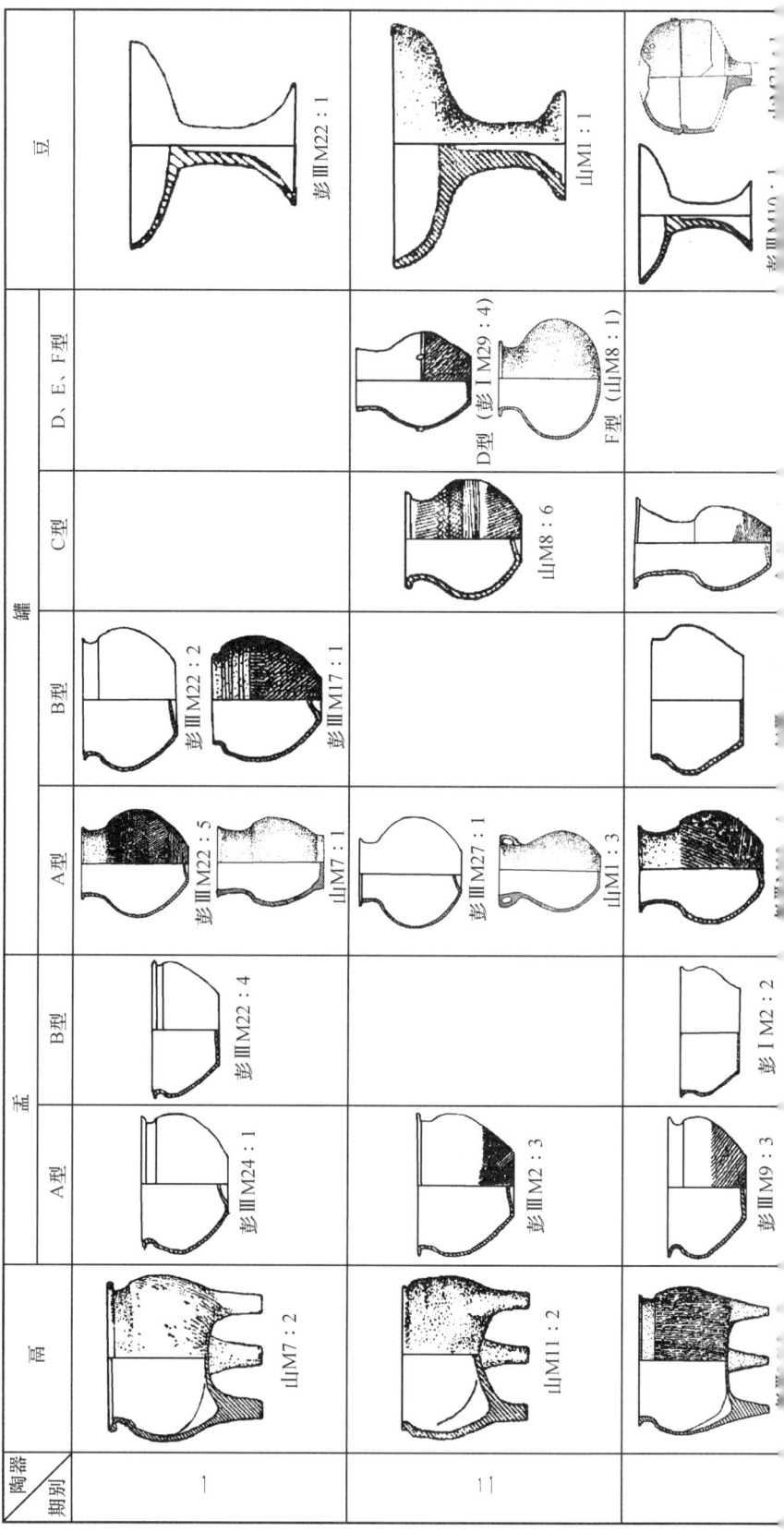

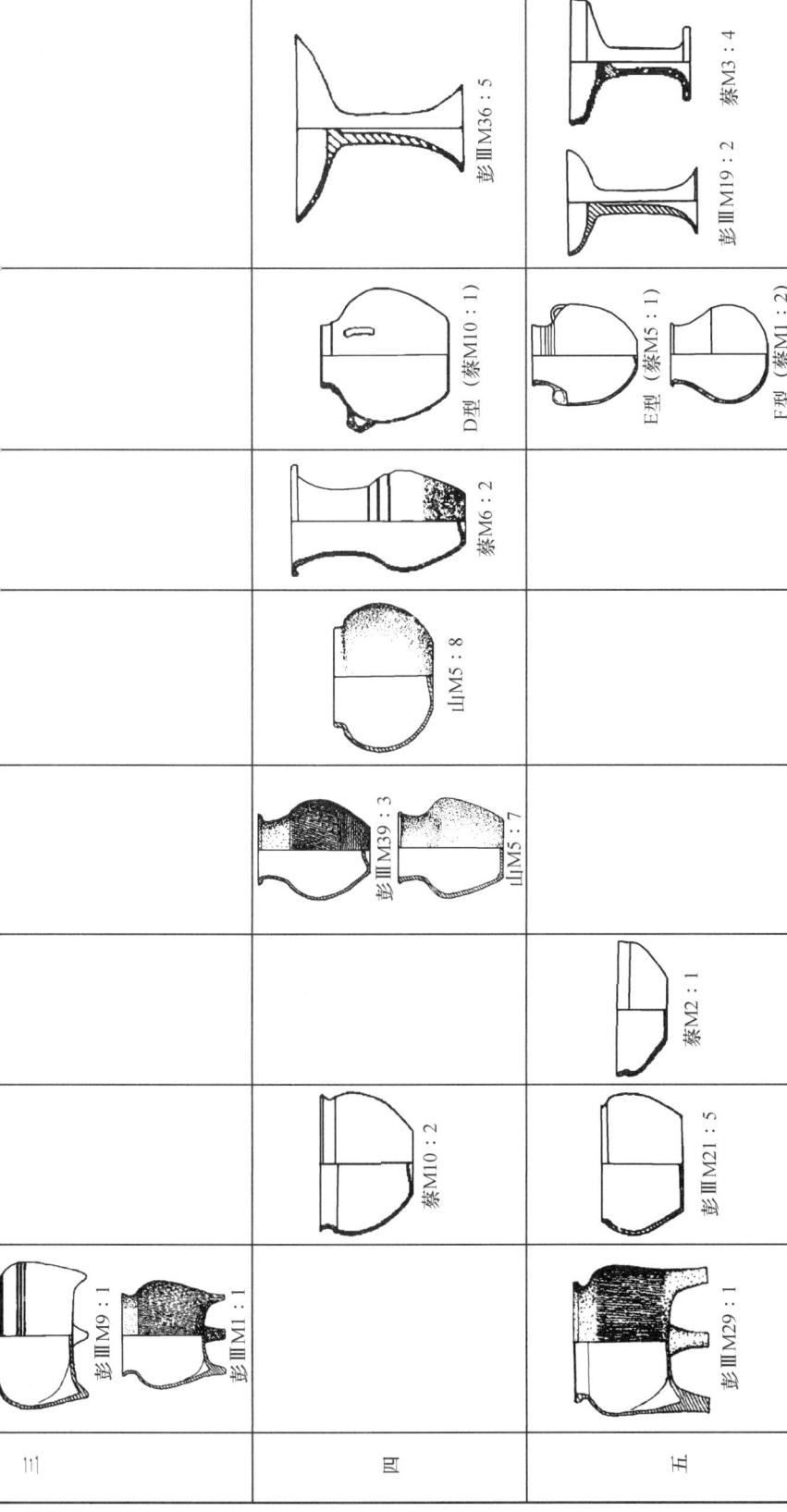

图一 主要陶日用器分期图

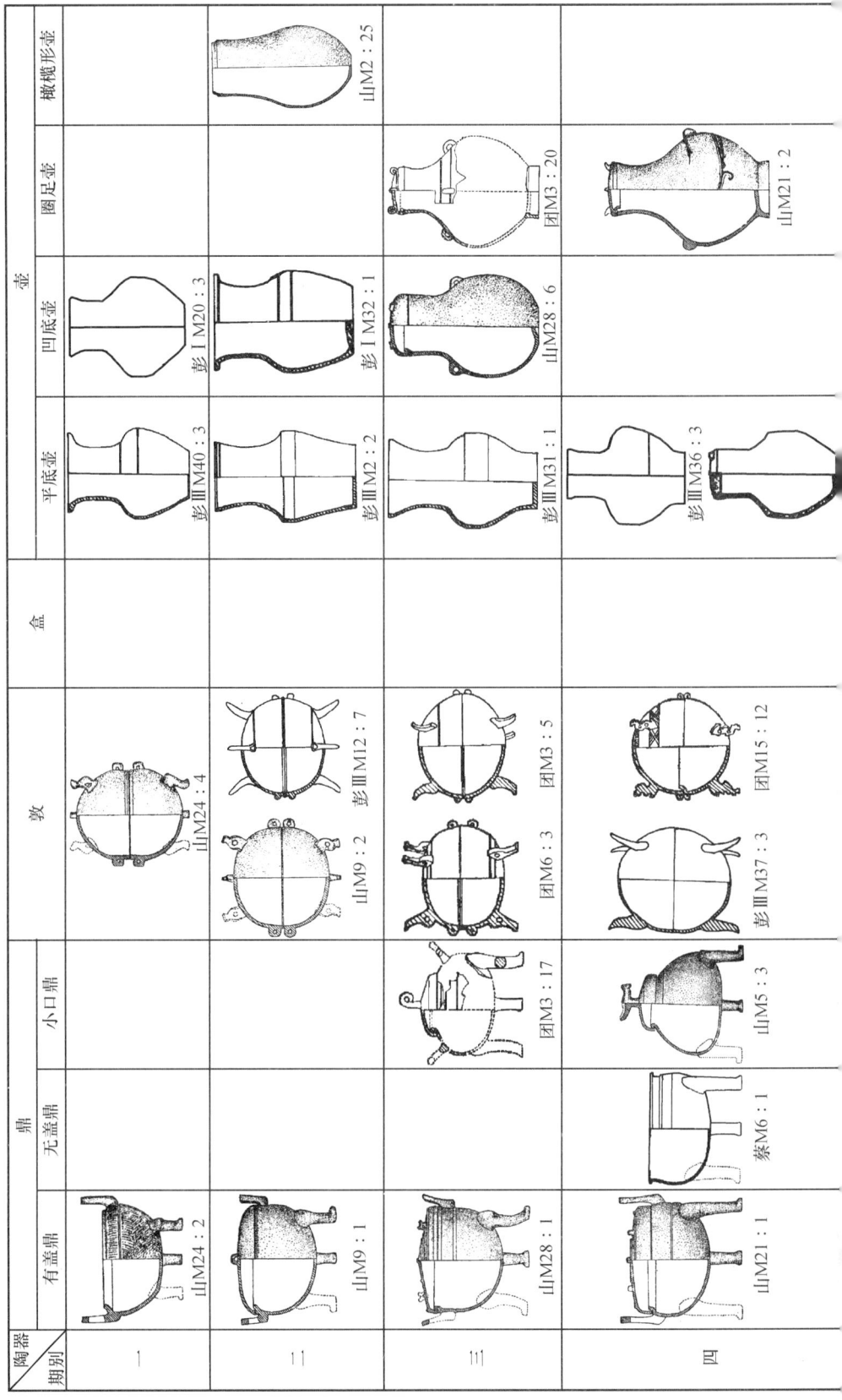

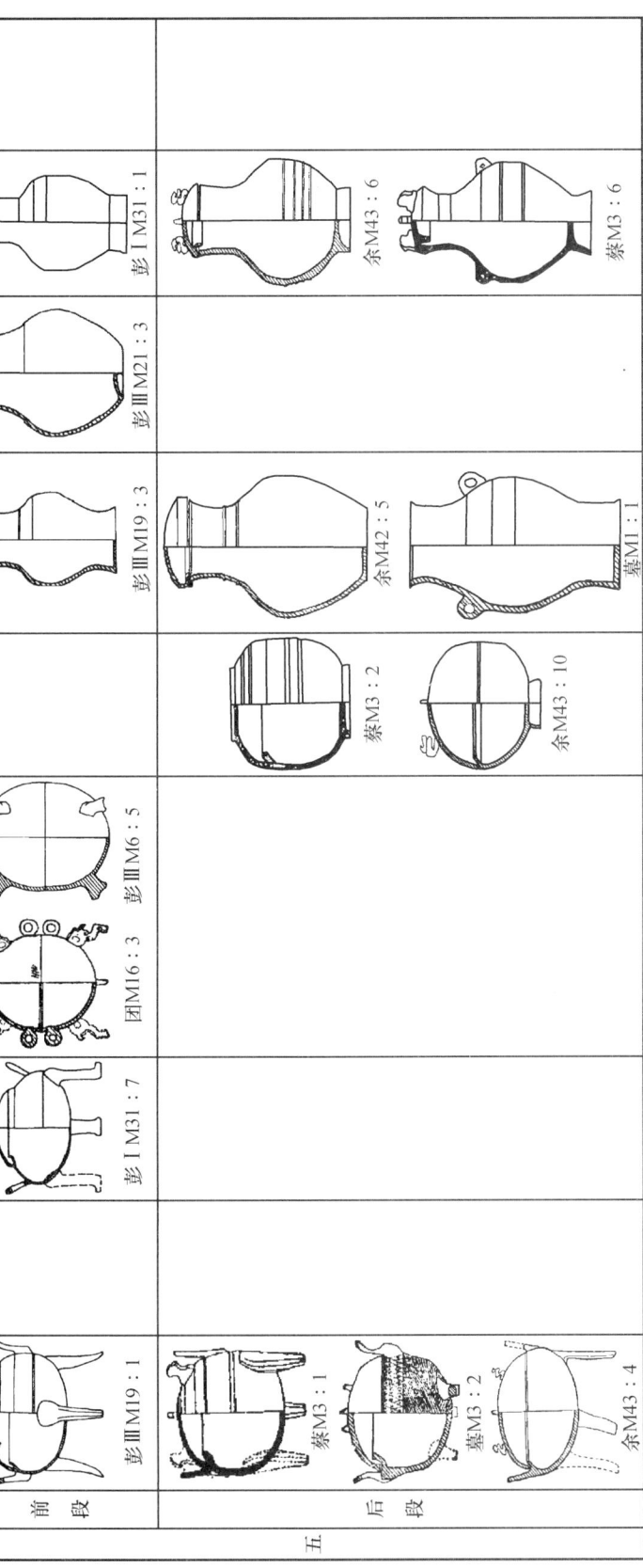

图二 主要陶仿铜礼器分期图

见的圜底罐束长颈外扩，垂鼓腹。后段新出现双耳罐、圜底罐。其中双耳罐微侈口，折沿，束高领，肩有对称双鼻耳，鼓腹，浅凹底。

4. 豆

形制变化较为简单。第一期，弧盘相对较深，柄较矮粗，中部内束，喇叭状圈足。第二期变化不明显。第三、四期豆盘相对变浅，柄稍变细高。第三期新出现了一种盖豆，子母口，折肩，深盘，直壁，矮柄，中部内束，深弧盘式盖。第五期豆盘变得更浅，盘底近平，柄更高且直，并新出现浅折盘高柄豆。

5. 鼎

类型多样，整体分为有盖鼎和无盖鼎两种，以盖鼎居多。盖鼎一般子母口，双附耳，弧腹，凸圜底，三足，承浅弧盘式盖。第一期仅个别盖鼎，长方耳，弧腹深，圆形实体矮蹄足，浅弧盘式盖（缺失）。第二期盖鼎腹稍浅，足稍高，盖顶有纽。无盖鼎出现在以铜礼器为主的墓葬中，主要是升鼎，表明其墓主人身份较高。第三期仅见盖鼎，数量大增，腹部深度变浅，圜底下凸幅度变小，蹄足变高且略内聚，在第二期单纯的长方耳基础上新增加了环耳。盖顶中部环纽变小且未洞穿，仅具象征意义，周边出现三个半圆饼状小纽，中腹均饰一周凸弦纹。新出现小口罐形鼎，粗圆形实蹄足，扁圆鼓膜，环耳。第四期盖鼎腹部继续变浅，圜底近平，蹄足变高，多外撇，并新出现了个别棱形实蹄足；无盖鼎仅见1件，直口，平折沿，深腹，蹄足较高，无耳。小口罐形鼎垂鼓腹。第五期亦只有盖鼎，圆形实蹄足鼎的腹部变得更浅，圜底近平或大平底，耳部逐渐萎缩变小，耳孔多未穿透。除此类鼎外，大多数已变为棱形实蹄足鼎，足横截面为三边、四边或六边形，腹有深有浅。小口罐形鼎与第三期相比，变化不明显，腹有的变浅，呈扁鼓腹状或垂鼓腹状。后段新出现深腹矮柱状足、浅腹瓦面足鼎。

6. 敦

上下部扣合。第一期仅个别，整体略呈椭球体，微敛口，对称双环耳，三立兽形纽，三矮蹄足。第二期数量也不多，整体略呈扁圆体，敞口，对称双环耳或实鋬，三立兽形或侧扁体纽、足。第三期数量明显增加，整体扁或圆球体，环耳或实鋬，有的口外有衔扣，或为立兽形纽、矮蹄足，或为立兽形纽、足，或为侧扁弯柱形纽、足。第四期是其高峰期，整器呈圆体，直口或微敛口，个别子母口，部分口内上、下有衔扣，口外侧或有对称实鋬，或有环耳，或两者皆无，纽、足形状多样，有立兽、立鸟、鸟喙、侧扁弯柱、宽扁卷尾等几种。此外发现一种异体敦，下半部为子口，上半部为母口。第五期数量大大减少，均在前段，整体呈椭圆形，多为微侈口，极少为敞口，除个别口外侧有对称环耳、上下部为立兽形纽、足外，其余既无耳亦无錾，纽、足呈侧扁弯柱形。

7. 盒

仅见于第五期后段，数量不多。均为子母口，下半部折肩，弧壁，平底，浅宽、窄深圈足或平底、浅凹底，上半部为浅覆碗或盘状盖。

8. 壶

第一期，数量较少，有平底壶和凹底壶两种。均为长颈。平底壶由大侈口向侈口发展，圆肩，斜弧壁近直。凹底壶侈口，尖唇，束长颈，大圆鼓腹，口径小于腹径。第二期，平底壶口部略内敛，颈部变长，窄"亚"字形。中腹、下腹略曲收。凹底壶宽翻沿，微鼓腹，口腹径基本相等。另有个别橄榄形壶。第三期，平底壶颈部继续变长，宽"亚"字形中腹，下腹曲收成直壁。凹底壶变为带盖子口双耳壶。新出现了一种圈足壶（缶），多带盖，体为母口，长颈，溜肩，鼓腹，凸底或凹底，浅宽圈足。第四期，平底壶有一部分继续沿用，有的"亚"字形腹渐缩，外凸不明显。新出现一种带盖双錾长颈鼓腹平底壶。凹底壶基本不见。圈足壶大量增加，微侈口，长颈，大鼓腹，多为平底，少量为凹底或凸底，浅宽圈足，部分有三尖状纽，浅盘式子口盖，部分肩有双錾。第五期，前段沿用上期之第一种平底壶，只是下腹内曲较甚；凹底壶一般为长颈壶，大侈口，宽翻沿，束长颈，腹变浅，鼓腹，口径大于腹径，另有一种口径小于腹径，最大径在腹部，侈口，束长颈，鼓腹；圈足壶形制变化不大。后段第一种平底壶有的颈变短，或加双耳；第二种平底壶变得较为简洁，无錾，浅盘式盖直接承于壶口上；圈足壶有的稍矮胖，并新出现双耳饼状纽盖多道弦纹壶。

其他如盏、缶、盘、匜等因不属于主要标型器，在此不作叙述。

通过随葬器物的分期比较，我们可以看出，本区楚墓陶器具有如下特点。

1）早期墓葬以日用陶器为主，仅见少量仿铜陶礼器，到第三期以后则以仿铜陶礼器为主、日用陶器为辅。随葬日用陶器者往往只有一套，仿铜陶礼器则多成偶数下葬，一般为两件套，最多为四件套。

2）日用陶器基本组合为鬲、盂、罐，仿铜陶礼器基本组合为鼎、敦、壶，到第五期后段变为鼎、盒、壶，并渗进少量带秦文化因素的器物。

3）陶鬲几乎通行于这批墓葬的各个时期，只是早期数量较多，晚期数量变少。其主要形制只有一种，即口径与三足外切圆径基本相等的高足鬲，到第二期后出现少量的小口高裆鬲、乳头足异体鬲。

4）陶鼎形制比较单一，大部分为子母口圜底高实足鼎，横截面由圆形向棱形演变。

5）墓葬中同时随葬兵器或其他饰品的现象较为少见，大多只是单纯随葬陶器。

6）由于土质、水位及填土的关系，这批墓葬中的漆木器无一幸存。仅从残存的漆片分析，它们中的少部分应同时随葬有少量漆木器。

五 余 论

这110座墓葬无论是从墓葬形制还是随葬器物分析，都具有明显的楚文化风格，与湖北其他地区楚墓有许多相同之处：均为长方形土坑竖穴墓，时代较早的墓坑口尺寸较小，较晚的墓坑口尺寸渐大，并且出现台阶、墓道，方向多朝南；葬具一般为单椁单棺、单棺，皆为仰身直肢葬，单椁单棺之椁室多分为箱室和棺室，随葬品多置于箱室内；随葬器物基本组合为鬲、盂、罐和鼎、敦、壶，其形态、纹饰具典型楚器特征等。但同时，这批墓葬又自具特点，与楚墓分布较为集中的江陵、当阳一带楚陶器墓有许多不同点。

1）本区墓葬墓圹以口大底小为主，也有一定数量的口底同大、口小底大墓葬，江陵、当阳楚墓几乎一律口大底小。

2）方向尽管均以朝南为主，但所占比例较之江陵、当阳楚墓为少，朝向东南者所占比例反而较多。

3）墓葬填土除极少数单椁单棺墓之椁室外围填有较薄的青膏泥外，其余全为五花土，江陵、当阳楚墓则普遍填塞青膏泥。

4）也许是平整土地的原因，本区楚墓保存封土堆者极少。

5）本区墓葬一般只有一套日用陶器或一至四套单独的仿铜陶礼器随葬，不见江陵、当阳一带同墓各随葬一至几套日用陶器、仿铜陶礼器的现象，而本区由单独的仿铜陶礼器、日用陶器配合组成一套完整器物组合的情况在后者几乎不见，如鼎、豆、壶，或鼎、盂、壶，后者只是将实用陶器陪衬于成套的仿铜陶礼器中。

6）本区陶器中泥质褐陶所占比重较大，仅略低于泥质灰陶，即使是泥质灰陶，烧制火候也较低，质地颜色有不少接近于泥质褐陶，这与江陵、当阳楚墓陶器中泥质灰陶占绝对优势又有不同。当阳楚墓较为流行的磨光黑陶在本区仅出现在第五期前段，而且数量较少。

7）器表装饰尽管都以绳纹为大宗，但本区饰弦纹尤其是多重弦纹的陶器数量不多，且基本不见彩绘菱形纹、涡纹、"S"纹及饰暗纹的情形。

8）器类组合较为单纯，基本组合为鬲、盂、罐和鼎、敦、壶，到第五期后段演变为鼎、盒、壶，未见鬲、盂、长颈壶及鼎、簠、壶组合，即缺少长颈壶、簠这两种楚墓典型器物。

9）陶鬲的主体为口径与三足外切圆径基本相等的高足鬲，无大、小口鬲之分，其形制在许多方面与江陵、当阳楚墓陶鬲有明显区别，极少见小口高足鬲，基本不见凸圜底裆部。

10）陶鼎的类型较为单纯，演变脉络十分清楚，小口鼎出现的时间晚，数量少，除第五期后段有个别瓦面凹足鼎外，其余全为实蹄足，不见江陵楚墓的外圆内空凹足鼎。

11）本区仅有少量的绳纹长颈罐，但与江陵、当阳楚墓同类器物相比，颈短而粗，口径与肩或腹径的大小基本相同。

12）江陵、当阳等地同类楚墓同时随葬兵器、玉石器的情形十分普遍，不仅数量较多，而且类别丰富，特别是铜剑随葬比例较大。本区则除少量墓葬同时随葬数量不多的兵器、玉石器外，其余大部分仅单纯随葬陶器，甚至整个墓地一件兵器、玉石器也未见到。

正是由于这些特点，才使本地楚墓有别于其他地区，成为楚墓研究中的又一区系类型。

此外，我们也应看到，襄北楚墓的不少特点与同期中原东周墓的文化特征有不少相似之处：墓坑只填夯筑的五花土，不见青膏泥；器物组合都有鬲、盂、罐，鼎、豆、壶，鼎、盒、壶，不见江陵楚墓典型器物簋、长颈壶；陶鬲的形制更多地接近于中原文化。这些特点表明，本区即使到了东周时期仍深受中原文化的影响。

本区楚墓时代上限为春秋中期，尚未找到更早的楚墓，这便给科学地解决襄阳在楚文化发展过程中的地位问题带来了困难。有学者认为，鄂西（江陵、当阳一带）是探索早期楚文化的中心，楚人以此为根据地不断开疆拓土，逐步向外特别是向北发展，灭邓设县而据襄阳为腹地后，使本地区在中原文化影响的基础上融进楚文化因素，导致本地文化风格逐渐趋同于江陵、当阳一带，但我们是否也可以反过来说，江陵、当阳一带楚墓风格是以中原文化为基础发展起来的楚文化到达此地后融合当地土著文化形成的呢？

尽管本区甚至整个襄阳一带早于春秋中期的楚墓到目前为止尚未找到，但不能就此否定这里没有更早的楚墓。1989年由湖北省文物考古研究所主持发掘的真武山遗址可能会给我们一些启示，该遗址时代自西周中期至战国中期，文化发展一脉相承，文化因素来源于中原文化，到晚期与江陵、当阳一带发现的楚文化面貌基本一致。本区楚墓日用陶器组合鬲、盂（豆）、罐无论是在陶系、纹饰方面还是在形制方面都与它有不少共同点。特别值得一提的是，晚期楚文化的主要器类都可以在该遗址中找出来。这至少说明一点，即本区作为探索早期楚文化的中心区域之一是不容置疑的。

注　释

[1]　湖北省博物馆：《襄阳山湾东周墓葬发掘报告》，《江汉考古》1983年第2期。

[2]　湖北省博物馆：《襄阳蔡坡战国墓发掘报告》，《江汉考古》1985年第1期；襄阳首届亦工亦农考古训练班：《襄阳蔡坡12号墓出土吴王夫差剑等文物》，《文物》1976年第11期。

[3]　襄樊市博物馆：《湖北襄阳团山东周墓》，《考古》1991年第9期。

[4] 襄樊市博物馆：《湖北襄樊市余岗战国至东汉墓葬发掘报告》，《考古学报》1996年第3期。

[5] 湖北省文物考古研究所等：《湖北襄樊市彭岗东周墓群第三次发掘》，《考古》1997年第8期；襄樊市文物管理处、襄樊市博物馆发掘资料。

[6] 襄樊市博物馆：《湖北襄阳余岗战国墓发掘简报》，《考古》1992年第9期；襄樊市博物馆发掘资料。

[7] 湖北省博物馆：《襄阳山湾东周墓葬发掘报告》，《江汉考古》1983年第2期。

[8] 荆州地区博物馆：《江陵雨台山楚墓》，文物出版社，1984年。

[9] 湖北省宜昌地区博物馆等：《当阳赵家湖楚墓》，文物出版社，1992年。

[10] 叶植：《赵家湖楚墓的分期研究——楚墓的分期研究之一》，《湖北省考古学会论文选集（二）》，《江汉考古》1991年增刊。

[11] 湖北省文物考古研究所等：《湖北襄樊市彭岗东周墓群第三次发掘》，《考古》1997年第8期。

（原载《江汉考古》2000年第2期，本次出版时对标题和内容作了修改，并补充了《墓葬分期一览表》《主要陶日用器分期图》《主要陶仿铜礼器分期图》）

襄樊邓城区域两周遗存文化属性分析

一 地理环境及遗存分布

襄樊位于湖北省西北部，全境主要分为鄂西山地、南阳盆地、襄宜平原和随枣走廊等四个大的地理单元，优越的地理环境和自然条件使本区自古以来不仅成为文化发达的重要区域之一，而且在南北文化交流中发挥着重要的通道作用，特别是在两周时期达到了文化发展的一个高峰。

文物普查和考古发掘资料表明，襄樊境内的两周文化遗存十分丰富，它们相对集中地分布于除鄂西山地外的其他三大地理单元中，其文化面貌也因地理单元的差异显得较为复杂，并形成各自的中心区域，邓城区域就是其中之一。

邓城区域位于襄樊城区西北汉水北岸的淤积平原上，地理单元属南阳盆地南端，北部矮丘连绵，东部一条南北向低岗（团山—彭岗）纵贯，中部两条东西向矮岗（余岗、沈岗）并列，整个地势平缓而开阔。

该区域以邓城城址为中心，向东、北呈扇形在半径约6千米的范围内分布着近20处两周文化遗存，发掘13处，包括三处两周遗址、两处邓墓地、八处楚墓地、三处秦墓地。它们的发现和发掘，为揭示两周时期本区邓、楚、秦的历史进程和文化属性提供了重要的实物资料。

二 邓文化遗存

据《左传》等文献记载和传世"安州六器"之中甗及多件出土铭文铜器考证，西周时期的嫚姓邓国作为周王朝的南土位于今汉水中游北岸的襄樊北部，都城正是今邓城城址，这里发现的遗址和墓地也正好印证了邓国、邓城的存在。

（一）遗址

1. 概述

邓城城址[1]为该区域中心遗址，现存相对完好的古城城址，城址平面呈长方形，南北长约800米，东西宽约650米，墙体宽20米左右，残高3~5米，四角凸出，每面城墙中部开门，城外有护城河。因其城墙尚未解剖，城内也未发掘，城址的始建年代不详，但从城墙暴露的遗物看，该城至少从春秋一直沿用到南北朝时期。

邓城城城址虽未发掘，但在城址东、北部分别发掘了与城址基本相连、时代延续较长、遗迹和遗物都十分丰富的黄家村遗址[2]和韩岗遗址[3]。

黄家村遗址发掘地最近处离城址东城墙约1千米，分布范围东西长约1500米，南北宽约300米，文化层因土地平整破坏严重，主要清理出一些灰坑和点状分布的文化层，其时代从西周晚期到战国早期，且自西向东由早到晚分布，西周晚期遗存中发现有部分西周中期遗物。如按已清理遗存的分布规律推测，在尚未发掘的城墙以东1千米范围内可能有早于西周晚期的遗迹或文化层。本遗址迄今发掘的最早遗迹为最西部的H5，该灰坑出土了一组典型的西周晚期陶器群，器类组合为鬲、甗、豆、盂、罍、罐。鬲、甗瘪裆较高，截锥状柱足。豆折盘，带凸箍矮粗柄喇叭状圈座。盂、罍均长颈，斜溜凸折肩。罐有凸折肩和圆肩两种，后者仅个别。两周之际或春秋早期早段的典型单位为TN2E15第2层，鬲的瘪裆稍矮、浅，盂微折肩，呈现出从折肩向圆肩的过渡形态。而典型遗迹H19兼跨春秋早期早、晚段，其堆积分3层。第3层主要器物鬲袋足，裆微瘪，豆微折盘，具有春秋早期早段特征。第1、2层出土器物中，微瘪裆鬲及甗和个别无凸箍柄折盘豆继承了下层特征，其余器形变化较大，豆大量的是细柄、弧盘；盂短颈，微折肩；罐则完全变为圆肩、鼓腹，时代约当春秋早期晚段。

韩岗遗址虽不见春秋早期的遗迹和地层堆积，但在春秋中期的遗存中残存春秋早期的锥足鬲、带凸箍或凹腰台阶状圈座豆等遗物。

2. 文化属性

以上两个遗址出土的西周晚期至春秋早期遗物主体具有比较典型的中原文化风格，应属姬周文化系统无疑，特别是西周晚期遗物的姬周文化风格更为浓厚，这与早年在邓城附近征集到的西周晚期铭文邓器《邓公牧簋》《侯氏簋》[4]同样具有中原姬周文化风格一致，即邓文化从中原姬周文化而来，并继承了中原姬周文化传统。但值得注意的是，黄家村遗址H5中出土的一种有别于中原姬周文化的束短颈圆肩鼓腹罐，是东周时期楚文化遗存中常见的器物形制，同时鬲、甗的深腹矮柱足也有别于关中地区的浅腹高柱足，它们发展变化到春秋中期就成为楚文化的典型陶器。

春秋早期遗物风格有一个比较明显的变化过程。早段遗物仍有西周遗风，是对西周风格的承继。而黄家村遗址H19出土的春秋早期晚段遗物在继续保持一定中原文化风格的同时开始发生较大变化，如鬲及甗的瘪裆、豆的折盘风格仍存，但整器不像西周晚期那么典型，也有较明显的楚式器特征。可以说，其春秋早期晚段陶器兼有邓、楚两种文化因素，并具有过渡性特点，时代越晚，楚风越浓，这可能与楚对邓的影响越来越大有关。

（二）墓地

1. 概述

邓城东约2千米的沈岗墓地[5]发现了一座西周中期墓葬，长方形竖穴土坑，单椁单棺，出土四簋二豆二罐共8件陶器。

邓城北约4千米的王坡墓地[6]发现了4座邓国贵族墓葬，墓葬形制十分单纯，为不带墓道、未设生土台或壁龛的长方形竖穴土坑墓，墓葬开口最大者为6.3米×4.5米，使用单椁单棺，出土器物全为青铜器和玉石料器，不见陶器，其中M55为鼎、簋、壶、盘、匜组合，M1仅一鼎，其他两墓无礼器。四墓铜兵器、车马器和玉石料器风格基本一致。

2. 文化属性

几座墓出土的各类器物无论是组合、形制、纹饰还是青铜器的铸造工艺、铭文特征等都具有典型的中原姬周文化风格，属于典型的邓文化遗存。

沈岗墓地出土的陶簋、豆、罐均为红陶，簋、罐饰细密绳纹，簋折沿、深腹、高圈足，豆折盘、带凸箍矮粗柄喇叭状圈座，罐小口、圆弧微折肩、浅凹底，从形制看，三器均为十分典型的周式器。

王坡墓地M1所出铜鼎为敞口，宽折沿，方唇，附耳，半球形腹，三蹄足，耳、身饰重环、窃曲、垂鳞纹等，这是西周晚期至春秋早期中原姬周文化流行的一种鼎型；M55之铜器组合也是西周中期以来开始流行的具有周文化礼制特点的组合形式。其他器类如宽平援、三角形锋、短胡戈及素面短杆马衔穿外凸套圆环索状马镳等，均与中原地区周王朝分封的姬、姜姓诸侯国同类器物几乎完全相同。M1出土的铜鼎铭文有"邓公孙无忌"、戈有铭文"邓子中无忌"字样，证实这里应该是邓国的高级贵族墓地，M55出土的铜五鼎六簋表明该墓的主人身份不低。

三 楚文化遗存

约当春秋早、中期之际的公元前678年，邓为楚所灭，邓地尽归楚，楚依托原邓城设邓县治之。从此时起，邓文化遗存在本区消失，典型的楚文化遗存兴起并迅速发展。

（一）遗址

1. 概述

除邓城城址外，共发掘遗址三处。

东部的黄家村遗址春秋中期至战国早期的遗存属楚文化遗存，是在西周晚期至春秋早期的基础上继续发展形成的。较为典型的就是H19第1层，该层器类少，鬲瘪裆基本消失，弧裆明显，豆柄细高，罐的圆肩风格继续发展，时代为春秋早、中期之际，有春秋中期早段风格。部分残存的灰坑和文化层包含物较为丰富，绝大多数为陶片，器类基本组合为鬲、豆、盂、罐。主体形制基本定型，鬲大口，溜肩，弧裆，中或高柱足；豆弧盘，中高微束或高直柄，喇叭状圈座；盂短束颈，圆肩，弧腹内收，浅凹底；罐侈口，束颈，圆肩，鼓腹，小凹圜底。

邓城北侧依托北城墙形成的韩岗遗址，面积达120万平方米，文化层堆积厚，包含物丰富，有一定数量的生产工具，生活用器主要为陶片，春秋、战国分别以夹砂红、黄陶和泥质灰陶居多，都以绳纹为常见，器类组合及主要器物形制与黄家村遗址基本相同，但器形较多，战国遗存中除继续沿用春秋时期已有的盖豆外，新增加了敛口弧腹盂、双耳罐、盆形甗等。发掘情况表明，它是一处从春秋中期到西汉早期一直连续发展并包含有春秋早期遗物的文化遗存。

黄家村遗址东约300米外的彭岗遗址[7]，也可能原与黄家村遗址连为一体，因破坏严重而致分隔，其时代正好在黄家村遗址之后，为战国中期至战国晚期早段。石、铜、铁制生产工具的数量增加，生活用器中陶片陶系、纹饰、器类组合及大部分器物形制与韩岗遗址战国文化遗存相当，但也有新的变化，体现在小口鬲、长颈罐、矮领浅腹罐、盆形鼎、大鼓腹凸圜底瓮（或瓮形鬲）等器形上。

此外，在王坡墓地春秋早期邓国墓葬的填土中发现较多的东周陶片，主要器类同样为鬲、豆、盂、罐。

2. 文化属性

从发展情况看，黄家村、韩岗遗址春秋中期的文化遗存保留和继承了其早期层位出土同类器物的特点，并已完全变为楚式器，到战国时期得到进一步发展，各遗址出土的典型陶器的基本组合、器物形制和发展脉络，其主体无疑都属楚文化范畴，这与楚统治本区的时间段也相吻合。但同时在不同时段也有一些新的特点，时代越晚，变化越大。

少量春秋中期至战国中期沿用的盖豆有中原文化因素，战国时期虽出现了少量江陵、宜昌地区较为多见的小口鬲、长颈罐，但小口鬲一律弧裆高蹄足、长颈罐颈粗肩宽腹深的形制又有别于上述地区的同类器物，战国早期出现的敛口盂则有秦文化因素。战国时期本区还多见盆形鼎、大鼓腹凸圜底瓮（或瓮形鬲）、双耳罐等，特别是双耳鼓腹凹圜底罐，本地发现数量多、时间早、延续时间长且不间断，是具有地方文化因素的代表性器物，或许与同样发现较多双耳罐的鄂东地区有某种渊源关系。

（二）墓地

1. 概述

在邓城城址及其周边几乎连接成片的大规模遗址周边，略呈"S"形分布着彭岗[8]、沈岗[9]、余岗[10]、团山[11]、蔡坡[12]、山湾墓地[13]六处大型楚墓地，同时，在六大墓地外也有少量楚墓发现。截至目前，本区各墓地共发掘春秋中期至战国晚期早段的楚墓近700座。

2. 墓地特征

（1）整体特征

楚墓地的选择及墓葬形制、填土、葬具、葬式、随葬器物的位置及基本组合、器类、主要器物形制等基本特征与他地同时期楚墓基本相同，在此不赘述。

（2）个性特征

各墓地墓葬的整体特征虽然基本相同，但也有自身特点。

山湾、蔡坡是位置基本相连、时代前后衔接的两个墓地，已发掘的墓葬数量虽然不多，但在整个邓城区域各时段中，其单个墓葬的规模相对较大，墓地规格也相对较高，战国时期设台阶、带墓道的墓葬较多，头向中朝东者所占比例较大。两个墓地随葬器物中铜器较多，部分铜器铸有铭文，其中鄀、吴、徐、蔡等国青铜器应是作为战利品随葬其中的，另有春秋晚期的《邓公乘鼎》[14]《邓尹疾鼎》[15]则很可能就是邓县县公、县尹所有。山湾墓地M11椁室内以车马殉葬。

团山、彭岗、沈岗、余岗等四个墓地绝大部分为小型墓。

团山墓地少量墓设腰坑，发现三座陪棺墓，其中一个埋有近30座墓葬的墓区即使规模相对较大者（约3米×2米）也要么无随葬品，要么仅有个别陶器，有三座墓葬将个别随葬器物置于墓道或墓室填土中。墓地出土有郑、蓼、蔡等国铭文铜器。

彭岗墓地随葬品除个别为小铜饰件外，其余均为陶器，出土了个别盆形鼎、仿铜圈足簠分别参与的鼎（簠）、豆、盂、罐组合，并仅在该墓地发现高足小壶。

沈岗墓地墓葬分布十分密集，头向较为杂乱，虽南向较多，但度数相同或相近者不多，少量墓葬有打破现象。三座墓葬有鼎、盏（盆、簠），或加缶的铜器组合，其中一座出铜鼎、盆的墓葬器物置于头龛内，1座墓葬随葬鼎、簠、壶陶器组合。发现了邓城区域至今唯一一座一车两马、头向北属春秋晚期的车马坑。

余岗墓地是发掘最为完整的一个墓地，墓葬分布较有规律，按时代早晚从西依次向南、北、东部逐步扩展。较多的单棺墓设头龛，少量较大的墓葬设台阶或踏步、蹬台、腰坑，个别墓葬设生土台，头向一般为190°～220°，少量战国墓所填的青膏泥均以五花土掺细灰泥混合而成，结构松散，土斑大而多，一般盖住椁盖板，仅极少量较厚，与五花土的结合部形成厚5～10厘米的铁锈色土层，除玉琀外的所有随葬器物包括小件玉器都置于棺外头箱或边箱内，并穴合葬墓数量多。16座墓出土铜礼器，组合有鼎、盏（盆）、舟，鼎、敦（簠、盒），或加缶，个别加匜，形成了较为完整的发展序列；部分战国墓葬中俎、豆、瑟、伞、镇墓兽、虎座鸟架鼓、虎座飞鸟等漆木器保存较好，少量墓葬出土一组兵器戈、剑、矛、弓、镞，但各仅1件，出铜鼎、敦组合之墓中一般伴出木俎。战国墓随葬仿铜陶礼器鼎、敦、缶（壶）或加日用陶器盂、豆、长颈罐（壶）组合者，其陶器器表基本施一层黑衣并抹光。

各墓地之间的差异性应是墓地性质和时代不同所致。

3. 文化属性

（1）主体文化属性

以上六大墓地及零星发现的墓葬，就整体文化属性而言，无论是墓地选择、墓葬布局还是墓葬形制，以及随葬器物组合、形制、纹饰等都表现出典型的楚文化风格，他们虽随着时代的推移在不同时代有不同反映，但各墓地的楚文化共性未变，其主体文化属楚文化无疑。

（2）外来文化因素

1）中原文化因素。是所有外来文化因素中影响最大的，各墓地的选择、墓葬布局和墓葬形制、棺椁重数等基本沿用周礼，山湾墓地个别墓葬的列鼎制更为典型。而坑底设腰坑的现象最早源于中原商文化，车马坑的形制也同于中原地区。体现在器物组合上，楚文化遗存中一直沿用的日用陶器鬲、豆、盂、罐组合，铜礼器鼎、盆（簠）、缶组合都与中原周文化有着直接的承袭或相似的关系，零星发现的仿铜陶礼器鼎、簠（盆）、壶组合也由沿袭而来。还有器物形制，早期陶鬲的微瘪裆作风及承盖碗形圈足簠形制无疑是周式鬲、簠的延续和发展，铜立耳鼎、盆、舟乃至典型器簠等器形最先都是在中原地区使用的，线刻纹铜匜及陶小袋足罐形鬲、盖豆、高柄小壶是中原三晋地区较为流行的器物。

2）越文化因素。有显著特征的越式鼎在战国中、晚期的墓葬中出土。

3）秦文化因素。秦地多见的束长颈扁鼓腹壶在本地发现较多，时代也较江陵地区为早。

4）其他诸侯国文化因素：主要体现在铸刻多个诸侯国名的青铜器的出土，如《郑臧公之孙鼎、缶》《上都府簠》《蔡公子姬安缶》《蓼铝戈》《吴王夫差剑》《徐王义楚元子剑》《蔡公子戈》等，不过这些器物依然体现出较强烈的楚文化特征。

4. 地域特点

本区与江陵、当阳等地楚墓同样集中的区域之间，虽同属楚文化范畴，但也表现出一定的地域性差异，这种差异性可分别从墓葬形制和随葬器物两个方面得到体现。

（1）墓葬形制

1）墓葬规模普遍较小，且有不少口底同大和少量口小底大的墓葬。

2）填塞青、白膏泥的现象极少见，仅少量战国墓葬在椁室周围及盖顶填青膏泥夹杂五花土的青灰土。

3）龛基本为头龛，仅个别为侧壁龛，位置一律设在与棺（椁）盖板平齐的部位。

4）与江陵除大型楚墓外，其余中小型墓葬仅九店墓地5座甲类墓挖有腰坑不同的是，本区少量同规模的典型楚墓在墓底挖有腰坑。

5）有较多具独特风格的余岗墓地墓葬头向一般为南偏西，为200º～220º，很少有175º～195º近正南方向的墓葬，战国墓葬不设斜坡墓道，而是少量墓葬单边或斜角或四角设踏步。

6）存在一定数量的并棺墓，少量为陪葬棺。

7）山湾墓地中有一座墓葬椁内车马殉葬，为罕见葬制。

（2）随葬器物

1）陶器质色。陶器基本为泥质陶，烧制火候低，色多褐陶，少灰陶，不见黑陶，仅在余岗墓地战国时期的仿铜礼器及伴出的日用器表面施一层黑衣，且大多剥落。

2）纹饰。战国时期仿铜陶礼器上绘彩现象极为少见，且均出自战国中晚期墓葬中；在余岗墓地春秋晚期早段的铜舟内壁发现楚式铜器最早的针刻龙、凤、蛇纹，战国中期的一件铜匜上也有线刻狩猎图案等。

3）组合及器类。参与陶、铜器组合的器类相对单一，差别不大。仿铜陶礼器组合基本为鼎、敦、缶（壶），有零星的鼎、盆（盏、豆、盒）、壶组合，不见鼎、簠、缶（壶）组合。基本日用陶器组合仍为鬲、豆、盂、罐，以鼎代鬲参与组合者所占比例相对较大，有少量以簠代鬲的现象，不出炊器、仅由盂、豆、罐（壶）参与组合的墓葬也有相当数量，还有一例特殊的无耳盆形鼎、高柄簠、三耳壶组合。有个别鼎、盆或加舟的铜器组合。出土铜兵器的墓葬少见。

4）主要器类形制。

A. 陶器。

a. 日用陶器。

鬲绝大多数为大口深腹较高柱足鬲，最早式别的鬲有瘪裆遗风，不见浅腹矮柱足鬲；小口鬲不仅少见，而且除了口径明显小于肩或腹径外，其余特征与大口鬲基本相同，其出现时代较晚，一般在战国时期，应是江陵地区同型鬲北传的结果，鬲裆一般或凹弧或近平，不见下凸裆，均为较高柱足，替代鬲的鼎为无耳盆形鼎，应为日用器，其出现时间较江陵地区早。

盂的形制较为单一，一般为圆肩、深腹，个别浅腹盂近折肩。

作为日用器的豆均为弧盘高柄无盖豆，高柄或粗高圈足碗形簋各仅个别。

长颈罐（壶）不见大口细长颈浅腹形制，而是相对粗短颈深腹形制，束长颈扁鼓腹小壶是本地多见的器物，三耳小口鼓腹壶也仅在本区发现2件。

b. 仿铜陶礼器。

多见于江陵、宜昌地区与簋配套的陶箍口圆折腹鼎在本区没有发现，主要是有盖圆弧腹鼎，一般口外无凸棱，浅弧腹，圆（菱）形实蹄足。所有鼎足不见内空足，足根仅个别压印圆圈纹。小口鼎出土数量少，时代晚，升鼎数量也只有几件。

有个别仿铜陶簋、盆、盏为本地独有，盖豆少见，盒的形制与盖豆的上半部分相同。罍、盂出土不多。

壶的型式更为多样，常见细颈大鼓腹浅圈足壶，不见束颈圆鼓腹浅凹底铺首衔环壶，束长颈扁鼓腹平底壶自成序列，橄榄形壶更不见于他地，并发现个别棱角不明显的方壶，应是钫的雏形。

B. 铜器：楚式铜器区别不大。

礼器中出少量铜盆，不见铜簋，仅发现2件形制独特的环耳盒，不过，本区虽较多地受楚文化强烈影响，但仍有一定自身特色的部分诸侯国青铜器是其他楚墓区难以比拟的。

C. 漆木器。

保存相对较好的墓葬出土的漆木器均出自战国墓葬中，部分墓葬有漆木礼器簋（敦）、壶，但未发现鼎；其他漆木器的种类、数量少，有的只是象征性地各随葬一件；相当一部分无纹饰，有纹饰者也较为简单，上粉彩者罕见。这些或许与墓葬的规格较低有关。

以上地域性特点虽在江陵、宜昌地区极少发现，但不少特征在鄂东楚墓中却有反映，如一角、两角或四角设踏步的结构，双耳罐、束长颈扁鼓腹小壶作为常见器物参与组合等。

从时代发展的角度看，中原及其他诸侯国的文化因素主要体现在春秋时期，且时代越早，其所占比例越大，这一方面与本区的地理位置和文化背景有关，另一方面也与楚在这一时期较大规模的北上争霸有关，待楚基本占领汉水流域后，外来的文化因素则大大减少，直到战国中、晚期秦、楚不断交战及秦占本地后，秦文化较多地进入本区并逐步形成强势主体文化。

四　秦文化遗存

公元前279年，秦拔邓，邓县因袭，属南阳郡，秦文化遗存开始占据主导地位，直至西汉初年。因秦的统治时间相对较短，秦文化遗存数量不多，除韩岗遗址的秦文化遗存外，其余就是各发现100座左右战国晚期晚段至秦统一时期（前279～前206年）秦墓的三大墓地：王坡[16]、余岗[17]、岭子[18]墓地，其中属战国晚期晚段的秦文化遗存只有三大秦墓地中的小部分墓葬。

1. 概述

这些墓葬除2座带长方形竖穴式墓道的土洞墓外，其余均为无墓道的长方形竖穴土坑墓，都属小型墓。头向中北向居多，南向次之。少量墓单或共设生土台、头龛。填土均为五花土。葬具只有单椁单棺和单棺两类。葬式绝大多数为仰身直肢，少量仰身或侧身屈肢。随葬陶礼器组合为鼎、盒、豆、壶之二至四种，日用器组合有罐、壶、盂、鍪、釜等一至三种，部分墓葬为礼器加日用器组合，但组合不全，仅各见个别随葬铜鼎、蒜头壶组合和单用铜鍪的墓葬。

此外，在山湾、蔡坡、团山、沈岗等典型楚墓地中也发现个别或少数几座形制及随葬器物与上述墓地基本相同的秦墓。

2. 文化属性

（1）主体文化属性

邓城原为楚地，公元前279年白起取鄢、邓后，秦文化随着秦人统治地位的确立也开始在本区占据主体地位。

1）墓葬形制。在竖井墓道侧边挖掘洞室的墓葬，其中较多头向北、为屈肢葬式等。

2）随葬器物。陶日用器组合中鍪、釜、折肩盂、甑、"亚"字形小壶、小口瓮及铜礼器鼎和日用器蒜头壶、鍪等都是典型的秦式器，伴出较多的弦纹铜镜在关中秦墓中较为流行，还有秦式字体的"三十四"年铜戈及秦钱铜"半两"。

（2）其他文化因素

1）楚文化因素。楚式长方形竖穴木椁墓占绝大多数，东、南头向的墓葬不在少数，继续采用大量仰身直肢葬式。占整个墓葬的相当一部分的陶鼎、盒、壶礼器组合，基本上继承了战国晚期楚墓的陶礼器组合，其中高棱形蹄足鼎，盖、身均带圈足素面盒，侈口束长颈浅圈足壶等都具有楚式器的特点，羽状地草叶立鸟纹镜及漆壶、樽等漆木器都在战国楚地十分流行。

2）中原文化因素。楚墓及关中秦墓中所共有的较多地设置二层台和壁龛的现象，在本地也发现较多，他们可能都源于中原姬周文化，中原地区最早出现的夫妻异穴合葬墓在秦墓中也有较多反映。鼎、豆、壶陶器组合及陶高足小壶也来源于中原地区。

3）越文化因素。秦墓中常见的一种扁腹平底高柱足陶鼎、盘口细颈扁鼓腹圈足壶应是受到了越文化影响所致。

4）地方文化因素。带多道弦纹的陶深腹半高棱形柱足鼎、盖及身为碗状浅宽圈足盒、侈口束长颈鼓腹圈足或平底壶，在本地多而集中，形制较为独特，数量较多的双耳圜底绳纹罐是从本地战国中、晚期同类罐发展而来。

虽然邓城区域秦墓的文化因素复杂，但主体是明确的，可基本分成秦、楚两个文化系统，而以秦文化系统为主，这两个文化系统也不是孤立存在的，在很多情况下是兼而有之，或两种，或两种以上，这既反映了秦文化在统一其他文化过程初期的相容性，又证明了楚文化的强大生命力。

五　小　结

1）邓城区域密集分布的文化遗存表明，邓城作为两周时期汉水中游区域性中心城市存在，而依托邓城发展起来的黄家村、韩岗遗址不仅面积大，而且与邓城连接成片，打破了城市发展受城墙阻隔的局限，拓展了城市发展空间，也是该区两周时期经济繁荣、文化发达的体现。

2）以邓城城址为中心的邓城区域在两周时期由于政治格局的转换，文化空间随之发生突变，先后经历了邓、楚、秦三种主体文化的更替，而处中间段的楚文化具有承上启下的历史作用。

3）为加强对南土的控制，西周初年，周王朝封邓于汉水中游，居邓城，开邓城区域两周文化之先河。传世邓器及其发掘情况表明，作为周封国的邓，其文化与中原周文化有着高度的一致性，其文化的先进性奠定了本区邓文化的深厚基础，并在历史发展进程中一直顽强地保留着自身的文化特色。只是到了西周晚期，邓文化也开始受到周邻楚文化的影响，黄家村遗址从西周晚期出现个别、到春秋早期晚段出现越来越多的成熟期楚文化日用陶器即证实了这种影响的作用。

4）楚文化占据主体地位之初，邓国虽然灭亡，但作为与中原姬周文化保持高度一致的邓文化，其因素并未消失，仍然对楚文化施加影响。在整个楚文化发展过程所反映的特征中，中原文化因素在外来文化因素中始终占有较大比例，特别是不少因素直接上承中原姬周文化，这除了说明本地有较深厚的直接传承中原姬周文化的邓文化基础外，还说明，楚文化与中原文化一直有着十分密切的关系，中原姬周文化很可能就是楚文化的主源，因而楚文化在发展中一直深受中原文化的影响。同时，楚在后来的灭国过程中还分别纳入了多个诸侯国的文化因素，它们对楚文化的全面形成起到了一定的充实作用。

5）本区楚文化的整体特征虽然比较典型，但也存在比较明显的地域性特点，并且在不同时期有不同的表现形式，这种地域性特点的形成与其所处的地理位置和历史文化背景密切相关。由于本区地近中原，是中原文化南传的必经之地，加上西周至春秋早期为邓文化的中心区域，致使本区楚文化一直受到中原文化的强烈影响。春秋中、晚期，楚以襄宜平原为统治中心，以汉水以北的邓县为基地，向北进行大规模的兼并战争，灭亡了江淮流域的多个诸侯国，在使其文化因素为楚文化所吸收的同时，也在本区留下了不少中、低级楚贵族墓。战国早期以后，本区楚墓的整体等级明显低于江陵地区，原因自然是楚都南移纪南城之故，而恰在此时，原流行于江陵地区的带当地文化特点的器物北传到本区。从楚文化较为明显的地域性特点看，本区可成为楚文化的一个区域类型。

6）秦文化因素在战国早期及以前仅偶有发现，到战国中晚期影响加大，秦占本地后，以政治主导对楚文化实施强制性改造，秦文化最终取代了楚文化。不过，楚文化的传统仍然顽强存在，并对秦文化产生了较大影响，这种影响产生了既不同于典型秦文化又有别于典型楚文化的变体，形成一定的地方文化因素。本区秦文化的发展虽然也有来自其他文化因素的成分，但所占比例小，而是更主要地受到楚文化传统的阻击。这种阻击在秦占领本地之初表现得更为突出，其时秦文化遗存中的楚文化成分相对较大，随着秦王朝统治地位的稳固，传统楚文化逐步走向解体，秦文化整合进程加快，并一直持续到西汉初年，继本区三大秦墓地战国晚期晚段秦墓之后的秦代墓葬反映了这一进程。而同墓地大量西汉早、中期墓葬的发现表明，秦、楚文化在被汉文化继承的基础上进一步融合，到西汉中期前段即汉武帝前期完全融入大一统的汉文化之中，秦、楚文化因素也完全消失。

总之，作为南北交通要道和文化交流中心之一的邓城区域在两周时期的文化发展有其独特之处，在今湖北地区两周文化研究中占有较为重要的地位，且其地大量考古遗存的发现也为探索楚文化的源流提供了重要资料。

注　释

［1］　襄樊市文物普查办公室等：《襄樊市文物史迹普查实录》，今日中国出版社，1995年。
［2］　襄樊市考古队2005年资料。
［3］　湖北省文物考古研究所等：《湖北襄阳邓城韩岗遗址发掘报告》，《江汉考古》2002年第2期；襄樊市博物馆：《湖北省襄樊市邓城遗址调查简报》，《江汉考古》2004年第2期。
［4］　襄樊市文物管理处：《湖北襄樊市拣选的商周青铜器》，《文物》1982年第9期。
［5］　襄樊市文物考古研究所2006年资料。
［6］　湖北省文物考古研究所等：《襄阳王坡东周秦汉墓》，科学出版社，2005年。

[7]　襄樊市考古队：《襄樊市彭岗东周遗址发掘简报》，《江汉考古》2000年第2期。

[8]　湖北省文物考古研究所等：《湖北襄樊市彭岗东周墓群第三次发掘》，《考古》1997年第8期；襄樊市文物管理处等：《襄樊彭岗东周墓地第一次发掘简报》，《江汉考古》1999年第4期；襄樊市博物馆1995年发掘资料。

[9]　襄樊市考古队2004~2006年发掘资料。

[10]　襄樊市考古队2004、2005年发掘资料。

[11]　襄樊市博物馆：《湖北襄阳团山东周墓》，《考古》1991年第9期；拙作：《襄北楚陶器墓综述》，《江汉考古》2000年第2期；襄樊市博物馆1994年发掘资料；襄樊市考古队2005年发掘资料。

[12]　湖北省博物馆：《襄阳蔡坡战国墓发掘报告》，《江汉考古》1985年第1期；襄阳首届亦工亦农考古训练班：《襄阳蔡坡12号墓出土吴王夫差剑等文物》，《文物》1976年第11期；襄樊市考古队：《湖北襄樊蔡坡战国墓地第二次发掘报告》，《考古》2005年第11期；襄樊市考古队：《湖北襄樊蔡坡二十号战国墓》，《考古》待刊。

[13]　湖北省博物馆：《襄阳山湾东周墓发掘报告》，《江汉考古》1983年第2期。

[14]　杨权喜：《襄阳山湾出土的鄀国和邓国铜器》，《江汉考古》1983年第1期。

[15]　王少泉：《襄樊市博物馆收藏的襄阳山湾铜器》，《江汉考古》1988年第3期。

[16]　湖北省文物考古研究所等：《襄阳王坡东周秦汉墓》，科学出版社，2005年。

[17]　襄樊市考古队2004~2006年发掘资料。

[18]　襄樊市考古队2004、2006年发掘资料。

（原载日本早稻田大学《长江流域文化研究所年报（第5号）》，2007年）

楚文化在宜城平原发展的考古学观察

考古学楚文化的甄别，与楚文化的来源密切相关。关于楚文化的来源，尽管多说并存，但以中原文化主源说和江汉土著主源说为主导，二者尖锐对立，由此导致对考古学早期楚文化面貌的认定存在较大的分歧。如果抛开先入为主的想法，我们不是沿着事先已确定的成熟的楚文化特征往上追溯，同时沿着早期中原文化或江汉土著文化的发展脉络往下探寻，以求找到两者之间的结合点，进而确定考古学早期楚文化面貌；而是先从楚族源入手，通过其社会文明的发展历程来判定考古学楚文化的面貌，那么，楚文化的来源问题或许就会明朗起来。这一点已通过不少前辈先贤们的努力取得丰硕成果。正是由于楚族源自中原华夏集团，故其考古学中早期楚文化的面貌自然受到中原文化的强烈影响，时代愈早，中原文化的特征愈浓，随着楚国势力的发展，楚文化在不断兼收并蓄的基础上逐渐形成特色，最终在春秋中期趋于成熟，并得到进一步的发展，直至鼎盛。在这一历史发展过程中，今宜城平原所处的地理区域无疑有着至关重要的衔接作用，尤其是它与楚武王徙都郢这一在楚国历史上具有承上启下作用的标志性事件紧密相连。关于楚王迁郢是武王还是文王，"始都郢"之郢的地望是在今宜城平原的楚皇城附近还是在今江汉平原的纪南城，石泉先生[1]、王光镐[2]先生等已运用强有力的文献学、历史地理学证据并结合考古资料，考证出楚武王迁都郢于今宜城平原南部宜城楚皇城或其附近的基本事实。楚郢都的营建与发展带来了楚文化在宜城平原的繁荣。

一　楚遗存的现状

一般来讲，同一时期的考古学文化遗存存在着层次上的差别，其中以中心聚落或城址为最高，尤其是都城遗址更具特殊意义，其次是高等级的公共墓地，再次是中心聚落或城址周边的村落遗址及墓地，最后是普通的村落遗址和墓地。作为春秋时期楚国都的郢都在当时楚国的中心地位是不容置疑的，它在当时楚文化遗存中的层次自然也是最高的。

宜城平原位于汉水中游的西、南岸，是一个南北长约40、东西宽约15千米的狭长冲积平原。文物普查资料表明，就在这不大的范围内分布着60余处楚文化遗存，分别以小胡岗、郭家岗、楚皇城、邹湾遗址为中心集中布局于宜城平原的南、西南、东南、北部区域，其中楚皇城作为城址，其遗存的级别无疑是最高的。

楚皇城城址虽未经大规模的考古发掘，但两次勘查试掘所得的考古资料[3]已能说明其在当时楚国历史上的重要地位。

楚皇城城址位于汉水西岸一高岗地上，处于北进中原、南控两湖的交通要道，选址符合临水居高且交通便利的特点。城址平面呈长方形，与中原都城形状相同。现存城垣基本完整，墙基宽厚，内外有护坡，采用版筑法夯筑墙体和护坡，夯土铺垫均匀，夯筑结实，整个筑城技术较为先进。城内布局体现了合理规划的思想，城址的核心"金城"位于城内中部偏东北一块高出的台地上，除北部依托外城城垣外，其他面均另筑城垣，且墙基更为宽大。"金城"南部偏东俗称"散金坡"，多次发现金币、金块、金屑，这里可能是重要的宫殿或府库所在地。城内还发现过不少陶窑、井及制陶作坊等遗迹，城垣外侧有护城河，城内四角设有烽火台，它们与高大坚固的城垣共同构筑起了一道完整的防御体系。无论从哪个角度讲，楚皇城都是一座有相当规模、讲究布局、功能完备的中心城市。

从城墙夯土夹杂的遗物并结合城址内外出土的遗物看，有早至新石器时代的，也有晚至秦汉时期的，但以东周遗物最为丰富，其时代涵盖整个东周。东周遗物除了鬲、豆、壶、罐、钵、盆等大量陶制日用生活器及筒瓦、板瓦、瓦当等建筑材料外，还出土了部分制作精良的铜器，如大铜方壶、带流铜鼎、提链铜壶、错金嵌玉铜带钩及铜车軎、蚁鼻钱、"王"字铜印[4]等，这些显然非一般庶民所能拥有，其中大铜方壶的时代当在春秋早期，与楚武王迁郢时代相当。此外，在城内"散金坡"历年还多次发现较多的"郢爰""陈爰"等楚国金币，更说明这里曾是楚国的政治、经济中心。

当然，由于城墙夯土中包含有晚期遗物，有人据此推测城址的建造年代早不过春秋晚期乃至战国早期，这实际上是城址连续发展过程中的必然现象，城垣筑造得再早，如果后期屡屡增筑，或许经解剖的墙段正好为晚期所新筑或毁后重修等，其中包含着晚期遗物自然是正常的。还可能因"若敖、蚡冒至于武、文，土不过同，慎其四竟，犹不城郢"[5]之故，尽管楚武王"始都郢"，但"城郭未圉"，以后虽有几次增修，但规模仍然不大，城垣筑造简陋，这当与楚一直在外线作战有关。而到春秋后期，随着吴国的崛起，吴楚争战，楚人才真正注重郢都的建造，以致鲁昭公二十三年（前519年）有楚囊瓦城郢之事。即使如此，郢都仍免不了最终为吴所取，该处在楚都南迁至今江陵纪南城后再度增修，仍作为楚国的重要都邑存在。

既然宜城楚皇城很可能是春秋晚期以前的楚郢都，那么与之相对应的墓地何在？这也是个必须从考古学上得到证实的问题。按照等级划分，楚墓可简单地分为中上等高级贵族墓地和下等贵族、庶民墓地，等级不同对墓地的选择也不同，简言之，下等贵族、庶民墓地的选择相对简单得多，离城不会太远，对地理位置和地理环境的要求也不那么严格，考古调查证明在楚皇城城址附近就有几处墓地，其中在城西雷家坡、魏岗两个墓地中发掘了

8座这一等级的战国墓[6]。而中上等贵族墓地的选择则较下等贵族、庶民墓地严格得多，从他地已发掘的不同时代同等级的墓葬来看，此类墓地一般选择在地势较高的自然岗地或山包上，附近多有河流或湖泊，且离城不太远，在20千米左右。通过调查和发掘，我们发现在以上范围内有两处相对集中的连片墓地，分别位于宜城平原西、南边缘的岗地上。

宜城平原西部边缘岗地上的墓地主要处于今南漳县武安镇与宜城市朱市镇之间，以安乐堰墓群为主。该墓群在一条南北向岗地上，长约2千米，经调查和钻探知，岗上墓葬分布密集，总数约200座，有的有封土堆，有的无封土堆，规模有大有小，时代有早有晚。1958年此地曾出土一件《蔡侯朱之缶》[7]，为春秋晚期器，据《春秋》昭公二十一年（前521年）载："冬，蔡侯朱出奔楚。"该器出于此地，是蔡侯朱奔楚的证据。1987年又在朱市镇黄土坡出土了一件《蔡大膳夫簠》[8]，上下器体呈矩形，器壁斜收如斗形，有对称的四个兽面耳，通体饰交体龙纹，有规律地排列56个乳钉，上、下器内底均有铭文，六行三十一字；并伴出铜鼎一件。从形制考察，两器时代为春秋早期。根据文献记载，楚自春秋初年开始扩张并蓬勃兴起后，蔡国逐渐被纳入了楚人的势力范围，以上两件蔡器在此地的出土，一方面说明了楚蔡关系的亲密，另一方面也为楚早期郢都在今宜城楚皇城和高级贵族墓地可能在此提供了有力证据。此外，在该地域范围内还有一些小的墓地和独立的较大型封土堆。

宜城平原南部边缘岗地上的墓地位于今宜城孔湾镇与璞河镇之间，主要有母牛山墓群、凤凰山墓群、肖家洼子墓群[9]、罗岗墓群[10]等。母牛山墓群曾四次发现青铜器，其中1989年从一座残墓内清理出铜鼎、簠、缶、盘、匜等青铜器15件，且四批青铜器的时代均为春秋时期。凤凰山墓群现暴露出多座土坑墓墓口，1979年清理出一座土坑墓，出土有铜鼎2件、簠1件，时代为春秋时期。肖家洼子墓群曾发现10余座土坑墓，已清理的一座残墓出土有铜鼎、敦、盖豆、剑及陶鼎、簠、罐等，铜敦、盖豆铸造精良，花纹精美，墓葬时代为战国中期。罗岗墓群经钻探发现16座墓葬，根据其分布位置、规模，墓葬的分布既自成一体、具有一定的规模性又相互联系。它们可大致分为三组，各组排列按等级高低从南到北，由东到西，整个墓地又以M1为主墓，其中发掘了M1的车马坑及M3，车马坑配置7辆车18匹马，并出土了相当精美的铜车马器构件，M3设三级台阶，带斜坡墓道，出土七鼎等仿铜陶礼器，推测为与M1异穴合葬的夫妇墓，墓葬时代为战国中期，墓地性质当是一处由"冢人"管理的贵族公墓区。

楚郢都在今宜城楚皇城的营建和连续发展，使以此为中心的周边区域也在原有基础上得到迅速发展。根据文物调查、考古发掘资料，整个宜城现有楚文化遗址68处，其中汉水西岸河谷地区楚皇城城址南北两侧共有54处，汉水东岸淤积平原上仅有4处，宜城平原西南侧丘岗地上有10处。这些遗址中，自西周晚期开始兴起并向东周时代发展的只有4处，到战国时期才得以发展的有22处，大量的是自春秋早期或中期开始形成并向前发展的，共

42处。它们分布密集,大多地层堆积较厚,内涵丰富,周围也有相应的墓地,其中有不少遗址面积相当大,延续时间长,成为一个小区域内的中心聚落,整个楚皇城周围大致可分为六个中心聚落,附近有小遗址环绕,它们共同拱卫着楚国都郢。这种情况既是楚郢都营建后带来周边聚落迅速发展的必然结果,也是楚郢都在今宜城楚皇城的有力旁证。

二 楚遗存的文化面貌

如前所述,已知文物调查和考古发掘资料基本搭建起了宜城楚文化发展的框架,其时代起自西周晚期或两周之际,一直延续到战国晚期,整个文化序列发展清楚,特征鲜明。

宜城自西周晚期或两周之际延续发展的楚文化遗址有四处,分别为丁家冲、新营、王旗营、郭家岗遗址等,经正式发掘的只有郭家岗遗址[11]。采集或出土的具有西周晚期或两周之际特征的瘪裆鬲、粗空柄弧盘豆与中原姬周文化有着多而明显的共同点,当是受其影响所致。

西周王朝建立后,周人势力南拓,并占领了南阳盆地、宜城平原,将本区纳入了周人的统治范围,随后周王朝分封诸侯国镇守其南土,楚也是其中之一,故这些区域保留较多的中原姬周文化传统是顺理成章的事,这从襄樊真武山遗址[12]主要的西周遗存中可以找到充分的证明。到西周晚期,楚熊渠开始了楚国历史上的第一次外扩,尽管楚人势力发展到了宜城平原,但仍未摈弃中原姬周文化的传统,以上四处遗址采集或出土的这一时期遗物就是很好的证明。大致从春秋初年始,地处汉水中游交通要道上的宜城一带就成为楚人活动的中心地带[13],特别是楚武王徙郢于今宜城楚皇城后,使楚国重心南移,宜城一带更成为楚国的腹心地区,楚文化也得以迅速发展。

自春秋早期至战国晚期,宜城楚文化遗址的文化面貌可以从已发掘的郭家岗遗址、肖家岭遗址[14]、桐树园遗址[15]中得到反映,尤其是前两者都有独立的发展序列。这三处遗址均以春秋遗存为主,并具有比较典型的楚文化特征。

郭家岗遗址东距楚皇城约12千米,面积达120万平方米。遗址共分七期,分别为西周晚期或两周之际,春秋早、中、晚期和战国早、中、晚期。标型器为日用陶器鬲、盂、豆、罐,其组合完整,建立在清晰地层关系上的器物发展序列清楚。从各期器物发展变化的特征看,其文化面貌继承前期风格并渐次变化发展,有一条清晰的脉络贯穿于整个发展过程。第一期处于西周晚期或两周之际,楚人独有的特征有限,陶器的文化面貌具有较为浓厚的姬周文化特征,而进入第二期即春秋早期后,尽管承袭了第一期的部分因素,如鬲的瘪裆特征仍较普遍等,但总体来说,文化面貌发生了较大的变化,在中原姬周文化的基础上更多地吸收了地方文化特点并开始注入楚人的审美情趣加以创造,如鬲足趋向更高、豆柄也渐趋细高、豆盘弧深、罐腹深鼓等,它们与同期中原地区同类器的形制差别拉大。

从第三期即春秋中期开始，典型楚文化风格全面形成，其总体文化面貌与江陵、宜昌等地所发现的楚文化面貌基本一致，虽然鬲瘪裆的特征在本期乃至更晚时期继续存在，但裆内瘪的程度在降低，联裆鬲已经出现并趋于成熟，高柱足鬲占绝对优势，其他如盂、豆、罐的变化同样明显。此后的各期文化面貌在本期典型楚文化面貌的基础上继续沿用和发展，这种发展是一脉相承并循序渐进的，而非出现某一阶段文化面貌的突变，即使是在楚郢都陷落并南迁至今江陵纪南城后也是如此。从该遗址的地层堆积、遗迹遗物特征可知，郭家岗遗址是一个相对独立发展的楚文化中心聚落遗址。

肖家岭遗址东南距楚皇城约8千米，破坏严重。遗址共分四期，分别为春秋早、中、晚期和战国早期，尤以春秋早期文化遗存最为丰富。春秋早期出土的大口深腹柱足鬲为成熟典型的楚式大口鬲所继承，但承接中原姬周文化而来的瘪裆特征渐为联裆所取代，与大口深腹瘪裆鬲一样，同出的大口深腹甗、折腹盆、肩部带暗纹的圆腹盆、短柄覆碗状座弧盘豆及折盘豆等极富个性特征的器物兼具中原、地方等多方面的特点，它们均可通过本区或其北部更早遗址出土的同类器物在中原姬周文化找到其祖型，同时又摆脱了中原姬周文化的传统模式，自成体系。春秋中期文化面貌在继承前期风格的基础上进一步发展，联裆鬲盛行，柱足渐高，豆柄开始向细高方向发展，豆盘饰暗纹的现象较为普遍，整个器物组合和形制凸显出了强烈的楚文化特点。之后，这种成熟的楚文化面貌继续向前发展，且其发展轨迹与其他典型楚文化遗址发展轨迹基本一致。

桐树园遗址东南距楚皇城约8千米，与肖家岭遗址相邻。由于发掘面积较少，出土陶片少而零碎，地层简单，无法分期。遗迹仅见灰坑，其结构特点、填土性质及出土遗物形制相近，包含物既有早到春秋中期的鬲、豆，也有晚到战国时期的器物，发掘报告推测其为二次堆积而成。其文化面貌与本区其他遗址同期同类物风格相近，将其纳入楚文化范围是不成问题的。考虑到出土陶器数量、种类少且火候低、色不纯等特点，该遗址可能是附属于中心聚落的普通村落，遗址的层次较低。除以上正式发掘的几处楚文化遗址外，经试掘的有楚郢都楚皇城，其选址、建制、布局等与中原姬周乃至列国都城相近，基本上沿用了中原姬周文化的传统模式，同时又根据当地的地理环境因地制宜地进行建设，如"金城"建于王城内靠东北部的高台地上，突破了宫城居中的思想。城内出土的铜鼎、壶等春秋战国铜器明显受到中原姬周青铜器风格的影响，其中铜方壶长颈，溜肩，垂鼓腹，大圈足，颈部铸对称的兽耳一对，身饰粗窃曲纹，时代为春秋早期；提链铜壶平盖长颈，鼓腹，大圈足，双耳铺首形，附接铜链提梁，腹饰卷云纹、蟠螭纹，其时代约在春秋中期；铜鼎带流承盖，平底浅腹，兽蹄高足，附圆环耳，时代为战国时期，楚风浓郁。日用陶器的时代较晚，具有典型的楚文化风格。

作为楚中高级贵族墓地的两大片墓地，可能其中均出土有春秋时期的青铜器，其礼器或以鼎、簋组合，或以鼎、簠组合，前者仅见一例，后者较多，为我们揭示了应最能体现典型楚文化特征的楚贵族集团青铜文化之一角。鼎的形制一般为微敛口，折沿，附耳较直，腹相对较深，蹄足；簠为上下器扣合，直口，折肩，直壁，矩足；簋为子母口，鼓腹，浅宽圈足，有兽首附耳，承浅盘状盖。这些青铜器器身均饰两周之际至春秋晚期较为流行的窃曲纹、蟠螭纹。从组合关系看，鼎、簋组合是中原姬周青铜文化的基本特征，自西周王朝建立后就已确定了其主导地位，并作为一种礼制固定下来，除了在时代上的纵向沿袭外，还随着周王朝势力的发展横向传播，宜城平原自然接受了它的影响。但是随着春秋早期楚国势力的发展，楚人不断突破已深受影响的中原姬周文化的藩篱，寻求个性化的发展，这在楚迁都郢于宜城平原后尤为突出，于是楚人开始以最早出现于中原姬周文化的簠作为盛食器替代簋、鼎组合，形成一套新的礼器组合，并与中原青铜文化平行发展。

到春秋晚期特别是战国时期，青铜器的组合则为鼎、敦、壶所取代，这只是楚文化自身发展的结果。该时期墓葬中出土的铜器或仿铜陶礼器组合均说明了这一点。

从以上宜城所试掘、发掘的文化遗存及出土器物的文化面貌可以看出，楚文化是以中原文化为主源且兼收并蓄各地方文化进而别创形成的，这一过程在时间上以春秋早期楚武王迁郢为界标，此后，楚文化犹如冲出峡谷的江水一泻千里，得到迅猛的发展，在地域上以今宜城楚皇城为中心向四周辐射，并作为当时楚国的后方基地得以不受干扰地连续发展。

注　释

[1] 石泉：《古代荆楚地理新探》，武汉大学出版社，1988年。

[2] 王光镐：《楚文化源流新证》，武汉大学出版社，1988年。

[3] 楚皇城考古发掘队：《湖北宜城楚皇城勘查简报》，《考古》1980年第2期；湖北省文物考古研究所：《宜城市楚皇城遗址文物保护管理总体规划》，2001年8月。

[4] 王少泉：《襄阳地区出土的几方铜印》，《江汉考古》1990年第1期。

[5] 参阅《左传·昭公二十三年》。

[6] 楚皇城考古发掘队：《湖北宜城楚皇城战国秦汉墓》，《考古》1980年第2期。

[7] 仲卿：《襄阳专区发现的两件铜器》，《文物》1982年第11期。

[8] 襄樊市博物馆：《湖北宜城出土蔡国青铜器》，《考古》1989年第11期。

[9] 襄樊市文物普查办公室等：《襄樊市文物史迹普查实录》，今日中国出版社，1995年。

[10] 湖北省文物考古研究所等：《湖北宜城罗岗车马坑》，《文物》1993年第12期。

[11] 武汉大学历史系考古教研室等：《湖北宜城郭家岗遗址发掘》，《考古学报》1997年第4期。

[12] 湖北省文物考古研究所等：《湖北襄樊真武山周代遗址》，《考古学集刊（9）》，科学出版社，1995年。

[13] 石泉：《古代荆楚地理新探》，武汉大学出版社，1988年。

［14］ 湖北省文物考古研究所等：《湖北宜城县肖家岭遗址的发掘》，《文物》1999年第1期。

［15］ 湖北省文物考古研究所等：《宜城桐树园遗址发掘简报》，《江汉考古》1996年第1期。

（原载《襄樊考古文集（第一辑）》，科学出版社，2007年）

襄樊邓城区域楚墓地考析

襄樊邓城区域位于今襄樊市樊城区以北，东至清河，西抵大里沟，北接北部岗丘，面积约60平方千米。该地处于汉水中游，位于南阳盆地南端，中部是汉水淤积平原，平原中部又分布着地势略有起伏的两条南北向矮岗——余岗和沈岗，北部为连绵的缓丘，东部有一北高南低的条带状矮岗。这里分布着邓城[1]、韩岗[2]、彭岗[3]、黄家村[4]等楚文化遗址和王坡[5]、山湾[6]、蔡坡[7]、团山[8]、彭岗[9]、韩岗[10]、贾庄[11]、卞营[12]、沈家岗东[13]、沈岗[14]、余岗[15]、岭子[16]、王寨[17]、黄家村[18]等东周至唐宋时期墓地，其墓葬数量众多，排列密集，延续时间长，二十世纪七十年代以来曾多次进行考古发掘工作，共清理墓葬800余座。本文拟以其中的楚墓地墓葬资料为基础，对该区域楚墓地的分布、特点、性质及与周围遗址的关系等问题作一初步探讨。

一 各墓地墓葬分布及特点

经过数年的调查和发掘，有关楚墓的资料已十分丰富，楚墓地墓葬的分布和排列基本上有规律可循已为这些资料所证实，并成为共识。邓城区域楚墓地的分布自然也不例外。从目前已发掘的情况看，本区域有九处楚墓地，围绕邓城城址分布，各墓地的范围、墓葬数量和规模、随葬器物及时代等各有特点，并呈现出一定的规律性。

1. 王坡墓地[19]

位于北部丘岗地西段，南距邓城城址约4千米，分布范围南北长约3千米、东西宽约1千米，共有墓葬数百座，是一处大型的东周秦汉墓地。在墓地西部发掘的170余座墓葬中，有东周墓葬43座，其中4座春秋早期墓葬是楚灭邓前的邓国贵族墓，多随葬铜、玉器，不见陶器；其余39座墓葬则是战国晚期后段秦占领本地后的平民墓，绝大部分为小型墓，随葬仿铜陶礼器，少量随葬日用陶器或铜礼器、日用器，部分墓葬秦风较浓。

2. 山湾墓地[20]

位于北部丘岗地东段，西南距邓城城址约5千米，分布范围边长约600米，有一部分墓葬已被破坏。已清理的34座墓葬，除M18为战国晚期秦墓[21]外，其余33座均为楚墓，其中中型墓14座、小型墓19座,时代以春秋晚期至战国早期为主,战国中、晚期墓葬仅4座。墓葬排列较为集中、整齐,少量墓设一至三级台阶,除M1、M4外,其余均南向,并行且相邻的墓葬或分类或期别有所不同。葬具以单椁单棺为主,其中M24、M27为单椁重棺,少量墓为单棺或未见葬具,随葬器物有成组的铜礼器、仿铜陶礼器及日用陶器,部分铜器铸有铭文。

3. 蔡坡墓地[22]

位于北部丘岗地中段,西南距邓城城址约5.5千米,分布范围东西长约1500米、南北宽约600米,共有墓葬数百座,但大部分因取土而被毁坏。已清理的20座墓葬中,M1～M3、M5等4座墓葬的时代为秦占本地后的战国晚期后段,风格有别于楚墓;其他16座墓葬均为典型楚墓,其中中型墓6座(M4、M8、M9、M12、M13、M20),即使是小型墓,墓圹开口也较大,时代以战国中期为主,有12座,战国早期墓仅1座(M4),战国晚期墓也仅3座。墓葬排列相对集中,由于墓地中部取土已破坏大量墓葬,仅清理了M12,墓葬分布情况不明。墓地东、西部均自南向北排列,西区5座墓均东向,M4单独分布,M16～M19平行排列;东区9座墓中,中型墓M8、M9并列东向,前后各有南向的M10、M11及M6、M7分布,M13～M15依时代先后和规模大小自南向北"一"字排开,均东向。北区仅发掘了M20,周围墓葬分布情况不明。从调查和钻探的情况看,东区已发掘墓葬的西侧尚存5座墓葬,依然是按规模大小自南向北排列。部分墓设二至六级台阶,葬具以单椁单棺为主,并有少量单椁重棺、并棺、三棺及单棺无椁和无葬具的情况。中型墓一般随葬成组的铜礼器、兵器、车马器(个别墓随葬仿铜陶礼器),小型墓随葬成组的仿铜陶礼器,少量墓伴出铜礼器、兵器、车马器,往往与陶器共同构成一套完整的组合。部分铜器铸有铭文。墓地北部仍保留有部分墓葬。

4. 团山墓地[23]

位于东部矮丘岗北部,西南距邓城城址约3千米,分布范围南北长约800米、东西宽约500米,共有墓葬200余座,多被破坏,主要为楚墓。已清理的44座墓葬规模均不大,除M18、M19墓圹开口为6米×5米左右外,其余为(2.4～4.4)米×(1～3.5)米,其中中型墓5座(M1、M18、M19、M21、M42),小型墓40座,时代以战国中、晚期为主,春秋晚期墓3座(M1、M2、M5),战国早期墓也仅3座(M3、M6、M14)。墓葬排列较为集中,但分布不甚整齐,少量墓设一至二级台阶、墓道,墓向以东南向和南向为主,也有朝西、北者。葬具以单椁单棺为主,有单椁并棺(1座为陪棺)及少量单棺墓。中型墓随葬成组的铜、陶礼器,或配以兵器、车马器,并有少量随葬日用陶器。部分铜器铸有铭文。经调查和勘探知,在这批墓葬的东、南部仍有较多同时期墓葬,其中有少量中型墓。

5. 彭岗墓地[24]

位于东部矮丘岗的南部，西距邓城城址约2.7千米，分布范围南北长约400米、东西宽约300米，共有墓葬100余座，主要为楚墓。已清理的98座墓葬规模均不大，墓圹开口除一座（94IM31）为4.6米×3.8米之外，其余均为（2~3）米×（1~2）米，皆为小型墓葬，时代自春秋中期至战国晚期前段，各期墓葬数量相差不大。墓葬排列集中，但显得较为零乱。个别墓设一级台阶，少量带斜坡墓道，墓向以南向较多，东向次之，也有一些为其他朝向。随葬品除个别小铜饰件外，均为陶器，组合有日用陶器和仿铜陶礼器两类。

6. 沈家岗东墓地[25]

位于东部矮丘岗中部，西距邓城城址约2.2千米，分布范围南北长约500米、东西宽约400米。已清理墓葬80余座，经整理的24座墓中仅有3座战国晚期后段小型墓，均南向，分布相对集中。葬具为单椁单棺，随葬的一套仿铜陶礼器虽有楚式特征，但器物风格已发生明显变化。

7. 韩岗墓地[26]

位于本区中部平原西部的韩岗、贾庄、卞营之间，西南距邓城城址约0.8千米，分布范围南北长约600米、东西宽约500米，共有东周汉唐墓葬数百座。已清理的32座墓葬中有6座楚墓，均为小型墓，南向，与同时清理的5座古井[27]同处一地。其中5座为春秋晚期至战国早期墓葬，葬具为单椁单棺或单棺，随葬器物除一件铜礼器鼎外，其余均为日用陶器；1座为战国中期，葬具为单椁单棺，随葬成组的铜礼器，并配以兵器，还有楚墓独有的漆木虎座鸟架鼓。此外，在墓地内还征集有历年出土的战国中、晚期铜礼器、兵器等。

8. 沈岗墓地[28]

位于中部平原之东部矮岗——沈岗中、南部，西距邓城城址约2千米，分布范围南北长约400米、东西宽约200米。墓葬分布十分密集，已清理出270余座楚墓，时代自楚灭邓后的春秋中期一直延续到秦拔郢时的战国晚期前段，均为土坑竖穴墓，墓葬规模都不大。春秋墓葬开口一般为3米×2米。少量战国中晚期墓葬带斜坡墓道，设一至三级台阶，开口最大也只有8米×6米左右。葬具一般为单椁单棺，少量春秋中、晚期墓葬随葬成组的铜礼器，均为一鼎一盏或一鼎一簠一缶组合，其余墓葬一般随葬仿铜陶礼器鼎、敦、壶或日用陶器鬲、盂、豆、罐。墓地内分片聚葬，时代愈晚愈有规律，片有大小之别，片与片间隔数米，有的两两并列，或为异穴合葬墓，在中部还发现5座紧密相连呈"品"字形布局且规模相当、形制相同、方向一致的墓葬。另发现1座车马坑。

9. 余岗墓地[29]

位于中部平原之西部矮岗——余岗北部，西南距邓城城址约2千米，分布范围东西长约300米、南北宽约200米，墓葬分布也十分密集。已清理的330座墓葬中有楚墓174座，时代与沈岗墓地相同。所有墓葬方向几乎都为190º～220º，尤以200º～210º为集中。墓葬开口一般为（2.5～3.5）米×（1.5～2.2）米，最大者为7.9米×6米，最小者为2米×0.8米。10座设台阶或踏步、蹬台，1座设生土台，39座设头龛。葬具仅有单椁单棺、单棺两类。165座出土随葬器物的墓葬，根据主要器物质地的不同分为单纯陶器组合和铜、陶器混合组合两大类。陶器组合中礼器组合墓15座，有鼎、敦、缶（壶），有的加盘、匜、豆；日用器组合墓109座，有盂、豆、罐，或鬲（无耳盆形鼎）、盂、豆、罐，豆一般有2件；礼器加日用器组合墓24座，一般礼器、日用器组合各一套，礼器组合为鼎、敦、缶（壶），日用器组合为盂、豆、罐，有少量墓葬日用器组合不全。铜、陶器混合组合墓16座，除2座仅见铜鼎外，一般为铜、陶器组合各一套，个别为两套，铜器组合有鼎、盏（盆）、舟、鼎、敦（簠、盒）、（缶），个别加匜；陶器组合主要为盂、豆、罐，少量为鼎、敦、缶（壶）。同时，少量墓葬还出土俎、豆等漆木器及戈、矛、镞等铜兵器，几座规模较大的墓葬还伴出瑟、伞、镇墓兽、虎座鸟架鼓、虎座飞鸟等漆木器。现中部地势较高区域墓葬分布少而稀且出现较大面积的空地，周围地势相对较低的区域墓葬分布反而较为密集，这与已发现楚墓地的选择规律相背，可能与后来地貌改变有关。从墓葬分布的密集程度看，整个楚墓区大致可分为东、南、西部及中北部四个大的组群，中北组墓葬相对较散。除南组群墓葬呈东西横向排列外，其余三组群墓葬呈南北向排列。各组群中均有不少东西相邻、方向一致、规模相当的并葬墓，尤以南组群居多。以此为基点逐步发展为大的组群。同时，各大群中又有相对独立的小组。

按郭德维先生提出的地域相近、文化内涵相同、有自身特点等构成墓地的三个条件[30]分析，山湾、蔡坡、团山、彭岗、沈岗、余岗六大墓地为典型的楚墓地应不成问题，只是韩岗墓地现有数量过少，难以探讨其规律性。而王坡墓地春秋墓葬不属于楚墓范畴，其战国晚期后段墓葬与沈家岗东墓地则受到秦文化因素的影响，墓葬风格已有明显变化，这一变化显然与秦取邓地有关，不过，王坡、沈家岗东墓地仍然存在着楚式风格的墓葬，只是它们并非单一或典型的楚墓地了。

从各墓地的情况分析，规模较大的楚墓集中分布于北部矮丘的山湾、蔡坡墓地，排列的规律性也较强；规模较小的楚墓则集中分布于东部低岗的团山、彭岗两墓地及中部平原的韩岗、沈岗、余岗墓地，在排列的规律性方面，仅余岗墓地强，其余墓地则较弱，除蔡坡墓地为战国时期楚墓地外，其余几个楚墓地延续时间较长；规模小、时代特别晚的楚墓则分别分布于北部矮丘的王坡墓地和东部低岗的沈家岗东墓地，前者数量相对较多且集中，后者数量少而分散。可见，该区域不同时代、不同规模的楚墓均有固定的墓地。

二 各墓地墓主人身份及墓地性质

尽管目前对楚文化的形成问题有不同的看法，但其受到中原文化的影响是未受质疑的。"公墓"和"邦墓"是两周宗法制度在墓地布局中的集中体现形式之一："公墓"是贵族的公共墓地，按照血缘关系聚族而葬，由"冢人"根据爵等安排墓地位置，爵等最高者居墓地的中心；"邦墓"则是平民的墓地，由"墓大夫"安排和掌管各家族的"私地域"，各就其位。"公墓"和"邦墓"墓地的划分及由此产生的族坟墓的存在对楚墓地的影响也是相当大的，这种影响在春秋楚墓中体现得更充分，进入战国尤其是战国中、晚期，由于社会制度的变革，不少贵族墓地已由"公墓"变为私墓。在周人墓地制度影响的基础上，有专家学者将楚人墓地划分为三大类：平民和下层统治者使用的公用墓地，贵族家族墓地，高级贵族墓地[31]。不同等级的墓地，墓主人身份不同，封土堆的大小、墓葬规模、结构和棺椁重数、分室情况及随葬品的种类、数量等也不同。

一般来说，封土堆的大小决定于墓坑的大小，并与棺椁重数及随葬礼器的组合、种类、数量对应。封土堆的使用礼制，据《周礼·冢人》载："以爵等为丘封之度，与其树数。"贾公彦疏："天子坟高三仞，树以松，诸侯半之，树以柏，大夫八尺，树以药草，士四尺，树以槐，庶人无坟，树以杨柳。"棺椁重数使用礼制，据《荀子·礼论》《庄子·杂篇·天下》载："天子棺椁七重，诸侯五重，大夫三重，士再重。"而《礼记·檀弓上》载"天子之棺四重"，郑玄注"诸公三重，大夫一重，士不重"，当指棺而言。至于使用礼器之制，特别是其中鼎的数量，《公羊传·桓公二年》何休注："礼，天子九鼎，诸侯七，大夫五，元士三也。"尽管以上是周礼、周制，但楚仍在极力仿效之，时代愈早，仿效的成分愈多，执行得愈严，这已为目前发掘的数千座楚墓所证实。为此，我们以其所列尺寸并考虑到在实际应用过程中的僭越现象，结合葬具、随葬礼器情况及战国墓葬台阶级数，就可大致推测出邓城区域楚墓各墓地墓主人的身份。

邓城区域楚墓经发掘者均未见封土堆，可能已被夷平。春秋楚墓规模最大、规格最高者为山湾M27，单椁重棺，墓圹开口5.8米×4.2米。尽管战国墓的规模与春秋时期相比，有相当程度的扩大，但规模最大的蔡坡M12的墓口也只有17米×14.8米，仍为单椁重棺。这些墓的规模较之于墓主人有相当身份的楚墓尚有一定的差距，可见，本区楚墓中经发掘者的墓主人身份不会太高。

山湾、蔡坡墓地中型墓的墓主人大多应为士（有元士、中士、下士之分）一级，少量可达大夫一级，小型墓（M1～M3、M5除外）应是庶民中的较富裕者，这些有一定等级墓葬的存在使之成为中下层统治者的公共墓地。同时，墓地内部可能还有按宗法制形成的族坟墓，在蔡坡墓地中这种情况更为突出。

山湾墓地乙类中型墓一般随葬一套完整的铜礼器或仿铜陶礼器，前者为一鼎，后者为二至四鼎，使用单椁单棺，符合"士"的葬制。而M33随葬两套铜礼器，按周礼，只有大夫一级的贵族才有资格享用，其中盛食器簠、敦均有铭文。敦上铭文记为楚子用器，"子"是周王给楚的封爵，故其即使不是自用，也是馈赠所得，结合墓葬规模与其他同时代墓葬差别不大的情况分析，墓主人应是楚大夫一级的贵族。M5是该墓地最大的一座墓，但时代较晚，已到战国中期，有斜坡墓道，带三级台阶，随葬仿铜陶礼器和日用陶器各一套，仿铜陶礼器有鼎5件，含见于级别较高楚墓的汤鼎一件，墓主人身份或可达到下大夫一级。2座甲类中型墓均被盗，墓葬规模较大，使用单椁重棺，未被盗空的M24还出土两套仿铜陶礼器（因被盗而组合不全），均与"大夫"葬制相同。从墓地布局情况看，M24与M27分处两个不同的区域。M27在墓地的西部地势较低处，仅西有M28并列，二者时代分别为春秋晚期和战国早期，且它们之间可能是夫妻异穴合葬。M24则在墓地的中心位置，地势也高，与M23并列，方向相同，二者时代分别为春秋中、晚期，也可能是夫妻异穴合葬墓，其前后各分布有两排时代稍晚或相当且方向相同、排列紧密的13座墓葬，它们可能构成一个以血缘关系为纽带的族墓地。在其前面又有三排共9座春秋中期至战国早期的墓葬按相同方向排列，这可能又是一个小型族墓地。

蔡坡墓地以M12规模最大，单椁重棺，虽被盗，但仍出土了《吴王夫差剑》这样重要的器物，墓主人的身份当在大夫之列。M20虽与M12规模相当，但仅出土陶鼎、敦、壶各2件，如果推测可能有已腐烂的漆木礼器，其等级最多与M12一样。M4规模较以上两墓小，仍为单椁重棺，不仅出土陶鼎5件，而且出土铜鼎2件和铜《蔡公子缶》《徐王义楚剑》等重要铭文铜器，其墓主人身份当然不会低于下大夫一级。整个墓地中，因M12周围墓葬全被破坏、M20周围未经勘探而无法弄清布局情况。其他墓葬中M6～M11、M13～M15、M16～M19可基本形成三个小区，其中M13～M15三墓平行排列，自西向东大小相次，时代先后衔接，而在M13～M15的后面又并列5座同向、大小相次的墓葬，这种情况与同时代作为家族私墓地的荆门包山墓地[32]相近，看来其性质应相同，主墓即是规模较大的M13；M6～M11同为战国中期墓葬，以规模较大的M8、M9为中心，前后分别有规模较小的M10、M11与M6、M7，而M8、M9时代稍早，可能为身份相对较高的夫妻并穴合葬的父母辈，而M6、M7、M10、M11则为子女辈，其也可能是私墓地；M16～M19时代相同，规模相当，"一"字并列，墓主人应为同辈人。

当然，由于山湾、蔡坡墓地均遭到严重破坏，我们也不能完全排除这两个墓地有高级贵族墓葬的可能，至少历年采集、征集的众多铭文铜器如《邓公牧簠》[33]《侯氏簠》[34]《邓公乘鼎》[35]《上都府簠》[36]等为出土这些铜器的墓葬墓主人身份提出了值得探讨的问题。此外，蔡坡墓地北端尚存的"四〇一大冢"[37]为我们寻找更高一级的贵族墓葬提供了线索。

以上两个墓地的墓葬规模基本相同，等级基本一致，但在时代上有差别，这绝非巧合，而应是有意识地选择的结果。

团山墓地M1为单椁并棺之合葬墓，出土4件铭文铜器，证明墓主人为"郑臧公之孙"[38]，显然其并非楚人，其葬于此之因不明，且该墓周围是否有陪葬墓也难以探明，但从墓葬规模、形制等分析，其等级应不会太高，约相当于元士之列。M18、M19、M21、M42规模稍大，M21单椁并棺（一陪棺），其余3座单椁单棺，均出土有成套的铜或陶礼器，再加上较多的兵器、车马器及漆木器，墓主人身份应相对较高，至少应为元士一级下等贵族，其他墓葬的墓主人应为庶民阶层，其中单椁单棺墓为庶民中的较富裕者，单棺墓则为普通庶民。因该墓地被团山镇建设破坏得七零八落，墓葬布局无法考察。

韩岗墓地JM1墓葬规模相对较大，单椁单棺，出土成组的铜礼器，祭器为铜二鼎，墓主人身份可能为"中士"。BM15出土铜鼎1件，墓主人身份最多相当于"下士"。其余墓葬规模小，出土器物少，墓主人应为庶民阶层。

沈岗墓地春秋中、晚期出土成套铜礼器的少量墓葬规模不大，墓主人身份不过"元士"。少量带斜坡墓道、台阶，葬具为单椁单棺的战国墓葬尽管随葬成套的仿铜礼器，但一般为两套，或伴出个别铜兵器，其身份也只相当于"士"一级。至于其他规模小、随葬器物少的墓葬则应是庶民，其中或许有地位相对较高、财物较多的富庶者和地位相对较低、财物较少的普通者甚至贫困者之别。同时，墓地内分片聚葬的情况可能也说明了族墓分葬的社会现实，特别是战国中、晚期这种现象更为突出，这应是墓地成为可买卖的私地域的反映。

余岗墓地中M112、M128墓葬规模相对较大，椁分三室，随葬四套仿铜陶礼器，M128还出土汤鼎，这二墓的主人身份大致在下大夫一级；其余墓葬规模都不大，其中15座墓葬随葬铜礼器，但均为一鼎；到战国时期不少墓葬随葬仿铜陶礼器鼎、敦、缶（壶），一般成偶数下葬，这些墓主人的身份应在"士"一级。其他规模小、单棺、随葬日用陶器的墓主人身份应与沈岗墓地相当。从墓葬的分布看，其按时代布局，墓葬时代西早东晚，即墓地是从西向东逐步扩展的，大致路径是从西组群到南组群再到中北组群，最后到东组群，而且各组群内部的墓葬排列也是自一端向另一端从早到晚排列。整个墓地显然是经过选择、布局整齐、排列规律且保存完整的邦墓地。

彭岗墓地无论是从墓葬规模，还是从随葬器物种类、数量分析，都较中型墓低一等级，且同时期墓葬的差别不大，应是庶民阶层的聚葬区。该墓地可按墓葬的排列方向、紧密程度及墓葬之间的关系等大致分为多组，每组有相对固定的私地域，有的组存在着相同文化面貌下某些特征的差异，当是族墓分葬的结果。

王坡、沈家岗东墓地楚墓的数量不仅少，且规模也小，出土器物尽管有楚文化的遗风，但也受到了秦文化相当程度的影响，是秦将白起拔鄀大量楚民南迁后遗留下来的楚庶民的墓葬区。

团山、韩岗、彭岗、沈岗、余岗五个墓地尽管在时代上与山湾、蔡坡墓地不同程度地存在着同步性，文化特征也趋于一致，但在反映墓主人身份的墓葬规模、形制和随葬品的数量、类别等方面有着明显的区别，这也就决定了墓地的等级不同。即使同时代同等规模的墓葬不在同一墓地，如应相当于庶民身份的蔡坡M15本应葬于团山或韩岗墓地，但由于该墓与蔡坡M13这一贵族墓主有着一定的关系而仍葬于蔡坡，这是族墓制的反映。

墓葬规模、形制、葬具、随葬品等发掘资料表明，邓城区域各墓地中，王坡墓地在春秋早期是作为邓国贵族墓地存在的，在战国晚期后段则为秦人和楚遗民的共同墓地；山湾、蔡坡墓地分别为春秋、战国时期楚国下等贵族墓地，并同时为族墓地，后者还可能作为家族私墓地存在且有少量楚遗民墓；团山、韩岗、沈岗、余岗墓地为春秋中、晚期至战国晚期前段楚最低等贵族、庶民共用墓地，且同样可能为族墓地；彭岗墓地为春秋中期至战国晚期前段楚庶民聚葬区，并被分为多个族墓区；沈家岗东墓地应为战国末期楚遗民墓地。以上楚墓地的时代正好与公元前678年楚灭邓并开始着力经营邓故地直至公元前279年秦拔鄢、邓的历史相吻合，同时也比较全面地反映了邓城区域楚墓的文化面貌。

从各墓地尤其是山湾、蔡坡、团山、彭岗、沈岗、余岗六大墓地的墓葬分布、墓坑排列及其规律看，墓坑排列有序，方向相对具有一致性，规模具有相应的对等性且未见一例打破关系。由此可以肯定，墓地应有专人掌管，且按"兆域"统一安排。

三　各墓地与周围遗址的关系

邓城区域中部分布着邓城、韩岗、彭岗、黄家村等4处东周遗址，是东周遗址分布较密集的区域，尤以邓城遗址地位最为重要。

邓城遗址是一处东周古城址，位于本区中部平原地区，据石泉先生考证，邓城遗址为西周以来古邓国国都[39]，此说与清同治《襄阳县志》所记古邓城位置相符，并为历年来的考古资料所证实，公元前678年，邓为楚所灭，这里成为楚邓县所在地，至东汉一直为县治，现城垣及城外护城河尚存。调查资料表明，城址内文化层较厚，文化遗物丰富，时代自东周延续至汉代，东周遗物中较早者保留有较多的中原文化风格，春秋中期以后的则具有较典型的楚文化特征[40]。

韩岗遗址位于邓城遗址北侧，面积较大，达1.2平方千米，发掘出灰坑、房址、陶窑址等遗迹，出土遗物十分丰富，遗址时代从春秋中期直至西汉早期。其文化面貌与邓城遗址发展脉络相同，即春秋中期的文化遗存较多地保留了中原文化风格，之后，楚文化特征更为突出。该遗址紧邻邓城城址，应是其从属遗址，且有可能是邓城的重要作坊区。

彭岗遗址位于东部矮丘岗团山的南部，遗址分东、西区，保存面积不大，文化层不厚，西区以春秋中、晚期至战国早期地层、遗物为主，东区则基本为战国中、晚期遗迹、遗物，是典型的楚文化遗址。

黄家村遗址因早年破坏较甚，所剩地层无几，但残存较多的灰坑遗迹，包含物丰富。其时代自西周晚期至战国早期，以春秋中期至战国早期遗物为主，出土器物基本为楚式日用陶器鬲、盂、豆、罐等。

与以上遗址相对应的是，这里存在着不同规格的墓地。

山湾、蔡坡墓地是邓城区域墓地中两个规模较大的集中不同时代墓葬的楚墓地，同处于汉水淤积平原向北部丘岗过渡地段的南部缓坡上，南北紧连，南距邓城遗址约5千米，墓地的时代与邓城遗址相近，墓葬规模较大，墓葬规格较高，文化特征相同，且出土物、征集物中有不少邓、楚铭文铜器，故它们与邓城这一高等级的遗址应有着密切的关系。团山、沈岗、余岗墓地墓葬规模较小，规格稍低，但这并不能表明它与邓城遗址没有关系，因为在邓城居住的不仅有贵族，还有庶民，团山、沈岗、余岗墓地的大部分墓葬规模正好相当于庶民一级。

山湾墓地发掘的墓葬集中于春秋中期至战国早期，绝大部分具有楚文化风格，其陶器特征与邓城北部的韩岗遗址同类器物一致。该墓地是楚灭邓并改邓城为楚邓县后形成的一处重要楚墓地。

蔡坡墓地以战国中晚期墓葬为主，仅个别为战国早期墓。除少量晚期墓葬具有秦文化风格外，其余墓葬的文化性质当属楚文化无疑，并与邓城遗址的文化面貌完全融为一体。

团山、沈岗、余岗墓地均位于邓城遗址东部，最远的团山墓地仅距离邓城2千米左右，三个墓地的时代延续均较长，基本相当于楚灭邓至秦占此地的整个时期，文化面貌同样具有强烈的楚文化风格。

诚如上述，山湾、蔡坡墓地为楚邓邑在不同时代的中、下级贵族墓地，甚或同时为族坟墓区，其族属情况如何？我们再作进一步分析。由于邓城是楚人北上中原争霸的重要跳板，楚灭邓后所分封的邓县县公极有可能由其嫡系或姻亲掌管，由此我们可以推测，山湾、蔡坡墓地埋葬的应是芈姓楚人或与之有直接关系的人，即使是郑臧公之孙也只能屈就于团山墓地，其他人当然也只能茔于团山、余岗，即这两个墓地为楚邓邑非楚直系宗族的低等贵族和庶民的墓地。其中从团山M1出土成组的郑器和余岗墓地最早的墓葬随葬有瘪裆鬲的情况看，它们可能分别在墓地的最早时期作为其他诸侯国遗（移）民墓地，前者可能有郑国遗（移）民，后者可能有邓国遗民。

多年来，在几个墓地先后出土、采集了多件有铭邓器，其中两周之际乃至西周晚期的邓器为我们寻找更早的邓国墓地提供了线索。而郜、蔡、徐、吴、郑、蓼等国铜器在这几个墓地的发现则是楚向北扩张并灭亡多国或政治交往、文化交流的实物见证。同时，也间接地说明了这些墓地与曾作为邓国都和楚邓县的邓城遗址的关系。

韩岗墓地南距邓城遗址仅数百米，紧邻韩岗遗址，甚至在墓地上尚存战国古井。5座春秋晚期至战国早期墓葬出土的日用陶器均可在韩岗遗址中找到相同器物，其风格完全一致；尽管JM1出土及历年征集到的铜礼器无法与遗址出土物相对照，但文化特征没有两样。由此，韩岗墓地与韩岗遗址的关系可见一斑。加上韩岗遗址为邓城的从属遗址，故我们也不排除该墓地是邓城遗址低等贵族、庶民墓地的一部分。当然，韩岗的居民死后也可能葬到了距离很近的余岗墓地。

沈岗墓地南靠黄家村遗址、东邻彭岗遗址，彭岗墓地则南靠彭岗遗址、西邻黄家村遗址，黄家村遗址、彭岗遗址的时代分别为西周晚期至战国早期（西周晚期至春秋早期属邓国文化遗存，其墓地应另有选址）、战国中期至战国晚期前段。结合位置关系、时代和遗存遭到严重破坏看，黄家村遗址与彭岗遗址可能本为一个遗址。那么，沈岗、彭岗墓地春秋中期至战国早期墓葬的主人应是黄家村遗址的居民，战国中、晚期墓葬的主人应是彭岗遗址的居民。墓主人依照生前的血缘宗族关系自然形成私地域性质的小墓地，相对固定，并延续一段时间，一般直至五代以后另择私地域而葬为止。因此，从整体看来，这两个墓地墓葬分布相对较为零乱，但从小片区域来看，也存在着相对的有序性和规律性。

沈家岗东墓地时代偏晚，时代与余岗墓地秦墓相当，应与邓城或韩岗遗址秦文化遗存相关。

此外，王坡墓地西南部在春秋中期后至战国中晚期曾作为村落存在，其废弃后形成的遗址在成为晚期墓地前遭到严重破坏，该遗址的墓地在何处尚待考古资料的发现和证实。

在本区所发现的几处东周遗址中，作为都邑遗址存在的邓城遗址的地位无疑是最重要的。种种资料表明，它不仅是当时汉水中游的政治、经济、文化中心，而且是楚人北上争霸的桥头堡和中原大国南下扩张的必争军事要地。而在其北部并与之相连的韩岗遗址应是古邓城经济文化发展到一定阶段后形成的"卫星"集镇或村落，根据发掘资料判断，它可能为古邓城的手工业作坊区或商业区，并在一定程度上起着拱卫古邓城的作用。邓城东部的黄家村、彭岗遗址分布范围大，其时代与文献记载的邓城城址基本相当，故也应是古邓城外围的重要村落。

需要补充说明的是，本文成文后的一段时间内，余岗墓地及沈岗墓地第一、二次所发掘、团山墓地第三次所发掘墓葬都正在整理中。同时，为配合基本建设工程，襄樊市考古队又先后在彭岗墓地发掘出15座楚墓，沈岗墓地再次发掘出300余座楚墓，相信这些楚墓的发掘和整理除了为邓城区域楚墓地的研究增加新的资料外，还会提供一些新的重要信息。

注　释

[1]　襄樊市文物普查办公室等：《襄樊市文物史迹普查实录》，今日中国出版社，1995年。

[2]　湖北省文物考古研究所等：《湖北襄阳邓城韩岗遗址发掘报告》，《江汉考古》2002年第2期。

[3]　襄樊市考古队：《襄樊市彭岗东周遗址发掘简报》，《江汉考古》2000年第2期。

[4]　襄樊市考古队2005年发掘资料。

[5]　湖北省文物考古研究所等：《襄阳王坡东周秦汉墓》，科学出版社，2005年。

[6]　湖北省博物馆：《襄阳山湾东周墓发掘报告》，《江汉考古》1983年第2期。

[7]　湖北省博物馆：《襄阳蔡坡战国墓发掘报告》，《江汉考古》1985年第1期；襄阳首届亦工亦农考古训练班：《襄阳蔡坡12号墓出土吴王夫差剑等文物》，《文物》1976年第11期；《湖北襄樊蔡坡战国墓地第二次发掘报告》，《考古》2005年第11期；襄樊市考古队：《湖北襄樊蔡坡二十号战国墓》，《考古》待刊。

[8]　襄樊市博物馆：《湖北襄阳团山东周墓》，《考古》1991年第9期；拙作：《襄北楚陶器墓综述》，《江汉考古》2000年第2期；襄樊市博物馆1994年发掘资料；襄樊市考古队2005年发掘资料。

[9]　湖北省文物考古研究所等：《湖北襄樊市彭岗东周墓群第三次发掘》，《考古》1997年第8期；襄樊市文物管理处等：《襄樊彭岗东周墓地第一次发掘简报》，《江汉考古》1999年第4期；襄樊市考古队：《襄樊彭岗汉墓群发掘简报》，《江汉考古》2000年第2期；襄樊市博物馆资料。

[10]　湖北省文物考古研究所等：《湖北襄阳邓城韩岗遗址汉唐墓葬》，《江汉考古》2002年第2期；襄樊市考古队：《襄樊团山卞营墓地第二次发掘》，《江汉考古》2000年第2期；襄樊市考古队资料。

[11]　襄樊市考古队：《湖北襄樊贾庄发现东周墓》，《考古》2005年第1期。

[12]　湖北省文物考古研究所等：《湖北襄阳邓城韩岗遗址汉唐墓葬》，《江汉考古》2002年第2期；襄樊市考古队：《襄樊团山卞营墓地第二次发掘》，《江汉考古》2000年第2期；襄樊市考古队资料。

[13]　襄樊市博物馆：《湖北襄樊市余岗战国至东汉墓葬发掘报告》，《考古学报》1996年第3期；襄樊市博物馆资料。

[14]　襄樊市考古队2004~2006年发掘资料。

[15]　襄樊市博物馆：《湖北襄阳余岗战国墓发掘简报》，《考古》1992年第9期；襄樊市博物馆：《襄樊余岗战国秦汉墓第二次发掘简报》，《江汉考古》2003年第2期；襄樊市考古队2004、2005年发掘资料。

[16]　襄樊市博物馆：《湖北襄阳余岗战国墓发掘简报》，《考古》1992年第9期；襄樊市博物馆：《襄樊余岗战国秦汉墓第二次发掘简报》，《江汉考古》2003年第2期；襄樊市考古队2004、2005年发掘资料。

[17]　襄樊市考古队资料。

[18]　襄樊市考古队：《襄樊高新区黄家村唐墓发掘简报》，《江汉考古》1999年第4期。

[19]　湖北省文物考古研究所等：《襄阳王坡东周秦汉墓》，科学出版社，2005年。

[20] 湖北省博物馆：《襄阳山湾东周墓发掘报告》，《江汉考古》1983年第2期。

[21] 杨权喜：《襄阳山湾十八号秦墓》，《考古与文物》1983年第3期。

[22] 湖北省博物馆：《襄阳蔡坡战国墓发掘报告》，《江汉考古》1985年第1期；襄阳首届亦工亦农考古训练班：《襄阳蔡坡12号墓出土吴王夫差剑等文物》，《文物》1976年第11期；《湖北襄樊蔡坡战国墓地第二次发掘报告》，《考古》2005年第11期；襄樊市考古队：《湖北襄樊蔡坡二十号战国墓》，《考古》待刊。

[23] 襄樊市博物馆：《湖北襄阳团山东周墓》，《考古》1991年第9期；拙作：《襄北楚陶器墓综述》，《江汉考古》2000年第2期；襄樊市博物馆1994年发掘资料；襄樊市考古队2005年发掘资料。

[24] 湖北省文物考古研究所等：《湖北襄樊市彭岗东周墓群第三次发掘》，《考古》1997年第8期；襄樊市文物管理处等：《襄樊彭岗东周墓地第一次发掘简报》，《江汉考古》1999年第4期；襄樊市考古队：《襄樊彭岗汉墓群发掘简报》，《江汉考古》2000年第2期；襄樊市博物馆资料。

[25] 襄樊市博物馆：《湖北襄樊市余岗战国至东汉墓葬发掘报告》，《考古学报》1996年第3期；襄樊市博物馆资料。

[26] 湖北省文物考古研究所等：《湖北襄阳邓城韩岗遗址汉唐墓葬》，《江汉考古》2002年第2期；襄樊市考古队：《襄樊团山下营墓地第二次发掘》，《江汉考古》2000年第2期；襄樊市考古队资料。

[27] 襄樊市考古队：《襄樊市邓城古井清理简报》，《江汉考古》1999年第4期。

[28] 襄樊市考古队2004~2006年发掘资料。

[29] 襄樊市博物馆：《湖北襄阳余岗战国墓发掘简报》，《考古》1992年第9期；襄樊市博物馆：《襄樊余岗战国秦汉墓第二次发掘简报》，《江汉考古》2003年第2期；襄樊市考古队2004、2005年发掘资料。

[30] 郭德维：《楚系墓葬研究》，湖北教育出版社，1995年。

[31] 陈耀均：《荆州地区楚文化调查与探索》，《楚文化研究论集（第一集）》，荆楚书社，1987年。

[32] 湖北省荆沙铁路考古队：《包山楚墓》，文物出版社，1991年。

[33] 襄樊市文物管理处：《湖北襄樊市拣选的商周青铜器》，《文物》1982年第9期。

[34] 襄樊市文物管理处：《湖北襄樊市拣选的商周青铜器》，《文物》1982年第9期。

[35] 杨权喜：《襄阳山湾出土的鄀国和邓国铜器》，《江汉考古》1983年第1期。

[36] 杨权喜：《襄阳山湾出土的鄀国和邓国铜器》，《江汉考古》1983年第1期。

[37] 襄樊市文物普查办公室等：《襄樊市文物史迹普查实录》，今日中国出版社，1995年。

[38] 黄锡全等：《郑臧公之孙鼎铭文考释》，《考古》1991年第9期。

[39] 石泉：《古邓国邓县考》，《江汉论坛》1980年第3期。

[40] 襄樊市文物普查办公室等：《襄樊市文物史迹普查实录》，今日中国出版社，1995年。

（原载《江汉考古》2006年第4期）

襄阳地区在早期楚文化研究中的地位

楚文化研究作为先秦时期一支重要的地域文化研究已取得十分突出的成就，且春秋中期以后的物质文化面貌已从考古学上得到确认。然而，春秋早期以前的楚文化即早期楚文化的研究至今难有突破，核心问题就是尚未找到或无法确认其作为早期楚都——丹阳、鄀的物质文化遗存。正因为如此，学术界对早期楚文化的面貌尚未达成共识。本文拟在已有研究成果的基础上，结合本区最新的文物普查和考古发掘资料探讨襄阳地区在早期楚文化研究问题上所处的地位。

一　襄阳地区的区位特点

襄阳地处中国的中部、汉水中游，素有"七省通衢"之称，且正处于沟通南北、连接东西的一个重要结点上，因此，自古以来就是南北主要交通要道和文化交流中心，特别是在中国政治、经济、文化中心东移、南迁之前的历史时期，更有着突出的战略地位，各种政治势力在这里集合、争夺，构成襄阳的历史主线。两周时期，这里先有周王朝分封的多个诸侯国并立，后有楚的逐渐强大，并逐一灭亡他国，北上争霸。对应这一历史时段也留下了丰富的物质文化遗存，这些遗存为我们研究当时的历史文化特别是楚文化的发展脉络提供了十分重要的实物资料。

根据文物调查和历年的发掘情况，这一时期的文化遗存因本区地理单元的不同而有所区别。境内地理单元主要有四大板块，西部有鄂西山地（荆山山系），北部有南阳盆地（汉水以北的冲积平原及低岗），中、南部有襄宜平原（汉水以西、南的冲积平原），东部有随枣走廊（汉水以东的冲积平原、桐柏山与大洪山之间的丘陵地带），除鄂西山地外，其余板块与楚文化遗存时代相当的两周文化遗存数量多、分布密集并形成一定的中心聚落。

二　对楚文化研究重点区域认知的变化过程

对两周时期占据"南半中国"、前后延续达800余年的楚国历史的研究，长期以来为古今学者所重视,形成浩如烟海的成果,不少成果如《史记》《竹书纪年》《水经注》等著作还成为近现代学者利用文献典籍考证楚国历史的必选文本。当然,受各种条件限制,加上主观认识上的差异,人们对楚国历史特别是时代相对久远的早期历史有着多种不同的看法,尤以楚史的核心问题——楚都的定位最为突出,形成针锋相对的观点,至今难有定论,在今天,这些问题需要借助对楚物质文化的认识逐步解决。

楚物质文化的面貌最初是二十世纪三十年代随着安徽寿县朱家集李三孤堆楚王墓大量青铜器的被盗出土展现在世人面前的,同时或稍后的时段内,湖南长沙也有不少楚墓被盗出一些保存完好的漆木器。而对楚物质文化系列的完整认识是从二十世纪五十年代科学发掘长沙楚墓开始的,这也揭开了楚文化研究的新篇章。

通过50多年来不间断的考古新发现,楚文化的研究领域越来越广,研究方法越来越先进,研究成果越来越多,研究程度越来越深入,对楚国、楚文化发展脉络的认识也相对越来越清晰,襄阳地区在楚文化研究中的地位也越来越重要。整个进程主要分为三个阶段。

第一阶段为二十世纪五十、六十年代,长沙楚墓得到较为集中的发掘,前后清理楚墓1000余座[1],其他地区仅在安徽、河南、湖北有少量发现,其中河南信阳发掘了2座大型墓葬[2];湖北地区,在大冶、松滋等地有零星发现,荆州地区则发掘了望山、沙冢等少量墓葬[3];此时楚文化研究的中心在湖南地区。因是楚墓发掘的起始阶段,受材料所限,当时研究的重点主要停留在对楚物质文化面貌的初步认识上。而此时襄阳地区楚墓的发现完全是空白。

第二阶段为二十世纪七十、八十年代,随着江陵纪南城的试掘[4]和周边大批楚墓特别是一些大、中型楚墓如天星观一号墓[5]、包山二号墓[6]等在湖北荆州、荆门地区的发现,人们关注的目光被吸引到了那里。规模大、分区全、功能完备、附近有密集聚落和众多大型墓葬区分布的纪南城自然而然就与楚都联系了起来,结合一些文献记载,当时多数学者就认为,江陵纪南城应是楚文王所迁之郢都。以此为支撑,形成郢都之前楚都丹阳地望的两说,一是在峡江地区发现了西周晚期至东周的文化遗存,调查出了秭归楚王城城址[7],这些正好与郦道元《水经注》等文献记载相匹配,有学者认为丹阳应在秭归,即"秭归说";一是在当阳赵家湖[8]、磨盘山[9]等地发掘出了西周晚期以来的文化遗存,发现了季家湖城址[10],不少学者进而将楚早期都城——丹阳的地点放在了今沮漳河流域,即"枝江说",这也有东汉末年以来的诸多经典文献的注解作参照。以上两说都将早期楚文化的主体性质定位为江汉地区的土著文化。尽管当时有石泉先生引用大量文献资料、通过缜密考证得出春秋早期楚郢都不在江陵纪南城而在宜城楚皇城并进一步推定楚丹阳在汉水上游丹淅之会(即"丹淅说")的结论[11],但因当时无更多的考古资料印证,故不为多数人接受。

这一时期,虽然楚都问题争论较大,但从春秋中期开始的考古学楚文化谱系基本建立起来了，文化面貌也较为清晰，正与楚的强盛时期相对应。

对本区楚物质文化的认知也是从这一时期开始的，1972年、1973年、1976年相继在邓城以北的山湾、蔡坡发掘了50余座楚墓[12]，1976年对宜城楚皇城进行了勘查试掘[13]，囿于资料所限，当时只是将襄宜地区作为楚文化的一个区域类型对待，本区仅是楚北上争霸的跳板，至多是宜城楚皇城被多数学者认定为楚之陪都——鄢郢。

随着江陵纪南城城内遗迹及城外墓葬发掘规模的扩大，一个突出的问题逐渐浮现了出来。虽然学界普遍可以接受纪南城是楚国的都城，时代下限可到秦白起拔郢（前278年）时，但年代上限根本不可能到春秋早期。从发掘情况看，城址本身的时代早不过春秋晚期（有的认为是战国早期或更晚[14]），城内最早也是春秋中期的遗物，城外发掘的大、中型楚墓均为战国中、晚期，即使是大量的小型墓葬，早到春秋者所占比例也不大，纪南城作为春秋早期楚郢都的概率就被打上了一个大大的问号。

同时，在今沮漳河流域进行的一些考古工作也没有找到早于西周晚期的遗存，故对楚丹阳的定位难有进展。

第三阶段为二十世纪九十年代至今，考古发现进一步证实了在以上区域寻找早期楚都和楚文化的难以为继，无论是配合基本建设还是主动进行的发掘，不仅在纪南城的时代上无法突破，且早期的楚文化遗存寥寥无几，春秋早期始迁之郢都再次难以找到证据，以此为依托的楚丹阳枝江说更无从认定；同时，为配合三峡进行的大密度考古发掘没有发现规模较大、性质典型的楚文化遗存，楚丹阳秭归说也难以成立。而且安徽当涂说早已为学界所抛弃。

这种现象引起了国内学术界的反思，以早期楚都为核心的早期楚文化探索等诸多楚文化关键问题开始被重新审视，早年石泉先生及稍晚时间何浩、张正明、王光镐等先生提出的楚郢都、丹阳地望说引起了学界关注，早期楚都探索的重点也分别转移到了汉水中游的襄宜平原和汉水上游的河谷地区。

三　早期楚文化研究重点的转移

针对早期楚都和楚文化问题，近年来定期召开的湘、鄂、豫、皖楚文化研究会年会都给予了高度关注，从1992年的第六次到2007年的第十次都作为首要议题，一些不定期的国内、国际学术研讨会也将其列为重要内容，并有相当多的学者自觉投入到研究之中。

代表性的研究成果有：王红星先生的《关于探索早期楚文化的反思》（《楚文化研究论集》第四集）、《关于早期楚郢都探索如何深化的思考》（《楚文化研究论集》第五集）、《楚都探索的考古学观察》（《文物》2006年第8期）等；徐少华先生的《从南漳宜城出土的几批蔡器谈春秋楚郢都地望》（《楚文化研究论集》第六集）、《从近年襄阳地区的考古发现谈两周时期文化探索的几点启示》（待刊）等；高崇文先生的《楚文化渊源的新思考》（《楚文化研究论集》第六集）；张昌平先生的《早期楚文化中心区域的考古学观察》（《楚文化研究论集》第六集）；王力之先生的《早期楚文化探索》（《江汉考古》2003年第3期）；尹弘兵先生的《楚国都城与核心区探索》（湖北人民出版社，2009年）；以及笔者的《襄宜地区西周遗存出土陶器的初步研究》（《楚文化研究论集》第七集）、《楚文化在宜城平原发展的考古学观察》（湖北省楚国历史文化研究会宜城会议、《襄樊考古文集》第一辑）等。湘、鄂、豫、皖楚文化研究会第十次年会上王然先生的《陕南、豫西南、鄂西北地区西周遗存与早期楚文化研究》、笪浩波先生的《生境的选择与楚文化的兴起》等论文提要也探讨了这个问题。这些著作在强调文献考证重要性的同时，更多地运用了最新的考古发掘成果和研究方法，将早期楚文化的中心区域限定到了汉水中上游地区，使石泉等先生的观点得到逐步印证和补充。

四　楚文化研究重点区域在汉水上中游地区的考古资料佐证

近年来，为配合襄阳地区、南水北调工程建设进行的考古发掘和主动进行的课题调查（如武汉大学历史地理研究所申请教育部批准的"楚国都城与疆域演变研究"项目）及第三次全国文物普查都有了许多新发现，为早期楚文化的北来说和楚都的定位奠定了基础。

（一）汉水中游地区

1）襄阳地区汉水以北的南阳盆地南部以邓城城址为中心分布着近20处两周文化遗存，时代自西周早期后段至秦统一时期。10年来先后在韩岗[15]、彭岗[16]、小马家[17]、黄家村[18]、周家岗[19]、卞营[20]、王家巷[21]等遗址发掘6000余平方米，在蔡坡[22]、彭岗[23]、团山[24]、岭子[25]、卞营[26]、韩岗[27]、王坡[28]、余岗[29]、沈岗[30]、黄家村[31]等墓地清理墓葬2000余座，出土了大量陶、铜、漆木、玉石器等，建立起了自西周早期后段至战国晚期后段完整的考古学文化发展序列，确立了邓城区域邓、楚、秦文化的更替过程，证实了西周至春秋早期邓国的都城和楚、秦邓县县治就在今邓城城址。

其中邓城城址东侧的黄家村遗址、东南侧的周家岗遗址、北约15千米的小马家遗址、南约600米处的王家巷遗址分别为邓文化村落和制陶作坊遗址，而王坡、沈岗、韩岗墓地分别是邓国的高级贵族、低等贵族或平民墓地，其春秋早期文化遗存出土的陶器无论是陶系、纹饰还是主要器类如鬲、甗、盂、豆、盆、罐的形制都与春秋中期成熟期的同类楚文化陶器具有相同的特征，而上述遗址春秋早期文化遗存的陶器向更早时间追溯，依然可以找到发展脉络上的来源，只是其表现出的楚文化因素在逐步减弱。

2010年在老河口李楼办事处新发现和发掘的堰窝子遗址是一处西周晚期至春秋时期连续发展的遗址[32]，其西周晚期、春秋早期遗物的形制与同时期邓城城址周边邓文化遗存同类器物一致，文化属性尚待进一步确认。

2）汉水以东的随枣走廊自西向东分别发掘或发现了汪家洼[33]、陈坡[34]、下柏[35]、楚王城[36]、周台[37]等遗址和陈坡[38]、九连墩[39]、郭家庙[40]等高级贵族墓地，时代自西周中期至战国中期。其中楚王城西周中晚期城址的确认[41]，结合1975年、2007年随州羊子山西周早期"噩侯弟厤季"尊[42]、M4噩侯青铜器群[43]的发现，证实了随枣走廊一带在西周早中期原为噩国的统治中心，这就为我们把西周中晚期楚熊渠所伐之鄂定位于该区域提供了十分重要的实体依据，进而为探寻这一时期的楚国都城提供了重要线索。

鄂国被灭后，这里成为汉东大国——随（曾）的封地，这已为该区域发现的大量铭文青铜器所证实，其时代上限正为西周晚期。到春秋中期以后，楚文化从西向东逐渐占据主导，印证了楚国东进迫使曾（随）国中心东移的历史进程。

而战国中、晚期的陈坡、九连墩大型楚墓的发掘表明，两处墓地所在区域应是楚重要封君或高级贵族的统治区域，提升了随枣走廊在楚境中的政治、军事地位。

3）汉水以南襄宜平原上经文物普查发现的周代文化遗存尤其是东周楚文化遗存较多，分布十分密集，在约60平方千米的范围内分布着80余处楚文化遗存，分别以小胡岗、郭家岗、楚皇城、邹湾、真武山遗址为中心集中布局于襄宜平原的南、西南、东南、北部区域[44]，其中楚皇城作为城址，其遗存的级别无疑是最高的。而考古发掘工作近年相对较少，早年发掘的襄阳城西真武山遗址从西周中期至战国中期连续发展[45]，宜城郭家岗遗址也至少从两周之际至战国中期延续不断[46]，宜城肖家岭遗址时代集中在春秋时期且春秋早期遗存丰富[47]，这些遗存在西周晚期至春秋早期具有较为典型的中原文化风格，后逐步演变为成熟的楚文化风格。最近在今襄阳城内东北部新街遗址[48]、宜城小河周家岗遗址[49]都发现了西周晚期遗存，主体特征同样与中原周文化一致，还在宜城娃子坟遗址发现了东周城址的残余遗迹[50]。尽管位置靠北的真武山遗址早期遗存的性质尚难确定（或楚，或邓，或其他诸侯国遗存），但从各遗址发现的春秋早期以后成熟楚文化特征反推出同一遗址更早的遗存尤其是宜城平原上的遗址当与楚文化有关。

4）鄂西山地在本次文物普查中于南河（古彭水）上游河谷地区的保康县内新发现了3处属西周晚期及春秋时期的遗址[51]，填补了该区周代文化遗存发现的空白，其西周晚期至春秋早期文化遗存陶器特点与本区南阳盆地、襄宜平原同时代同类器物基本相同。而早年在保康重阳发现了1件体型较大、很可能出自墓葬的春秋晚期典型楚式铜鼎[52]，表明当时这里有楚人的重要据点。

以上发现正与文献记载的历史背景相互印证。西周时期，汉水以北的南阳盆地有邓，随枣走廊有随（曾），汉水以南偏西区域有卢戎、罗、谷等国。邓、曾（随）的历史文化已为上述的考古新发现证实，卢戎、罗、谷的文化面貌尚待确认，这些诸侯国均在春秋早期为楚所灭或征伐。那么，按照文献记载，与这些诸侯国密切关联的楚国早期中心应该相距不远。

就文化面貌而言，本区多地发现的春秋早期文化遗存出土陶器与春秋中期楚文化陶器风格相同并一脉相承，其向上也可在同一遗址或本地其他遗址西周晚期遗存中找到来源，进而将主体追溯到中原姬周文化。同时，我们也看到，其中还包括一些地方因素的发展过程，主要体现在楚陶器最典型的鬲上，从使用的广泛程度、出土数量看，我们认为典型的楚式鬲应是大口柱足联裆鬲，其早期形态就是本区出土数量最多的大口柱足瘪裆鬲，这种鬲的瘪裆特征承继中原姬周文化而来，而深腹柱足这一特征又是南阳地区从商代即开始出现的柱足鬲的传承[53]。

（二）汉水上游地区

近年来主要通过配合南水北调工程建设经考古调查或发掘确认了一批周代的文化遗存。

1）今陕西商州、丹凤、商南等地的丹江两岸发现了较多的周代遗址，其中经发掘的东龙山、巩家湾、陈塬、过风楼等遗址先后发现了几批西周早、中、晚期的文化遗存，填补了此前丹江流域该时期的文化缺环。

2）郧县的辽瓦店子遗址规模较大，发掘出了自商末至西周晚期具有完整文化序列的遗存。

3）河南丹江库区调查出了10余处周代文化遗存，并发掘了上自西周下至汉代的程庄大型墓地等。

汉水上游文化遗存的时代较早，涵盖整个西周时期，文化面貌基本相同，主要包含两种因素，一种为典型的周文化因素，另一种为以红陶系为特征、包含有后来发展成典型楚式鬲——联裆柱足鬲的独特文化因素，形成一个特定的区域文化现象，这种文化风格的主源为中原姬周文化，并为汉水中游襄阳地区稍晚的文化遗存所继承，同时也吸收了地方文化因素，整个发展脉络构成一条自上而下的线路。由此给我们以启示：楚文化很可能是从汉水上游的丹江流域向中游逐步发展的，结合学术界已普遍接受的鼎盛时期战国楚文化中心已到今江陵纪南城的情况看，襄阳地区在早期楚文化研究中占据着承上启下和楚文化发展中继站的重要地位，是早期楚文化研究中的重点地区。

注　释

[１]　湖南省博物馆等：《长沙楚墓（上、下）》，文物出版社，2000年。
[２]　河南省文物研究所：《信阳楚墓》，文物出版社，1986年。

[3] 湖北省文物考古研究所：《江陵望山沙冢楚墓》，1996年。

[4] 湖北省博物馆：《楚都纪南城的勘查与发掘（上、下）》，《考古学报》1982年第3、4期。

[5] 湖北省荆州地区博物馆：《江陵天星观1号楚墓》，《考古学报》1982年第1期。

[6] 湖北省荆沙铁路考古队：《包山楚墓（上、下）》，文物出版社，1991年。

[7] 湖北省博物馆江陵工作站：《秭归楚王城勘探与调查》，《江汉考古》1986年第4期。

[8] 湖北宜昌地区博物馆等：《当阳赵家湖楚墓》，文物出版社，1992年。

[9] 宜昌地区博物馆：《当阳磨盘山西周遗址试掘简报》，《江汉考古》1984年第2期。

[10] 湖北省博物馆：《当阳季家湖楚城遗址》，《文物》1980年第10期。

[11] 石泉：《楚郢都、秦汉至齐梁江陵城故址新探》《楚都丹阳地望新探》，《古代荆楚地理新探》，武汉大学出版社，1988年。

[12] 湖北省博物馆：《襄阳山湾东周墓发掘报告》，《江汉考古》1983年第2期；湖北省博物馆：《襄阳蔡坡战国墓发掘报告》，《江汉考古》1985年第1期；襄阳首届亦工亦农考古训练班：《襄阳蔡坡12号墓出土吴王夫差剑等文物》，《文物》1976年第11期。

[13] 楚皇城考古发掘队：《湖北宜城楚皇城勘查简报》，《考古》1980年第2期。

[14] 王光镐：《楚文化源流新证》，武汉大学出版社，1988年。

[15] 湖北省文物考古研究所等：《湖北襄阳邓城韩岗遗址发掘报告》，《江汉考古》2002年第2期；襄樊市博物馆：《湖北省襄樊市邓城遗址试掘简报》，《江汉考古》2004年第2期；襄阳市文物考古研究所2008年发掘资料。

[16] 襄樊市考古队：《襄樊市彭岗东周遗址发掘简报》，《江汉考古》2000年第2期。

[17] 襄樊市文物考古研究所等：《襄阳黄集小马家遗址发掘报告》，《襄樊考古文集（第一辑）》，科学出版社，2007年。

[18] 襄樊市文物考古研究所：《襄樊邓城黄家村遗址2005年西区周代灰坑发掘简报》，《中原文物》2008年第3期；襄樊市文物考古研究所：《湖北襄樊市黄家村遗址周代灰坑的清理》，《考古》2009年第11期；襄阳市文物考古研究所：《襄阳黄家村》，科学出版社，2013年。

[19] 襄樊市文物普查办公室等：《襄樊市文物史迹普查实录》，今日中国出版社，1995年；国家文物局：《中国文物地图集·湖北分册》，西安地图出版社，2002年；襄阳市文物考古研究所2008年发掘资料。

[20] 襄阳市文物考古研究所2008年发掘资料。

[21] 襄阳市文物考古研究所2008年发掘资料。

[22] 襄樊市考古队：《湖北襄樊蔡坡战国墓地第二次发掘报告》，《考古》2005年第11期；刘江生：《湖北襄阳蔡坡20号战国墓》，《考古》2007年第7期。

[23] 湖北省文物考古研究所等：《湖北襄樊市彭岗东周墓群第三次发掘》，《考古》1997年第8期；襄樊市文物管理处等：《襄樊彭岗东周墓地第一次发掘简报》，《江汉考古》1999年第4期；襄

樊市文物考古研究所：《襄樊彭岗墓地第六次发掘简报》，《襄樊考古文集（第一辑）》，科学出版社，2007年；襄阳市博物馆1995年发掘资料。

[24] 襄樊市博物馆：《湖北襄阳团山东周墓》，《考古》1991年第9期；拙作：《襄北楚陶器墓综述》，《江汉考古》2000年第2期；襄阳市博物馆1994年发掘资料；襄阳市文物考古研究所2005~2007年发掘资料。

[25] 襄阳市文物考古研究所2004、2006年发掘资料。

[26] 襄阳市文物考古研究所2006年发掘资料。

[27] 襄阳市文物考古研究所2009年发掘资料。

[28] 湖北省文物考古研究所等：《襄阳王坡东周秦汉墓》，科学出版社，2005年。

[29] 襄樊市博物馆：《湖北襄阳余岗战国墓发掘简报》，《考古》1992年第9期；襄樊市博物馆：《襄樊余岗战国秦汉墓第二次发掘简报》，《江汉考古》2003年第2期；襄阳市文物考古研究所2004~2008年发掘资料。

[30] 襄樊市文物考古研究所：《襄樊沈岗西周墓发掘简报》，《襄樊考古文集（第一辑）》，科学出版社 2007年；襄阳市文物考古研究所2006~2009年发掘资料。

[31] 襄阳市文物考古研究所：《襄阳黄家村》，科学出版社，2013年。

[32] 老河口市博物馆2010年发掘资料。

[33] 襄阳市文物考古研究所2006年发掘资料。

[34] 湖北省文物考古研究所2006年发掘资料。

[35] 襄樊市文物普查办公室等：《襄樊市文物史迹普查实录》，今日中国出版社，1995年；国家文物局：《中国文物地图集·湖北分册》，西安地图出版社，2002年；襄阳市文物考古研究所2007年发掘资料。

[36] 襄樊市文物普查办公室等：《襄樊市文物史迹普查实录》，今日中国出版社，1995年；国家文物局：《中国文物地图集·湖北分册》，西安地图出版社，2002年；襄阳市第三次全国文物普查资料。

[37] 襄樊市文物考古研究所等：《枣阳周台遗址发掘报告》，《襄樊考古文集（第一辑）》，科学出版社，2007年。

[38] 湖北省文物考古研究所2006年发掘资料。

[39] 湖北省文物考古研究所2002年发掘资料。

[40] 襄樊市考古队等：《枣阳郭家庙曾国墓地》，科学出版社，2005年。

[41] 襄阳市襄州区第三次全国文物普查登录资料。

[42] 随州市博物馆：《湖北随县发现商周青铜器》，《考古》1984年第6期。

[43] 随州市博物馆资料。

［44］襄樊市文物普查办公室等：《襄樊市文物史迹普查实录》，今日中国出版社，1995年；国家文物局：《中国文物地图集·湖北分册》，西安地图出版社，2002年。

［45］湖北省文物考古研究所等：《湖北襄阳真武山周代遗存》，《考古学集刊（9）》，科学出版社，1995年。

［46］武汉大学历史系考古教研室等：《湖北宜城郭家岗遗址发掘》，《考古学报》1997年第4期。

［47］湖北省文物考古研究所等：《湖北宜城县肖家岭遗址的发掘》，《文物》1999年第1期。

［48］襄阳市文物考古研究所2008年发掘资料。

［49］武汉大学历史地理研究所等：《湖北宜城市周代文化遗址调查简报（之二）》，《江汉考古》2008年第1期。

［50］武汉大学历史地理研究所等：《宜城市几处东周文化遗址调查简报》，《江汉考古》2007年第4期。

［51］襄阳市第三次全国文物普查登录资料。

［52］陈千万等：《保康重阳楚鼎及有关遗址的发现与启示》，《江汉考古》2000年第2期。

［53］杨宝成：《试论西周时期汉东地区的柱足鬲》，《楚文化研究论集（第四集）》，河南人民出版社，1994年。

（原载《楚文化论丛（第1辑）》，湖北人民出版社，2011年）

襄阳邓文化遗存的楚文化因素考察

近年来，襄阳邓城及其附近区域为配合高新工业园区及其他项目建设，陆续发掘并确认了一批邓文化遗存，证实至少自西周中期开始，周王朝南土重要诸侯国——邓国的中心即位于今樊城西北的古邓城，直至公元前678年为楚所灭。这批遗存属性明确，序列清晰，延续时间较长，文化面貌一脉相承，时代愈早中原姬周文化的风格愈浓，时代愈晚与已确认的春秋中期楚文化风格愈近，这对研究早期楚文化的形成具有重要的启示意义。本文即以已发掘的这批遗存为基础，探索其中楚文化因素的发展脉络。

一 邓文化遗存的发现

襄阳邓文化遗存的发现始于邓城城址性质的确认，邓城城址位于襄阳市樊城区西北的高新区团山镇邓城村，城垣、城门、护城河等城址要素保存较好，城内外遗物丰富，从城垣内包含物判断，城址的时代在春秋至南北朝时期[1]。该城址尽管较早出现于襄阳地方文献中，但其邓国都城地位的确认却源于石泉先生的考证[2]。近年来，又陆续在邓城城址周边发现并发掘了多处邓文化遗存。

2000年，邓城城址以西20千米外今谷城庙滩擂鼓台墓地清理出了1座春秋早期小型土坑墓。该墓单椁单棺，出土了铜鼎、簋等4件青铜器，其中2件鼎上铸相同铭文："邓子孙白用。"[3]

2001年，邓城城址北约4千米的王坡墓地清理出4座墓葬，分别编号M1、M3、M47、M55，均为长方形竖穴土坑墓，包括2座中型墓、2座小型墓，葬具均为单椁单棺（多仅存腐痕），随葬器物不见陶器，全部为青铜、玉石料、水晶、玛瑙器等。青铜礼器有鼎、簋、壶、盘、匜等。其中M55为最大的一座，长6.3、宽4.3~4.5米，随葬铜五鼎六簋，墓主人身份相当于上大夫一级。M1出土《邓公孙无忌鼎》1件、戈3件[4]。该墓地的发现也使早年在附近征集的2件《邓公牧簋》、1件《侯氏簋》等邓国铭文青铜器[5]找到了出处。墓地的时代为西周晚期至春秋早期。

2002年，邓城城址以北约15千米的小马家遗址清理出3座灰坑，出土陶片较多，均以红陶为主，器类有鬲、甗、簋、盆、盂、罐、瓮等。其时代为西周早期后段至西周中期后段,可能属早期邓文化遗存[6]。

2005~2007年,邓城城址东侧的黄家村遗址先后发掘4000平方米,清理出属邓文化遗存的灰坑49座、水井1口。出土大量标本,以陶器为主,器类有鼎、鬲、甗、盂、豆、盆、罐、罍、瓮、器盖及铸造铜器的模、范和纺轮、饼等,还有少量铜削刀、镞及石质生产工具,时代为西周中期至春秋早中期之际[7]。其中陶制铜器模、范的发现证实了邓城城址周围铸铜作坊的存在。

2006年,邓城城址以东约1.2千米处的沈岗墓地清理了可确定为西周中期的墓葬1座(M694),为长方形土坑竖穴小型墓,单椁单棺,出土陶簋、豆、罐和玉玦、贝等器物12件。并发现了多座西周晚期至春秋早期单纯出土玉器的小型墓葬[8]。

2008年,邓城城址东南侧的周家岗遗址发掘面积325平方米,地层堆积较为简单,可分6层,其中第3、4层为周代文化层,清理出周代灰坑10座、灰沟3条、房址1座、水井1口,出土遗物有大量陶片,器类包括鬲、甗、盂、豆、盆、罐、器盖及纺轮等,并有少量石球、铜镞等,时代在西周中期至春秋早期[9]。

同年,邓城城址南约600米处的王家巷遗址发掘150平方米,清理出窑址1座、灰坑13座,出土大量陶器标本,器类有日用器鬲、甗、盂、豆、盆、罐、器盖及较多的制陶工具拍,时代为春秋早期偏晚阶段[10]。

2009年,邓城城址北侧的韩岗遗址清理出30座墓葬,均为小型竖穴土坑墓,少量墓底设腰坑,墓底多可见朱砂痕迹。葬具分单椁单棺、单棺两类,除部分墓葬未见随葬品外,出土随葬器物的墓葬所出数量也较少,一般2或3件,有陶鬲、豆、盂及玉片等,时代在春秋早期[11]。

此外,1987年,在邓城城址北侧的韩岗遗址试掘2条探沟,发掘简报将遗存分成两期,即西周晚期和春秋早期[12],经与上述所发掘遗存进行类型学比较后,我们认为,其时代相对简报而言要晚一个时期,应分别为春秋早、中期;1996年、2008年分别发掘韩岗、卞营遗址时在其春秋中期遗存中还发现了较多的春秋早期邓文化遗物[13],推测其发掘区域原为邓文化遗存,后被春秋中期的楚文化遗存所破坏。

通过出土遗物结合历史文献考证,以上文化遗存可证实为邓国文化遗存[14]。从出土器物和相关遗迹分析,王坡墓地是邓国高级贵族墓地,擂鼓台墓地可能为邓国边缘区的统治者墓地,沈岗、韩岗墓地为邓国下等贵族、平民墓地;小马家、黄家村、周家岗、韩岗、卞营遗址为邓城城址外围的村落遗址,其中黄家村、韩岗遗址规模较大,王家巷遗址为邓国制陶作坊遗址。

邓城城址外围这些分布密集、功能明确的文化遗存的发现也从考古学上证明了邓城城址的性质。

1989年,在邓城城址以南约4千米的汉水南岸发现并发掘了真武山遗址[15],其西周中期至春秋早期的文化遗存与上述邓城城址外围的邓文化遗存面貌相同，有学者考证也为邓文化遗存[16]；2007年，与真武山遗址相距不远的今襄阳城内新街遗址也清理出了面貌相同的西周晚期灰坑[17]，也不能排除其为邓文化遗存的可能性。

二 邓文化遗存中的楚文化因素

以上遗存的文化属性主体属姬周文化系统无疑，但又渗入了多种文化因素，其中包括楚文化因素的存在。

当然，由于目前学术界对楚物质文化特别是其早期面貌的认识存在分歧，对其早期特征的界定也有着不同看法，这也使得我们采用自上而下的挖掘方法遇到了困难。不过，我们可以利用已为学术界所认定的自春秋中期开始进入成熟期的楚文化特征自下而上进行追溯，进而发现较早时期的楚文化因素。

较为便利的是，上述遗存中有韩岗、真武山遗址在春秋早期遗存之上直接叠压着春秋中期的楚文化遗存，卞营遗址许多邓文化遗物也是在其最早的春秋中期遗存内发现的，这些遗存本身的延续性在地层上得到了确认；同类器物风格传承有序，发展脉络清晰，这为探寻邓文化遗存中楚文化因素的发展提供了直接证据。

（一）遗迹方面

就已有发现而言，遗迹上的楚文化因素不是很明显，很可能这一时期楚文化与邓文化之间在遗迹上的共性居多。无论是灰坑、灰沟的形制，还是水井的建造方法，乃至简单的房址，二者之间都难以形成各自独立的特征。邓文化遗存中的墓葬形制十分简单，即单纯的长方形竖穴土坑墓，除了发现少量体现更多中原文化因素的腰坑及部分墓底铺洒朱砂外，其他基本没有差别。而且葬具仅有单椁单棺、单棺两类，墓葬方向基本以南北向为主，随葬器物葬于椁内棺外一端、一侧或一端一侧。这些都与后来的楚墓相同，它们都继承了中原姬周文化的传统。

（二）遗物方面

出土遗物以陶器为主，铜、玉器数量相对较少，后者的形制、纹饰特征等表现得较为稳定，更多的反映的是典型中原文化风格，只有陶器的特征随时代发展的敏感性较为强烈，在器物组合和形制上可以清晰地辨识其所展现的楚文化因素。

1. 陶系、纹饰方面

西周时期，陶器的陶系基本以夹砂红陶为主，主要体现在：鬲、甗等炊器的陶系全为夹砂红陶，夹砂、泥质褐陶次之，泥质灰陶相对较少；纹饰大多为绳纹，基本以细绳纹居多，中绳纹稍次，有少量弦纹、戳印纹、刻划纹、附加堆纹等，鬲上还有扉棱、圆饼装饰，表现出较为强烈的周文化特征。

春秋早期，陶系中泥质灰陶数量增多并占主体，夹砂灰陶也有一定数量，其中鬲、甗出现灰陶，这一点在后来的楚式鬲、甗中有较多体现。纹饰中绳纹仍居大多数，不过基本不见细绳纹，粗绳纹大增，中绳纹最多，弦纹比例也有所扩大，典型楚文化陶器的陶系、纹饰特征也与此基本一致。

2. 陶器组合

就主要器类而言，整个西周中期至春秋早期，其组合鬲、甗、盂、豆、盆、罐基本维持不变，其中西周时期中原姬周文化典型器中的簋、罍到春秋早期消失，后来的楚文化典型陶器组合基本上继承了春秋早期的主体组合形式，并增加了鼎。

3. 陶器形制

陶器形制自西周早期向后逐步演变，并以春秋早期更为典型，这一时期，尽管上述器类存在一定程度的型的差别，但各类中占据主要器型者基本为春秋中期楚文化同型器所沿用，变化不大。

（1）鬲、甗

鬲、甗为整个陶器的主体，其中鬲的数量更多。

鬲的主体为大口柱足瘪裆鬲，西周时期还有少量姬周文化的分裆、锥足鬲，有的柱足鬲肩部以扉棱、圆饼装饰；春秋早期出现少量的小口柱足鬲。

柱足鬲的形制一般是侈口，翻沿，束颈，圆或溜肩，上腹微鼓，下腹弧收，瘪裆，三柱足，部分足为"二次包制"，外壁饰中、粗绳纹，如果撇开裆内瘪的特征，那么其余形制均可在典型楚式鬲中找到。只是到春秋早期，裆内瘪的程度逐渐减小，有逐步向弧裆鬲过渡的趋势。

关于何为楚式鬲的问题，苏秉琦先生提出了一个经典的概念，他在比较"殷式鬲""周式鬲""楚式鬲"时对"楚式鬲"的基本特征作了说明："器体腹底由里向外穿过底壁，外壳部分略呈空心圆锥体，从器体外面紧紧地裹住核心腹壁的'螺钉'，加上再从外面套上去的'螺母'，两部分从器体的内外两面牢牢地粘着腹壁；足间裆部实际就是器体的腹底；空足很浅，有的甚至若有若无。"[18]这种特征无疑是对成熟期"楚式鬲"的总结，其以腹底与足的显著特点区别于"殷式鬲"和"周式鬲"，在鬲体上的大口、小口之别则是其不同类型而已。正是由于腹底的这种结构，才使得它的裆部呈弧线内凹或近平或略外圜，形成联裆，鬲足成为截锥状或圆形实柱足，足腔较浅。后来，楚式鬲的具体形态和来源又在学术界引起了一番争论，张昌平先生对典型楚式鬲提出了较为全面的辨识原则，并明确大口绳纹鬲为真正意义上的楚式鬲[19]，当可信从。

实际上，本地邓文化遗存出土大口绳纹鬲的瘪裆特征明显，这即是苏秉琦先生所说的典型"周氏鬲"的核心特征。从春秋早期的陶鬲形制看，其源于中原姬周文化，而本体表现的楚文化因素很可能是成熟时期楚式鬲的一个来源。

甗的基本特征和源流实际上与鬲保持着相似性，特别是下部鬲体的整体特征。

（2）盂、盆

盂、盆的整体形制基本相同，只是在大小方面有所区别。西周中、晚期的盂、盆一般为侈口，束颈，折肩，弧腹内收，平或凹底；两周之际出现微折肩的变化，颈下部或肩部有的以凸、凹相间的瓦棱纹装饰；春秋早期则变为圆肩，凹底，肩或上腹有一道凸弦纹，或凸弦纹下接一道凹弦纹，此型盂、盆基本为春秋中期典型楚式陶盂、盆所继承。

（3）豆

豆在西周中期为折盘、矮粗柄或上部加凸箍，在西周晚期为折盘、柄上凸箍不变，只是柄稍细高，凸箍的位置下移，其形制与丰镐地区典型西周陶豆几无二致。然而进入春秋早期后，豆变为弧盘，豆柄变细，偏早阶段还有短柄，之后柄变高，这期间除了少量的可能有自身特色的镂孔粗高柄豆（仅在黄家村遗址发现）外，主体已变为细柄弧盘豆，中空至盘底，柄壁较直或略弧，喇叭或覆盘状圈足，素面，这种豆可以说是成熟期楚文化的标型器了。

（4）罐

本区邓文化遗存自西周中期始就有罐存在，且折肩罐与圆肩罐并行，折肩罐一直发展到春秋早期，当属姬周文化的典型器物；而圆肩罐在西周中期的最早形制为小马家遗址的红陶侈口束长颈鼓腹凸圜底素面罐，时代稍后的沈岗墓地M694圆肩罐为红陶，侈口，束短颈，鼓腹，凹底，身饰细绳纹，西周晚期则为灰陶，整体形制基本保持不变，仅器型稍大，胎体变厚，器表装饰中绳纹，这成为春秋早期邓文化遗存及春秋中期以后标准的楚文化使用器型。

（5）鼎

邓文化遗存中保存完整的个别陶鼎发现于王家巷遗址春秋早期后段的H10中，形制近子口，微折肩，肩有对称长方形附耳，弧腹内收，凸圜底，三矮柱足内聚，似为春秋中期典型楚式铜于鼎的祖型。

可以说，春秋早期邓文化遗存陶器上反映的楚文化因素已相对成熟，除作为礼器鼎外的其他器类的早期形制均可在这些邓文化遗存中时代更早的同类器物上找到发展脉络。

三 邓文化遗存中楚文化因素成因试析

由上述对比可知,春秋早期邓文化遗存中反映文化面貌最明显的具楚文化因素的陶器已与春秋中期成熟的楚文化陶器存在较大的相似性,向更早时间追溯,依然可以找到其发展脉络上的来源,只是其表现出的楚文化因素在逐步减弱。这显然与西周至春秋早期的政治形势有关。

据《春秋》《左传》《国语》等文献和多件传世青铜器铭文记载,西周早期,为加强周王朝对南土的控制,周分封多个诸侯国到南阳盆地及汉水流域,邓、楚均居其中。《左传·昭公九年》:"及武王克商……巴、濮、楚、邓,吾南土也。"西周中期以前,由于周王室力量强大,受周王室重视的邓国地位较高,邓与周的联系密切,邓文化几乎完全受到周文化的影响,并表现出与中原姬周文化的同步性。西周中期以后,邓文化在继续传承中原姬周文化的同时,一方面因受地理环境的制约,在文化风格上表现出一定的滞后性,如沈岗墓地M694之有周文化风格的陶簋时代相对较晚就是证明;另一方面,邓文化对当地固有的文化传统也有所接受,并有所创造,形成一些自身的风格。后者最典型的莫过于深腹瘪裆截锥状柱足鬲,其瘪裆是周文化的特征,而大口截锥状柱足深腹鬲则在典型的关中周文化中发现较少。该型鬲,据杨宝成先生考证,最早是商代晚期在南阳盆地流行的[20],如此,则其在西周时期应正好是姬周文化与当地商文化固有传统相结合的产物,而且,该型鬲中有相当数量的鬲足为"二次包制",即被苏秉琦先生认为是典型的"楚式鬲"者。据现有考古发掘资料,这种形制的鬲在西周时期就广泛存在于南阳盆地、随枣走廊及汉水上中游平原等地域,基本处在与周王朝关系密切、分封的"汉阳诸姬"统治范围内。

而西周早期虽然楚与周的关系也较为密切,但其地位则相对较低,这从楚熊绎仅被周成王封为子爵即可得到证明。西周中期后,周、楚关系才恶化,之后,除西周晚期楚熊渠时楚国力有所增强外,直到春秋早期的楚武王时期,楚才真正开始大规模的扩张,楚国走上了强盛之路。这一时期的楚文化也被称为早期楚文化,其面貌也是学术界研究的重点,但学者们见仁见智,众说纷纭。不过,从当时邓、楚的相邻关系和文化的强弱程度看,早期楚文化很可能受到了以当时较为先进的邓文化为代表的"汉阳诸姬"文化的影响,突出地表现在楚陶器文化典型器物——鬲的形制上,与鬲保持同步发展且关系密切的甗也是如此。

春秋早期平王东迁后,周王室衰微,其对南土的控制减弱。邓文化因其与周王室的关系,既继续保持中原姬周文化传统并接受已有所改变的东周文化影响,又按照自身文化的相对独立性向前发展,还在与周边诸侯国通过联姻等方式加强交流的过程中吸收对方的文化,传播自身的文化。同时,相邻的楚国力量不断壮大,楚对邓国的政治影响也在增强,两国之间形成姻亲关系，即楚武王迎娶邓曼。之后，因为楚国力强大，文王过邓伐申，至文王十二年（前678年）终于灭邓。政治上的强势对文化上的强力渗透起着推波助澜的作用，春秋早期邓文化遗存中楚文化因素体现得较为强烈的原因也在于此，这在某种程度上也说明了楚文化对邓文化的影响。

如上所述，西周时期，襄阳地区为周王朝分封的多个诸侯国所控制，其文化面貌也表现出相同的特点。从襄阳市第三次文物普查收集的资料看，除了在邓城城址周边的邓文化遗存外，在南阳盆地南部的老河口堰窝子遗址，汉水以东随枣走廊的襄州楚王城、下柏、陈坡遗址及枣阳周台遗址，汉水南岸襄宜平原的襄城真武山、新街遗址，宜城郭家岗、周岗遗址等，甚至鄂西山地的南漳观上、黄家湾和保康的庹家坪、王湾遗址等都发现了西周晚期至春秋早期的遗存，大部分遗址有春秋中期以后的楚文化遗存叠压[21]。这种情况表明，襄阳地区西周时期的诸侯国文化面貌呈现出受中原姬周文化影响较深的特点，包括楚文化在内，其向上可直接追溯到中原姬周文化中，也就是说，它们的源头应为中原姬周文化。

可以说，楚文化的源头是多元的，其主源应为中原姬周文化，在发展过程中又受到了包括邓文化在内的其他诸侯国乃至地方固有传统文化的影响，在楚国强大后，楚文化又借助政治上的强势地位推行文化上的兼并，对其他文化实施强有力的影响。

襄阳地区周代文化遗存时代之早、延续性之强、分布之密集是很少见的，它们的发现为探索楚国与各诸侯国的关系和早期楚文化的源流提供了十分重要的资料。

注　释

[1]　襄樊市文物普查办公室等：《襄樊市文物史迹普查实录》，今日中国出版社，1995年。

[2]　石泉：《古邓国邓县考》，《古代荆楚地理新探》，武汉大学出版社，1988年。

[3]　陈千万：《湖北谷城发现的邓国铜器及相关问题》，《襄樊考古文集（第一辑）》，科学出版社，2007年。

[4]　湖北省文物考古研究所等：《襄阳王坡东周秦汉墓》，科学出版社，2005年。

[5]　襄樊市文物管理处：《湖北省襄樊市拣选的商周青铜器》，《文物》1982年第9期。

[6]　襄樊市文物考古研究所等：《襄阳黄集小马家遗址发掘报告》，《襄樊考古文集（第一辑）》，科学出版社，2007年。

[7]　襄樊市文物考古研究所：《襄樊邓城黄家村遗址2005年西区周代灰坑发掘简报》，《中原文物》2008年第3期；襄樊市文物考古研究所：《湖北襄樊市黄家村遗址周代灰坑的清理》，《考古》2009年第11期；《襄樊邓城黄家村遗址2005年东区周代遗存发掘简报》，《江汉考古》2010年第3期；襄阳市文物考古研究所：《襄阳黄家村》，科学出版社，2013年。

[8] 襄樊市文物考古研究所：《襄樊沈岗西周墓发掘简报》，《襄樊考古文集（第一辑）》，科学出版社，2007年；襄阳市文物考古研究所2006年发掘资料。

[9] 襄阳市文物考古研究所2008年发掘资料。

[10] 襄阳市文物考古研究所2008年发掘资料。

[11] 襄阳市文物考古研究所2009年发掘资料。

[12] 襄樊市博物馆：《湖北省襄樊市邓城遗址试掘简报》，《江汉考古》2004年第2期。

[13] 湖北省文物考古研究所等：《湖北襄樊邓城韩岗遗址发掘报告》，《江汉考古》2002年第2期；襄阳市文物考古研究所2008年发掘资料。

[14] 王先福：《周代邓国地望考》，《荆楚历史地理与长江中下游开发——2008年中国历史地理国际学术研讨会文集》，湖北人民出版社，2009年。

[15] 湖北省文物考古研究所等：《湖北襄樊真武山周代遗存》，《考古学集刊（9）》，科学出版社，1995年。

[16] 黄尚明：《湖北襄樊真武山遗址西周时期遗存族属试探》，《楚文化研究论集（第六集）》，湖北教育出版社，2005年。

[17] 襄阳市文物考古研究所2007年发掘资料。

[18] 苏秉琦：《从楚文化探索中提出的问题》，《江汉考古》1982年第1期。

[19] 张昌平：《楚鬲研究》，《奋发荆楚 探索文明》，湖北科学技术出版社，2000年。

[20] 杨宝成：《试论西周时期汉东地区的柱足鬲》，《楚文化研究论集（第四集）》，河南人民出版社，1994年。

[21] 襄阳市第三次全国文物普查资料。

（原载《楚文化研究论集（第十集）》，湖北美术出版社，2011年）

襄阳楚王城或为楚熊渠所封鄂王城初考

西周晚期，楚熊渠的对外扩张是当时西周王朝政治上一件影响深远的重大事件，其征伐、分封地的确认对探索早期楚国地望具有决定性的意义。长期以来，有诸多的专家学者进行了深入研究，也得出了不同结论，至今无法达成共识，这也使得早期楚文化的研究同样分歧较大。本文主要通过最新的考古发现，在前人研究的基础上对楚熊渠所封鄂王城的地望进行初步考证，以期对早期楚文化的探索提供一点儿帮助。

对熊渠扩张事件，历代众多文献均有记载。引用最多的莫过于《史记·楚世家》，其文记："熊渠生子三人，当周夷王之时，王室微，诸侯或不朝，相伐。熊渠甚得江汉间民和，乃兴兵伐庸、杨粤，东至于鄂。熊渠曰：'我蛮夷也，不与中国之号谥。'乃立长子康为句亶王，中子红为鄂王，少子执疵为越章王，皆在江上楚蛮之地，及周厉王时，暴戾，熊渠畏其伐楚，亦去其王。"尽管有学者对该段记载中熊渠所封之王不一定就是其后世熊通僭称之"王"号，但对记载的真实性仍予以肯定[1]，这一点也始终为楚史研究者所引用。

同时，后世不少学者对文中涉及的庸、杨粤、鄂三个地名及句亶、鄂、越章三个封地进行了注释和详细考证，其中"庸"和"句亶"的说法基本一致，前者地望在今湖北竹山县，后者为"江陵"，但对杨粤、鄂的分歧较大。叶植先生对各种意见进行了梳理[2]。

杨粤，或以为古扬州的越人，广泛分布于长江下游，西境不过今赣、鄂交界处附近；或以为今湖北秭归的芈姓夔越；或以为汉水中游的越人，地在今江陵、天门之间的古阳水流域；或以为汉水上游今陕南、豫西的西越。

鄂，或以为今南阳附近的西鄂，或以为今鄂州的东鄂。

不同意见的差距较大，有的甚至相差数百千米。如果说"杨粤"还有地名和族名之分，认定更为困难，对"鄂"的认识则相对简单些，古今学者一致确认其为地名并长期存在，那么，"鄂"地究竟在何处呢？

鄂实际源于古鄂国，源于何时不明，但商代甲骨卜辞中曾多次提到，商末为"纣之三公"，西周时仍为周王朝的诸侯。

关于西周鄂国的历史和地望，徐少华教授利用文献和传世、出土鄂国铭文青铜器进行了详细考证[3]。他认为，西周之鄂为商鄂的后裔，西周初年成为周王朝的封国，并与周王朝保持着长期的密切关系，地位较高，直到西周孝、夷时期因鄂侯驭方率南淮夷、东夷反周被周师所灭或遭受重创而逐步衰亡，其地在西鄂，即今南阳附近。

而近年的考古发现又为西周鄂国中心区的判定提供了重要证据。

1975年，随州安居羊子山发现了4件青铜器，分别为鼎、簋、爵、尊，从器物的形制、纹饰分析，这批铜器的时代为西周早期[4]。其中尊侈口，长颈，垂腹，圈足，腹部有单兽首鋬，兽尾上卷。腹部饰四道弦纹，圈足饰一道弦纹。器内底铸铭文两行八字："噩（鄂）侯弟厣季作旅彝。"器物明确记载了该尊的主人为噩（鄂）侯之弟厣季。而有相同铭文的器物分别为上海博物馆、洛阳博物馆收藏的铜卣、簋[5]，这3件"噩（鄂）侯弟厣季"器很可能出自羊子山墓地的同一座墓葬，后者则因被盗而流失，这从墓地多座墓葬盗掘较为严重的情况可以得到证明。如此，则此墓即为"噩（鄂）侯弟厣季"墓。

2007年，在与出土"噩（鄂）侯弟厣季"尊相同的墓地又发现一座"噩（鄂）侯"墓[6]，清理出青铜器27件，有鼎、方鼎、簋、方座簋、方罍、方尊、爵、斝、盉、卣、盘等，其中10余件器物铸有"噩侯"或"噩中"铭文。从铜器组合、数量和形制、纹饰判断，该墓应为西周早期一座"噩（鄂）侯"的墓葬。

该墓地除上述两座墓葬外，还在1980年发现了一座长方形竖穴土坑墓[7]，墓口残长3.15、宽2.1米，出土青铜器18件，器类有鼎、簋、爵、尊、觯、卣、戈，一爵腹部鋬间和觯圈足内壁分别铸有"戈父辛""子父癸"铭文，其时代也在西周早期。墓主人身份较高，但与鄂侯的关系尚难确定。

从上述发现看，羊子山墓地应是西周时期的鄂国国君家族墓地，虽然因尚未发掘，墓地的起始和结束时间不明，但至少可以确定这里是西周早期的鄂国国君墓地。既然鄂侯墓地在随州羊子山，那么，其政治中心即都城当距此不远，该时期的鄂国统治区域很可能就在随枣走廊一带，向北或许到了南阳盆地和淮河流域，只有这样，鄂才能与南淮夷、东夷结盟反周。李学勤先生通过新近出土的青铜器结合文献资料也考证出鄂国中心也在汉东今随州一带[8]。

2011年上半年，湖北省文物考古研究所在随州淅河镇蒋寨村叶家山墓地发掘墓葬65座，从出土器物形制和青铜器铭文推知，这里是西周早期曾国高等级贵族公墓[9]。而根据近年的考古发现[10]和文献考证[11]可知，整个随枣走廊在西周晚期偏晚阶段全部成为曾（随）国的地域，其中西周晚期偏晚阶段至春秋早期晚段的中心区域大概就在今枣阳吴店郭家庙墓地附近，而墓地东侧不远的周台遗址发现规模较大、内涵丰富的周代文化遗存[12]，起始年代正是西周晚期，尤为重要的是发现了春秋早期的大型廊式建筑遗存和炉壁、铜渣、铅块等铸铜遗物，说明这里不是一般的聚落，或许就是这一时期曾（随）国的中心。由此分析，西周早期，随枣走廊东、西部分别为曾（随）、鄂两国统治，西周晚期后鄂国从本区消失后，曾（随）国就成为随枣走廊的唯一大国了。这也印证了文献关于周孝、夷时期灭鄂的记载。那么，西周早、晚期之间西周中期的随枣走廊西部区域很可能仍然是在鄂国统治之下。

鄂国地望的确定为熊渠扩张"东至于鄂"的"鄂"地定位提供了十分重要的线索。由上述分析可知，此"鄂"当为西鄂，地在今随枣走廊中西部。其向西或许到了汉江东岸，这从该地目前发现的几处西周遗址的文化面貌可以大致推测出。鄂为黄帝之后，世与周王室通婚，其文化面貌应大致相同，无论是传世还是出土的西周鄂国青铜器都具有典型的中原姬周文化特色，鉴于其统治区域在随枣走廊，那么，同处随枣走廊且具典型中原文化风格的枣阳毛狗洞遗址[13]、随州庙台子遗址[14]西周早期文化遗存也应属于鄂国文化遗存。同样，在随枣走廊西口、汉水东岸淤积平原上发现的汉江东岸的襄州区先后发掘的陈坡遗址[15]、汪家洼遗址[16]、下柏遗址[17]西周文化遗存很可能也曾经是鄂国的地域。

通过调查，随枣走廊西部的襄州区黄龙镇高明村东南发现了一处面积不大的城址，地处汉水支流滶水上游西岸的台地上，时代也正好为西周中晚期。它建在一处新石器时代遗址的西北部，方向基本呈正南北向，平面略呈梯形。北部因取土填平西侧原河港和挖掘现代堰塘被破坏，西北角被挖毁，东南端因滶水改道并长期冲刷崩塌而较为严重。现存部分东边复原长约135米，西边长约175米，南边复原长约218米，北边长约218米，城址现存面积约3.4万平方米。城址可分为大、小两城，大城即外城，大城现西地表高出外地面2.8米。小城位于城址东南部，其现地面较大城地面高出约2米。平面略呈菱形，东垣复原长约90、西垣长约85米，南、北垣均长约100米。东垣高出现河面6.6米。城东、南依托滶水作为护城河；西侧为地势较低的洼地，当地人称为"壕子"。据介绍，这里在二十世纪五十年代为一条河港，后因造田被填平，应为该城的西护城河，宽约130米；北侧因挖掘现代堰塘，护城河情况不明，但从地势看，其与西护城河被填平地面持平。城址城垣上部基本被平，但从外围东、南、西侧断面看，有明显的夯筑层，其中东南段城垣断面清晰，现存部分高约5米，可分6层，其下为生土。经勘探，城内文化层堆积较厚，一般在3米以上，多处发现夯筑层，有的地方明显感觉有石质物，从中挖出一方形石块，为人工凿制，绿矾石质，边长0.2、厚0.1米，上层中部略凹，应是典型的柱础。从小城东南部被河水冲刷暴露的断面看，其内地层可分7层，堆积较厚，约3.2米。地表暴露遗物较为丰富，大多为陶片。采集标本有生产工具和生活用器两大类，生产工具包括石斧和陶拍、纺轮等，生活用器有陶鬲、甗、豆、罐、瓮、缸等。值得注意的是，城址东南现隔滶水有一处同时期遗址——许家河遗址。据调查，滶水在二十世纪五十年代以前呈南北走向于许家河遗址东侧流过，后因改道而穿楚王城城址和许家河遗址之间流过，并冲刷城址东南部部分。鉴于许家河遗址的时代与楚王城城址相同，推测其为楚王城城址的外围村落遗址，二者应有着密切的关系。

该西周城址当地俗称"楚王城"，明、清《襄阳府志》《襄阳县志》均有记载，其得名必有来历。从最新发布的清华简《楚居》篇[18]结合诸多文献及考证分析,至迟西周中晚期楚国就主要活跃在鄂西的荆山一带,而本城址的文化面貌又与中原姬周文化基本相同,并同于上述随枣走廊发现并推测为鄂国的文化遗存,位置也正处鄂国统治区域内。在此情况下最好的结合点就是,本城曾为鄂国城邑,后为楚王所占据,正好印证了西周晚期楚熊渠征伐鄂国并分封中子红为鄂王的历史史实。

该城址的发现为研究楚国早期历史提供了十分重要的实体证据。

注　释

［1］　郑威：《〈史记·楚世家〉熊渠封三子史料性质小考》,《江汉考古》2011年第1期。

［2］　叶植：《试论楚熊渠称王事所涉及到的历史地望问题》,《楚文化研究论集(第四集)》,河南人民出版社,1994年。

［3］　徐少华：《周代南土历史地理与文化》,武汉大学出版社,1994年。

［4］　王少泉：《随县出土西周青铜单銎尊》,《江汉考古》1981年增刊;随州市博物馆：《湖北随县发现商周青铜器》,《考古》1984年第6期。

［5］　马承源：《记上海博物馆新收集的青铜器》,《文物》1964年第7期;张剑：《洛阳市博物馆馆藏的几件青铜器》,《文物资料丛刊(3)》,文物出版社,1980年。

［6］　随州市博物馆资料。

［7］　随州市博物馆：《湖北随县安居出土青铜器》,《文物》1982年第12期。

［8］　李学勤：《由新见青铜器看西周早期的鄂、曾、楚》,《文物》2010年第1期。

［9］　包东喜、毛传荣：《湖北随州叶家山墓地考古发掘获重大发现》,《湖北日报》2011年8月23日第5版。

［10］　湖北省文物考古研究所：《曾国青铜器》,文物出版社,2007年。

［11］　石泉：《古代曾国——随国地望初探》,《古代荆楚地理新探》,武汉大学出版社,1988年。

［12］　襄樊市文物考古研究所等：《枣阳周代遗址发掘报告》,《襄樊考古文集(第一辑)》,科学出版社,2007年。

［13］　襄樊市博物馆：《湖北枣阳毛狗洞遗址调查》,《江汉考古》1988年第3期。

［14］　武汉大学历史系考古教研室等：《西花园与庙台子》,武汉大学出版社,1993年。

［15］　湖北省文物考古研究所2006年发掘资料。

［16］　襄阳市文物考古研究所2006、2007年发掘资料。

［17］　襄阳市文物考古研究所2006、2007年发掘资料。

［18］　清华大学出土文献研究与保护中心：《清华大学藏战国竹简(壹)》,中西书局,2010年。

(原载《楚简楚文化与先秦历史文化国际学术研讨会论文集》,
湖北教育出版社,2013年)

叁 秦墓研究

襄阳秦墓初探

在探讨襄阳秦墓之前，首先要明确秦墓的界定标准。关于"秦墓"的界定，笔者认为有狭义和广义之分。狭义的"秦墓"是指具有秦文化风格的墓葬，既包括秦族或秦国人在关中及其他地区的秦人墓葬，也包括因受秦文化影响而采用秦人埋葬习俗的墓葬。广义的"秦墓"则是指在秦人和秦王朝统治期间及统治区域内的墓葬，除以上"狭义"的秦墓外，还包括具有其他文化风格的墓葬。他们自秦族产生时开始存在，一直到西汉中期前段汉文化风格完全形成后消失。

襄阳地处汉水中游，以汉水为界，分为襄、樊两城，自旧石器时代以来，这里一直是人类繁衍生息的重要区域，从西周直到战国晚期前段即秦昭襄王二十八年（前279年）以前，此地先后成为邓的中心区和楚的要地，以今樊城西北约5千米的古邓城遗址为中心，方圆60平方千米范围内分布着十分密集的两周文化遗址和墓葬[1]，尤以楚文化遗址和墓葬居多。秦昭襄王二十八年秦取鄢、邓[2]后，此地属秦，也是自此时起襄阳始有秦墓。秦王朝时期，汉水以北属南阳郡邓县，汉水以南属南郡，这一时期的墓葬均基本属于秦墓。西汉王朝建立后，虽然秦人的统治结束，但西汉初年秦文化仍有相当程度的影响，秦文化风格较浓的墓葬依然存在。西汉文景时期至武帝前期，尽管部分墓葬仍有少量受秦文化因素影响的器物，如源于秦式器的鍪、灶、镰斗等，由于这些器物本身的形制已经发生变化，墓葬的主体风格已向汉文化转变，秦文化因素逐步直至完全消失，所以，这一时期的墓葬不在探讨之列。

鉴于历史文化背景的地域特点，本文所探讨的秦墓即指襄阳附近自秦昭襄王二十八年始、至秦王朝灭亡止在秦人和秦王朝统治期间的墓葬，以及西汉初年仍受秦文化影响较深的墓葬。

一 襄阳秦墓的发现与分布

襄阳秦墓的首次发现始于1972年对襄阳山湾楚墓地的发掘[3]，34座墓葬中有秦墓1座[4]；继而于1973年又在邻近的襄阳蔡坡楚墓地中发现了4座有秦文化风格的墓葬[5]。由于当时发现的秦墓少，难以探讨其规律性。

随着襄阳郑家山[6]、余岗[7]战国秦汉墓地的发掘，襄阳秦墓不仅在数量上有了增加，而且发现了专门的墓地。其中郑家山有秦墓18座。余岗墓地包括"墓子地"和"岭子上"两个墓区，前墓区发掘的25座墓均应处于该时期，原报告将"墓子地"墓区之YM19、YM25划分在第三期欠妥，这两墓均出陶礼器鼎、盒、壶组合，YM19之组合、形制与咸阳塔儿坡战国晚期M28057[8]出土陶礼器组合、形制较为接近，YM25之组合、形制与蔡坡M3组合、形制一致，它们的时代当在第一期；这25座墓葬中有3座虽未出随葬品，或仅见漆器，但从墓葬形制看也可归入秦墓中。"岭子上"墓区有3座秦墓。

2001年为配合襄（樊）荆（州）高速公路联络线建设，在襄阳王坡发现了一处大型的东周秦汉墓地[9]，已发掘的170余座墓葬中有战国晚期后段至秦代秦墓99座、西汉初年秦墓7座，建立了襄阳秦墓的分期标尺，也使我们对襄阳秦墓有了比较全面的认识。

以上5处墓地中，王坡、山湾、蔡坡处于汉水北岸淤积平原向丘岗地的缓坡过渡地带，呈东西向分布，余岗墓地在中部的淤积平原上，分别位于古邓城遗址的正北、东北及正东方向，相距2～5千米。只有郑家山墓地在汉水南岸襄阳城南侧岘山支脉——郑家山上，北距襄阳城约1千米。

截至目前，这5处墓地共发掘秦墓157座，为我们探讨襄阳秦墓的形制、分期、分类、墓主人身份及文化因素提供了较为翔实的资料。

二　襄阳秦墓的形制

襄阳157座秦墓的墓葬形制以长方形竖穴土坑墓为主，它们占整个墓葬的绝大多数，共154座。仅分别在余岗、王坡墓地各发现1座洞室墓（余YM18、王M7），另在郑家山墓地还发现1座竖穴岩坑墓（郑M66）。

1. 长方形竖穴土坑墓

墓葬方向较为杂乱，几乎各个方向均有。以墓葬方向左右摆动不超过20°计算，依人骨架的头向、牙齿的方向、随葬品的位置或异穴合葬墓方向一致性等判断，可确定头向的120座墓葬中，东向19座，北向45座，南向29座，西向7座，西北向4座，西南向7座，东北向7座，东南向2座。其中6座东北向、4座西北向墓葬更偏北，左右摆动多不超过35°。从整个情况看，墓葬头向以北为主。然而具体到各个墓地，情况则有所不同，山湾、蔡坡墓地的5座墓葬中除1座头向不明外，其余4座未见1例头向北者，分别为南、西向各1座，东向2座，这可能与两个墓地原为楚墓地有关；其余三个墓地均以北向为主，余岗、王坡墓地中头向北的墓葬占可判定头向墓葬的一半左右，郑家山墓地约占三分之一。

墓葬规模均不大，一般以小型墓居多，墓圹开口一般为（2～3）米×（1～2）米，开口（3~5.5）米×（2~4.2）米的墓葬仅18座，分别为郑M17（4.9米×3.7米），山M18（3.82米×2.73米），蔡M3（3.44米×2.56米），余YM3（3.66米×2.64米），余YM15（3.5米×2.74米），余YM19（4.2米×3.33米），王M32（3.4米×2.6米），王M34（3.5米×2.66米），王M35（5.2米×4.2米），王M73（3.7米×2.9米），王M74（3.5米×3米），王M87（3米×2.6米），王M92（4.1米×2.95米），王M99（3.2米×2.2米），王M108（3.2米×2米），王M125（3米×2.1米），王M134（3.9米×3米），王M147（3.7米×2.8米）。最大的一座即是王M35。

就5处墓地整体来看，墓葬以口大底小者居多，达115座，这其中包含所有设生土台阶和二层台的墓葬，口底同大者34座，口稍小于底者2座，另有3座因仅余底部而不明。从各墓地的情况看，郑家山墓地口大底小者7座，口底同大者10座；山湾、蔡坡墓地5座墓葬除1座残存底部外，其余4座均口大底小；余岗墓地则是口大底小墓占绝对多数，达23座，另有3座口底同大，1座口稍小于底；王坡墓地有2座情况不明，口大底小者82座，口底同大者21座，口稍小于底者1座。

大部分墓葬填原坑翻挖出来后形成的五花土，仅少量有较薄的青膏泥。

从墓室结构上看，有4处墓地39座墓葬单设生土二层台，郑家山墓地5座，其中4座在三面或四面设置，对称两面设置的仅1座；蔡坡墓地1座四面设置；余岗墓地11座，其中4座三或四面设置，7座两面设置；王坡墓地24座，其中四面设置的仅1座，单面设置的2座，其余21座均为两面设置。仅余岗和王坡墓地分别有2、3座墓葬单设壁龛。既设生土二层台又设壁龛的墓葬中，余岗墓地1座，王坡墓地8座。壁龛均设在头部，即为头龛，且龛多位于底部。此外，王坡墓地有2座墓设置一级生土台阶。未见1座带斜坡墓道的墓葬。

仅少量墓葬的葬具部分保存了下来，大部分只能见到葬具腐烂后的灰痕或漆皮，从残存的椁、棺板或腐痕看，五大墓地139座墓中可辨之葬具有单椁并棺、单椁单棺、单棺三类，单椁并棺仅见于余岗墓地YM19中；其余或为单椁单棺，其中郑家山墓地10座，山湾M18、蔡坡墓地2座，余岗墓地12座，王坡墓地78座，椁室的大小与墓圹的大小成正比；或为单棺，其中郑家山墓地4座，余岗墓地5座，王坡墓地26座，设壁龛的墓葬葬具均为单棺。有少量墓葬底部有垫木沟槽，余岗及王坡墓地部分为单椁单棺墓葬的底部四面挖出长方形的横向沟槽，以卡放木椁挡板两端出头部位。结合墓葬规模、随葬器物分析，不明葬具的15座墓葬应都有葬具，不存在无葬具的墓葬。

大多数墓葬的人骨架均朽烂无存，葬式不明，仅少量可见骨架轮廓或部分人骨及牙齿，可辨葬式的墓葬15座，其中郑家山墓地5座，蔡坡、余岗墓地各1座，王坡墓地8座。除郑家山各有1座仰身屈肢、侧身屈肢葬外，其余均为仰身直肢葬。

154座墓葬中有6座不见随葬器物，其余墓葬虽均出土随葬器物，但每墓的数量不多，一般为3~6件，少量的1件，多者也不过18件。随葬器物的摆放位置因墓室结构、葬具和器物种类的不同而有所区别，铜、玉等质地小件生活用器和饰品多置于棺内，其余器物则分别置于棺外、椁内棺外一端、一侧，或同置于椁内棺外一端、一侧，有壁龛者置于壁龛内，且所有龛内只放置陶器，而又以日用器居多，仿铜陶礼器较少。

从墓葬的分布结合墓葬形制、随葬器物组合看，余岗墓地有2座、王坡墓地有27座竖穴土坑墓两两对应，推测是夫妻异穴合葬墓，大部分为同一时期，少量时代有别（表一）。

表一 襄阳秦墓墓葬形制统计表

		长方形竖穴土坑墓（座）	长方形竖穴岩坑墓（座）	长方形竖穴洞室墓（座）	备注
墓葬数量		154	1	2	
头向	东　向	19			可判定头向者123座
	北　向	45		1	
	南　向	29			
	西　向	7			
	东 北 向	7	1		
	东 南 向	2			
	西 北 向	4		1	
	西 南 向	7			
规模	（3~5.5）米×（2~4.2）米	18	1		以现墓口位置为准
	（2~3）米×（1~2）米	136		2	
口底对比	口大底小	115	1		3座情况不明
	口底同大	34		2	
	口小底大	2			
结构	台阶	2			9座墓同设二层台和壁龛
	二层台	48			
	壁龛	14		1	
葬具	单椁并棺	1			15座葬具不明
	单椁单棺	103	1		
	单棺	35		2	
葬式	仰身直肢	13			仅15座墓可辨葬式
	仰身屈肢	1			
	侧身屈肢	1			

2. 长方形竖穴岩坑墓

仅郑家山墓地1座（M66），为人工竖向凿岩挖掘而成。头向东北。口大底小，墓口长3.42、宽2.34米，两长壁设生土二层台。葬具及人骨架均因朽烂尽而不明，底有一道垫木凹槽。随葬器物共10件，集中置于墓室内东北部。

3. 长方形竖穴洞室墓

有2座，分别为余岗墓地YM18、王坡墓地M7，头向西北、东北向。长方形竖井墓道，墓道下部往一侧掏挖墓室，墓室与墓道的长度相同，不超过2.5米，宽1.5米以内。王M7底部北端设头龛。余YM18虽未见葬具，但从墓室的大小可推测出它与王M7一样，同为单棺。随葬器物各有1、8件，余YM18置于墓室内一端，王M7之小件器物在棺内一端、大件器物在壁龛内。

三　襄阳秦墓的随葬器物组合

襄阳秦墓的随葬器物数量不多，少者1件，多者也只18件，质地不外乎陶、铜、铁、玉、漆等。其中漆器原占一定比例，主要为生活用器盒、壶、樽、奁、耳杯等，但出土时仅见漆皮或残痕。陶器数量最多，约占所有器物的80%以上，器物类别也有限，陶礼器有鼎、盒、壶、豆、壶形器，尤以前三者居多；陶日用器有罐、壶、釜、盂、钵、鍪、甑、瓮、茧形壶等，其中罐的数量最多，壶次之，甑、瓮、茧形壶只个别，其他器类相对较少。铜礼器有鼎、壶、钫、盘、匜、勺等；铜日用器有鍪、蒜头壶、蒜头扁壶、小口瓮；还有少量的铜兵器、服饰器、杂器。铁器主要是鼎、勺、釜等。按照一般以礼器、日用器为组合的标准，依质地不同，可将149座出土可复原礼器、日用器的墓葬组合关系划分为以下几类（表二）。

表二　襄阳秦墓随葬器物组合统计表

组合类型	组合性质	器　类	墓葬数量
陶器组合	礼器	鼎、盒、壶，鼎、盒、壶、豆，鼎、豆、壶，鼎、壶	47
	日用器	罐、壶、釜、盂、鍪，个别甑、瓮、茧形壶	55
	礼器配日用器	鼎、盒、壶、豆配罐、壶、釜、盂、鍪	20
铜器组合	礼器	鼎、钫或加壶、盂、盘、匜、缶、勺	3
	日用器	鍪	3

续表

组合类型	组合性质	器类	墓葬数量
铜、陶器组合	铜礼器	鼎、壶、钫、盘、匜、勺	12
	铜日用器	蒜头壶、鍪、小口瓷	
	陶礼器	鼎、壶、豆	
	陶日用器	鍪、罐、釜、盂、茧形壶、镰斗	
	陶模型明器	灶	
铁、陶器组合	铁礼器	鼎	5
	陶礼器	鼎、壶、豆	
	陶日用器	罐、茧形壶	
铁、铜器组合	铁礼器	鼎	1
	铜日用器	鍪	
铜、漆器组合	铜礼器	鼎、匜	1
	漆礼器	壶	
铁、铜、陶器组合	铁礼器	鼎、勺	2
	铁日用器	釜	
	铜礼器	匜、勺	
	铜日用器	蒜头壶、扁壶	
	陶日用器	罐、盂、甑	

（一）陶器组合

1. 仿铜礼器

参与该类组合的墓葬共47座。主要组合有四种：鼎、盒、壶，鼎、盒、壶、豆，鼎、豆、壶，鼎、壶，共46座，又以鼎、盒、壶组合居多，其中43座墓葬中同一墓葬所出鼎、盒、壶或鼎、壶的数量一致，多者2件，少者1件，而其余3座墓葬余YM19、王M7、王M110之鼎、盒、壶数量不统一，余YM19为鼎3、盒2、壶2，王M7为鼎1、盒2、壶1，王M110为鼎2、盒1、壶2。此外有一座墓（郑M46）仅出1件鼎，无组合可言。这些组合不全的墓葬中是否有漆器参与，尚不明了。有豆参与组合的墓葬中，豆的数量一般较其他礼器为多，不仅数量相同者极少，而且同一墓葬中豆还有着不同的形制，看来，豆已失去作为主要组合器物的地位。

一般情况下，鼎、盒、壶之一的不同型有对应的型与之相配，但也存在着少量交叉相配的现象。

2. 日用器

参与该类组合的墓葬共55座。器形主要有罐、壶、釜、盂、鍪,其中又以罐、壶的数量为多,并有极少量的甑、瓮、茧形壶。虽然组合的器形只有以上几种,但组合形式多达20余种,一般为两至三种器形组合,最多为四种器形组合。此类组合中,近一半的墓葬有罐参与,又以双耳圜底罐多且最具特色。

3. 仿铜礼器与日用器混合组合

参与该类组合的墓葬共20座。器形为仿铜礼器的四种器形和日用器的前五种主要器形之间的搭配,并基本以日用器为多,且组合齐全的礼器参与的墓葬不多。它们的组合形式十分复杂,组合器形相同的墓葬仅两种,分别为2座、3座,其余15座墓葬组合器形各不相同。参与组合的器形种类一般为3件或4件,最少者2件,最多者6件。

（二）铜器组合

参与该类组合的墓葬共6座,其中礼器墓4座,郑M17为鼎、壶、盂、盘、匜、缶、勺各1件,鼎2件;王M134为鼎、壶、钫,鼎、钫各2件;王M147为鼎、钫各1件。另外3座墓均仅出1件鍪。

（三）铜、陶器组合

参与该类组合的墓葬共12座,一般为礼器、日用器混合组合,个别墓葬加模型明器（王M92）,单纯礼器或日用器组合各1座（王M73、郑M45）。礼器有鼎、钫、盘、匜、勺等,以铜器为主;日用器有蒜头壶、鍪、罐、釜、盂、茧形壶、小口瓮、镰斗等,蒜头壶、小口瓮、鍪基本为铜器,其余多为陶器。同一墓葬中铜、陶器的器形各不相同,它们共同组成一套较为完整的组合,但每座墓的组合均不同。器物的数量至少在4件以上。

（四）铁、陶器组合

参与该类组合的墓葬共5座,均出于王坡墓地,铁器均为礼器鼎,陶器既有礼器也有日用器;器形均不多,有鼎、豆、罐、壶、茧形壶等。铁鼎大多锈蚀严重而无法修复。

（五）铁、铜器组合

参与该类组合的墓葬仅1座（郑M47）,其中铁鼎和铜鍪各1件。

（六）铜、漆器组合

参与该类组合的墓葬可确定的仅1座（王M146），为铜鼎、匜和漆壶礼器组合，再加铜日用器蒜头壶。

（七）铁、铜、陶器组合

参与该类组合的墓葬有2座。郑M66为铁鼎、勺、釜和铜扁壶及陶罐、盂、甑等。王M99为铁鼎和铜匜、勺、蒜头壶及陶罐等，均是礼器加日用器组合。

四　襄阳秦墓的分期

根据以上149座墓葬随葬器物的组合关系，通过王坡墓地M61伴出秦昭襄王"三十四"年铜戈和M128伴出战国秦"半两"钱之主体器物形制，并结合云梦睡虎地2座纪年墓M7、M11[10]随葬器物的特征，可将目前已发掘的襄阳秦墓按铜器、陶礼器、陶日用器的类别划分为三组，陶模型明器则只有一组。

1. 铜器

第1组：如郑M17、郑M62、山M18、王M93等，随葬鼎、壶、钫、盂、盘、匜、勺、蒜头壶、鍪等。鼎分高棱形足楚式鼎、高半圆形柱足越式鼎和矮体足秦式鼎三种。其中秦式鼎，足相对较高，盖纽呈立鸟式。壶，颈较粗，内束，鼓腹，深宽圈足，下端外撇，全身饰多组卷云纹。钫，稍矮胖，腹外鼓，浅宽圈足；盘、匜、勺沿袭战国晚期楚墓出土的同类器特征。蒜头壶，口沿蒜瓣内聚，颈部相对较短，腹部浑圆，浅宽圈足。鍪，单环耳，溜肩。

第2组：如王M34、王M73、王M74、王M134等，随葬鼎、壶、钫、匜、勺、蒜头壶、蒜头扁壶、鍪、小口瓮等。鼎也有高棱形足楚式鼎、高柱状足越式鼎和矮蹄足秦式鼎之分。楚式鼎时代特征较早，属战国中晚期器，应是作为战利品放入墓葬中的，秦式鼎足相对较短，盖纽呈环形。壶的形制基本与第1组壶相同。钫，颈部变细变长，腹部稍鼓，圈足较深高。蒜头壶，口沿蒜瓣直，颈部较细长，扁鼓腹，浅宽圈足。鍪，一大一小双环耳，肩部有折棱。

第3组：如王M35、王M82、王M92、王M109、王M147、王M157等，随葬鼎、钫、盘、勺、蒜头壶等。鼎除1件高柱状足越式鼎外，其余全为矮蹄足秦式鼎，秦式鼎足更短，盖纽呈环形。钫，颈部较细长，腹部稍鼓，圈足较浅。盘、勺的形制基本无变化。蒜头壶，口沿蒜瓣直，颈部较细长，颈中部有一箍，扁鼓腹，浅宽圈足。

2. 陶礼器

第1组：如蔡M3、余YM4、余YM15、王M12、王M61等，随葬鼎、盒、壶、豆、壶形器等。鼎分为浅腹圜底高蹄足楚式鼎、浅腹平底高扁柱足越式鼎、深腹圜底矮蹄足秦式鼎及具有地方特色的深腹圜底棱形柱足鼎，后者身饰两至三道弦纹。盒分为盖、身均带浅宽圈足素面或盖、身饰两至三道弦纹盒，盖三纽、身平底无圈足盒，盒盖浅，深腹，盒盖、身比例一般为1∶2。壶的型、式较为复杂，主要有盘口粗颈折肩扁鼓腹壶、浅盘口溜肩细长颈圆鼓腹圈足壶、侈口束长颈鼓腹带盖圈足或平底壶，后者身饰多道弦纹，整器较瘦高，盘口浅，颈部较细长，腹部外鼓不甚，圈足多较浅。豆有弧腹或折腹豆之分，豆盘或深或浅。仅余YM15出2件高柄壶形器。其中以身饰多道弦纹的鼎、盒、壶组合居多，身平底盒极少。

第2组：如王M59、王M91、王M121等，随葬器物仍为鼎、盒、壶、豆。身饰多道弦纹的鼎、盒、壶器形消失。楚式鼎基本不见，越式鼎足变矮，秦式鼎数量也不多。盒盖变深，盒身变浅，并新出现了一种窄深圈足浅腹仰、覆碗合扣盒。壶整器变得较宽胖，盘口变深，颈部较粗，腹多圆鼓，圈足据壶的不同型有的变深、有的变浅。豆盘变浅，柄变细高。

第3组：如王M109、王M157等，随葬器物仍为鼎、壶。鼎的类型减少，秦式鼎不见，而越式鼎继续存在，腹稍扁，底稍圜，足更高。壶整器较匀称，颈较短，腹圆鼓，圈足较高。

3. 日用陶器

第1组：如郑M55、蔡M1、余YM5、王M9等，随葬有罐、壶、盂（原报告称"钵"者应该称"盂"）、鍪、釜等。罐有双耳圜底罐、无耳圜底罐、矮领平底罐之分，尤以双耳圜底罐居多，整器较矮瘦，口外侈，颈较短粗，颈壁近直，颈部最细处在中部，上腹鼓，中、下腹弧收，最大径在上腹，口、腹径的比差小。壶，整体较矮胖，侈口，粗短颈，折肩，腹部呈不典型的"亚"字形，即上宽下窄，下腹曲收。敞口盂，无颈，折腹近中腹；敛口盂，上腹微鼓，腹壁内收处在上腹。鍪，侈口，颈较粗，垂鼓腹，单环耳。釜，整器较高，短颈，腹较深，鼓腹，圜底相对较小。

第2组：如郑M41、郑M53、余YM20、王M4、王M96等，除随葬第1组的五种器形外，新增加了瓮、甑，但数量极少。双耳圜底罐，整器变高胖，口沿近直或内侧内敛，颈稍细长，颈壁弧，颈部最细处在中部或移至上部，中腹鼓，最大径移至中腹。壶，整器变高，侈口或盘口，颈较长，折肩，"亚"字形腹，下腹曲收较甚。敞口盂，近直口，无颈或短颈，折腹处上移。敛口盂，近直口，上腹壁近直，腹壁内收处下移至中腹。鍪，侈口，颈部变细，扁鼓腹或近圆鼓腹，一大一小或同大双环耳。釜，整器变矮，颈极短或无颈，腹较浅，扁鼓腹，圜底相对较大。

第3组：如王M82、王M92、王M112、王M157等，除双耳圜底罐较多外，还有个别瓮、茧形壶、镬斗。双耳圜底罐，整器较矮胖，颈较粗，颈壁弧，腹圆鼓，最大径在中腹。茧形壶，微侈口，口内侧内敛，腹部呈茧形，浅宽圈足。镬斗为新出现器物，直口微敛，颈极短，肩部与柄对应的另一面有一圆筒状流，流前端上翘。

4. 模型明器

仅1件灶，出土于王M92，前方后圆，双火眼，有烟囱，上置釜、甑。

从以上典型器物的特征可以看出，前三个类别的三组器物在时代上有早、晚之分，其中第1组属战国晚期后段，即秦将白起取鄢、邓（前279年）至秦统一之前（前222年）；第2组属秦代，即秦统一（前221年）至西汉建立（前206年）；第3组属西汉初年，即西汉建立（前206年）至文帝前元五年（前175年）铸四铢"半两"。第四类别的模型明器时代与前三类别的第3组相当。

五 襄阳秦墓的分类及墓主人身份推测

文献和考古资料表明，战国时期的墓葬制度仍遵循周制，并有一定程度的僭越，时代越晚，僭越的程度越大，但终未脱离其基础，即不同等级的人死后在埋葬制度上有不同的反映，主要体现在墓葬规模、棺椁面积和重数、随葬器物组合等方面。

按照现有资料，襄阳秦墓可分三类。

第一类：墓葬开口长3～5.5米，宽2～4.2米，墓壁多经人工修整。葬具为单椁单棺，椁室面积较大。随葬器物以铜礼器组合为主，也有铜、陶礼器与日用器组合，铁、陶礼器与日用器组合，以及纯陶礼器组合，一般鼎的数量为2件，最多仅3件，也有个别墓1件。日用陶器组合墓葬有1座。

第二类：墓葬开口长2～3米，宽1～2米，墓壁较为粗糙，葬具仍为单椁单棺，椁室面积相对较少。随葬器物除个别墓为铜礼器组合，极少量铜、铁礼器参与组合外，其余均为陶器组合，并以礼器居多，日用器组合相对较少，也有混合组合者，鼎的数量多者2件，少者1件。

第三类：墓葬开口长2～3米，宽1～2米，总的来说较第二类为少，墓壁多粗糙不平。葬具为单棺。随葬器物除个别日用铜器外，其余均为陶器组合，少量墓有铜、玉质服饰器或饰品，组合以日用器占大多数，礼器组合墓葬少，鼎的数量只有1件。

以上三类墓葬实际就是墓葬的三个级别，当然，这种划分不是绝对的，如两类之间更接近的墓葬虽因人为因素强制划为两类，但其等级可能是相同的，这种交叉是无法避免的，何况还有僭越的情况发生呢。通过对墓葬等级的考察，可大致确定出其墓主人生前的身份等级。

虽然对不同等级的墓葬规模没有明确的规定，但可与棺椁重数和随葬器物特别是鼎的数量相对应。关于棺椁的使用情况，《荀子·礼记》："天子棺椁七重，诸侯五重，大夫三重，士再重。""重"当同时包括椁和棺数，郑玄注："天子棺四重，诸侯三重，大夫二重，士一重。"此应仅指棺数。至于随葬器物及用鼎数，《公羊传·桓公二年》何休注："天子九鼎，诸侯七，卿大夫五，元士三。"因士有元、中、下士之分，依此类推，中、下士分别用二、一鼎，当然，用一鼎的情况还可能存在于部分有爵秩的庶民中。

从墓葬形制及随葬器物的总体情况看，第一类墓规模较大，甚至用三鼎的墓葬主人身份应为"元士"一级，约相当于五级爵大夫至八级爵公乘之间具有二百石至四百石官秩、能掌管政务的下层官吏；规模较小、用二鼎随葬的墓葬主人身份为"中士"一级，约相当于三、四级爵的低级官吏。第二类墓包括部分"下士"和庶民，约相当于一、二级爵秩而无官秩的最底层官吏、甲士，或有爵秩的中小地主、庶民。第三类墓则是既无官秩又无爵秩的庶民，当然也不排除个别"下士"一级有爵秩的庶民。

六　襄阳秦墓的文化因素

襄阳原为楚地，其同时代的楚文化风格体现得十分充分，而到了秦昭襄王二十八年（前279年）白起取鄢、邓后，秦人带来的秦文化因素才开始出现，并得到迅速发展。秦文化在向内地传播过程中也得到本土文化当然主要是楚文化的阻滞，秦文化在本地的发展也发生了变异，故襄阳秦墓的整个文化面貌也显得较为复杂，包括了多种文化因素，这可从墓葬形制和随葬器物两个大的方面得到反映。

（一）墓葬形制

楚人沿用中原姬周文化中的长方形竖穴木椁墓占据了襄阳秦墓的绝大多数。一般大、中型楚墓设台阶的现象在王M35、王M73中偶有反映，并有少量墓葬继续在椁室外填塞青膏泥，残存的椁板表明楚墓中用隔板分隔棺室和厢室的情况依然存在。可判明头向的墓葬方向中东、南向的墓葬不在少数。可辨葬式者绝大部分为仰身直肢葬，虽有仰身屈肢、侧身屈肢葬，但各仅1例，未见典型秦墓中蜷曲特甚的葬式。

同时，襄阳秦墓受秦文化影响较深：发现2座洞室墓，均在竖井墓道侧边挖掘墓室；可判明头向的墓葬中以北向居多；可辨葬式中有仰身屈肢、侧身屈肢葬各1座。

楚墓及关中秦墓中所共有的较多地设置二层台和壁龛的现象在本地也发现较多，它们可能都源于中原周文化，中原地区最早出现的夫妻异穴合葬墓在襄阳秦墓中也有较多反映。

而在楚、秦墓葬中很少见到的岩坑墓在襄阳秦墓中发现1座，这或许与当地的自然条件有关。

（二）随葬器物

陶礼器组合基本上继承了战国晚期楚墓的陶礼器组合，组合全者均为鼎、盒、壶，占整个墓葬的相当一部分，而多见于中原的鼎、豆、壶礼器组合在本地较少见。其中高棱形蹄足鼎，盖、身均带圈足素面盒，侈口束长颈浅圈足壶等都具有楚式器的特点。铜礼器之子口圜底高直棱形蹄足鼎属典型的楚式鼎，且铸于战国晚期后段前，应是作为战利品葬于墓中的，还有铜长方体长流匜、椭圆形勺等也具典型楚式器特征。云雷纹地蟠螭纹镜、羽状地草叶立鸟纹镜等在战国楚地十分流行，一些漆壶、樽等漆器的形制特征也是楚式风格。

陶日用器组合则多见于秦人墓葬中，特别是其中的鍪、釜、盂、甑、"亚"字形壶及小口瓮、茧形壶等是典型的秦式器。镰斗虽非典型秦式器，但它在关中地区出现较早，由早期的釜发展而来。陶模型明器也首先在关中地区的秦墓中出现，并向外传播。铜礼器之鼎、锺式壶或钫的礼器组合虽由秦人自中原地区引进，但却是被秦人吸收改造成秦式器并由秦人传播过来的，鼎为宽胖矮蹄足鼎，而鼎、蒜头壶组合则是秦人独有，其蒜头壶及蒜头扁壶、鍪、小口瓮等更是典型的秦式器。弦纹铜镜及长蛇形铜带钩在关中秦墓中较为流行。王M61之"三十四"年铜戈具秦器特征，铭文字体为秦式，且"少府"为秦官，其为秦兵无疑。王M128出土的铜"半两"特征鲜明。

在襄阳秦墓中常见到一种扁腹平底高柱足陶鼎和铜鼎，这是越式鼎的风格。其中铜鼎的形制表明它们铸于战国中期或晚期前段，可能是秦又从楚人手中作为战利品获得的。而盘口细颈扁鼓腹深圈足壶多见于湖南战国晚期的楚墓中，它们显然是受到了越文化的影响所致。

在楚、秦、越及中原文化因素之外，还有一种不同的文化因素掺杂其中，王坡、蔡坡、余岗墓地均出土带多道弦纹的陶深腹半高棱形柱足鼎、盖及身为碗状浅宽圈足盒、侈口束长颈鼓腹圈足或平底壶，虽在关中秦地和荆州地区有零星发现，但形制略有不同，且均不及本地多而集中，故其可能是先从本地出现并向周边地区传播的，当然也不排除先出自秦地而到本地被吸收改造后成为新的器型再向南传播。王坡墓地出土的盖、身窄深圈足浅腹素面盒形制较为独特，且一般不与鼎、壶搭配构成一套完整组合，而是多与日用器组成不全的礼器、日用器混合组合。襄阳秦墓中出土数量很多的双耳圜底绳纹罐从本地战国中、晚期同类罐发展而来，向上可追溯至更早的春秋时期无耳圜底绳纹罐，整个发展过程一脉相承，此类罐在周边区域发现不多，尽管作为绳纹圜底罐曾在巴蜀地区流行，然发展序列不同。

此外，关中及湖北云梦同时期出土的陶小口瓮、小口折肩罐、甑等在本区域不见或仅个别，关中地区已出现较多的灶、囷等模型明器在本地仅见或尚未出现，而小口折肩罐、囷倒是在襄阳以南约20千米的襄阳付岗墓地M7[11]中出土过1件，该墓同出陶鼎、盒、壶，其中盒、壶与以上所述有本地特色的盒、壶形制接近，该墓原报告中定为西汉早期恐不确切，时代应定为战国晚期后段。这种情况又反证了秦文化对襄阳秦墓产生影响但影响又不是很大。

虽然襄阳秦墓的文化因素复杂，但主体是明确的，可基本分成秦、楚两个文化系统，而且以秦文化系统为主。这两个文化系统也不是孤立存在的，在很多情况下是兼而有之，或两种、或两种以上，这既反映了秦文化在统一其他文化过程中的包容性和兼收并蓄，也证明了楚文化和其他文化的强大生命力。

七 余 论

由以上文化因素的独立存在或兼而有之的情况可看出，襄阳秦墓大致存在着三种墓葬。一是随葬秦式铜礼器（包括作为战利品存在的楚、越式铜礼器）、实用铜器和日用陶器组合基本与关中秦墓一致，族属应是秦人。二是随葬鼎、盒、壶等仿铜陶礼器，不见秦式日用陶器，继承了楚墓的传统，应属楚遗民墓。三是既随葬成套仿铜陶礼器又随葬秦式铜、陶器。其族属也不外乎秦、楚两族，但难以严格区分。

襄阳秦墓的5个墓地中，除山湾墓地仅1座秦墓外，其余4个墓地中均可分为两大文化系统，即秦人、楚遗民墓同存，一般来讲，秦人墓所占比例较高，且每个墓地均可区分出不同的等级。

襄阳秦墓中秦人墓葬的出现和楚人墓葬风格的变化，是随着秦人南征并控制今襄阳地区后才开始的。秦取邓后，"赦罪人迁之"[12]，并设邓为县进行管理，汉水以北四处秦墓地的形成应与此有关。山湾、蔡坡墓地因为是传统的楚墓地，故发现的秦墓少，但也不排除秦人占领此地后又作为秦墓地的可能。王坡墓地则是古邓城居民的公共墓地，甚至是非严格意义上的"邦墓地"。余岗墓地离邓城更近，且以日用陶器墓为主，应是秦移民的墓地。郑家山墓地在汉水以南，但因此处是"楚之北津戍"[13]，秦人必然重视，墓地的形成是秦人据楚北津戍后秦人和楚遗民的墓地。

同时，以上5处墓地中，郑家山、余岗、王坡墓地还有较多的西汉早期后段至西汉中期前段墓葬，它们沿战国晚期、秦代墓葬继续向前发展，其文化特征兼有秦、楚、汉三种文化因素，而且以汉文化因素为主。秦、楚文化因素进一步融合形成强烈的汉文化面貌，到西汉中期前段即汉武帝前期完全融入汉文化之中，秦、楚文化因素也完全消失。汉承秦制、融楚俗的特点在本区域战国晚期至西汉墓地中得到了印证。

可以说，襄阳秦墓是整个江汉地区秦墓集中区之一。除襄阳外，还在今云梦、宜城、荆州、宜昌、鄂州、黄州等地发现过一些集中的秦墓地，这些秦墓地所处的位置或是秦设重地，或曾是楚要地。其中云梦是秦安陵邑所在地，宜城与襄阳则是楚鄢、邓旧治，荆州是秦将白起所拔之楚郢都故地，宜昌是楚夷陵，鄂州、黄州为楚的东门户，这些地方自然成为秦人重兵把守和着力经营之地，除派驻军队外，还移民治理，秦墓较多也是自然的。

综观整个江汉地区秦墓地，它们之间的文化特征以共性为主，墓葬形制和随葬器物多具相同特征，但同时，由于地域上的不同，也存在各自的特点。相信随着各地秦墓的不断发现，江汉地区秦墓的文化面貌会进一步清晰起来。

注　释

［1］襄樊市文物普查办公室等：《襄樊市文物史迹普查实录》，今日中国出版社，1995年。

［2］《史记·秦本纪》。

［3］湖北省博物馆：《襄阳山湾东周墓发掘报告》，《江汉考古》1983年第2期。

［4］湖北省博物馆：《襄阳蔡坡战国墓发掘报告》，《江汉考古》1985年第1期。

［5］杨权喜：《襄阳山湾十八号秦墓》，《考古与文物》1983年第3期。

［6］湖北省文物考古研究所等：《湖北襄樊郑家山战国秦汉墓》，《考古学报》1999年第3期。

［7］襄樊市博物馆：《湖北襄阳余岗战国墓发掘简报》，《考古》1992年第9期；襄樊市博物馆：《襄樊余岗战国秦汉墓第二次发掘简报》，《江汉考古》2003年第2期。

［8］咸阳市文物考古研究所：《咸阳塔儿坡秦墓》，三秦出版社，1998年。

［9］湖北省文物考古研究所等：《襄阳王坡东周秦汉墓》，科学出版社，2005年。

［10］云梦睡虎地秦墓编写组：《云梦睡虎地秦墓》，文物出版社，1981年。

［11］襄石复线襄樊考古队：《湖北襄阳法龙付岗墓地发掘简报》，《江汉考古》2002年第4期；襄樊市考古队资料。

［12］《史记·秦本纪》。

［13］（晋）习凿齿：《襄阳耆旧记》。

（原载《考古与文物》2004年"先秦考古"增刊）

襄樊秦墓楚文化因素的初步考察

《史记·秦本纪》载："（昭襄王）二十八年（前279年），大良造白起攻楚，取鄢、邓，赦罪人迁之。"学术界一致认为，该"鄢""邓"分别指以今湖北宜城南部之鄢郢、樊城以北之邓城为中心的原楚国腹心地区，将其范围连接起来并扩大后，即今襄樊地区。自公元前279年至西汉初年的70余年时间内，本区物质文化以秦文化为主导，不过，由于秦文化的这种主导地位是靠政治强势在短期内推动形成，故已深深扎根并有雄厚基础的传统楚文化不仅未被完全取代，而且还对进入本区的秦文化产生了较为强烈的影响。本文即通过已发掘的秦墓资料对其中楚文化因素的传承和渗透作一初步探讨。

一　襄樊秦墓的发现

从大的地理单元上看，本区除鄂西山地外，基本依汉水和唐白河为界划分为南阳盆地、襄宜平原、随枣走廊三块，其中南阳盆地南部发掘的秦墓最多，襄宜平原相对较少，这两块的中心基本上就是上述白起所拔之"邓""鄢"；随枣走廊尚无可确定的秦墓发现。

1. 南阳盆地南部

南阳盆地南部秦墓的发掘主要集中于两大片，分别为邓城城址和柴店岗遗址区域，临近汉水，因汉水走向在樊城西部不远处由西北—东南向折为东西向，故二者分处汉水北、东岸。

（1）邓城城址区域

邓城城址位于今襄樊市高新区团山镇邓城村，在西周中晚期至东汉时期一直是汉水以北政治、经济、文化中心，曾先后为邓国国都和楚、秦、汉邓县县治[1]，城址外分布有这一时期的文化遗存20余处，这里也是整个襄樊地区发掘秦墓最多的地域，尤以王坡、余岗、岭子三个墓地为集中，其中王坡墓地清理秦墓最多，达99座[2]；余岗墓地中楚、秦、汉墓区分区明确，墓地东部中段为秦墓区，共清理秦墓92座[3]；岭子墓地除极少量楚、汉墓外，大部分为较单纯的秦墓地，清理秦墓近百座[4]。其他墓地中，时代延续较长的黄家村、沈家岗东墓地已清理的420、60座墓葬中各有秦墓26、4座[5]；而作为大型楚墓地的沈岗、团山、山湾、蔡坡也有少量秦墓，这些墓地迄今各发掘清理的1128、

112、33、20座墓葬中分别有秦墓25、4、1、5座[6]。经初步统计，截至目前，该区域共发掘秦墓300余座，一般可分为战国晚期晚段（前279年至前221年）和秦代两个时期，以秦代居多。

（2）柴店岗遗址区域

柴店岗遗址位于老河口市仙人渡镇柴店岗村，是老河口南部一个范围较大、堆积较厚、自战国至汉代连续发展的大型遗址，周围分布着十余处同时期遗址和墓地[7]。2005～2006年在遗址北侧的九里山上发掘墓葬194座，其中秦墓48座，包括战国晚期晚段、秦代墓葬各5、43座。经调查和勘探，九里山墓地范围较大，东西长约1200、南北宽约300米，墓葬分布密集，初步测算至少有墓葬千座以上[8]。

2. 襄宜平原

襄宜平原发掘的秦墓主要集中于平原南、北部，南为宜城楚皇城城址区域，北为襄阳城区域，清理墓葬的数量不多。

（1）楚皇城城址区域

楚皇城城址位于宜城市郑集镇皇城村[9]，东周时期曾为楚鄢都，秦汉时期为南郡治所[10]，该城址周围也分布着大量周代至汉代文化遗存。1976年，在城址西侧不远处的雷家坡墓地清理秦墓6座，时代均在秦代[11]，二十世纪八十年代又在城址以北的白庙墓地清理出部分战国晚期晚段至秦代的墓葬[12]。

（2）襄阳城附近

襄阳城位于汉水南岸，东周时为楚之北津戍，西汉以后一直为当地的政治、文化中心。城外西、南侧无论是淤积平原还是山冈，都密集分布着东周以来各个时期的墓地[13]。1991～1992年在城南郑家山墓地清理出秦墓16座、战国晚期晚段墓葬5座、秦代墓葬11座[14]；2007年在郑家山墓地东南0.5千米处清理出秦墓4座，时代均在战国晚期晚段[15]。

以上区域中，墓葬的规模都不大，等级也相对较低。

二 襄樊秦墓的楚文化因素

本区秦墓的出现主要是伴随着秦人政治统治的建立而来，公元前279年后，秦占本地后，秦人不仅在政治上处于绝对统治地位，而且在文化上也推行秦化政策，使得本区文化主体发生了根本性的变化。然而，由于有史以来本区地理位置上的先天优势和固有的传统文化之影响，之前长期受楚文化浸染的文化风格依然存在，这些楚文化因素在秦墓中也得到了反映，主要体现在以下两个大的方面。

（一）墓葬形制

1. 墓圹

从目前发现和研究的资料看，战国中期以前，关中地区秦墓的墓圹为竖穴土圹，战国中期后才自东向西出现并流行洞室墓，且关东地区出现洞室墓的时代较早[16]，进而推测洞室墓的起源可能在关东或者中原地区。但洞室墓在战国中期后流行于关中秦地确是不争的事实，实际上，战国中期后，秦墓很多传统的风格如随葬器物的组合和形制同样发生了巨变，这并不影响从此时起它们作为秦墓典型特征的构成要件。而从确知的楚墓起始年代以来，楚人就一直沿用中原姬周文化中的竖穴土坑墓，竖穴土坑墓占据了襄樊秦墓的绝大多数，本区仅在王坡、余岗墓地各发现1座洞室墓。同时，在郑家山墓地还发现1座竖穴岩坑墓。

2. 结构

墓室结构上，绝大多数为单纯的竖穴土坑墓，各墓地除墓葬数量极少者外，均有墓葬设置生土台、壁龛，其数量的多少因墓地不同而有所区别。设置生土台的墓葬中，王坡墓地24座，余岗墓地49座，蔡坡墓地1座，黄家村墓地12座，九里山墓地1座，郑家山墓地5座，一般一至四面均有设置。设龛的墓地和墓葬数量相对更少，仅余岗和王坡墓地分别有2、3座墓葬单设壁龛。既设生土二层台又设壁龛的墓葬中，余岗、王坡墓地各8座。与楚墓设龛不同的是，楚墓既设端龛，也设侧龛，且龛的位置一般在壁中部，而本区所有壁龛均设在头部，且位于底部。

仅在王坡墓地发现2座设置一级生土台阶的墓葬，并未见一座带斜坡墓道的墓葬。

3. 填土

典型楚墓的填土除五花土外，在椁室上及四周多有填塞青膏泥的现象，这种葬俗仅在余岗墓地有极少量保留，在其他墓地则不见。

4. 葬具

普遍使用木质单椁单棺或单棺下葬，这一点与关中地区典型秦墓似乎没有多大区别，不过单椁单棺之椁室平面多呈"Ⅱ"形，有头箱、棺箱之分，棺有方、弧之别，有的还在椁或棺上加盖竹席，并有不少墓葬椁室底部加有垫木，这些是典型楚墓的特点。

5. 头向

头向作为判断族属的一个重要依据，在墓葬形制诸要素中较为重要和特殊，本区已清理的秦墓中，就总数而言，头向朝北、西或东北、西北的墓葬所占比例较大，头向朝南、东或东南、西南的墓葬较少，且后者是楚墓的典型头向。这又因墓地的不同而不同，如余岗和岭子墓地，后者就仅占墓葬总数的四分之一；黄家村墓地中，后者所占比例则近一半。

6. 葬式

楚墓葬式均为仰身直肢葬，本区秦墓可辨葬式的墓葬中，仰身直肢葬占到90％以上，未见典型秦墓蜷曲较甚的屈肢葬，仅在郑家山墓地各发现一座仰身屈肢、侧身屈肢葬。

（二）随葬器物

目前，襄樊发掘的秦墓数量已相对不少，但其规模都不大，各墓出土的随葬器物数量均不多，除极少量墓葬随葬成组或单件铜、铁器外，大多数均随葬陶器，且多以2至4件日用器为主，仿铜礼器数量和种类都不多。大多数器物特别是日用器的秦式器风格较为浓厚和典型，但也不乏楚文化因素的器物，有的甚至就是典型楚器。

1. 陶器

（1）组合

按性质有仿铜礼器、日用器之分，有的各自单独组合，有的为二者混合组合。

仿铜礼器基本上继承了战国晚期楚墓的组合形式，组合全者其主体一般为鼎、敦、壶或鼎、盒、壶，附属器中主要有豆。

鼎、敦、壶的组合是春秋晚期以后典型的楚墓组合形式，在秦占本地初期的墓葬中继续使用，主要发现于岘山墓地的4座墓葬中，其中M61出土1件秦昭襄王"二十五年"秦式铜戈，表明该墓上限为公元前282年，即秦拔鄢、邓前不久，该墓时代很可能就在公元前279年前后，结合M74、M91墓出土陶鼎为深腹平底蹄足、形制接近王坡墓地的战国晚期后段B型Ⅰ式鼎[17]的情况看，这批墓葬或许就是本区时代最早的秦墓。

鼎、盒、壶的组合在多个墓地的较多墓葬中有所发现，主要源于中原文化，战国中期后开始较大规模地影响秦、楚文化，目前发现最早有此类组合的墓葬分别为沈岗墓地M255、岘山墓地M30，其鼎、壶均为典型楚式器，盒则仿自战国中晚期多座大型楚墓出土的铜盒形制，即子口、深腹、浅圈足、带浅盘盖，其中岘山M30之盒器身、盖分饰多道凸弦纹，似为王坡墓地出土A型陶盒的直接渊源。从组合器物的整体形制看，这两座墓葬或许也是秦占本地初期的墓葬。到公元前279年后，本区可确定的秦墓中就较多地出现鼎、盒、壶的组合了，并逐步演变到东汉时期。从这个意义上讲，鼎、盒、壶的组合形式在被楚人引进后已作为自己文化的一部分传承了下来，这一点还可从鄂东、湖南等区域有较多战国晚期楚墓中出土该类组合得到证明。而王坡墓地洞室墓M7中出土的一套鼎、盒、壶组合可能就上承典型楚式器鼎、盒、壶组合而来。

值得一提的是，在九里山墓地发现的鼎、盒、壶加豆、杯、勺的完整组合不见于中原文化和典型秦文化墓葬中，反而在鄂东、湘北等战国晚期秦文化尚未统治的区域发现较多，本地则在襄樊沈岗、岘山墓地各发现2、1座战国晚期前段有鼎、敦、壶、豆、杯、勺组合的墓葬[18]，往西北在丹江口莲花池墓地发现一座墓有鼎、敦、壶、豆、杯、匜[19]的组合。这种核心礼器加附属礼器的组合已改变了楚墓中常见的豆、盘、匜附属器组合，很可能是战国晚期楚人在文化上变革的结果。

本区典型楚墓中仿铜礼器一般是呈偶数下葬，在规模较小的墓葬中基本为2套，本区秦墓中相当一部分有鼎、敦、壶或鼎、盒、壶组合的墓葬也是如此，且附属器物的件数基本与主体器物相同。

日用器大多为秦式组合，仅极少量为楚式器盂、豆、罐组合，主要存在于余岗及岭子墓地。但在有许多秦式日用器参与的组合中，基本都有具本地特色的双耳绳纹罐参与。

（2）形制

陶器的形制较为复杂，有典型楚式器和变形楚式器两类。

典型楚式器主要存在于秦墓发展的早期阶段，实际上就是楚人未加变化直接应用的形制，即浅腹高蹄足鼎、椭圆体立鸟纽（足）敦、带纽浅弧盘状盖子口弧腹圈足盒、侈口圆腹圈足壶、侈口束颈圆肩盂、弧盘矮柄豆、侈口束颈鼓腹绳纹罐等，广泛发现于楚国占领的多个地域。本地秦墓出土数量最多的日用器——双耳罐在本区自春秋时期就出现于典型楚文化遗存中，并一直连续不断地发展到东汉时期，其形制除有双耳外，其他形制基本与楚文化遗存中的束颈凹底绳纹罐相同。还有较少出现的敛口折肩深鼓腹凸圜底瓮在江陵纪南城内发现过[20]，本地一直用到西汉时期。

变形楚式器主要集中在仿铜礼器鼎、盒、壶上，各有多种型式，发现较多的有子口深腹扁体棱形足鼎，子口浅腹圜底高柱足、矮蹄足、短瓦（棱）形足鼎，盖、身均带圈足的弦纹或素面盒，侈口束长颈鼓腹浅喇叭、高盘口状圈足壶；较少的有深腹平底高蹄足鼎，浅腹平底高柱足鼎，盘口束颈扁鼓腹高圈足壶。有的器物附件残留有较典型的楚文化因素，如瓦形、棱形鼎足和小圆形器盖握手、立鸟纽等。

由于时代不同，各类器物中的型式有所变化，其中典型楚式器流行于早期，变形楚式器流行时代相对较晚，并初步发生变化。同时，因地域不同，变形楚式器的形制也有区别，如子口深腹扁体棱形足鼎、盖及身均带圈足的弦纹盒、侈口束长颈鼓腹浅喇叭状圈足弦纹壶基本仅见于邓城区域的多个墓地，而子口浅腹圜底短瓦（棱）形足鼎、盖及身均带圈足的素面盒、侈口束长颈鼓腹高盘口状圈足壶在柴店岗区域的九里山墓地流行。

2. 铜器

数量不多。出土铜礼器中，其组合均缺盛食器，可构成楚式风格相对完整组合的墓葬仅2座。其中郑家山墓地M17较为典型，组合为鼎、壶、盏、缶、盘、匜、勺；王坡墓地M134为鼎、壶、钫；其他有铜器参与的组合中，或有礼器鼎加秦式日用器，或为秦式日用器，也有铜礼器鼎加其他质地器物的情况。

铜器中以鼎为代表的楚式器出土有一定数量，鼎均较典型，子口深腹高蹄足有盖鼎，部分横断面呈棱形，其形制具有战国中期或稍早的特征。壶侈口，束颈，鼓腹，圈足。盘大侈口，折壁，壁较薄。匜平面椭圆形，弧腹长流。勺短，多棱形銎，铲形体。并出土少量云雷地蟠螭纹、羽状地草叶立鸟纹铜镜和少量楚式铜剑。王坡墓地还出土了少量在楚墓中发现的仿铜编钟、石编磬制作的小铜铃、璜。

3. 漆器

从出土器物看，很多墓葬中随葬有漆器，但基本仅见漆皮痕迹，器类有盒、壶、樽、耳杯、豆、盘等。这些均是战国中晚期楚墓常见器类，形制也与同时代楚墓所出同类器差别不大。

4. 铁器

数量极少，少量参与其他器类的组合。单类器物中，除秦式器釜、鍪外，楚式风格的器物主要体现在鼎上，其形制与楚式铜鼎风格较为一致。

根据以上墓地所发掘秦墓的形制和随葬器物看，襄樊秦墓中的文化因素较为复杂，一般情况下各文化因素很少独立存在，而是往往兼而有之，只是有个主次问题，其中的楚文化因素也主要与其他文化因素交织存在。

当然，由于所处地域和时代的不同，襄阳秦墓中的楚文化因素强弱不一，一般来说，原楚的中心区附近秦墓中楚文化因素相对弱化，反而边远区则较为强势，如邓城区域、楚皇城区域的楚文化因素就较弱，九里山墓地的楚文化因素就相对较强；还有，时代越早，楚文化因素的存留也越典型，这在岘山墓地中体现得较充分，在王坡、沈岗墓地也有少量反映。

三　襄樊秦墓楚文化因素的成因

襄樊秦墓中出现楚文化因素有多种原因，主要体现在以下几个方面。

（一）楚遗民对楚文化的传承

秦人占领本地前，大量的楚国贵族及部分国民外迁，这从本地各区域所发现秦墓的规格不高就可看出，同时，依然有不少国民留下来接受秦的统治。尽管秦不断以政治强势推行文化整合，强制楚故地居民改行秦俗，但由于以强力政治推行的秦文化整合需要一个过程，且传统文化习俗的延续并非一日之功可以消除，故不少楚遗民继续使用本族传统习俗，而且时代越早，秦文化的强力统治地位相对越弱，楚俗则越强。

为适应秦人政治统治和文化整合的需要，楚遗民还可能在楚、秦文化中寻找结合点，对典型楚文化的东西采取变化的形式予以传承，这也是秦墓中出现许多变形楚文化风格的原因。

楚遗民对同源于中原文化又分别被秦、楚人吸收后转化为自身文化一部分的传承则要轻松一些，这主要体现在鼎、盒、壶的组合形式及形制变化上。

（二）强大的楚文化传统对秦人的影响

在楚国数百年的历史发展进程中，本区长期作为楚的腹心或重点区域存在，楚文化的传承和影响根深蒂固，使得外来的秦文化也不能不受到本地文化的影响，这是文化传播中的必然现象。

同时，我们也看到，襄樊秦墓墓主人的族属除楚遗民外，还有作为统治者或普通人的秦人、秦国刑徒及被秦人迁来的其他诸侯国臣民，成分较为复杂，其接受或受楚文化影响的程度也不同。

（三）自然和物质条件的限制

由于本地水位较高，土壤站立性极差，与关中甚至中原地区的黄土有本质差别，极容易造成塌方，以致关中地区典型的洞室墓在本区极少使用，即使有个别，在方式上也有所区别。本区发现的2座洞室墓都是下挖竖井式墓道，到墓底再向一侧浅掏墓室，这与关中地区在一端或一侧深掏棺室明显不同。

秦人在军事占领本地的初期，秦文化的典型器物特别是陶器暂时来不及烧造，秦人下葬时只有借用楚式器，这一现象在岘山墓地的3座以鼎、敦、壶组合下葬的墓葬中得到充分体现，正如江陵九店5座洞室墓部分使用典型楚式陶器随葬一样[21]。

（四）军事战利品

秦、楚战争中，秦人将典型楚器主要是铜礼器、兵器等缴获后随本人下葬。如有典型秦式铜器参与组合且可明确判断为秦人墓葬的王坡M34、M134、M146中出土的楚式鼎、壶等。

上述所清理的秦墓主要集中在楚国重要城邑或军事据点附近,城邑有楚邓县、鄀都故地,襄阳城附近是楚国北渡汉水的要津,九里山墓地所在区域则是楚人向西北进入汉水上游的必经之地,这些都是秦人重点控制的地方,其中以城邑为最,故在王坡墓地发现的秦墓数量大,规格相对最高,也是除了军事战利品最具特色外的楚文化因素相对较弱的墓地。而且,由于本区秦墓发掘数量的不均衡,也对我们考察其中的楚文化因素造成一定困难,邓城区域因目前发掘秦墓数量最多,所以我们的认识也相对更清楚;楚皇城附近则因受到发掘工作的限制而难以窥其全貌,其他边远地区更是没有突破。相信随着考古发掘工作的逐步深入,襄樊秦墓的楚文化因素会更清晰地呈现在我们面前,并对我们研究楚、秦文化的渗透和向汉文化的流变提供更多信息。

注 释

[1] 石泉:《古邓国邓县考》,《古代荆楚地理新探》,武汉大学出版社,1988年;徐少华:《周代南土历史地理与文化》,武汉大学出版社,1994年;拙作:《周代邓国地望考》,《荆楚历史地理与长江中游开发——2008年中国历史地理国际学术研讨会论文集》,湖北人民出版社,2009年。

[2] 湖北省文物考古研究所等:《襄阳王坡东周秦汉墓》,科学出版社,2005年。

[3] 襄樊市博物馆:《湖北襄阳余岗战国墓发掘简报》,《考古》1992年第9期;襄樊市博物馆:《襄樊余岗战国秦汉墓第二次发掘简报》,《江汉考古》2003年第2期;襄樊市文物考古研究所2004、2007年发掘资料。

[4] 襄樊市博物馆:《襄樊余岗战国秦汉墓第二次发掘简报》,《江汉考古》2003年第2期;襄樊市文物考古研究所2005、2007年发掘资料。

[5] 襄樊市文物考古研究所:《襄樊黄家村》,科学出版社,2013年;襄樊市博物馆:《湖北襄樊市余岗战国至东汉墓葬发掘报告》,《考古学报》1996年第3期,该墓地原名余岗是指大的余岗乡范围,经近年发掘后定名为沈家岗东墓地。

[6] 襄樊市文物考古研究所2004~2009年发掘资料;襄樊市文物考古研究所2006年发掘资料;杨权喜:《襄阳山湾十八号秦墓》,《考古与文物》1983年第3期;湖北省博物馆:《襄阳蔡坡战国墓发掘报告》,《江汉考古》1985年第1期;襄樊市考古队:《湖北襄樊市蔡坡战国墓第二次发掘》,《考古》2005年第11期。

[7] 襄樊市文物普查办公室:《襄樊市文物史迹普查实录》,今日中国出版社,1995年;国家文物局主编:《战国文物地图集·湖北分册》,西安地图出版社,2002年。

[8] 襄樊市文物考古研究所等:《老河口九里山秦汉墓》,文物出版社,2009年。

[9] 楚皇城考古发掘队:《湖北宜城楚皇城勘查简报》,《考古》1980年第2期。

［10］ 石泉：《楚郢都、秦汉至齐梁江陵城故址新探》，《古代荆楚地理新探》，武汉大学出版社，1988年。

［11］ 楚皇城考古发掘队：《湖北宜城楚皇城战国秦汉墓》，《考古》1980年第2期。

［12］ 武汉大学历史系考古教研室发掘资料。

［13］ 国家文物局主编：《战国文物地图集·湖北分册》，西安地图出版社，2002年；襄樊市文物考古研究所：《襄樊考古十年》，湖北美术出版社，2006年。

［14］ 湖北省文物考古研究所等：《湖北襄樊郑家山战国秦汉墓》，《考古学报》1999年第4期。

［15］ 襄樊市文物考古研究所2007年发掘资料。

［16］ 滕铭予：《关中秦墓研究》，《考古学报》1992年第3期。

［17］ 湖北省文物考古研究所等：《襄阳王坡东周秦汉墓》，科学出版社，2005年。

［18］ 襄樊市文物考古研究所2007年发掘资料。

［19］ 北京市文物研究所：《丹江口莲花池墓群》，《湖北省南水北调工程重要考古发现Ⅰ》，文物出版社，2007年。

［20］ 湖北省博物馆：《楚都纪南城的勘察与发掘》，《考古学报》1982年第3、4期。

［21］ 湖北省文物考古研究所：《江陵九店东周墓》，科学出版社，1995年；尹弘兵：《江陵地区战国晚期至秦代墓葬初探》，武汉大学硕士学位论文，2005年。

（原载《楚文化研究论集（第九集）》，上海古籍出版社，2011年）

肆　三国、明代考古学遗存研究

襄樊三国时段地下遗存

中国历史上的三国因魏、蜀、吴三个国家并存而得名，由于历史的原因，三国时期又有狭义和广义之分，狭义的三国时期是指从公元220年曹丕建立魏国始到公元265年司马炎代魏为晋止的一段时期。但东汉末年黄巾起义、董卓另立汉献帝入主洛阳后，各地群雄并起，并逐步形成割据局面，特别是曹操继董卓挟天子以令诸侯，在官渡之战打败袁绍后，基本统一了北方。同时，孙坚、孙策、孙权父子相继经营江东，取得相对固定的统治区域；而刘备自寄于荆州牧刘表手下开始图谋发展，发展到暂驻荆州，也小成气候。东汉建安十三年（208年），孙、刘联军在赤壁大败曹军，奠定了三足鼎立的局面。之后，刘备入川，建立了更为稳固的根据地。魏、蜀、吴相继建国后，分别统治着北方、西南、东南地区，形成真正三分天下的局面。晋代魏时，蜀国虽然灭亡，但江东的孙吴政权依然存在，直到公元280年晋灭吴，才基本实现了全国的短暂统一。也就是说，在魏建国前和晋代魏后，实际意义上的三国已经或依然存在，他们前与东汉、后与西晋在时间段上有所重合，这就是广义上的三国时期，其时间约从董卓另立汉献帝的初平元年（190年）全国开始出现分裂割据局面始至晋灭吴的太康元年（280年）重新归于统一止。

正是因为广义上的三国时期存在历史发展上的紧密关联，加上地下考古遗存时代特征上的渐变性和相对性，即无论是遗迹还是遗物，其特征从出现到转化甚至消失有一个逐步变化的过程，这就决定了具有相同风格的遗存的年代大多是相对的。因此，本文所指地下遗存的时代即广义的三国时期，为与狭义的三国时期相区别，本文称之为三国时段。

一 地下遗存的发现

三国及其后续的两晋南北朝是中国历史的重要转折时期，在政治、经济、军事、思想、文化等方面都有新的突破，而处于三国交界地带的襄樊在大的历史背景下与全国其他地区发展保持共性的同时也有自身特点，作为物质文化的直接反映的考古资料也证实了这一点。

就全国而言，三国时段的遗存有不少发现，分别集中于魏、蜀、吴三国各自的都城及其附近，重要发现有曹魏邺城、洛阳城和孙吴武昌城、建邺城，以及都城周围包括帝陵在内的大型墓葬，其中不少纪年墓葬为三国时段同类墓葬确立了时代标尺。以此为标准，我们可大致推定三国时段襄樊地下遗存的基本特征。

所有地下遗存都包括由各类遗迹组成的聚落遗址和独立的墓地，各地最重要的遗存无疑是中心聚落，中心聚落的核心则是城址，城址还存在着不同的等级：高一级的城址之外分布着次一级的城址和聚落遗址，形成网络状的布局，只是疏密、大小程度不一，以此形成整个社会构架。墓地作为遗址的附属遗迹存在，在很大程度上可弥补遗址的不足，可部分复原当时的社会生活面貌。

文献、考古资料都证实，襄樊地区的中心遗存从西汉至今一直在襄阳城。目前，襄阳城内虽经过了十多次的考古发掘，并已发现早到西周晚期的文化遗存，然而西汉晚期至西晋时期的地层堆积和遗迹尚难确定，似存在时间上的缺环，一方面可能受发掘地点所限，致该时期遗存仍未发现，另一方面也可能为大量更晚时期的东晋六朝遗存所破坏。而除襄阳城外的其他地方，三国时段的遗址也基本没有发现。不过，襄樊东汉晚期至西晋早期不少墓葬的发现和发掘为我们认识该时段的物质文化、复原当时的社会历史提供了重要的实物资料。

同全国其他地区基本一样，襄樊发掘的本时段墓葬全为砖室墓，带墓道，墓室分成单、双、多室，单室墓少量设甬道，使墓室整体形状呈"刀"形、"凸"字形，双、多室墓则均设甬道，个别以石质构筑墓门。墓壁多为"三顺一丁"砌法，墓顶为券顶或穹窿顶，墓底多平铺或侧立呈"人"字形。墓砖端面或侧面模印几何纹、钱纹等。

已发现的绝大部分墓葬都遭到破坏，只是程度不同而已，有的甚至仅存几块铺地砖。这些墓葬基本聚葬形成墓地，各墓地中墓葬的规模也有所区别，墓地主要集中在当时的州、郡、县级治所附近，以襄阳、樊城、邓城附近为多，级别也较高。

（一）襄樊城区周边墓葬

1. 襄阳城内墓葬

1994年、1998年分别在位于襄阳城内东街的新华书店和襄樊四中发掘了8座东汉晚期至三国时期的墓葬[1]，尤其以1994年在新华书店发掘的一号墓最为重要，且其也十分特殊。

1号墓为大型多室砖墓，虽多次被盗，墓口被破坏，墓室被严重损毁，但其规模仍存。墓道因压在住宅楼下未能发掘而不明，整个墓室全长17.8米，由甬道、东西耳室、前室、中室、后室等部分组成，墓底距现地表深约6米。不同部分根据需要采用不同的顶部结构，甬道、耳室与甬道间的过道和后室均为双层券顶，耳室为穹窿顶，前、中室四隅券为进式穹窿顶。残存4具人骨架。随葬器物被洗劫殆尽，仅在前室、中室和甬道发现陶瓮、罐、盆、樽和瓷罐残片，铜部件、贴有金箔的铜器残片、铁刀、铅镞、残玉片，以及较多的"五铢"铜钱。

其余7座墓葬也全为砖室墓，大多被破坏。据其规模看，有3座中型墓、4座小型墓。中型墓均为多室墓，墓室通长6~7米，由甬道、前堂及后室组成，方形前堂单后室墓、前堂横列单后室墓、前堂横列双后室墓各1座，甬道及后室均为券顶，前堂分别为四隅券进式穹隆顶、叠涩顶、穹隆顶，一般有2具人骨架，应是合葬墓。小型墓均为长方形单室券顶墓，无甬道，墓室长4~5米，葬1具人骨架。7座墓随葬器物类别差不多，只是规模大小、随葬器物的种类和数量有所不同。其质地分陶、瓷、铜、铁、银等几类。陶器有实用器和模型明器两种。实用器有罐、盘、碗等，其中，青瓷器有壶、罐、碗等，铜器有盆、灯、弩机及"五铢"钱等，铁器有刀，银器有簪。模型明器有仓、灶、井、磨、碓、圈、厕、狗、马、鸡、鸭、龙、鸽、镇墓兽、俑等。

2. 襄阳城外墓葬

明确属该时段的墓葬：仅在城西环城路与环山路交汇处的西北侧映像小区发掘出1座西晋早期的墓葬[2]。

该墓为"刀"形单室砖墓，由甬道和墓室两部分组成，通长4.48米。甬道为券顶，墓室四隅为券进式穹隆顶，有2具人骨架。随葬器物质地有陶、青瓷、铜、银四类，陶器有四系罐、钵，青瓷器有洗、四系小罐、鸡首壶、盘口壶、熏炉、虎子，铜器有镜、带钩及"半两""货泉""五铢"钱，银器有环、钗等。

3. 樊城内墓葬

主要发现于松鹤路[3]、长虹南路[4]、贾巷[5]三大墓地，共发掘墓葬数十座，其中有代表性的较大型墓葬5座，分别为松鹤路M7、M20和长虹南路M16、菜越M1及贾巷M8，为较大规模的单室或双、多室墓。

松鹤路M20为"亚"字形双室砖墓，由甬道、前室、后室三部分组成。墓圹通长12.85米，仅残存少数几层壁砖，人骨架未保存下来。随葬器物有陶罐、奁、魁、盘、圈、磨、鸡、鸭、狗、独角兽、镇墓兽、碓、灶、井、器盖，铜矛、刀、泡钉、镜、弩机、"五铢"钱，金环，银环，滑石珠等。

长虹南路M16为"凸"字形单室砖墓，由墓道、甬道、墓室三部分组成。墓圹通长10.02米。甬道为券顶，甬道口设券门，券门外侧设置可供开合的对开石门，有门楣、门枋和门槛，双扇门两面均浮雕图案，北扇正面自上而下分别为龙、鹿、虎、铺首衔环，背面上、中均为雀，下为铺首衔环；南扇正面上虎、中雀、下铺首衔环，背面上雀、下铺首衔环。墓室四隅为券进式穹隆顶，内有8具人骨架。甬道及墓室散置的随葬器物有陶壶、豆、盆、罐、瓮、钵、灶、井、磨、碓、猪、狗、鸡等，青瓷罐，铜鐎、弩机，铅、锡马镳、泡，金、银环，骨管。

菜越M1为大型多室墓，由墓道、甬道、前室、双过道、后室等部分组成，墓室长13.9米。甬道为券顶，口设双石门。前、后墓室均为四隅券进式穹隆顶，墓顶最高达4米余。后室并排双棺，经清理知，此二棺为先后两次下葬，男棺居西，先行下葬，女棺在东，后下葬。从后室四角发现铁质挂钉看，双棺外还罩有帷帐。甬道、前室、后室及双棺内共出土随葬器物100余件，质地有陶、瓷、铜、铁、金、银、玉、石、铅、漆等，精品器物就有一匹高1.63米的仿真铜马、一对结构精巧的铜锁、一枚洁白无瑕的和田羊脂玉玉握，以及铜瑞兽灯、金饼、龙柄凤纽铜熏炉、三层飞檐绿釉陶楼、青瓷四系罐等数件。

贾巷M8为"H"形双路多室墓，墓圹南北通长11.12、东西通宽10.48米。南、北路各由甬道、前堂、后室、耳室组成，并在前部甬道间再以甬道连通。除前堂为四隅券进式穹隆顶外，其余均为券顶。南、北前堂及后室的填土中见零星的人骨残骸。随葬品置于北前堂及甬道，因被盗严重而仅存少量，有铜镜、"五铢"钱和陶碗、盘口壶、碟、圈、甑、仓、灶、镇墓兽、狗、壶、楼等。

其他的中型墓葬以设甬道的单室墓为主，有少量小规模的双、三室墓。小型墓全为不带甬道的长方形单室墓。除双、多室墓的前室（堂）为穹隆顶外，其余均为券顶。按照分室的情况有一至多具人骨架。随葬器物相对较少，质地有陶、青瓷、铜、铁等，其中以陶器为主，器类与大型墓葬差不多，仍分为实用器和模型明器。实用器少，青瓷器有盘口壶、碗、碟等当时流行的器形。铜器主要有镜和钱币。铁器有匕首、刀等。

该区墓葬以东汉晚期为主，少量六朝早期墓可能属魏或西晋墓葬。

4. 邓城外围墓葬

发现于邓城东或东北部的黄家村、卞营、贾庄墓地等[6]。

贾庄墓地即邓城北部俗称为"九冢"的墓群，"九冢"墓群原有九个封土堆，后被平或遭到破坏，调查时定其时代为东周，但通过发掘和复查知，其时代应为东汉至三国时期，其中已发掘的贾庄M1为大型多室墓葬，由甬道、前堂、侧室、后室组成，墓室通长12米左右。墓顶砌筑方法与樊城区同类墓葬相同。随葬器物虽因严重破坏而几乎全为残片，但仍可看出其种类和数量较多，基本与以上同类墓葬差不多。其时代为三国时期。

其他中、小型墓葬的形制及随葬器物与樊城区同型墓葬基本一致，时代在东汉晚期至三国时期。

（二）襄樊城区以外墓葬

襄樊城区以外，在今樊城、襄阳、宜城、枣阳、谷城、老河口等区县都发现有较多的三国时段墓葬。从调查和发掘的情况看，墓葬规模也有大、中、小之分，其中大型墓葬发掘不多，以调查资料为主。如调查的樊城区牛首镇陈家湾墓、襄阳区伙牌镇邹家洼村洼子里"双冢"、李食店村魏岗"三冢"和宜城市郑集镇楚皇城内"金鸡冢"[7]，发掘的枣阳市环城办事处霍庄墓地2座墓葬[8]等，这些墓葬也遭到严重破坏，基本为多室墓。中、小型墓葬中，经普查发现和发掘的墓葬都较多。

这些区域发现的各种墓葬，无论是墓葬形制，还是随葬器物，都与襄樊城区发现的同类墓葬基本相同，墓葬时代多为东汉晚期，少量可到三国和西晋早期。

二 地下遗存反映的襄樊历史地位

从以上发现的地下遗存的分布状况和墓葬规模、时代特征等分析，它们与当时襄樊的政治、经济、文化地位是相适应的。

位于汉水中游的襄樊自古以来既是南北交通要道和文化交流传播中心，也是兵家必争之地，还是中部区域的政治、经济中心。经历过新石器时代、两周和秦汉时期三大发展高峰。

西汉末年，刘秀起兵枣阳，建立东汉王朝后，襄樊作为"帝王之资"获得了进一步的发展，豪强地主势力较为庞大，地主庄园经济较为发达，大量东汉墓葬特别是较多显示政治、经济实力的较大规模墓葬在襄樊境内的普遍发现就是很好的例证，且终东汉一朝持久不衰。

东汉末年，荆州刺史刘表将荆州治所迁至襄阳，使襄阳成为下辖今中南地区大部分地域的一级行政区的首府，在一定时期内保持了社会的稳定、经济的发展和文化的繁荣。以上发现的三国时段墓葬以东汉晚期为主正是与当时的社会持续稳定分不开的，同时襄、樊两城及其周边较多大型墓葬的密集程度也与襄阳作为当时的荆州首府密切相关。

值得一提的是，襄阳城内东街墓地发现的8座墓葬为什么会埋葬在作为一级政权首府的襄阳城内？最大的一号墓墓主是谁？通过近年来的多次考古发掘，我们基本弄清了今襄阳城内的地层堆积，由此也解决了以上两个问题。

考古发掘情况表明，在今东街与新华书店一墙之隔的襄城邮政分局、解放军第四七七医院住宅区东部及隔街相望的市中心医院、襄城工行荆州街分理处均仅发现了唐以后的文化遗存和极少量的南朝时期文化遗物[9]，文化层堆积深度在3.8米左右，以下即为无人类活动的原生土；再偏东北的襄阳宾馆最早也只有南朝遗存，且文化层堆积深度更浅；只有在运动路北侧的解放军第四七七医院住宅区西部发掘出堆积更深、时代更早的战国、西汉文化遗存；而襄樊四中及襄阳剧院的地下仅能见到明清文化遗存。与东部区域发现的晚期遗存相对应的是，在今襄阳城的西部和护城河及护城河以西的原卫校区却发掘出自战国开始并一直延续到清代的文化遗存，其东汉以前的堆积深度都达4米以上。也就是说，发掘出8座东汉晚期、三国时期墓葬的东街墓地在南朝前实际上处于襄阳城外，且地势较当时的襄阳城为高，整个襄阳城从西汉建城后有一个逐步东移抬高的过程。既然三国时段的襄阳城在东街墓地西侧，那么，一号墓的墓主就比较容易确认了。根据墓葬形制和随葬器物特征推断，该墓下葬的相对年代应当在公元208年至265年之间，墓内多人分室合葬也是该时期大型多室墓葬的特点，同葬者显然关系密切。该墓规模宏大，一次建成，前、中、后室和东、西耳室一应俱全，且同等规模的墓葬在这一时期发现不多，表明墓主生前应享有很高的社会地位。墓内遗物的多种质地包括仅有上层贵族才能使用的金、玉器的出土也体现了这一点。通过对比，可大致推测出墓主当为食禄二千石左右、相当于"九卿"的高级官吏。而此时葬于此地的同级别官吏最有可能是时任荆州刺史的刘表。刘表病死于建安十三年（208年），据郦道元《水经注》卷二八载，襄阳郡"城东门外二百步刘表墓，太康中，为人所发，见表夫妻，其尸俨然，颜色不异，犹如平生，墓中香气远闻三四里中，经月不歇。今坟冢及祠堂犹高显整顿"。其位置正相符合，墓葬早年被盗也符合实情。

按照当时聚族而葬的规律，与一号墓间隔一段距离的其他7座墓应该是一个家族墓地，其是否与一号墓有关尚待进一步的研究，但不排除这种可能性，而且此时能葬在此处也应该是有较高的政治地位者。从这几座墓葬的规模、出土器物分析，其墓主人也是有一定等级和经济实力的官员或地主，其中3座中型墓的等级则相对更高，如八号墓随葬的陶俑、青瓷器等就绝非普通平民所能享用的。

襄阳城内刘表墓及与之相邻的7座有一定政治地位的官吏或豪强地主墓葬的发掘反证了襄阳城曾作为荆州首府的历史地位。

主要在今樊城城区西部发现多处以东汉晚期至西晋早期为主的墓地，从考古发现的情况看，今樊城西部也在当时的樊城之外，这些墓葬的主人生前也应是樊城居民，其中一部分显然也有一定的政治地位，且长虹南路M50男主人生前很可能是薪俸二千石以上的高级武官。樊城作为与襄阳城对峙的军事地位，由此可窥一斑。

同时，邓城外围发现的时代以东汉晚期居多的大型墓葬也相对多而集中，这与邓城依然作为邓县治所存在有关。

刘表之后，襄阳及隔江而建的樊城和樊城西北的邓城位于三大势力范围的交界地区，也因此成为曹操、刘备、孙权争夺的焦点。魏、蜀、吴建国后，襄阳几易其手，直至西晋早期，襄樊地区一直战争频仍，社会十分不稳定，经济发展受到严重阻滞，人口大量减少。这时期的墓葬整体数量和较高等级的墓葬数量都少，也印证了襄樊的军事重镇地位。

襄樊城区以外、其他以各县级治所为中心作为埋葬大型墓葬的墓地，符合当时各县级行政机构的设置情况，如今襄樊北部的朝阳县、宜城东南的古宜城县、枣阳西部的蔡阳县等。

虽然襄樊有东汉开国皇帝刘秀"帝王之资"的后盾和一度成为一级行政区首府的地位，致使这时期的墓葬规模相对较大，大型墓葬的密度也相对较高，出土遗物的种类和数量也不少。但我们也看到，相对于今河南洛阳、湖北鄂州、江苏南京等曾分别作为魏国、吴国都城的地域相比，襄樊地区的三国时段地下遗存特别是墓葬的整体级别不是太高，主要体现在反映士族门阀制度的众多大型墓葬聚族而葬的墓地极少，迄今仅发现邓城"九冢"墓地一处；十分讲究"风水"的墓地很少有分布于山陵上，而是基本平地起冢；墓葬规模较上述帝都附近的高等级贵族墓葬还有一些差距；象征墓主身份的墓前石刻没有发现，标示墓主地位的墓志也无一例，墓砖的花纹单一、简洁，不见壁画墓；随葬器物的整体规格并非太高等，这些也正好说明了襄樊只是有作为地域中心的历史地位。

襄樊三国时段的墓葬分布特点体现出与当时行政区划的统一性，墓地选择、墓葬规模及形制和随葬器物类别、数量等在一定程度上印证了襄樊的政治、经济地位，而不同时期墓葬数量的多少又说明了与历史相吻合的社会稳定程度。

三 出土遗物折射的襄樊社会面貌

三国时段襄樊地下遗存出土的遗物按质地可划分为陶、瓷、铜、铁、铅、锡、金、银、玉、骨等。

陶器占整个出土遗物的大部分，其器类已基本不见东汉早期以前按照礼制使用了一千多年的仿铜礼器组合，而是代以大量的反映日常生产和生活的模型明器，如磨、舂、碓、臼等加工工具，盆、罐、缸、几、案、奁、博山炉、炙炉、仓、灶、井、楼、厕等生活用具，鸡、鸭、鹅、狗、鸽、猪、羊等家禽家畜，还有各种俑、镇墓兽等，而且时代越晚，模型明器的种类越多。其中，农业加工工具制作得较为逼真，仅较实物缩小；家禽家畜显然是墓主人生前所有，用泥捏制而成，有的惟妙惟肖、栩栩如生，有的则较为粗糙、仅有轮廓，有的家畜如猪还配有圈；生活用具则较为简单，形同实物，有的甚至大小与实物相同，只是烧制火候低，仅具象征意义；俑发现数量不多，主要是侍从奴仆俑、舞蹈俑等，在仿真的基础上采用夸张的手法反映人物神情；镇墓兽形状怪异，面目狰狞，其作用形同墓前石刻神兽，起到一种威慑作用。不少器物表面有施釉现象，有的还上彩。以上种类齐全的各类模型明器主要出土于一些大、中型墓葬内，这虽然反映了当时的一部分生活面貌，但实际上更多的是新兴的地主庄园经济面貌的集中体现，时代越晚，体现得越充分。

这些陶器的风格，尽管因时代早晚有所变化，但其整体特征一脉相承，是传统汉文化不断发展变化的结果，从这个意义上讲，北方汉文化是其源头。然而，少量火候很高的硬陶器的使用和大多陶器上釉的现象，显然又是受到了南方文化的影响。

瓷器数量不多，全为青瓷，在东汉晚期至西晋早期墓葬中都有发现。东汉晚期的青瓷器火候相对较低，装饰简单，有个别弦纹，釉面不甚光滑，容易脱落，器类仅见罐。三国时期青瓷器的火候依然不高，釉面的光滑度提高，花纹同样简单，器类增加，有盘口壶、碗、四系罐等。西晋早期，青瓷器的烧造技术已完全成熟，火候提高，釉面更为光洁，装饰相对复杂，有弦纹、波折纹、网格纹、圆圈连珠纹等，不仅器类继续增加，且造型更为新颖，除上述形外，还有鸡首壶、香熏、虎子、洗等。这些青瓷器尽管都是实用器，但作为刚刚出现的新型器类，它们显然不是一般人所能享用的，仍然是统治者的奢侈品，出自大、中型墓葬中，也应该是墓主人生前拥有财富的象征，从一个侧面反映了士族门阀制度下其主人的政治地位。

青瓷器的制作从拉坯成形到装窑烧制，存在着各种不同的工序，也需要多人合作，这说明当时已出现了专门从事青瓷手工业生产的行业，在生产扩大后，又形成专门的青瓷销售行业。就目前的发现而言，本地没有烧造青瓷器的窑址，从其造型、纹饰等与南方江浙一带的同类青瓷器完全相同来看，襄樊三国时段青瓷器应该是通过贸易活动从南方运送过来的。

铜、铁、铅、锡、金、银、玉、骨等质地器物中，除铜钱数量较多外，其余则极少，这应该与几乎所有墓葬都被破坏、特别是出土以上质地器物较多的大型墓葬被盗更为严重有很大关系。

铜钱几乎全为自西汉武帝以来就开始铸行的"五铢"，不见孙吴或西晋时期铸行的其他钱币。"五铢"钱中有相当数量的钱铸造简陋、规制不一、减重现象严重，反映了当时地方割据、通货膨胀、经济凋敝的社会现实。

铜器主要有盆、带钩、镜、刀、剑、弩机等实用器。铁器有刀，锈蚀严重。铅、锡器一般为仿制的模型车马器。骨器仅见个别管。以上器形基本与东汉早中期的同型器一致，是对东汉文化的自然继承。金银、玉器皆出土于大型墓葬中，主要为饰件，同样是世家大族特有的随葬品，间接地反映了统治阶级的奢靡风气。

与大、中型墓葬的厚葬形成鲜明对照的是，小型墓葬随葬的器物很少，而且基本上是陶器，或加一些小件铜、铁器，一般平民的生活状况在这里体现得较为充分。不过，陶器中也有一些象征财富的模型明器，这可能只是普通平民死后的一种寄托，他们与世家大族间的等级差别不可逾越。

不同规模的墓葬，随葬器物的种类和数量不同，折射出墓主人生前社会地位的高低，间接反映了等级森严的士族制度的强力维持和地主庄园经济的强势发展。

无论是墓葬形制，还是出土器物，此地与全国其他地区同时代的同类墓葬风格一致，存在很大的共性，且其主体与汉文化一脉相承，源在北方，但也受到来自南方的文化的重要影响，襄樊南北交通要道和文化交流中心的地位也由此得到证实。

四 余 论

虽然襄樊三国时段的地下遗存发现不少，但较为零散，发掘工作不完整，故我们对它们尚缺乏全面的了解。最重要的是，对作为地下遗存的突出代表且已有明确记载的刘表任刺史的荆州首府——襄阳城址的基本情况，除知其位置与今襄阳城相比更偏西外，其他几乎一无所知，需要我们做进一步的工作。

作为我国古代艺术发展重要阶段的三国时段，其突出成就绘画和书法在其他本时段文化遗存集中的地区都有所发现，撇开地上的石刻、雕塑等不说，仅在墓葬内的主要表现形式就有壁画、墓志、地券等。但遗憾的是，襄樊地区尚未发现，只见个别墓葬石墓门上浅刻的当时常见的"四神"图案。

以上缺憾，相信随着考古发掘工作的逐步开展会一一得到弥补。

注 释

[1] 襄樊市博物馆：《湖北襄阳城内三国时期的多室墓清理报告》，《江汉考古》1995年第3期；襄樊市文物考古研究所：《襄阳城东街汉晋墓地发掘报告》，《襄樊考古文集（第一辑）》，科学出版社，2007年。

[2] 襄樊市文物考古研究所：《襄樊檀溪真武山M20发掘简报》，《襄樊考古文集（第一辑）》，科学出版社，2007年。

[3] 襄樊市文物考古研究所：《襄樊松鹤路墓地发掘简报》，《襄樊考古文集（第一辑）》，科学出版社，2007年。

[4] 襄樊市考古队：《襄樊长虹南路墓地第二次发掘简报》，《江汉考古》2007年第1期。

[5] 襄樊市文物考古研究所：《襄樊贾巷墓地发掘报告》，《襄樊考古文集（第一辑）》，科学出版社，2007年。

[6] 襄樊市文物考古研究所发掘资料。

[7] 襄樊市文物普查办公室等：《襄樊市文物史迹普查实录》，今日中国出版社，1995年；国家文物局：《中国文物地图集·湖北分册》，西安地图出版社，2002年。

[8] 襄樊市文物考古研究所发掘资料。

[9] 襄樊市文物考古研究所：《襄阳城内遗址发掘报告》，《襄樊考古文集（第一辑）》，科学出版社，2007年。

（原载《襄樊学院学报》2008年第6期）

明代襄藩王室墓葬的发现与研究

朱元璋建立明朝后，为巩固朱家王朝的统治地位，实行封藩制。《明史·卷一一六·列传第四·诸王》载："明制，皇子封亲王……亲王嫡长子，年及十岁，则授金册金宝，立为王世子，长孙立为世孙，冠服视一品诸子年十岁，则授涂金银册银宝，封为郡王。嫡长子为郡王世子，嫡长孙则授长孙，冠服视二品。诸子授镇国将军，孙辅国将军，曾孙奉国将军，四世孙镇国中尉，五世孙辅国中尉，六世以下皆奉国中尉。"襄王即是其中之一。其藩封始于永乐二十二年（1424年）。正统元年（1436年），襄宪王朱瞻墡将封地由长沙府迁至襄阳府，此后一直在襄阳不变，当地也因此俗称"襄阳王"，并伴随明王朝走向灭亡。

根据有关史料，襄王府始建于正统元年（1436年），崇祯十四年（1641年）被张献忠的农民起义军焚毁，后虽经李自成修缮，但到清乾隆时期，王府仅余门前照壁——绿影壁了，王府的建筑规模已难以明确。白颖在《襄阳明代王府建筑初探》[1]一文中对王府的建筑规制进行了考证，从目前襄阳城内考古发掘的情况看，结论是符合其原状的，如有新的考古发现，我们将作进一步的研究。但关于襄王墓葬的位置及规制，过去虽有部分考证[2]，但难免有较多缺漏。本文主要以襄阳市第三次全国文物普查资料为据，结合文献记载对其进行考证，以期对明代藩王制度研究有所裨益。

一　襄藩王世系

《明史》对襄王世系和封爵记载较为清晰，根据其中卷一○三《表第四·诸王世表四》和卷一一九《列传第七》的记载及出土墓志考证，襄藩王世系如下。

（一）亲王

1. 宪王

瞻墡，仁宗嫡五子，永乐二十二年（1424年）封，宣德四年（1429年）就藩长沙府，正统元年（1436年）移至襄阳府，成化十四年（1478年）薨。《湖广通志》卷二七载："薨年七十有三。"果如此，则宪王生于永乐四年（1406年）。

2. 定王

祁镛，宪王嫡长子，成化十五年（1479年）袭封，弘治元年（1488年）薨。

3. 简王

见淑，定王庶长子，弘治二年（1489年）袭封，弘治三年（1490年）薨。

4. 怀王

祐材，简王庶长子，弘治四年（1491年）袭封，弘治十七年（1504年）薨，无子。

5. 康王

祐楬，简王庶次子，初封光化王，正德三年（1508年）晋封，嘉靖二十九年（1550年）薨，无子。

6. 庄王

厚颎，阳山王祐楬庶长子，初袭阳山王，嘉靖三十一年（1552年）嗣封，嘉靖四十五年（1566年）薨。据《皇帝御制襄庄王圹志文》知，王生于嘉靖十年（1531年），嘉靖二十五年（1546年）封为阳山王，嘉靖三十一年（1552年）晋封襄王。

7. 靖王

载尧，庄王庶长子，初封安福王，隆庆三年（1569年）袭，万历二十三年（1595年）薨。

8. 忠王

翊铭，靖王庶长子，万历二十九年（1601年）袭封，崇祯十四年（1641年）为张献忠所杀。

9. 末代王（无谥号）

常澄，忠王嫡次子，初封福清王，崇祯十七年（1644年）晋封襄王，但寄居九江府，后徙汀州，不知所终。

（二）郡王

一般情况下，亲王嫡长子继承亲王爵位，其余诸子封郡王。襄郡王封爵共13个，其中3个袭封襄王。

1. 宁乡王

庄宪王祁镇，宪王嫡次子，正统八年（1443年）封，成化七年（1471年）薨，无子。

2. 枣阳王

（1）安穆王

祁钲，宪王庶三子，正统八年（1443年）封，成化十二年（1476年）薨。

（2）僖顺王

见沔，安穆王庶长子，成化十六年（1480年）袭封，弘治六年（1493年）薨。

（3）荣肃王

祐楒，僖顺王嫡长子，弘治十一年（1498年）受封，嘉靖四年（1525年）除爵为庶人，十八年（1539年）复爵，三十四年（1555年）薨。

（4）恭靖王

厚熉，荣肃王庶长子，嘉靖四十年（1561年）袭封，万历二十一年（1593年）薨。

（5）王（无谥号）

载埤，恭靖王庶长子，嘉靖四十三年（1564年）封长子，万历二十一年（1593年）卒，以子翊相袭封，追封王号。

（6）王（无谥号）

翊锫，载埤庶长子，万历二十六年（1598年）袭封，二十九年（1601年）未婚薨，爵除。

3. 阳山王

（1）恭和王

见澇，定王庶次子，成化十六年（1480年）封，正德十一年（1516年）薨。嫡长孙厚颎袭封襄王后，被追封为恭王。

（2）荣康王

祐楬，恭和王庶长子，嘉靖元年（1522年）袭封，四年（1526年）薨，长子厚颎嗣襄后，被追封为惠王，厚颎后封郡爵例不袭。《阳山恭和王次妃严氏墓志铭》印证了荣康王袭封的时间。

4. 镇宁王

（1）恭靖王

见瀷，定王庶三子，弘治四年（1491年）封，嘉靖元年（1522年）薨。

（2）安懿王

祐橒，恭靖王嫡次子，嘉靖五年（1526年）袭封，万历四年（1576年）薨。

（3）恭懿王

厚㷮，安懿王庶长子，万历九年（1581年）袭封，二十三年（1595年）薨。

（4）末代王（无谥号）

载埢，恭懿王长子（嫡庶不明），万历年间袭封，薨，无子除。

5. 光化王

祐㭄，简王庶次子，初封光化王，封爵时间不详，正德三年（1508年）晋封襄王后，郡爵例不袭。

6. 安福王

载尧，庄王庶长子，嘉靖四十二年（1563年）封，隆庆三年（1569年）嗣襄封，郡爵例不袭。

7. 隆庆王

载塨，庄王庶次子，嘉靖四十四年（1565年）封。

8. 郧城王

（1）温裕王

载塨，庄王庶次子，嘉靖四十四年（1565年）封隆庆王，隆庆三年（1569年）以避朝廷年号改封，薨。据《明襄藩郧城温裕王墓志铭》知，王生于嘉靖三十四年（1555年），卒于天启三年（1623年），谥号"温裕"。

（2）末代王（无谥号）

翊铃，载塨子，万历中封长子，天启六年（1626年）袭封。

9. 永城王

载圻，庄王庶三子，嘉靖四十四年（1565年）封，万历四年（1576年）薨，无子除。

10. 兰阳王

翊镐，靖王庶次子，万历二十一年（1593年）封。

11. 福清王

常澄，忠王嫡次子，不知何年封，崇祯十七年（1644年）晋封襄王后，郡爵例不袭。

12. 贵阳王

常法，忠王庶三子，崇祯十四年（1641年）受封，同年因张献忠攻陷襄阳被杀。

13. 进贤王

常淦，忠王庶四子，不知何年受封。

（三）镇国、辅国将军

按照明制，郡王除嫡长子为郡王世子、嫡长孙授长孙袭爵外，其余诸子授镇国将军，孙辅国将军，曾孙奉国将军，此类封爵《明史》不载，主要依据明万历《襄阳府志》和少量出土墓志可考者有13人。

1. 镇国将军

目前《襄阳府志》所见最早者名祐柯，为枣阳僖顺王次子，其长子厚炪封镇国将军；其次为枣阳荣肃王祐樰除嫡长子厚熽以外诸子厚焞、厚燻、厚峇。

而1957年第一次普查时在上陈家院子墓地发现了一合"明故镇国将军平川公墓志铭"，记墓主为明太祖六世孙，号平川，应属襄宪王四世孙，然因墓志已失，且当年未记名，具体对应人名难以确定，但可肯定或为镇宁恭靖王、或为阳山恭和王、或为枣阳僖顺王长子以外之一子，其生于弘治壬戌年（1502年）四月二十日，殁于嘉靖戊午年（1558年）十月十八日。

据"阳山恭和王（朱见淓）次妃严氏圹志铭"载，严氏子祐楪封镇国将军。

2. 辅国将军

《襄阳府志》记镇国将军祐柯次子厚羡及厚燻之子载幸、厚峇之子载城封辅国将军。

"阳山恭和王（朱见淓）次妃严氏圹志铭"还载，镇国将军祐楪之二子厚炕、厚燐封辅国将军。

3. 奉国将军

目前仅见1人，为2008年3月在襄城区欧庙镇李垴村习家沟自然村发现的《国士习公孺人李氏墓志铭》之篆书者朱载垣，铭记朱载垣字耘田，为阳山王后代，爵秩奉国将军。根据襄王世系考证，朱载垣与靖王载尧同辈，是阳山恭和王朱见淓之曾孙，按礼制可封奉国将军。结合"阳山恭和王（朱见淓）次妃严氏圹志铭"看，其可能为辅国将军厚炕或厚燐之子，当然也不排除朱见淓其他子系的可能性。

另有二人名厚熼、载坤者未见封爵。

二 襄藩王室墓葬位置及形制

根据文献记载，明襄藩王共有亲王9位，郡王中除去已袭封亲王者外共19位，包括宁乡王1位、枣阳王6位、阳山王2位（后追谥亲王）、镇宁王4位、陨城王2位、永城王1位、兰阳王1位、贵阳王1位、进贤王1位。其中亲王之忠王翊铭被张献忠攻陷襄阳后火焚，逃离的福清王常澄派人潜回襄阳仅拾得颅骨数寸，其是否埋在襄阳尚难确定，而福清王袭封襄王时已在九江府，则明确在襄阳的襄藩亲王墓葬有7座；而郡王中，贵阳王常法与其父忠王翊铭同死，可能未曾下葬，进贤王常淦在张献忠攻陷襄阳时逃离襄阳，不知所终，则郡王墓葬有17位在襄阳。其他封爵如镇国将军、辅国将军、奉国将军及王妃、郡主墓等应有不少仍在襄阳，但无法统计。

明万历《襄阳府志》卷三一"陵墓"条下说明了明万历以前的6个亲王和5个郡王的茔地，其中"襄宪王墓，城西永安山，即五朵山，奏改今名；襄定王墓，城西久安山；襄简王墓，城西隆中山；襄怀王墓，城西丰乐山；襄康王墓，城西柏香山；襄庄王墓，城西龙泉山；宁乡庄献王墓，城西云岫山；枣阳安穆王、僖顺王墓，俱城西寿安山；枣阳荣肃王墓，城西方城山；阳山恭和王墓，城西永安山"。这是关于襄王墓葬的最早记载，不过，正如清乾隆《襄阳府志》卷五"陵墓"条下所记，"明志载襄藩十一墓俱注城西某山，山之名又多因葬后易美名，莫从查考"。上述大部分墓葬所葬之山名虽与方志和现代地名难以对应，但可以确定的是，所有襄藩亲王、郡王的墓葬均在襄阳城西山地中。

明万历以后方志所载万历以前的襄王墓葬位置均沿用该书的说法，并有所考证，对万历以后的靖王墓等进行了增补。清乾隆《襄阳府志》卷五"陵墓"："明襄简王墓在城西隆中山，今考得宪王墓、靖王墓、忠王墓（该墓可能不存在）、追封襄恭王墓俱在谷城，定王墓、康王墓俱在南漳。怀王朱祐材墓在丰乐山，庄王朱厚颎墓在龙泉山。南漳县下：明襄定王朱祁镛墓在县北二十里，地名古林坪，旧志称久安山，乃葬后所立名也，左右列碑六，刻明历代遣官致祭文，石尚存。襄康王朱祐楥墓，王为简王次子，以怀王弟绍封，葬县北柏香山，旧志云在定王墓左二里许，嘉靖二十九年十二月十一日葬时，世宗御制圹志，墓旁复有二墓，未详何人。谷城县下：明襄宪王朱瞻墡墓在城南五朵山，王为仁宗第五子，封于襄，为明贤王首称，葬后更山名为永安山，按五朵山在郡西九十里，为襄谷分界处。襄靖王朱载尧墓，县南青安山，庄王子也，崇祯辛巳之难，子忠王翊铭为张献忠所害，亦祔葬焉。追封襄恭王朱见淓墓在县南五朵山，为定王第三子，初封阳山王，谥恭和，追康王无子，以王孙庄王绍封，得追封而改谥焉。"清同治四年《南漳县志》、清同治六年《谷城县志》陵墓所述内容基本一致。

除上述文献外，结合迄今为止进行的三次全国文物普查，我们找到了全部可确定在襄阳下葬的7座亲王墓葬，并发现了少量郡王、王妃墓葬，个别墓葬还修正了方志记载的错误。

(一) 亲王墓

1. 宪王墓

襄宪王墓在城西永安山，即五朵山。清乾隆《襄阳府志》卷四"山川"条下："谷城县五朵山，县南九十里，是山乃襄谷连界处。"该山今正处襄城、谷城交界地，位于谷城县东南约43千米处的茨河镇承恩寺村。

《明英宗实录》卷二二八载：景泰四年（1453年）四月，"先是，襄王瞻墡欲营寿藏于封内五朵山，奏乞听其预栽松柏，令军余看守，待四方宁谧之时修造，户部请移文勘实。至是，湖广都、布、按三司官覆奏：此山与军民田土俱无相干，诏从王所请"。可见，宪王墓在其生前的景泰年间即开始营造，地在五朵山。

经调查，宪王茔地就坐落在靠山面水的山冲内，正对五朵山，面积约10万平方米。其坐北朝南，南端外围为一条弯曲的小水沟——殿沟，过殿沟即进入茔地，茔地由神道、三级台地和墓冢组成。神道长约1千米，原有青砖铺地，现已被毁，只有较多的乱砖散落各处。神道北端以青砖砌筑一座单拱小桥。桥北15米处分立2通石碑，龟趺螭首，间距20米，东碑仅余龟趺座。西碑保存完整，螭首即碑帽高1.1、宽1.2、厚0.35米，正面高浮雕二盘龙，龙嘴相对间阴刻篆书"御制"二字；碑身高3.6、宽1.1、厚0.3米，正面双勾阴刻楷书碑文："维」成化十四年岁次戊戌五月壬戌朔十三日甲戌，」皇帝遣武安侯郑英」赐祭于襄宪王，曰：惟王宗室至亲，国家藩辅，孝友出于天性，」恭俭由于自然，博览经书，兼多材艺，曩事」皇考，尝进嘉谟，暨朕临朝，屡输诚悃，忠君爱国之心老而弥笃，」礼贤下士之誉久而愈彰，正宜永享富贵，何意遽以疾薨！」讣音来闻，不胜哀悼，爰遵彝典，特赐谥曰宪，遣官致祭，庸」表亲情，灵其不昧，尚歆鉴之。孝子襄王祁镛顿首书石。"（分段符和标点符号为作者所加，下同）龟趺座长2.3、高0.82米。碑后5米处有三层阶梯状台面，第一层为长方形月台，高出前部地面约1米，东西长约50、南北宽约20米，青砖铺地；第二层为长方形拜台，高出月台地面约2米，东西长约40、南北宽约30米，从南部残存的砖石墙基看，该处原应有地上建筑；第三层为半圆形祭台，高出拜台约1米，直径约10米。现祭台上建有一座庵堂——千峰庵，据庵堂墙壁上镶嵌的清乾隆四十六年（1781年）重修碑记载，庵堂始建于明成化年间，但原位置未必在此，从庵堂所用较多的条石墙基结合该处位置看，这里当初可能为祭祀宪王的享堂。祭台后有一道东西向宫墙残基，部分叠砌青砖上有涂朱的痕迹，西端残墙较为明显。宫墙后为墓冢，凿山为陵，有高大的封土堆，底径约50、高约15米，外围以青砖石条叠砌，与帝陵宝城类似。从早年被盗时调查的情况看，该墓墓室为"凸"形石室墓，由甬道和墓室组成。

尽管宪王墓陵园建筑遗存已毁，布局已不大明了，但从残痕看，宪王陵园的布局与封于武昌的明楚昭王陵园基本相同[3]。

尽管宪王曾因力主按照明制在英宗被俘后立皇长子为帝、英宗被释后又上书景帝旦夕问安，英宗复辟后建言政治，得到了其他藩王无从比拟的隆厚礼遇，但茔地规制仍恪守先王之制，没有僭越。

2. 定王墓

如上述，定王朱祁镛墓在南漳县北二十里，地名古林坪，旧称久安山，清乾隆时存明历代遣官致祭石碑6通。

古林坪位于今南漳县北约23千米的九集镇古林坪村、朱砂坪。茔地坐北朝南，背靠莲花峰，南接朱砂坪，西临泗堵河，东、西两侧外围有形似弯弓和名叫"枇杷"的小山。

墓依山而建，凿山为陵，现存封土直径约100米，高约50米。墓冢前一块宽大的平台地上留存两个形制相同的柱础，上圆下方，上圆直径0.65、下方边长0.85、高0.41米。附近散存较多的砖瓦残片，推测这里原为地上享堂。平台外沿顺山建有一道条石墙基，残长约60、高3～7米。

茔地原有规模很大，修有多层拜、祭台，并建有祭祀堂、亭、台等附属物，后被李自成起义军焚毁，仅存基础。新中国成立后，砖石基础又被村民拆除，用于修桥铺路。

现残存祭文石碑2通。其中一通立于墓前，长方形，圆弧顶，线刻卷云纹饰边，现埋入地下，露出部分高1.3、宽0.645、厚0.185米，碑额阴刻篆书"御制祭文"四字，正文阴刻楷书："维」隆庆元年岁次丁卯十一月壬子朔十五，」皇帝谨遣尚宝司少卿徐锟致祭于」高叔祖襄定王，」曰：予叨嗣大统，念惟九族，恩礼宜敦，爰遵」懿典，谨用遣官祭」告，尚惟」鉴知。"另一通被朱砂坪村民搬于村前作踏脚石，形制、纹饰及额题字体、刻法、内容和正文书体、刻法与上碑相同，长1.3、宽0.635、厚0.185米，正文书："维」正德元年岁次丙寅四月庚戌朔十三日壬戌，」皇帝谨遣崇信伯费柱致祭于」高叔祖襄定王，」曰：惟予嗣统之初，茂口九族，缅怀厚德，实切于」衷，谨遣廷臣奉将香币，敬神祭」告，尚伏」冀鉴知。"

清同治四年《南漳县志》卷五"陵墓"条下提到：古林坪遣祭襄定王五碑，一正德元年遣崇信伯费柱，一嘉靖元年遣工部右侍郎陈淮，一隆庆元年遣尚宝司少卿徐锟，一万历元年遣工部都给事中吴文佳，一崇祯元年遣太子太傅后军都督府左都督许濬。而清乾隆《襄阳府志》记为六碑，很可能到同治时已遗失一碑。上述现存的崇信伯费柱、尚宝司少卿徐锟致祭碑与文献记载正相吻合。

3. 简王墓

简王墓在城西隆中山，史无异议。隆中山位于襄阳城西约15千米处，至今名称不变。简王墓在隆中山的南坡半腰，坐北朝南，地势自南向北渐高。现存两座封土堆，东西排列。西冢底径约30米，残高8米左右，为简王墓；东冢底径约20米，残高5米左右，为简王妃墓。1998年经原襄樊市考古队勘探知，简王墓为单室砖砌，平面呈"凸"形，内空长6.2、宽2.4米。传说这里原为诸葛草庐旧址，襄简王选中这里作为茔地后将诸葛草庐西移。墓冢前原有石砌祭台和神道，均在明末被李自成农民起义军所毁。

4. 怀王墓

怀王墓在城西丰乐山，但依现地名难寻其具体位置。不过，明万历《襄阳府志》卷四七"府记"条下一篇明襄王所作的《敕赐乐善寺碑记》提供了重要线索，文记："弘治甲子，襄怀王薨，藏玉于城西之丰乐山，去城七十里许，既葬之明年，妃井虑无以永久，为香火之奉，于是启今。襄王暨妃上请乞寺护持，皇上俞兄，赐额名'乐善'，盖取诸汉东平王仓为善最乐之义也。"也就是说，怀王墓旁有乐善寺。循此线索，我们在襄城区卧龙镇青山村青石桥自然村西北约80米处发现了乐善寺遗址，遗址西侧是当地俗称"王坟冲"的一处冲地。其呈簸箕形，南北走向，北、西、东三面山冈环绕，南面为地势更低的东西走向冲谷，乐善寺遗址在东岗南坡。文物普查时在遗址西侧发现了一座大型墓葬，墓冢在北岗的半山腰，坐北朝南。

据调查，该墓原有高大封土堆，底径约30、高5米余。其为"凸"形单室石墓，由甬道、墓室组成，长约8、最宽约5、高3米余，下部条石叠砌，券顶，甬道、墓室之间设有石门。二十世纪七十年代，墓冢被从顶部炸开，墓门随后也被打开，不少石条被搬去修建水库灌渠，墓门被推倒在室内。现墓室基本被掩埋，仅露出甬道前部的弯石纵列拱券，可见部分上宽0.63、下宽0.54、厚0.38米。现墓冢顶部塌陷，封土堆被平整不少，可见底径约20、残高约1.5米。墓冢前原立有多通石碑，二十世纪七十年代被推倒、打断，并有几通保存较好者被转迁到河南，余下的被埋进墓内。墓碑前一块平整的场地上原建有砖木结构享堂，享堂前有多级石砌神道，外围还有城垣卫护。现在墓冢前可见大量厚重的砖瓦，砖一般宽16、厚8厘米，瓦有素面筒瓦、板瓦，厚度达1.8～2.5厘米，平地前部有一道石砌台基，长约40、高约2米，台基前被挖成一个堰塘，再往南为长约500米的神道，两侧嵌条石，中部平铺卵石，大部分被毁。墓冢北侧岗顶还残存有砖石基础，很可能为陵园外城。

同时，该墓东南不远处有一处明代的王殿遗址，乐善寺遗址东侧南北走向的冲地名朱家洼，这些进一步证实了该墓的墓主就是襄怀王，墓冢所在的北岗应该就是文献记载的丰乐山。

5. 康王墓

康王墓在柏香山，清乾隆《襄阳府志》卷四"山川"下南漳县条称："柏香山，县北三十里，初名柏香岩，以多柏，故名。明襄康王葬是山，改岩为山，又二里许为久安山，襄定王葬焉。"柏香山虽无确考，但康王墓因早年出土墓志得以定位，其正位于襄定王墓北，但实际距离与文献所记有出入，实际距离约3.2千米。

康王墓位于县城北约24千米处九集镇古林坪村墩子寨西南腰。墓坐北朝南。据介绍，该墓墓室于明末被毁，现基本敞露。墓室平面呈"凸"形，通长11.88、前部外宽5.75、后部外宽7.05米。由前甬道、前室、后甬道、后室组成，分别长1.6、2.55、0.93、5.65米，内空分别宽2.15、3.45、2.3、4.75米。墓壁、顶、底均由条石砌筑而成，券顶。前甬道后部、后甬道中部各对开双扇石门。石室墓上有高大封土堆，底径约35、残高约6米。

墓前为祭台，南北长约60、东西宽约20米，高出前部地面3～4米，外侧以条石叠砌护坡，附近散存大量残碎的灰砖及板、筒瓦，说明墓前原建有大型祭祀建筑。祭台前的神道等均已不存。

早年征集到墓志盖一方，方形，规格为62厘米×62厘米×15厘米。以线刻龙纹饰边，阴刻篆书盖铭"皇帝御制襄康王圹志文"，现藏于南漳县博物馆。

6. 庄王墓

庄王墓在襄阳城西龙泉山，山名今不可考。但现存的2通石碑和征集到的2方墓志为我们确定了庄王墓的具体位置。

墓位于县城北约18千米处的九集镇古林坪村遇事湾自然村东，处补林坪东侧一簸箕形山地中部，墓葬北面的长岭与南面的补岭形成对称格局，墓前为一条自西北向东南延伸的狭长形河谷坪地，泗堵河穿坪地中部注入清凉河。

墓依山而建，坐北朝南，1971年修筑泗堵河渡槽时被掘开，毁坏十分严重，仅存空墓残室和少量残破的汉白玉石雕构件。

墓为"土"字形石室墓，通长15、通宽6.7米。由"八"字门墙和前甬道、前室、后甬道、后室组成。"八"字门墙位于墓室前部墓门两侧，对称布局，单墙为"一"字庑殿顶照壁式，下有卷云龙纹基座，墙身以柱、枋围合壁面，上有单脊龙吻筒瓦庑殿顶，其形制与襄王府门前绿影壁单堵相同，通高3.13、宽2.73、壁身厚0.6米，两墙前部间距6.7米。前甬道、前室、后甬道、后室分别长1.65、2.5、1.85、6.5米，分别宽2.7、5.1、2.6、6.2米。墓壁、底均由条石叠砌、铺地，券顶，后室最高处5.3米。前、后甬道后端各对开双扇石门，单门高2.53、宽1.07、厚0.18米。后室后部有石质棺床，长3.5、宽3、高0.4米，应为放置双棺之地。其上封土堆底径约25、残高约4米。

据介绍：当地"世代相传，原王墓规模宏大，墓前修有六层祭台，台上建享堂、亭台，石级通道为青石板铺设，板上雕刻二龙戏珠、双凤朝阳等图案。地上建筑后被李自成部焚毁"。从墓前残存的数道条石砌筑的墙体看，传说是可信的。现在遇事湾（传为御祀街）一带下挖约1米仍可见到方砖铺地的神道，在村庄西侧绵山沟上尚存明代石桥一座。

王墓所在箕形山口的左、右两侧现存形制相同、内容略异的石碑2通，均楷书阴刻，分别题"官员人等至此下马""官员人等至此上马"，碑圆首，均高3.2、宽0.83、厚0.35米。

在遇事湾村内征集庄王墓志一合、王妃墓志一方，均为方形。

庄王墓志，盖、体边长0.61、厚0.24米，四边均浅浮雕二龙戏珠。盖铭阴刻篆书"皇帝御制襄庄王圹志文"，志体正文阴刻楷书17行："皇帝御制襄庄王圹志文。」王讳厚颎，乃襄惠王之子，嫡母妃王氏，生母次妃」潘氏。嘉靖十年六月初八日生，二十五年二月」二十一日封为阳山王，三十一年二月初三日」进封为」襄王，四十五年十二月初五日□□，享年三十六」岁。妃张氏，子三，长载尧封安福王，次载塽封隆」庆王，次载圻封永城王；女三，长封永宁郡主适」仪宾何赐进，余尚幼。」上闻□，辍视朝三日，遣官谕祭□，命右司治丧葬如」制，在京文武衙门□致祭为□。隆庆元年十二」月二十二日葬于宝安山之原。呜呼！」王以宗室至亲，享有大国，允为藩辅，贵富兴隆，宁」永寿年，□为长逝，岂非命耶！爰之其概纳诸幽」圹，用垂不朽云。」大明隆庆元年十二月二十二日，孝男安福王载尧、」隆庆王载塽、永城王载圻稽顿刻石。"墓志称葬地为宝安山，并非龙泉山。

王妃墓志盖失，存志体，边长0.55、厚0.22米，四边线刻龙纹。志文剥蚀十分严重，仅前部较为清晰，阴刻楷书："皇帝御制襄庄王妃张氏圹志文。」妃张氏，兵马副指挥邦□之女，嘉靖辛□年十二月十三」日生，及长，适」襄庄王，又封妃，隆庆壬□年十月十一日以疾薨，享年四」十二岁……"

7. 靖王墓

靖王墓在谷城县南青安山，清乾隆《襄阳府志》卷四"山川"条下："青安山，县南八十里，明襄靖王墓在焉，追忠王被难后，收遗骸袝葬于侧。"

青安山位于谷城县茨河镇青安山村王坟湾东南，在青安山东支山冈西坡，两侧为不长的山冈呈"U"形围护，北距青安山主峰约2千米，当地俗称此山为王坟山，西北侧有青安河流过。

墓冢坐东南朝西北，方向320°。墓冢现存封土直径约60、残高约10米。墓冢前有长60余米、阔近70米的台地，自墓冢前至青安河边共有五级平台，各级台边缘由条石垒砌。地表遗留大量残破的泥质灰陶布瓦，筒、板瓦和龙纹瓦当，特别是龙纹瓦当的发现进一步证实了墓主人的身份。最下一级台地近河边残存圆首碑碣，可能为致祭碑，但碑文已难辨。

据介绍，台地上原有高大建筑，二十世纪初遭破坏，后被完全拆除，现台地仅见四级，其中五级与四级掩为一层，其上为耕地。

其西南距此不远还有一座被盗一空的大墓，仅留石条垒砌的墓室，是否为清乾隆《襄阳府志》所载祔葬之忠王墓，抑或是靖王妃子之墓，尚难断定。

（二）郡王墓

郡王墓可明确者较少。

1. 阳山荣康王（追谥惠王）墓

该墓位置文献无载，但文物普查发现了其踪迹。

该墓位于谷城县茨河镇前庄村牌坊湾自然村后山，在一向东敞开的箕形山冲内，主墓所在的山脊像一条卧伏的长龙，北侧之清水、浑水两堰静伏于龙之下，南面一小堰承接龙尾。

墓坐西朝东，茔地面积约4000平方米。山冲口较窄，原立有一座石牌坊，牌坊湾因此得名。牌坊上横匾双勾阴刻楷书"皇明襄惠王神道"，该匾现移至承恩寺内收藏。过牌坊就进入长约500米的神道，原有青砖铺地，现仅存残砖遗迹。神道西端为一小平台，应为月台，长方形，长约30、宽约20米，高出神道约2米；再上又一级平台，为拜台，略呈半圆形，直径约15米，高出月台地面约2米。月台、拜台外侧均用砖石混砌墙体。拜台上的山脊有墓冢，底径约50、残高约6米。从多次被盗的盗洞可看出墓室为石室墓，暴露的条石叠砌石壁厚重坚固。

2. 阳山恭和王（追谥襄恭王）墓

清乾隆《襄阳府志》卷四"山川"谷城县载："五朵山，县南九十里，阳山恭和追赠襄庄（应为恭）王墓皆在是山，因改名永安山，是山乃襄谷连界处。若是，则襄恭王墓应与襄宪王墓相距不远。"但从1969年在南漳发现的《阳山恭和王次妃严氏圹志铭》正文看，此记载有误。

1969年，南漳县九集镇双泉村在挖战备洞时发现并毁坏两座墓葬，其位于一个小盆地的北部，背靠一低山，南连低平盆地，四周为连绵岗丘，地形较为闭塞。

两墓坐北朝南，东西相距约10米。现西墓中部仅见一个凹陷的大坑，从残存的封土堆看，底径约25、残高约6米，内部情况不明；东墓封土堆底径约20、残高约8米，门曾被打开并拆除一部分，仅剩墓室半部，长方形单室砖石墓，用石灰砌成，墓室残长5、宽4、顶高4米，东西壁用青石条砌成，石条厚0.4米，共8层，墓顶青砖起券，出土墓志一合。

墓志盖、体合扣，方形，边长0.6、单体厚0.13米。志、盖以线刻龙纹饰边，盖铭阴刻篆书"阳山恭和王次妃严氏圹志铭"；志文阴刻楷书24行，满行33字，记述墓主人生平。从志文知，严氏为阳山恭和王朱见淠次妃，恭和王薨，其子朱祐楬立为荣康王，荣康王薨后，严氏孙厚颎袭封阳山王，厚颎八岁时因襄康王有疾代而理政。阳山恭和王朱见淠薨后，其与正妃周氏合葬于永泉山，严氏于嘉靖二十九年（1550年）卒后祔葬朱见淠墓旁。由此可知，阳山恭和王朱见淠葬地原名永泉山，非永安山，与出土严氏墓志并列之西墓很可能就是阳山恭和王朱见淠与其正妃周氏的合葬墓，墓志也印证了明仁宗、襄宪王、襄定王和阳山恭和王的世系传承。

从出土阳山恭和王次妃严氏圹志的地点看，阳山恭和王的墓葬并非如清乾隆《襄阳府志》卷四所载在谷城五朵山，这一点订正了文献记载的错误，也给同条所记忠王墓祔葬靖王墓侧打上了问号。

3. 宁乡庄献王墓

宁乡庄献王墓在襄阳城西云岫山。云岫山位于襄城区卧龙镇云岫村，山名至今未变。据调查，云岫山西南坡现存3座封土堆。

一座位于山南腰，底径约18、残高约1米，早年被盗，墓中出土墓志一合，各边长0.595、厚0.095米，盖篆书阴刻"宁乡王妃李氏圹志"，志体楷书阴刻，凡15行，满行15字，记述墓主生平。从墓志知，李氏于正统十二年（1447年）配为宁乡王妃，天顺二年（1458年）卒，年仅38岁，天顺三年（1459年）葬于云秀山。墓前原有六棱形供桌，桌面边长34.5、厚24.5厘米，六面分别浅浮雕麒麟、鹿、海马、花草纹。

一座位于云岫山南麓，底径约40、高约6米，中部有1个因盗墓挖空墓室后回填形成的大坑。据介绍，该墓前原有石供台，当地传说为襄王墓。现石供桌移至村小学院内，平面六角形，桌面边长50、厚20.5厘米，侧面浅浮雕绶带、花卉图案；村内散见墓前建筑所用的部分石构件。推测该墓为宁乡庄献王朱祁镶墓。

一座位于山坡上，底径约2、残高约1米。现地表散见少量墓砖，宽18、厚8厘米，素面。墓主不明。

4. 郧城温裕王墓

该墓在襄城区隆中街道办事处贾洲村陈家院子自然村东北侧，在千山西支脉西坡，1955年被挖开，1957年第一次文物普查时发现。现地表可见3座封土堆，呈东南—西北向排列，最东南的一座原有高大封土堆，墓被挖开时发现为一石室墓，当时将上部石条运走搭桥、建水库，下部及石门仍存，现顶部为一大坑，长满灌木。出土墓志一合，边长0.55、各厚0.12米，四边有龙纹。志文记："郧城温裕王讳载塨，号遵本子，襄宪王七世孙，太祖高皇帝九世孙，嘉靖三十四年（1555年）乙卯八月廿一日生，天启三年（1623年）癸亥正月初八端坐终于正寝，寿69岁。大明崇祯二年（1629年）岁在己巳十二月廿一日，孝长孙男刻石。"

另两座墓葬相距约5米，封土堆底径约8、残高约1.5米，墓主不明。

（三）镇国将军墓

目前可以确定的仅有1座，即1957年调查发现的"明故镇国将军平川公墓"。

该墓位于襄城区隆中街道办事处贾洲村三组上陈家院子自然村东侧，在千山西一支脉西坡，坐东朝西，原封土堆呈椭圆形，长径约9、短径约7、高5米。1953年冬天被挖开，为"凸"形石室券顶墓，墓室长4.65、宽3.85、最高3.26米，前有石门，高2.06、厚0.19米，后部有两个棺座，各长2.55、宽1.26米。墓内出土有玉、瓷器及墓志等。现仅存一对石门。从调查时的记录内容看，墓志方形，各边长0.57、厚0.13米，四周有龙纹。盖铭为"明故镇国将军平川公墓志铭"，志文记墓主为"太祖高皇帝六世孙""生于弘治壬戌年（1502年）四月二十日，殁于嘉靖戊午年（1558年）十月十八日""长史东淅章季顿首"。由于记录不全，只可推测墓主或为镇宁恭靖王，或为阳山恭和王，或为枣阳僖顺王长子以外之一子，具体对应何人，难以确定。

（四）可能为襄王家族的墓葬

除上述墓葬外，按方志所载，枣阳安穆王、僖顺王墓俱在襄阳城西寿安山，枣阳荣肃王墓在襄阳城西方城山，二山现无从考证。其他郡王墓和所有镇国将军、辅国将军墓均不见记载，更难以定位。而文物普查仅发现了一些线索。

1. 徐家长冲墓

该墓位于襄城区卧龙镇洪庙村石龙过江自然村一山包南坡，坐北朝南。墓葬封土底径约50、残高约7米。二十一世纪初，该墓被盗挖，现中间形成一个大坑，可见石灰砌砖墙，封土内可见石灰、石质双墓门。墓南侧散见青石板，可能为铺地用。原墓门南侧有祭台和墓碑，祭台仅存少量构件，墓碑被迁走。

2. 泉水垴墓群

该墓群位于襄城区卧龙镇隆林村柏树咀自然村西北约500米。分布范围包括相邻的4座山头，其中北部一山因传说前部葬有"王坟"而名"王坟包"，坐北朝南。据介绍，该地原确有一高大封土堆，1978年原襄阳地区第三水泥厂挖耐火泥时将该墓挖开，挖开后发现为一长方形单室券顶石墓，前部设石门，后部有棺床，券顶上还垂有铁环，可见木棺板散乱腐朽，但室内已空无一物，估计很早以前该墓即已被盗，后存放开山的炸药，再后来石条被拆走铺桥，墓室已被填埋。

3. 胥家冲墓

该墓位于谷城县茨河镇石嘴子村胥家冲的两个山包上，因传说这里有王坟，故也被当地俗称王坟冲。现存2座封土堆，一大一小，相距约80米，东西分布，二者之间有王家沟冲地及长椭圆形堰塘相隔。整体坐北向南，北依山冈，南有姚河支流自西向东流过。大冢位于东侧，平面呈椭圆形，南北长约40、东西宽约30米，冢子东部为胥家沟冲地。小冢子位于西侧，有盗洞，据曾进入小王坟盗洞的村民介绍，墓内为青砖错缝叠砌、直壁至上部发券成拱顶，长7～8米。

4. 高桥墓

该墓位于谷城县茨河镇石嘴子村窑沟山包上，南有姚河支流自西向东流过。其坐北朝南，凿山为陵，底径约200、高约65米。山脚台坎发现较多泥质灰陶大布瓦及残砖，可能为地上建筑遗迹。近年来该墓多次被盗。墓冢南侧为平地，山脚处可见大半圈隆起如围墙的残迹，据调查，二十世纪七十年代其上垒砌一周石墙，正东有石门，门前铺设石条台阶至坡前长河边。

5. 补林坪墓

该墓位于南漳县九集镇古林坪村遇事湾东约200米的山冈上，西北与襄庄王墓仅一岭之隔。墓坐北朝南，封土依山而堆，呈半圆形，底径约50、高约20米。1991年被盗时发现墓室为条石叠砌、起券，被发现后回填加固。

6. 井沟墓

该墓位于南漳县九集镇古林坪村井沟自然村东。墓坐北朝南，依山而建。它由一道宽1米的"U"形石基砖垣从山顶围至坡脚，砖垣早已拆毁不存，南北长约90、东西宽约60米。垣内由下至上分为五层阶梯状台面。最前一层为越台，长方形，外沿崩塌，高出沟沿约6米，东西长约60、现存最宽处8米。二层高出越台3米，长52、宽6米，台基处残存数块长1、宽0.6、厚0.3米左右的长条形青石，"一"字排列。三、四层台逐步抬高2～3米，其上建有祭祀建筑，从残留的建筑基础印痕测定，三层台建筑平面为"凸"字形，前部凸出部分面阔10、纵深13米，后部面阔19、纵深9米。四层台建筑平面近呈方形，面阔14、纵深13米。顶层台上为墓冢，中部堆筑圆形封土，封土底径12、残高约3米，顶部已塌陷。据村民介绍，二十世纪七十年代初修桥拦坝时，将墓地石材、青砖拆毁殆尽。现地面散置的残砖碎瓦等遗物随处可见，且在附近的河旁村边仍可见到较多的青石条和少量素面青筒瓦。

7. 绵羊山墓

该墓位于南漳县九集镇古林坪村绵羊山半腰，坐东朝西，面对王坟洼冲。据介绍，1964年改土造田时曾将墓室打开，可见石砌墓壁、券顶，面积20多平方米，墓冢前原立有2米多高的石碑。石碑前残存长100余米、高4米左右的台基。王坟洼村内散见较多石条、柱础及狮头石门等。

这些调查发现的墓葬，从茔地布局、墓葬规模和形制等分析，可能与襄藩王家族有关，其中或许有一部分襄郡王的墓葬，当然墓主也不排除王妃、郡主等或明代其他官员的可能。要弄清这些问题，只有依靠考古发掘了。

三 襄藩王室墓葬规制

从目前发现的襄藩王室墓葬看，墓室除个别砖室外均为石室，墓室前设有甬道，极少量亲王墓葬设有前、后室，其总体规制是由爵封不同决定的，这也对应了《明史》记载的有关规定。

1. 兆域

通过文物调查发现的整个襄藩王室墓葬，特别是亲王墓分布的位置和较多明代墓地（其中可能有襄王室墓葬）的分布状况，结合地理环境分析，所有王室墓葬均葬于藩王府所在地襄阳城西原襄阳（今襄城区，下同）、谷城、南漳县域，分布在原襄阳县西部、谷城县东南部、南漳县东北部东西长约36、南北宽约15千米范围内的低山中。其下葬、祭祀路线是出襄阳城西，沿古鹤子川（今肖家河，下同）河谷西行，部分中途分路进入各墓地，相对集中的是到达鹤子川的源头七里山后，再分路沿其他河谷进入各墓地。

距离藩府襄阳城最近的是陨城温裕王和镇国将军平川墓，其西侧的冲沟自南向北注入鹤子川；西行不远就是隆中山南麓的简王墓，墓东不远的广德寺冲沟也是自南向北注入鹤子川；再西行到鹤子川中段有赵冲上游两侧的宁乡庄献王墓和泉水垴墓群；进入上游中、南支交汇处东侧不远就是徐家长冲墓，其南支源头向南翻越一道山岭，进入渭水（东南流注汉江）上游中、南支交汇处之间就是恭王墓；走到鹤子川中支源头西侧为绵羊山墓，往北为姚河源头，宪王墓就在其南北支之间；姚河上游南北支交汇处北侧为东西相距不远的高桥墓和胥家冲墓；姚河北支上游有惠王墓，下游近汉江处东侧不远有怀王墓；鹤子川源头西去不远为泗堵河上游（东南流注清凉河），干或支流东岸自西北向东南依次分布着康王墓、定王墓、庄王墓、补岭坪墓、井沟墓，均相距不远；最远的是从泗堵河源头翻越山岭进入高桥河（北流注入汉江）上游青安河，其中段东南埋葬着靖王，或许还有忠王墓祔葬。

亲、郡王墓的兆域从大环境而言，依七里山主峰及周边下葬的墓葬相对集中，包括宪、定、康、庄、靖王及追谥的恭、惠王墓等，它们应在一个大的范围内，不过，有的实际距离还较远，甚至相对独立，如靖、惠、恭王墓。其他亲、郡王墓独立性更强，基本不在一座山体范围内，如怀、简王及宁乡庄献王、郧城温裕王墓。而可确定的一座镇国将军即"平川公"墓与郧城温裕王墓基本处于同一兆域。其他可能属襄王室成员的墓葬要么单独埋葬，要么与上述亲王或郡王墓在同一兆域。可以说，襄王室墓葬的兆域情况较为复杂，既有同兆域，又有异兆域，而这一点并不完全以上下代直接的昭穆关系为基础，而似乎跟兆域的选择有关，时代最晚的靖王墓（或包括祔葬的忠王墓）埋在最远的青安河畔就是例证。

2. 墓区布局

尽管所有襄王室墓葬的墓区建筑均已被毁，墓区布局难以明确，特别是墓区的面积无法统计。但7座亲王墓和1座追谥亲王的郡王（惠王）墓，从残存遗迹仍可大致看出墓区布局的轮廓。

这8座墓葬均位于一个相对封闭的簸箕形山地中，背靠一座主峰向南或东南分出的小山包，两侧稍远处各有一条山冈，前隔一条小河或溪沟与一山峰相对，墓区建筑顺地上逐步向上延伸。这种选择墓区的理念与明代皇陵相同，深受东晋郭璞所纂《葬书》"风水"理念的影响。

墓区一般由神道、享堂和墓冢组成。7座亲王墓中，宪、怀、庄王墓前可见到神道残迹，简王、康王墓原有神道，但因被毁而不存，只有定、靖王墓暂未发现神道痕迹。不过，从追谥惠王的阳山荣康王墓发现一块"皇明襄惠王神道"石匾这一情况看，亲王墓在墓区的最前端均应设有神道。

这8座墓在神道后、墓冢前都有多层拜台或祭台，有的前部陡坡处用条石砌成护墙，祭台上散置较多的泥质灰陶筒、板瓦和青砖，证明这里原有地上建筑，应该就是祭祀用的享堂。

享堂后即为墓冢，一般凿山为穴，其封土堆多半是山体本身，有的其上另行覆盖封土。

宪王墓冢前残存宫墙，怀王墓冢后有残条石墙基，推测其原分别有内、外城。若如此，亲王墓很可能有内、外罗城卫护。

宪王墓在神道后还有一座砖砌单拱桥，怀王墓神道后、享堂前现为一座堰塘，或许这里原本也有一座小桥。

从上述残存的种种迹象分析，襄藩亲王墓区布局基本呈中轴线对称布局，整个墓区为外城环绕，进入墓区有石质牌坊，其后为长500~1000米的神道，神道两旁未见石像生，神道后设有小桥，小桥后为享堂门、殿，或许还有配殿，其有内城环护，最后为墓冢，一般凿山为陵。这种布局与其他明藩亲王墓的布局较为接近，也正是部分仿照了明帝陵的陵园布局。

其他王室墓葬中，墓区的布局相对简单，大多只有墓冢，墓冢一般靠山南坡，面临山冲，仅少量山冲有溪沟流过，但两侧并无山冈。可确定墓主人的郡王墓中，只有宁乡庄献王墓前有祭台，其南侧现为水库，是否有神道就不得而知了。

3. 玄宫

目前所见可确认的襄藩亲王、郡王墓葬和镇国将军墓葬玄宫除简王墓为砖室外，其余均为石室，大多为单室，少量为双室。

可大致看清玄宫形制的墓葬有8座，包括宪、简、怀、康、庄王等5位亲王和追谥恭王的阳山恭和王、隗城温裕王等2座郡王墓葬，以及镇国将军平川墓，其中康、庄王墓室玄宫为双室，其余为单室，前部均设墓道和甬道。康、庄王玄宫分前、后室，平面分别近"日""土"字形，前、后室均由石门封闭。单室墓则只有一道石门，位于甬道和墓室之间。甬道前端一般以砖墙封闭。

墓葬规模与封爵、时代有关，爵秩愈高，规模愈大，亲王墓葬较郡王墓葬大，郡王墓葬较镇国将军墓葬大；时代偏中后者规模最大，较早者相对较小，较晚者暂不明。如分别薨于嘉靖二十九年（1550年）、四十五年（1566年）的康王、庄王墓通长各有11.8、15米，而更早的简王、怀王墓仅内空长6.2、通长8米左右。这一点似乎与其他明代藩王玄宫由大到小的变化有别。

上述8座已知玄宫形制的墓葬中，庄王墓后室有较宽的棺床，很可能是为放置双棺或多棺所用，该墓出土庄王和王妃墓志各一合就是明证。而据阳山恭和王（追谥恭王）次妃严氏墓志铭载，阳山恭和王朱见溦薨后与正妃周氏合葬；坐落在隆中山的简王与王妃墓则是并列分葬。由此推测，亲王墓葬中宪、定、简王可能是王、妃分葬，怀、康王不明，庄王、妃合葬，靖王不明；郡王墓中阳山恭和王与正妃合葬，次妃祔葬，其他郡王、妃分、合葬情况不明。同时，无论是亲王或郡王墓葬，有父子关系者均未葬于同一小的墓区，仅宪、定王墓葬相距较近，其他均较远。

可见，无论是墓葬规模的变化，还是王、妃的合葬及子孙的从葬，均与明天顺二年（1458年）的王妃合葬、弘治五年（1492年）的子孙从葬等降低墓葬规制的诏令有所出入，并非严格按照诏令执行。

4. 祭祀设施

调查发现7座亲王墓和1座追谥亲王（惠王）的郡王墓均设有享堂，应是祭祀的场所，但享堂残存的筒瓦、板瓦均为灰瓦，并非规制所定的绿色琉璃瓦。

而宪、定、怀、靖王等4座亲王墓前有致祭碑，其中怀王墓前碑已被埋入墓室或外迁河南，靖王墓前碑残甚，仅可辨形制为圆首，但碑文不清。宪王墓前1通"御制"碑保存完好，螭首趺座，1通仅存趺座。定王墓存"御制祭文"碑2通，均圆首，实为碣，而清同治四年《南漳县志》载定王墓前原有祭文碑5通，3通已不知去向。这印证了《明史》卷五九关于"亲王郡王薨逝，皆遣官致祭"的礼制规定，且宪王墓前致祭碑形制与《明史》卷六〇所载一品螭首龟趺座相同，不过，实际尺寸与规制有所出入，规制螭首、碑身分别高三尺二寸、九尺，按明尺一尺约当0.32米计算，分别折合为1.02、2.88米，但实际为1.1、3.6米，有"逾制"现象。而定、靖王墓前祭祀碑实为圆首碣，与其身份有较大出入，因碣为六品以下所用。

此外，庄王圹志记，王薨后，皇帝遣官谕祭；宁乡王妃李氏圹志记，王妃在去世后、下葬前，皇太子特遣人拜祭。

5. 圹志

根据《明史》卷五四的记载，亲王、郡王被册封时，均有册宝，其死后葬入墓中，估计由于几乎所有墓葬均遭到严重破坏，随葬品不存，册宝也遗失或被毁，仅有少量的墓葬出土表明墓主人准确身份的圹志，包括康王、庄王、庄王妃、陨城温裕王、宁乡庄献王妃、阳山恭和王次妃及镇国将军平川等。其中，康、庄王及庄王妃圹志均为皇帝御制。

6. 守护设施

目前仅见于亲王墓区，可明确的有宪王墓旁的千峰庵和怀王墓旁的乐善寺。

据清乾隆四十六年（1781年）重修千峰庵碑记载，该庵堂始建于明成化年间，正是宪王薨逝之时，很可能为守护宪王陵园而设。而乐善寺的营建目的更为明确，明万历《襄阳府志》卷四七襄王所作《敕赐乐善寺碑记》载："弘治甲子，襄怀王薨……襄王暨妃上请乞寺护持，皇上俞允，赐额名乐善。"该寺正是为守护怀王墓而建，这也间接证明了千峰庵的作用。康王墓所葬山名柏香山，山上建有柏香寺，也可能与守护康王陵园有关。而宁乡庄献王墓北不远有明代的灵泉寺，二者是否也有关联，值得研究。

襄王只是明代众多藩王中的一支，墓前尽管通过调查已对其全部亲王、部分郡王和个别镇国将军墓葬的位置和规制有了一定程度的了解，也大体弄清了基本形制；但由于各个墓区和墓葬本身破坏严重，加上未能进行科学发掘，墓葬资料还不完善，期待将来通过更多手段取得更大的收获。

注 释

[1] 白颖：《襄阳明代王府建筑初探》，《华中建筑》2008年第4期。

[2] 襄樊市考古队等：《明襄阳王墓调查》，《江汉考古》1999年第4期。

[3] 湖北省文物考古研究所等：《武昌龙泉山明代楚昭王墓发掘简报》，《文物》2003年第2期。

（原载《湖北文理学院学报》2012年第9、10期）

伍 历史地理研究

周代邓国地望考

邓国是我国先秦时期一个历史悠久、文化发达的古老方国，肇始于原始社会后期，历经夏、商、西周，直至春秋早期为楚所灭，前后达十数世纪。

据《路史》载，黄帝大战蚩尤时，大臣邓伯温就是主要人物之一。《山海经》载，夸父追日渴死后，弃其杖化为邓林。《庄子》《路史》均载，舜曾迁都于"邓之墟"等。这些说明邓部族至少在原始社会后期就已存在，并且具有一定的经济、文化水平。此时，邓的中心很可能在黄河流域，到"虞舜"时或许曾经南迁。

同样是《路史》，"邓"在不同的篇章中又各有夏后、姒姓和商后、子姓或曼姓之说，《广韵》《通志》等典籍也各有说法，有的甚至排出邓从开国到灭国期间的22代世系，尽管其源、族姓已不大确定，地望也无从确考，但夏商时期邓的存在却是有据可查的。

进入西周后，邓的历史、文化才真正明晰起来，邓的地望也相对固定于今南阳盆地这个大的区域上。但关于周代邓国中心即都城的地望，长期以来有三种观点，一是河南邓州说，一是湖北襄樊说，一是西周时在河南邓州、春秋时在湖北襄樊说，至今难有定论。本文在前辈先贤通过文献和传世文物考证形成成果的基础上，主要结合最新考古发现对周代邓国地望作一探讨，以就教于方家。

一　已　有　成　果

虽然历史上直接记载邓国地望的文献资料不多，但其所反映的地望信息却相对较为集中，加上有少量传世青铜器铭文内容的补充，结合邓城城址的存在，再通过专家学者对这些资料的梳理和研究，一个关于邓国地望的大体轮廓就展现出来了。

（一）历史文献的记述

与周代邓国历史地望相关的史料，历来为研究者所引用且最为直接、时代较早的先秦文献主要有以下几类。

1)《左传·昭公九年》:"王使詹桓伯辞于晋,曰:'……及武王克商,……巴、濮、楚、邓,吾南土也。……'"

2)《国语·郑语》:"当成周者,南有荆蛮、申、吕、应、邓、陈、蔡、随、唐,……"

3)《春秋·桓公七年》:"夏,谷伯绥来朝。邓侯吾离来朝。"

4)《左传·桓公七年》:"七年,谷伯、邓侯来朝。"

5)《左传·桓公九年》:"九年春,巴子使朝服告于楚,请与邓为好。楚子使道朔将巴客以聘于邓。邓南鄙鄾人攻而夺之币,杀道朔及巴行人。楚子使薳章让于邓,邓人弗受。夏,楚使斗廉帅师及巴师围鄾。邓养甥、聃甥帅师救鄾,三逐巴师,不克。斗廉衡陈其师于巴师之中,以战而北。邓人逐之。背巴师而夹攻之。邓师大败,鄾人宵溃。"

6)《左传·庄公元年》:"楚文王伐申,过邓,邓祁侯曰:'吾甥也。'止而享之。騅甥、聃甥、养甥请杀楚子,邓侯弗许。三甥曰:'亡邓国者,必此人也。若不早图,后君噬齐,其及图之乎?图之,此为时矣!'邓侯曰:'人将不食吾余。'对曰:'若不从三臣,抑社稷实不血食,而君焉取余?'弗从。还年,楚子伐邓。十六年,楚复伐邓,灭之。"

以上记述可初步证实,早在商末周初之时,邓即与巴、濮、楚并为周的南土,西周早期成周建成之后,处于成周之南的邓与多个分封诸侯国大致位于今南阳盆地或汉水中游地区。西周中、晚期文献缺载。而从春秋早期谷伯、邓侯访鲁及楚、巴联军伐邓和楚文王过邓伐申等相对较为翔实的纪事材料看,邓国地望没有大的变化,且可明确邓位于楚之北、申之南,即南阳盆地南部。公元前678年,邓终为楚文王所灭。

(二)传世青铜器的补充

就现有材料可知,传世青铜器中《盂爵》《中甗》的文字分别提及了邓的史实。《盂爵》铭文载:"隹王初祭于成周,王令盂宁邓伯,宾贝,用作父宝尊彝。"这是周成王刚到成周时命盂安抚邓伯的记述。《中甗》是安州六器之一,其铭文载:"王令中先省南国贯行,……中省自方、邓……"这是周昭王南征时命大臣"中"到邓等南国视察的记述。

这2件西周早期青铜器的记述印证了文献所载邓当时处于周王朝南土的史实。

(三)邓城城址的印证

尽管以上所列文献记载和传世文物都涉及周代邓的地望或相关问题,但透过这些材料,我们仅能将邓国地望界定在一个较为广阔的区域,即南阳盆地南部,而二十世纪五十年代第一次全国文物普查时对襄樊邓城城址的确认则为邓国中心地望找到了更为确切的位置。

邓城城址位于今襄樊市樊城西北的高新区团山镇邓城村，面积约60万平方米。城址基本保存完好，平面略呈长方形，南北长800~825米，东西宽600~675米，墙体下宽20米左右，残高3~6米，四角凸出，东南角最高。每面城墙正中各有一个缺口，是为城门。城外有护城河，宽20~40米，残深1~4米。城内文化层厚2米左右，城内及城墙上遗物十分丰富，包含有陶鬲足、鬲口沿、豆盘、豆柄、盆口沿、罐口沿等容器及绳纹砖、瓦等建筑材料残片，并有少量硬陶器。其时代上自春秋早期，下至南北朝时期[1]。

邓城城址的存在为邓国都城找到了实体依据，这一点也广为学界接受。然而，又由于城内暴露遗物和城墙本身的时代相对较晚，有学者就认为邓城城址只能是春秋早期的邓国都城，至于更早的邓国中心，则要向北到河南境内去追寻；也有学者认为，虽然一座城的历史会经历始建、不断修葺、废弃等多个不同阶段，有的前后沿用可达数百甚至上千年，何况城内尚未发掘、墙体尚未解剖，其城墙内的晚期遗物并不能说明它的始建年代不早，也就是说，我们还不能完全排除邓城自西周早期就一直建于此地的可能，但这毕竟只是一种理想的推论，需要证据证明。

通过上述几个方面的考证，学术界已形成一种共识，即周代邓国自西周早期就位于南阳盆地南部，直至灭亡时，其区位没有大的变化，且至少在春秋早期就定都于今襄樊邓城城址。

由于历史文献和传世文物数量、内容有限，并已完全为学者所掌握和运用，对邓国地望的研究想在这方面有所突破几乎没有可能，那么，西周时期邓国地望的确切判定就只有借助新的考古发现了。

二 考古新证

过去尽管关于邓国地望的考证相对较多，但主要停留在对历代文献的研究上，缺少邓文化遗存的实物证明。同时，虽然传世文物有如西周早期的《敖鼎》[2]和西周晚期的《邓伯氏鼎》《邓公作屯夫人簋》《邓孟作监嫚壶》[3]及春秋早期《邓公午簋》[4]等少量明确为邓国的青铜器，近年也分别在西安张家坡M163出土了西周早期的《邓仲牺尊》[5]、河南平顶山滍阳镇应国墓地出土了4件西周晚期的《邓公簋》[6]、枣阳郭家庙墓地M17出土了2件春秋早期《曾桓嫚非录鼎》[7]等邓国或与邓相关的青铜器，但传世器没有出土地点，出土器也是在其他诸侯国墓地中发现的，这固然可以帮助我们认识邓文化的基本面貌，却对认定邓文化遗存缺乏直接帮助，而只有具备明确地点的邓文化遗存才能起到决定性的作用。

（一）邓文化遗存的直接证明

2001年以来，随着多个邓文化遗存在襄樊邓城城址周边发现，才使我们对邓地望特别是至今无法厘清的西周邓国中心地望即都城的认定有了实质性的进展。

1. 邓国贵族墓葬的发现

邓国贵族墓葬主要发现于邓城城址以北约4千米的王坡墓地[8]，2001年清理春秋早期邓国贵族墓葬4座。均为单纯的长方形土坑竖穴墓，包括2座中型墓和2座小型墓。葬具均为单椁单棺（多仅存腐痕）。随葬器物不见陶器，全部为青铜、玉石料、水晶、玛瑙器等。青铜礼器有鼎、簋、壶、盘、匜等。其中M55为最大的1座，长6.3、宽4.3～4.5米，随葬铜五鼎六簋，墓主人身份相当于上大夫一级。M1出土《邓公孙无忌鼎》1件、戈3件。

王坡墓地位于平原向岗地的过渡地带，属低岗矮丘地形，其上分布着十分密集的春秋早期和战国晚期后段至东汉中期墓葬，就时代而言，时代愈早的墓葬一般愈靠南，此次发掘的4座邓墓即位于现墓地南部。其最南部在早年修建襄（樊）渝（重庆）铁路时因取土被挖平。据调查，从遭到破坏的墓葬流失的多件青铜器被卖入废品收购站回炉融化，而从中抢救出来的西周晚期2件《邓公牧簋》、1件《侯氏簋》[9]等邓国铭文青铜器即出于该墓地。由爵称看，《邓公牧簋》显系一代邓公之器。据此，并结合已发掘的4座墓葬规格及出土器物分析，王坡墓地乃邓国高级贵族墓地，时代至迟在西周晚期至春秋早期。

王坡墓地仅发掘了其中靠西侧的一部分，调查和勘探情况表明，其东部尚有大量土坑墓葬分布，这中间或许就有时代更早的邓国贵族墓葬。

此外，在邓城城址以西20千米外今谷城庙滩擂鼓台墓地清理出了一座春秋早期小型土坑墓[10]。该墓单椁单棺，出土了铜鼎、簋等4件青铜器，其中2件鼎上铸有相同铭文："邓子孙白用。"这一发现在将邓国领土扩展到汉水以西的同时，也直接说明了邓国中心的邻近程度。

遗憾的是，这些明确的邓国贵族墓葬均未随葬陶器，为我们直接认识其特征增加了难度。好在我们可以通过出土青铜器、玉器的面貌来判断以陶器为主或者说仅有陶器的邓文化遗存。

以上所列，无论是传世青铜器，还是出土青铜器，其形制、纹饰、铸造技术、铭文字体及内容等都具有十分典型的中原姬周文化风格，且长期保持这种传统，并未随时代发展而发生主体风格变化。如西周早期《叔鼎》，方体，立耳，高柱足，体四角出扉棱，口沿下饰云雷纹；《邓仲牺尊》，一站立状怪兽，其胸、颈、后部附着龙虎等动物，器表装饰云雷纹地夔纹、兽面纹，盖饰龙纹。西周晚期《邓伯氏鼎》，敞口，折沿，立耳，较高蹄足，腹较深，上腹饰窃曲纹；平顶山《邓公簋》和《邓公牧簋》，均敛口，垂鼓腹，平底，承盖，兽耳下两垂珥，圈足下三兽面小足，器表饰窃曲纹、瓦纹，圈足饰斜角云纹；《邓孟壶》，方体，直口，长颈，垂腹，浅宽圈足，承盖，器表饰环带、粗窃曲纹；春秋早期《邓公孙无忌鼎》，敞口，翻沿，腹较浅，附耳，蹄足稍矮，器表饰窃曲、垂鳞纹；王坡墓地M55之簠，敛口，垂鼓腹，平底，浅宽圈足，承盖，龙首耳，器表饰环带、垂鳞纹；王坡墓地M55之壶，侈口，长颈，垂鼓腹，浅宽圈足，承盖，龙首耳，器表饰环带、垂鳞纹。玉器主要通过与出土青铜器的伴生器物来明确，其特征与同时期青铜器保持同步性。

可以说，整个周代邓国的青铜器和玉器莫不与同时期中原姬周文化同类器一致，这就是说，作为邓文化遗存的陶器特征也应如此。虽然陶器的使用范围更广，变化频率更快，受多种因素的影响更大，但其典型器物的主体特征应基本保持不变。

2. 邓国平民墓葬的发现

2006年，邓城城址以东约1.2千米处的沈岗墓地清理了可确定为西周中期的墓葬1座[11]（M694），为长方形土坑竖穴小型墓，单椁单棺，出土陶簋、豆、罐和玉玦、贝等器物12件。器物组合虽不全，但其主体风格却具有明显的中原姬周文化特征。

该墓地在M694的周围还发现了多座单纯出土玉器的小型墓葬[12]，其玉器特征与王坡墓地所出十分接近，时代大约在春秋早期，有的或可早到西周晚期。

从墓葬规模、葬具及出土器物数量、类别等分析，该墓地主要为邓国平民或低等贵族墓地。

3. 邓国村落遗址的发现

邓城既然作为邓国都城存在，其周围必然分布有较为密集的村落，以保证都城的生存和发展。这一点也正好在近年的考古发现中得到印证，2002年以来，邓城城址外围多个邓国村落遗址被发掘出来。

（1）小马家遗址[13]

该遗址位于邓城城址北约15千米处，面积约40万平方米，中部有马家河东西向流过，南、北部分别为西周、东周遗存。2002年发掘，清理出西周灰坑3座，遗物均以红陶为主，器类有鬲、甗、簋、盆、盂、罐、瓮等。据遗物特征推测的时代为西周早期后段至西周中期后段，遗物的中原姬周文化风格十分浓厚。

（2）黄家村遗址[14]

该遗址位于邓城城址东约500米处，面积约40万平方米。2005~2007年三次发掘，发掘面积4000余平方米，清理出灰坑51座、灰沟2条、房址1座、窑址1座，出土了大量陶器标本，器类有鼎、鬲、甗、盂、豆、盆、罐、罍、瓮、器盖等，时代自西周中期至春秋早中期之际,其文化面貌随时代的变化而逐步变化,时代愈早,中原姬周文化风格愈浓,时代愈晚,自身特色愈多,且似乎受楚文化的影响愈大,这显然与强楚的不断挤压有关。

该遗址范围虽较大,但因春秋早期遗址废弃后这里又作为战国至宋代各时期的墓地,加上历代土地平整,遗址遭到严重破坏,文化层大多呈点状分布。

(3)周家岗遗址[15]

该遗址位于邓城城址东南约300米处一地势相对较高的台地上,现存面积约20万平方米。2008年发掘,发掘面积近400平方米,清理出灰坑12座、灰沟3条、房址1座、水井4口。除汉以后多个时期的墓葬外,遗址有新石器时代和周代两个时期文化遗存,其中周代遗存为主体,其出土遗物及时代、性质与黄家村遗址相同。

4. 邓国制陶作坊遗址的发现

2008年,在邓城城址南约600米处发现并发掘了一处邓国制陶作坊遗址,名王家巷遗址,面积约2万平方米,发掘150平方米。文化层堆积十分简单,仅一层。清理出窑址1座、灰坑13座。灰坑分布较为密集,所有灰坑均相对较深,大多坑壁较陡,填土含大量灰烬,其内堆积大量陶片,层层相叠,且变形器和可复原器较多,仅H2就出土100余件,器类有日用器鬲、甗、盂、豆、盆、罐、器盖及较多的制陶工具拍。经综合分析,以上灰坑首先是因制作陶器就地取土制坯挖成,后则作为烧窑炭灰和残破、变形陶器的倾倒地被回填。从遗物特征分析,其时代为春秋早期偏晚阶段,风格与黄家村遗址同时代遗物一致[16]。

此外,在邓城城址东北、北侧的卞营[17]、韩岗[18]遗址春秋中期遗存中也发现较多的春秋早期或以前的邓文化遗物;在汉水以南今襄阳城内外新街[19]、真武山[20]遗址中发现了属中原姬周文化系统的西周中、晚期遗存,有学者认为可能与邓国有关,其或为邓南控汉水的军事据点[21]。

以上考古发现为邓城城址不晚于西周中期就作为周代邓国都城提供了最为直接的证据,且其在西周晚期和春秋早期得到了进一步发展。至于西周早期的邓国中心,难有确切证据,但也不排除就在此地的可能。

(二)楚、秦文化遗存的间接证明

如果说上述邓城城址外围邓文化遗存的密集分布是邓城曾为邓国都城的直接证明的话,那么,邓城城址外围更为密集的楚、秦文化遗存的发现就是间接证明。截至目前,在邓城城址外围半径约6千米的范围内发现有韩岗[22]、卞营[23]、彭岗[24]、张营[25]遗址和王坡[26]、岭子[27]、余岗[28]、沈岗[29]、山湾[30]、蔡坡[31]、团山[32]、彭岗[33]、贾庄[34]、沈家岗东[35]、卞营[36]、黄家村[37]墓地等众多楚、秦文化遗存。

1. 村落遗址

韩岗、卞营遗址紧邻城址的北、东侧，其面积均达100万平方米以上，文化层堆积在1米以上，是整个襄樊地区少见的大型村落遗址。其中韩岗遗址的时代自春秋中期至秦汉时期连续发展，没有间断；卞营遗址以春秋晚期至战国早期遗存为主，最早约当春秋中期，战国中期地层上叠压有汉代地层。两者的楚文化主体性质突出，后者缺乏秦文化遗存。

城址东约3千米的彭岗遗址和西北约1千米的张营遗址面积均较小，不到10万平方米，时代主要为战国，属典型的楚文化村落遗址。

此外，在王坡墓地的许多秦、汉墓葬填土中发现了一些灰土及较多的东周楚文化遗物，推测这里在公元前279年秦占本地之前曾为楚村落，废弃后则成为秦汉墓地。

2. 墓地概况

各墓地自城址北至东南呈扇形展开，尽管其规模有大有小，延续时间或长或短，但墓地的主体性质区别较为明显，楚、秦墓地一般不共用，即使同处一墓地，也是分为不同墓区，除极少量外楚、秦墓无相互交叉现象。

（1）楚墓地

数量较多，既有山湾、蔡坡及余岗、沈岗、团山等面积在100万平方米左右的大型墓地，也有彭岗等面积约10万平方米的中型墓地，还有贾庄、卞营、黄家村等10万平方米以下的小型墓地。

山湾、蔡坡墓地南北相连，时代上衔接紧密，本为一处墓地，调查发现墓葬数百座，清理了50余座。墓葬规模相对较大，方向因规模的大小而有区别，大者一般东向，小者多南向，部分战国墓设二至六级台阶和斜坡墓道，葬具有单椁重棺、单椁单棺、单棺等类型，随葬器物有成组的铜礼器、兵器、车马器及陶仿铜礼器、日用器和较多的玉石器等，青铜礼器数量较多，其中部分铭文铜器除涉楚外，还有吴、蔡、徐、鄀等诸侯国。重要的是出土了春秋晚期的《邓公乘鼎》[38]《邓尹疾鼎》[39]，"邓公乘""邓尹疾"很可能是楚邓县县公、县尹。时代自春秋中期至战国晚期。

余岗墓地已清理的430余座墓葬中，有楚墓250余座，方向较为一致，墓葬规模相对较小，少量墓葬设一、二级台阶或踏步、蹬台、生土台、头龛，无墓道，葬具有单椁单棺、单棺等两种类型，随葬器物有青铜礼器和陶仿铜礼器、日用器及部分漆器，仅个别墓葬随葬玉器。时代自春秋早中期之际至战国晚期。

沈岗墓地已清理的1100余座墓葬中，有楚墓近千座，方向较为杂乱，少量墓葬规模稍大，部分战国中晚期墓葬带斜坡墓道，设一至三级台阶或生土台、壁龛，葬具同余岗墓地，除3座春秋中、晚期墓葬随葬成组的铜礼器加陶器组合外，其余墓葬一般随葬陶仿铜礼器或日用器。另发现2座车马坑。时代自春秋中期至战国晚期。

团山墓地共有墓葬数百座，已发掘的107座墓葬主要为楚墓，方向较杂，规模均不大，少量墓设一或二级台阶、墓道，葬具有单椁单棺、单椁并棺、单棺等类型。随葬器物有成组的铜、陶礼器，或配以兵器、车马器，并有少量随葬日用陶器。少量铜器铸有铭文，表明其郑、蔡的国属。时代自春秋晚期至战国晚期。

彭岗墓地已清理出的166座墓葬中有楚墓106座，方向较杂，规模较小，个别墓设一级台阶、少量带斜坡墓道、壁龛，随葬品除个别小铜饰件外，全为陶器，组合有日用器和仿铜礼器两类。时代自春秋中期至战国晚期前段。

贾庄、卞营墓地虽为楚墓地，但墓葬分布较少；黄家村墓地面积较大，至今已清理各时期墓葬440余座，但楚墓仅10余座，相对集中分布于墓地东北、西南及西北。三者方向都不一致，规模小，葬具一般为单椁单棺、单棺，随葬器物除极少量墓葬有铜礼器外，其余均为陶仿铜礼器、日用器。整个时代虽自春秋晚期至战国中期，但各墓地单独使用的时间都不长。

这些墓地等级有序，族属有别，大型墓地基本上自春秋中期楚灭邓开始营建，并一直沿用到战国晚期后段秦占邓地止，形成了与作为中心的邓城城址发展脉络相配套的墓地架构。

（2）秦墓地

数量较少，包括王坡、余岗、岭子等面积约20万平方米的中型墓地（区）和沈家岗东小型墓地。它们均与西汉墓共用墓地，多数情况下相互交叉，但很少有打破现象。

王坡墓地清理出秦墓99座，除1座洞室墓外，均为无墓道的长方形竖穴土坑墓，方向相对较杂，墓葬规模一般都较小，少量设生土台、龛，葬具基本上为单椁单棺或单棺，随葬器物大多为仿铜陶礼器或日用陶器，少数为铜礼器、日用器。其时代自秦占本地开始直到秦汉之际。

余岗墓地之秦墓单独成区，位于墓地东北部，方向多呈南北向，规模较小，较多墓葬设生土台，少量设龛，葬具有单椁单棺、单椁并棺、单棺三种类型，随葬器物为陶仿铜礼器或日用器。时代同王坡墓地。

岭子墓地清理墓葬近百座，均为小型墓，除无洞室墓外，其他墓葬的方向、形制、结构、葬具等与王坡墓地基本相同，随葬器物全为仿铜陶礼器或日用器。时代也与王坡墓地相当。

沈家岗东墓地虽已清理墓葬80余座，但仅3座秦墓，均为小型土坑墓，南向，葬具为单椁单棺，随葬的一套仿铜陶礼器虽有楚式特征，但器物风格已发生了明显变化。时代在秦占本地的战国晚期后段。

同时，也分别在蔡坡、团山等楚墓地内发现了少量零散分布的秦墓[40]。

与楚墓地相比，秦墓地的数量、规模都逊色得多，这与楚、秦战争及秦统治时间较短有密切关系。

以上4处遗址、12处墓地等楚、秦文化遗存紧绕邓城城址周边，且村落遗址规模有别，墓地等级、宗族有异。这些都从侧面证实了邓城城址的中心地位，并正与东汉以后各代文献和诸多学者所考邓城曾先后为楚、秦邓县治所相吻合，从而反证出楚邓县即楚灭邓国前之邓国都城的史实。

总之，从文献记载、传世文物、出土文物和考古新发现等多角度综合分析，周代邓国的境土范围位于今南阳盆地南部，东不过唐白河，西过汉水到今谷城东境，与原谷国接壤，北到今河南邓州南部，南抵汉水，或达汉水以南的今襄阳城附近；其中心至迟自西周中期即位于今樊城西北的邓城城址。

注　释

［1］ 襄樊市文物普查办公室等：《襄樊市文物史迹普查实录》，今日中国出版社，1995年；国家文物局：《中国文物地图集·湖北分册》，西安地图出版社，2002年。

［2］ 刘体智：《善斋吉金录》2、10，1934年石印本。

［3］ 郭沫若：《两周金文辞大系图录考释》176、177，科学出版社，1957年。

［4］ 罗振玉：《三代吉金文存》7、48、1，中华书局，1983年。

［5］ 中国社会科学院考古研究所：《张家坡西周墓地》，中国大百科全书出版社，1999年。

［6］ 平顶山市文管会：《河南平顶山市发现西周铜簋》，《考古》1981年第4期；平顶山市文管会：《河南平顶山市又出土一件邓公簋》，《考古与文物》1983年第1期；张肇武：《平顶山市出土周代青铜器》，《考古》1985年第3期。

［7］ 襄樊市考古队等：《枣阳郭家庙曾国墓地》，科学出版社，2005年。

［8］ 湖北省文物考古研究所等：《襄阳王坡东周秦汉墓》，科学出版社，2005年。

［9］ 襄樊市文物管理处：《湖北襄樊市拣选的商周青铜器》，《文物》1982年第9期。

［10］ 陈千万：《湖北谷城发现的邓国铜器及相关问题》，《襄樊考古文集（第一辑）》，科学出版社，2007年。

［11］ 襄樊市文物考古研究所：《襄樊沈岗西周墓发掘简报》，《襄樊考古文集（第一辑）》，科学出版社，2007年。

［12］ 襄樊市文物考古研究所2006～2007年发掘资料。

［13］ 襄樊市文物考古研究所等：《襄阳黄集小马家遗址发掘报告》，《襄樊考古文集（第一辑）》，科学出版社，2007年。

［14］ 襄樊市文物考古研究所：《襄樊邓城黄家村遗址2005年西区周代灰坑发掘简报》，《中原文物》2008年第3期；襄樊市文物考古研究所2005～2007年发掘资料。

[15] 襄樊市文物考古研究所2008年发掘资料。

[16] 襄樊市文物考古研究所2008年发掘资料。

[17] 襄樊市文物考古研究所2008年发掘资料。

[18] 湖北省文物考古研究所等：《湖北襄阳邓城韩岗遗址发掘报告》，《江汉考古》2002年第2期；襄樊市博物馆：《湖北省襄樊市邓城遗址试掘简报》，《江汉考古》2004年第2期。

[19] 襄樊市文物考古研究所2007年发掘资料。

[20] 湖北省文物考古研究所等：《湖北襄樊真武山周代遗址》，《考古学集刊（9）》，科学出版社，1995年。

[21] 黄尚明：《湖北襄樊真武山遗址西周时期遗存族属试探》，《楚文化研究论集（第六集）》，湖北教育出版社，2005年。

[22] 湖北省文物考古研究所等：《湖北襄阳邓城韩岗遗址发掘报告》，《江汉考古》2002年第2期；襄樊市博物馆：《湖北省襄樊市邓城遗址试掘简报》，《江汉考古》2004年第2期。

[23] 襄樊市文物考古研究所2008年发掘资料。

[24] 襄樊市考古队：《襄樊市彭岗东周遗址发掘简报》，《江汉考古》2000年第2期。

[25] 襄樊市文物考古研究所2008年发掘资料。

[26] 湖北省文物考古研究所等：《襄阳王坡东周秦汉墓》，科学出版社，2005年。

[27] 襄樊市博物馆：《襄樊余岗战国秦汉墓第二次发掘简报》，《江汉考古》2003年第2期；襄樊市文物考古研究所2004、2006年发掘资料。

[28] 襄樊市博物馆：《湖北襄阳余岗战国墓发掘简报》，《考古》1992年第9期；襄樊市博物馆：《襄樊余岗战国秦汉墓第二次发掘简报》，《江汉考古》2003年第2期；襄樊市文物考古研究所2004～2008年发掘资料。

[29] 襄樊市文物考古研究所2005～2008年发掘资料。

[30] 湖北省博物馆：《襄阳山湾东周墓发掘报告》，《江汉考古》1983年第2期。

[31] 湖北省博物馆：《襄阳蔡坡战国墓发掘报告》，《江汉考古》1985年第1期；襄阳首届亦工亦农考古训练班：《襄阳蔡坡12号墓出土吴王夫差剑等文物》，《文物》1976年第11期；《湖北襄樊蔡坡战国墓地第二次发掘报告》，《考古》2005年第11期；刘江生：《湖北襄阳蔡坡20号战国墓》，《考古》2007年第7期。

[32] 襄樊市博物馆：《湖北襄阳团山东周墓》，《考古》1991年第9期；拙作：《襄北楚陶器墓综述》，《江汉考古》2000年第2期；襄樊市博物馆1994年发掘资料；襄樊市文物考古研究所2005、2007年发掘资料。

[33] 湖北省文物考古研究所等：《湖北襄樊市彭岗东周墓群第三次发掘》，《考古》1997年第8期；襄樊市文物管理处等：《襄樊彭岗东周墓地第一次发掘简报》，《江汉考古》1999年第4期；襄樊市文物考古研究所：《襄樊彭岗墓地第六次发掘简报》，《襄樊考古文集（第一辑）》，科

学出版社，2007年；襄樊市博物馆1995年发掘资料。

[34] 襄樊市考古队：《湖北襄樊贾庄发现东周墓》，《考古》2005年第1期。

[35] 襄樊市博物馆：《湖北襄樊市余岗战国至东汉墓葬发掘报告》，《考古学报》1996年第3期。

[36] 襄樊市文物考古研究所2007年发掘资料。

[37] 襄樊市文物考古研究所2005~2007年发掘资料。

[38] 杨权喜：《襄阳山湾出土的鄀国和邓国青铜器》，《江汉考古》1983年第1期。

[39] 王少泉：《襄樊市博物馆收藏的山湾铜器》，《江汉考古》1988年第3期。

[40] 杨权喜：《襄阳山湾十八号秦墓》，《考古与文物》1983年第3期；襄樊市文物考古研究所2007年发掘材料。

（原载《荆楚历史地理与长江中游开发——2008年中国历史地理国际学术研讨会论文集》，湖北人民出版社，2009年）

古代襄樊城市变迁进程的初步研究

襄樊是襄阳与樊城的合称，其城市发展模式较为独特，城市格局的变迁也较为复杂，至今保存完好的古襄阳城、城池基本要素犹在的古邓城、残存少量城垣及附属设施的古樊城，依然在向我们传递着古代襄樊城市发展的信息。本文拟主要通过近年来的考古发现，并结合历史文献，对古代襄樊城市变迁的进程作一初步研究（图一），其中不乏属粗浅的认识，希求教于方家。

一 古代襄樊城市的源头

研究古代襄樊城市变迁，首先必须解决源头问题。长期以来，由于对历史文献解读不够全面，且缺乏考古资料支撑，使得我们对这个问题的解决发生了偏差。

（一）襄樊城市源头传统观点辨析

按传统说法，襄樊有2800年建城史，其起源于西周宣王时期（前827～前782年）重臣仲山甫封于樊并建立樊国，后来有学者认为仲山甫所封之"樊"即今樊城。然此说恐不可信。仲山甫，文献中又称为樊仲、樊穆仲，为周宣王卿士，其事迹见于《诗经》《国语》《左传》等。

樊地所在，《左传》隐公十一年（前712年）："（周桓王）取邬、刘、蒍、邘之田于郑，而与郑人苏忿生之田：温、原、絺、樊、隰郕、攒茅、向、盟、州、陉、隤、怀。"杜预注："凡十二邑，皆苏忿生之田。攒茅、隤属汲郡。余皆属河内。"可知樊并其他十一座城邑均在豫北。又据《国语·晋语四》，周襄王被昭叔之难，求救于晋，公元前635年（晋文公二年），晋文公出兵救之，晋师"次于阳樊，右师取昭叔于温，杀之于隰城。左师迎王于郑。王入于成周，遂定之于郏"。于是周襄王赐晋文公"南阳阳樊、温、原、州、陉、絺、组、攒茅之田"。韦昭注："八邑，周之南阳地。"由此次战役的经过及发生地点来看，阳樊及温、原等周之南阳地（亦即隐公十一年周桓王给予郑国的苏忿生之田）当在成周附近，并与晋地相邻。从后文来看，此阳樊即仲山甫之封地，晋文公接收这些地方时，"阳人不服，公围之，将残其民，仓葛呼曰：'君补王阙，以顺礼也。

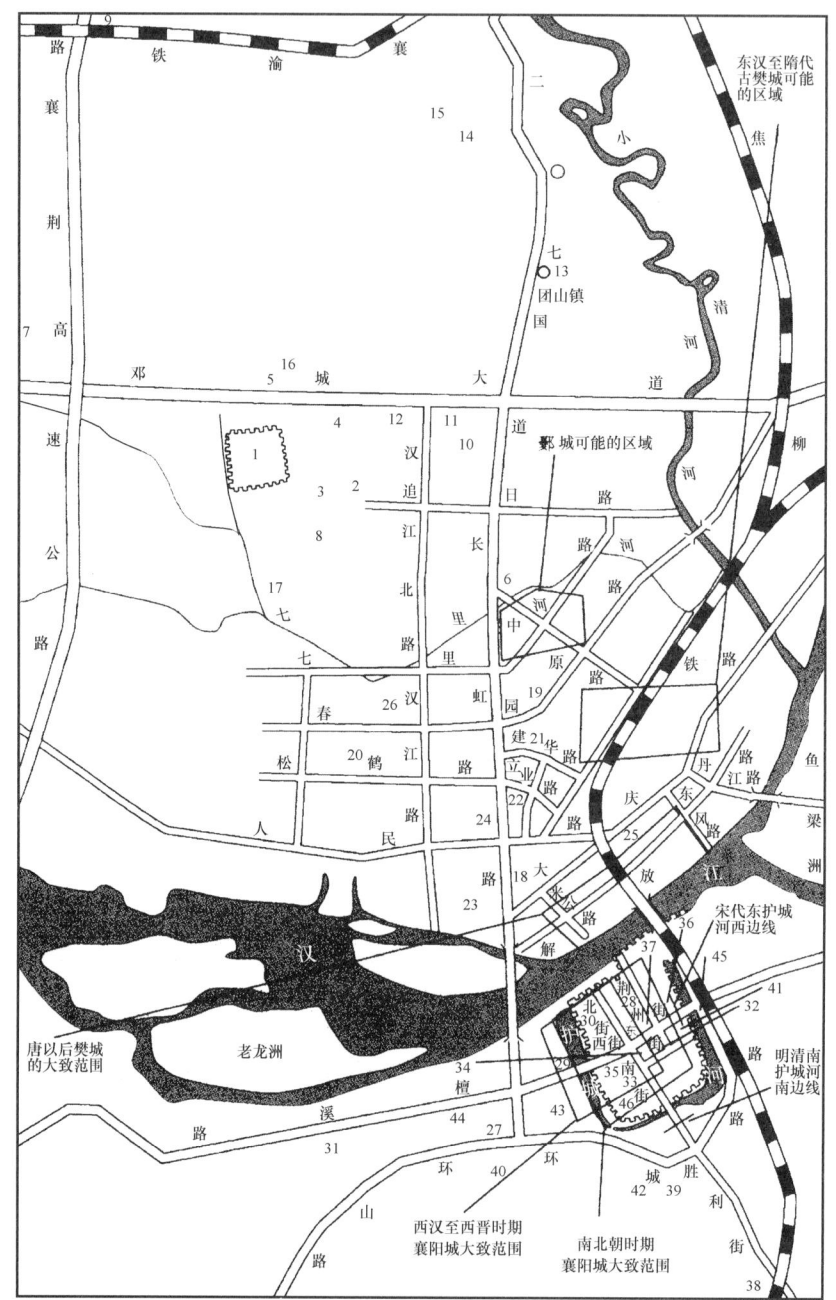

图一 古邓城、襄阳城、樊城内外文化遗存分布及城址变迁示意图

1. 邓城城址 2. 黄家村遗址、墓地 3. 周家岗遗址、墓地 4. 卞营遗址、墓地 5. 韩岗遗址、墓地
6. 彭岗遗址、墓地 7. 张营遗址、墓地 8. 王家巷遗址 9. 王坡墓地 10. 沈岗墓地 11. 余岗墓地 12. 岭子墓地
13. 团山墓地 14. 山湾墓地 15. 蔡坡墓地 16. 九家墓地 17. 贾巷遗址 18. 长虹南路墓地 19. 许家岗墓地
20. 松鹤路墓地 21. 建华路墓地 22. 高庄墓地 23. 杜甫巷墓地 24. 杜甫岗墓地 25. 人民公园墓地
26. 七里桥墓地 27. 真武山遗址、墓地 28. 新街遗址 29. 西老街遗址 30. 许指巷遗址 31. 檀溪墓地
32. 运动路遗址 33. 南街遗址 34. 十字街遗址 35. 红花园遗址 36. 宜宾路遗址 37. 荆州北街遗址 38. 岘山墓地
39. 郑家山墓地 40. 贾家冲墓地 41. 东街墓地 42. 羊祜山墓地 43. 周家湾墓地 44. 唐家巷墓地 45. 阳春门墓地
46. 民主路遗址

阳人未狎君德，而未敢承命。君将残之，无乃非礼乎！阳人有夏、商之嗣典，有周室之师旅，樊仲之官守焉，其非官守，则皆王之父兄甥舅也。君定王室而残其姻族，民将焉放？敢私布于吏，唯君图之！'"韦昭注："樊仲，宣王臣仲山甫，食采于樊。"此事《晋世家》作："三月甲辰，晋乃发兵至阳樊。"《集解》引服虔曰："阳樊，周地。阳，邑名也，樊仲山之所居，故曰阳樊。"《左传》庄公二十九年（前665年）载："樊皮叛王。"次年，"春，王命虢公讨樊皮。夏，四月，丙辰，虢公入樊，执樊仲皮，归于京师"。"樊皮"即樊侯仲皮，为仲山甫之后。东汉王符《潜夫论》卷九《志氏姓》亦谓："昔仲山甫亦姓樊，谥穆仲，封于南阳，南阳者，在今河内。"

又，仲山甫是因食采于樊而有樊仲之名，亦即在仲山甫之前已有樊地或樊族，考《左传》定公四年载卫大夫子鱼之言："分康叔以大路、少帛、綪茷、旃旌、大吕，殷民七族，陶氏、施氏、繁氏、锜氏、樊氏、饥氏、终葵氏；封畛土略，自武父以南，及圃田之北竟，取于有阎之土，以共王职。"可见，在商代之时已有樊氏，后作为殷民七族之一封给了卫国。阳樊去卫地不远，可能在仲山甫受封之前已有樊氏族人聚居在此，故有樊地之名，此亦樊地在豫北之旁证。

可见，在先秦文献中，仲山甫受封之樊地，与温、原等地同为苏忿生之田，后属周之南阳地，周襄王以赐晋文公，汉晋时期的学者如服虔、王符、杜预等，皆以仲山甫所封之樊为阳樊，其地在今豫北、河南济源县西南。

南北朝时期，又有仲山甫所封之樊在今樊城的说法。宋乐史《太平寰宇记》卷一四五，襄州"邓城县"总论中谈到："《荆州图副》，郭仲产、挚虞等所记，俱云樊本仲山甫之国。"按郭仲产为南北朝时刘宋时人，挚虞为西晋时人。《太平御览》卷一九二引《荆州图记》："邓城有樊城，是樊仲山甫所封也。"《水经注》卷二八《沔水篇》："沔水又经平鲁城南。城，鲁宗之所筑也。故城得厥名矣。东对樊城，仲山甫所封也。"卷二九《比水篇》提到湖阳城中的《樊重碑》时引司马彪曰："仲山甫封于樊，因氏国焉。"《后汉书·樊宏传》："樊宏，南阳湖阳人，其先仲山甫封于樊，因而氏焉。"李贤注："樊，今襄州安养县（后改为临汉县）。"《元和郡县图志》亦记："临汉县即古樊城，仲山甫之国也。"

此外，还有谓仲山甫所封之樊在山东的说法，《括地志》云："汉樊县城在兖州瑕丘县西南三十五里，古樊国，仲山甫所封也。"[1]然其说流行不广。

综上所述，从文献年代和虢公伐仲皮、晋亡樊的政治形势和樊地与成周、温、原等地的地理关联性来看，仲山甫所封之樊当为阳樊，而樊城说晚出，没有更早的文献依据，未可凭信。石泉先生对此曾作详尽分析[2]，其论证是可信的，于豪亮先生亦赞同仲山甫所封之樊在阳樊[3]。

春秋之时，阳樊属晋国所有，但在淮河流域另有一嬴姓樊国。1978年，河南省博物馆在信阳市平桥南山咀清理出了两座东周墓,墓主分别为"樊夫人龙嬴"和"樊君夔",其年代,原简报定为春秋早中期[4],徐少华教授考证为春秋早期晚段。樊君夫妇墓无论墓葬结构还是器物基本组合、形制、花纹等都与河南省光山县黄君孟夫妇墓[5]有诸多相似处,铭文称"君",与江、黄、番等国铜器相同,为两周之际至春秋早中期淮河上游地区诸嬴姓小国较为突出的文化特征和习俗。结合早年传世及出土的《樊叔鬲》[6]《樊君簠》[7]《樊君道(夔)匜》[8]等多件樊国铭文铜器,徐少华教授考证淮域樊国属东夷集团少皞氏后裔,族姓为嬴姓,故址在今河南信阳附近[9]。

可见,嬴姓樊国约当两周之际至春秋早期晚段立国于淮河流域,实与位于南阳盆地南部、汉水中游的今樊城无关。

此外,还有学者提出仲山甫之樊始封于古樊城,后迁往今河南信阳,甚或两樊并存的观点。

然而,从当时南阳盆地诸侯国所处的地理位置看,与仲山甫封樊同时代的邓国中心位于今樊城西北的邓城,且邓之南鄙鄾位于今樊城北[10],在如此狭小的地域空间立国是不可能的;樊城地处东西、南北之要冲,必与周边列国特别是强邻邓、楚国发生关系往来,但文字资料未见只言片语;今邓城附近有大量两周时期邓、楚乃至其他诸侯国如郑、吴、徐、蔡、鄀等遗物不断出土,而今樊城区域历史时期主要是战国以后的遗迹、遗物,根本不见樊国遗迹、遗物(樊国遗存文化面貌可根据仲山甫与周王室的密切关系或与信阳樊君墓的对比进行判定)。

综合多方面材料分析,樊城兴起与西周仲山甫封于樊无关,如此,襄樊城市发展的源头则需要重新审视。

(二)襄樊城市源头新证

排除了襄樊城市起源与仲山甫封樊的关系后,我们的视野定位到了今樊城西北不远处的邓城城址上。

该城址基本保存完好,平面略呈长方形,南北长约800、东西宽约700米,墙体宽20米左右,残高2~5米,四面开城门,城外有护城河。城内外地表暴露遗物丰富,从其特征分析,城址时代属周代至南北朝时期[11],这正好与文献所记和考古发现所证古邓城曾作为邓国故都、春秋中期以后邓县治所的史实相符。

邓部族是中原氏族社会时期具有一定经济、文化水平的古老部族,据《左传》《春秋》《国语》等先秦文献记载,商末周初之时,邓即与巴、濮、楚并为周的南土,西周早期成周营建后,位于成周之南的邓即大致位于今南阳盆地或汉水中游地区。结合春秋早期谷伯、邓侯访鲁,楚、巴联军伐邓和楚文王过邓伐申等相对较为翔实的纪事材料看,西周中期至春秋早期的邓国地望应当没有大的变化,且可明确邓位于楚北申南,即南阳盆地南部。传世为周成王时期的《盂爵》[12]和周昭王时期的《中甗》[13]也印证了这段史实。

更为重要的是，邓城城址外围分布较为密集的西周中期至春秋早期文化遗存的发现证实，这一时期的古邓城应该就是邓国的都城。其北约4千米处王坡春秋早期墓葬的发掘让我们找到了规格较高的邓国贵族墓地[14]，其中出土铜五鼎六簋的M55墓主人身份相当于上大夫一级，这也为早年在附近征集到的西周晚期很可能属邓国国君的《邓公牧簋》及邓国宗室成员的《侯氏簋》[15]找到了出土地。其东约2千米处的沈岗墓地发现了西周中期至春秋早期邓国的平民墓葬[16]。其东侧黄家村、东南侧周家岗、南侧的王家巷等邓国村落遗址围护在邓城城址外，并发现了制陶作坊和铸造青铜器的模、范遗物。其东北侧的卞营、北侧的韩岗等遗址也出土有较多的邓国遗物[17]。其西过汉水，在今谷城庙滩擂鼓台发现了1座春秋早期邓国低等贵族"邓子孙白"墓[18]。

可以说，至少自西周中期开始，邓城就作为邓国都城存在于现址，按照城市发展可能随地理环境、社会条件变化发生位置移动的规律看，它在该时期作为襄樊城市发展的起始阶段是不成问题的。

虽然尚无确切证据表明西周早期的邓国就将都城设在今邓城城址，但其北约15千米处发现的小马家遗址西周早、中期遗存[19]为我们寻找该时期的邓国都城提供了一定的信息。

从上述分析可以看出，襄樊城市的源头是因周王朝分封邓国于南阳盆地南部建立都城而兴起，这既有文献资料和传世青铜器铭文印证，又有邓城城址和城外邓国文化遗存作补充。即使撇开仲山甫封于樊的地望分歧不谈，单就邓国建都的时间与其对比也可看出，襄樊城市的源头当为至迟在西周中期营建的古邓城。

二 古邓城的发展和衰落

从上述新证襄樊城市源头所引用的考古资料看，西周中期至春秋早期，邓城作为邓国都城存在了近200年。

公元前678年，邓为楚所灭，邓城作为都城的地位不再，王城作用消失。但楚因城设县，邓城又成为楚之大县和楚北上争霸的桥头堡。在邓城城址以东，呈扇形分布有山湾[20]、蔡坡[21]、团山[22]、余岗、沈岗、彭岗[23]等6处大型楚墓地及韩岗[24]（贾庄）、卞营[25]、黄家村等3处小型楚墓地，调查发现墓葬数千座，截至目前发掘近两千座，少量有车马坑陪葬，时代涵盖楚灭邓后至秦占邓地前，各墓地还有等级及宗族的差别。春秋晚期《邓公乘鼎》[26]《邓尹疾鼎》[27]的出土证实了楚邓县统治者的身份。《楚子敦》《叔皇之孙敦》《游孙癸鼎》等器可能与楚贵族相关。而郑、鄀、蔡、吴、徐等诸侯国青铜器多以战利品形式出土于楚墓中则反证了楚不断扩张的历史进程。城外还分布有韩岗[28]、卞营、彭岗[29]、张营等规模不等的村落遗址，最大者面积达100万平方米以上。

邓城城址外围如此密集的遗存分布和许多重要遗物的出土，一方面反映了邓城城址的重要地位，另一方面也说明了邓城城市的繁荣程度。

公元前279年，秦占本地后，邓城仍为县治，隶属南阳郡，但从城址外仅有面积缩小的韩岗遗址[30]和墓葬数量相对较少、规格较低的王坡[31]、岭子、余岗[32]、沈岗、黄家村等墓地秦墓看，邓城的中心地位已有所下降，很可能由楚之大县和北上争霸的重要基地降为一般的县治了。这既与长期战争有关，也与秦的行政区划调整及秦的统治时间较短有关。

西汉至南北朝前期，邓设县不变。城内外两汉遗存基本上承秦发展。韩岗遗址西汉遗存的范围有所扩大，卞营、张营遗址西汉遗存则在原有楚文化遗存基础上重新建立，王坡、余岗、沈岗、黄家村墓地的汉墓地范围有所扩大，只是前三墓地均以西汉早、中期为主，后者则以西汉晚期至东汉时期居多，且愈近邓城时代相对愈早。同时，在邓城城址以东、东南约4千米的许家岗[33]、彭岗[34]和南约1.5千米的贾巷[35]等墓地也发现数量不等的两汉墓葬，分别以西汉中、晚期或东汉时期为主。两汉墓地的重心呈现出向东南方向发展的趋势。本时期墓葬规模都不大，随葬器物有限，墓主人身份相对较低，最高仅相当于当时二十等爵制的第六级，且大多为平民，少量为低级官吏或地主阶层。只是到东汉晚期及其后的三国、西晋时期才有规模较大的墓葬出现。相对集中的墓地有三：一是北侧的"九冢"墓群，原有封土堆9个，后遭到破坏，时代为东汉晚期至三国时期，其中已发掘的M1为通长12米左右的大型多室墓，随葬器物虽因严重破坏而几乎全为残片，但仍可看出其种类和数量丰富[36]；二是西北侧的张营墓地，发现1座大型多室砖墓，随葬器物较多，时代约当东汉晚期；三是南约1千米的贾巷墓地，发现东汉晚期至西晋时期9座大、中型墓葬，面积在10~100平方米，最大者时代约在三国时期。到东晋、南北朝前期，城外发现的墓葬已不到10座，且均为面积小于10平方米的小型墓。而且，从总的趋势看，西汉中期以后邓城外围的村落逐渐萎缩直至消失，邓城墙体内夹杂的少量南北朝时期的遗物如砖、瓦、青瓷片等也是其最后修葺的见证。可见，两汉时期，邓城作为一般县治的地位没有大的变化；西汉中期后，其地位有进一步的下降；到东汉晚期至西晋初年，可能随着战争的频繁发生，邓城的军事地位有所加强，但已是强弩之末了；东晋、南北朝时期邓城的地位则彻底衰落，古城也逐步被废弃了。

邓城实际上代表着襄樊早期城市的辉煌，自筑成之时起就成为汉水北岸的政治中心，在1400余年的历史进程中，经历由都城而大县县城到小县县城的发展脉络，城市发展呈现出逐步萎缩并最终废弃的轨迹。其城址位置较为稳定，自建成之日起至废弃时止基本未曾变动。

三 古襄阳城的变迁

襄阳城位于汉水南岸，因西汉设置襄阳县而逐渐著称于世。实际上，襄阳城所在地自西周中期就开始有人类居住生活。这里在今襄阳城西真武山下和城内新街中部分别发现了西周中、晚期的具有典型中原姬周文化风格的遗存[37]，前者有字卜骨的出土表明该遗存文化的发达程度和可能作为一地中心的地位，该遗存连续发展到战国中期；后者可能是中心聚落外围的普通村落，存在时间短，且时断时续。以春秋早期为分水岭，以前性质难定，或许为邓在汉水以南的据点，或许为其他诸侯国的要地；以后则应纳入了楚国版图，并成为楚的要津。晋习凿齿在《襄阳耆旧记》中写道："（襄阳）城本楚之下邑，……为楚之北津戍。"这明确界定了襄阳城的直接来历及性质。秦军占领该地后，这里也成为秦南控楚地的重要据点。今襄阳城内新街遗址战国遗存及夫人城下许指巷、运动路中段北侧发现的少量战国遗物[38]和城外岘山、郑家山墓地[39]中的较多战国晚期至秦代墓葬为此作了很好的注解。

可以说，襄阳城所在的地理位置及历史发展过程决定了其军事地位的重要性，上述今襄阳城西真武山遗址自西周中期到战国中期连续发展数百年就是明证，这也奠定了襄阳建城的基础。而楚、秦两个诸侯国及秦王朝的重点经营又为构建襄阳城创造了条件。

从文献记载看，至迟在西汉前期襄阳县已正式设立，隶属南郡。目前虽未发现西汉时期的城址遗迹，但按几乎同时设县，今分别位于城南约15千米的邔县县城遗址——欧庙遗址[40]和城北约48千米的朝阳县城遗址——朝阳城遗址[41]都有城墙的情况推测，襄阳至少在设县后也应有城墙围护，即此时襄阳城已然存在。其后，襄阳城的记载更是屡见于各种文献中，故襄阳城的存在自然是确凿无疑的。

迄今襄阳城内已进行考古发掘的地点达10余处，发掘范围基本涵盖了襄阳城的各个方位[42]，但城内发现的西汉遗存仅有运动路、新街遗址的汉代地层，同时在许指巷、南街遗址中也发现了少量汉代遗物，其位置正好与出土战国遗存的位置相符。而且，在今襄阳城西护城河外檀溪路北侧的西老街遗址发现了西汉时期的地层，遗物较为丰富。结合这几处遗址都有十分丰富的晚期地层依次叠压、相距较近的情况看，它们在西汉以后都得到了进一步发展，且西老街、南街遗址很可能分别是在许指巷、运动路遗址基础上向外扩展后形成，并逐步连接成片。从这个意义上讲，西汉时期的襄阳城应在今襄阳城整体偏西的位置上。

与城内居住遗存相对应的是，人们在居住区外的高地主要是今襄阳城南的山丘上选择墓葬区，除岘山[43]、郑家山墓地继续沿用外，新开辟的西汉时期墓地还有虎头山东侧的贾家冲墓地、真武山北麓的真武山墓地[44]等，其终西汉一朝一直不间断使用，且岘山墓地到东汉时还向南扩展。这几个墓地已发掘墓葬100余座，墓葬规模有大有小，随葬品有多有少、有精有简，表明墓主人身份有高低之分。

从以上发现可以看出，今襄阳城区在西汉时期是一个相对较大的中心聚落区，且西汉襄阳城是在战国和秦代聚落点的基础上直接发展起来的。

东汉建立后，襄阳设县不变。东汉末年，荆州刺史刘表将荆州治所迁至襄阳，使襄阳成为下辖今中南地区大部分地域的一级行政区首府，襄阳城也达到其历史上的最高地位。到建安十三年（208年），曹操占领襄阳城后设置襄阳郡，历经两晋，到南北朝时期，或为郡府，或为州治，成为一个管辖范围较大的区域中心。

除襄阳城西西老街遗址保存有东汉遗存外，其他区域尚未发现，东汉墓葬则主要集中在城南的岘山墓地，发掘较少。

今襄阳城内没有发掘出确切属于东汉末年至三国时期的地层，更未见东汉至三国时期的襄阳城城墙遗迹，但城内东部东街墓地发掘出了一处东汉末年至三国时期有较高政治地位的家族墓地，其中1座位于今东街中段南侧早年被盗的大型墓葬，据考证属东汉末年刘表墓[45]。《水经注》卷二八载，襄阳郡"城东门外二百步刘表墓，太康中，为人所发，见表夫妻，其尸俨然，颜色不异，犹如平生，墓中香气远闻三四里中，经月不歇。今坟冢及祠堂犹高显整顿"。而该墓以东今荆州北街西侧、荆州南街东、西侧、宜宾路东段北侧所在区域所发掘遗存的时代都在南朝以后，同时覆盖在这批墓葬上的扰土层时代更多在唐代以后，正好印证了刘表墓在当时襄阳城东的记载。该墓地的发掘也反证了襄阳城曾作为荆州首府的历史地位。因这几处遗址的最早地层仍距现地表3~3.5米，故当时的襄阳城也应在现地表3米以下。

西晋时期因时间短，仅在城西真武山墓地清理出了1座有多件精美青瓷器的墓葬[46]，间接说明了襄阳城的延续。

与东晋守将朱序对抗前秦进攻、朱序母亲韩夫人率众修筑夫人城相吻合，在今夫人城内侧的许指巷遗址发掘出了东晋时期的地层和遗迹，并出土了较多同时期陶器、青瓷器等遗物。

南朝时期，更多的遗迹和遗物不仅在有西汉遗存的运动路、南街等遗址内继续存在，而且新发现于今四条主要街道交汇处东南侧的十字街遗址，南街北段东、西侧的红花园遗址，荆州北街遗址和宜宾路遗址等多处，可谓遍地开花了。

南北朝时期规模较大的墓葬，主要在城西南的贾家冲[47]、清水沟分别发掘出了1座，均为只有当时等级较高士族阶层才能使用的画像砖墓，其他较小的墓葬则主要分布在今襄阳城西的檀溪[48]、唐家巷[49]、周家湾墓地[50]等，数量不多。

从城内外遗存分布范围看，东汉至西晋时期襄阳城的位置可能与西汉时期位置大体相当，东晋时期尚难以确定，南北朝时期城址则向东有所移动，其西部略移至今护城河一线，北部基本与今襄阳城的外界相同，东约到今荆州街以东，南部似乎没有变化。

如果说襄阳城内东晋、南朝时期有的只在某些遗址发现少量遗物而不见地层或遗迹的话，那么隋唐时期的遗存中就都有地层堆积了，换句话说，这些地方都是人们居住的区域。从发掘遗址的分布状况看，襄阳城东部在南北朝基础上继续东扩，并与现有东城墙的距离比较接近，城内的居住区也形成了以今天的主要街道为基础的基本格局。

宋代是整个襄阳城内地层堆积最厚的时期，一般达1米以上，这与宋代襄阳的繁荣密切相关。宋代遗存基本上是直接叠压在早期的隋唐地层上，是隋唐襄阳城的继续发展。宋代的襄阳城已由土城改为砖城，增加了城墙的防御能力。现大北门内侧荆州北街北段残存的一段明代早期城墙就夹杂有大量的宋代城砖。今阳春门公园内清理的几座宋代墓葬表明，宋代东护城河的外缘也只到现东环城路位置。

宋代堆积上分别叠压着明、清时期堆积，而确切的元代堆积尚未发现，只在明代早期堆积中出土了少量元代青花瓷器[51]。其城址东北部在明代早期向北移到了现在的大北门至长门一线，新城湾形成，这从该处仅发现明清时期堆积得到证明，其下为淤积层；东部也应到了现有东城墙部位，今襄阳城东门城墙内侧区域仅发现明代以后的堆积，同时，该地明代堆积下全为淤泥，这可能证实其下在明代以前为护城河，明代之前的东城墙与现有位置尚有一段距离。从南门护城河外经勘探和试掘情况知，明代以后护城河内侧即现有河岸，而外侧则要继续向外延伸150余米，可见当时护城河的实际宽度将近300米。

除城内遗存外，隋至南宋墓葬几乎分布在今陵园路以西到万山间的整个檀溪墓地[52]，至今发掘同时期墓葬200余座。该区墓葬不仅分布面积大，而且墓口上距地表2.5米左右。中段墓葬时代稍早，以隋及唐代早期为主，直接埋葬在原生土上，其上堆积有多层淤沙或流沙；北、南部墓葬则相对较晚，一般为唐代中晚期至宋代，均在淤积层中。这直接表明了该区早期地貌存在一条自西向东的岗岭，它可能正是襄水与檀溪的分水岭，也间接证明了宋以前襄阳城较现有地势低的事实。

大量宋、明、清墓葬则集中在城外岘山山脉北麓的各个山头和冲沟如郑家山[53]、羊祜山[54]、贾家冲等，这很可能与襄阳城地面的逐步抬升有关。

襄阳古城的变迁与邓城基本相反，它走过了由居民点，到军事据点和堡垒，到县、郡级治所，到大州首府，再到一般地级行政区划首府的发展历程，逐步成为汉水以南的一个区域中心。其因独特的地理位置和军事地位而兴起、发展、壮大，经历了由西向东、由低到高的迁移变化。

四　樊城的变迁

既然樊城的兴起与西周仲山甫封樊无关，那么樊城的形成应有其他原因。

今樊城城区北部区域，春秋时代为邓国之属地鄾邑所在。《左传》桓公九年："巴子使朝服告于楚，请与邓为好。楚子使道朔将巴客以聘于邓。邓南鄙鄾人攻而夺之币，杀道朔及巴行人。楚子使薳章让于邓，邓人弗受。夏，楚使斗廉帅师及巴师围鄾。邓养甥、聃甥帅师救鄾，三逐巴师，不克。斗廉衡陈其师于巴师之中，以战而北。邓人逐之。背巴师而夹攻之。邓师大败，鄾人宵溃。"从《左传》所述来看，鄾邑在邓之南，春秋时邓国在今邓城城址，则鄾邑很可能南临汉水与汉水南岸的真武山遗址区相对。南朝刘宋盛弘之《荆州记》："樊城西北，有鄾城。……鄾城西北行十余里，邓侯吴离之国，为楚文王所灭，今为邓县。"北魏郦道元《水经注》卷三一《淯水篇》也有说明："……浊水东流，注于淯。淯水又南经邓塞东，又经鄾城东，……盖邓之南鄙也。"从时间上看，鄾的存在不晚于春秋早期，从楚师围鄾来看，鄾邑当时可能已有城，其营建应与邓在汉水边设置军事据点直接相关。直到东汉初年鄾的地位还较高，甚至可能一度超过邓，盛弘之《荆州记》引光武云："宛最强，鄾次之。"[55]上述邓城城址以东、南偏远处的彭岗、黄家村、许家岗、贾巷等地发现较为集中的西汉中晚期至东汉时期墓地表明，当时墓地的重心有向东南发展的趋势，这或许与鄾城的发展有关。结合该批墓地位置和勘探发现今樊城北部中原路北段西侧原有地势较高（地表以下即为黏土层）的情况分析，这里可能原为鄾城的大致位置。

樊城最早见于东汉，《水经注》卷三一《淯水篇》引《汉晋春秋》云："桓帝幸樊城，百姓莫不观。"可知，至迟东汉时已有樊城。而樊城之源起，则可能与楚灭樊有关。徐少华教授推测，淮域樊国灭亡后，楚国可能迁樊人于邓国故城附近安置[56]。楚在开疆拓土的过程中，灭其国而迁其民是一贯政策，目的在于打乱原居地的血缘关系，巩固自己的统治。淮域诸小国被灭后，其民众被迁往南阳盆地者有之，被迁往丹水流域者有之，甚至有的还被迁往汉水南岸楚的中心区。因此，大量樊人极有可能主要迁集于今樊城一带，樊作为地名也从此出现在今襄樊地区，后在坞堡遍地的情形下出现樊城。

西汉末年时，樊氏已为南阳豪族，按樊氏为刘秀母家，刘秀起兵即颇得樊氏之力。这也从侧面证实秦汉时有大量樊氏族人聚居在南襄地区，这一支樊氏或许就来源于樊国。而仲山甫封于樊城之说在南北朝时期出现，颇可能与南阳樊氏兴起后自矜门第有关。

考古发现，今樊城区域最早的历史时期遗迹分别是长虹南路墓地西区10座战国晚期至西汉初年的小型墓葬和南区2座西汉晚期中型墓葬[57]，东汉早、中期墓葬较少，东汉晚期至西晋初年的墓葬则在长虹路两侧的长虹南路[58]、杜甫巷[59]、立业路[60]（高庄）、松鹤路[61]、建华路[62]等墓地中有不少发现，其中不乏规模较大、规格较高的墓葬，如松鹤路M20和长虹南路M16、M50等，后者是墓室长达14米的大型多室砖墓，出土各类器物100余件，身份相当于二千石以上的州刺史级官吏。这一方面说明，今樊城西、北部在西晋以前是主要的墓葬区；另一方面表明，到东汉晚期至西晋时期，樊城人口增加和部分居民地位的显赫，正好是樊城作为城市崛起的见证，也印证了文献关于樊城此时与襄阳基本平等军事地位的记载。同时，在这一区域也有零散的隋唐宋墓发现，愈靠近汉水，墓葬下埋的深度愈大，宋、元、明、清墓葬发现得也不多，其分布较为零散，规模也都较小。可确定的1座元代墓葬发现于今樊城北部的七里桥，而时代最近的清代墓葬还在今人民公园发现2座。

而樊城古城区的解放路一线，东自东风路、西到米公路范围内勘探及发掘的文化层堆积最早只能到唐宋时期，唐宋以后的地层厚度一般为1.5～3米，其下为淤积土和流沙，不见早期遗迹、遗物。而樊城古城区外东风路以东，除丹江路以西在近现代地层下有零星且较薄的清代地层外，基本为淤积土和流沙层，再结合清乾隆《襄阳府志》、清代多朝《襄阳县志》关于樊城的记载，现临江的中山前街、中山后街尚存部分清代至民国时期民居，以及沿江有樊城大堤、码头的情况看，今东风路至丹江路之间也属清代樊城区域，很可能是清代樊城向外扩展所致。

据《荆州记》《水经注》所记，东汉至南北朝时期，似乎鄾、樊二城并存，而由地下勘探、发掘情况分析，今樊城南部至少在唐以前为汉江故道，则东汉至南北朝时期，政治上随着南阳樊氏的崛起，樊城地位提高，地理上因汉水河道南移，鄾城距汉水渐远，鄾城或逐步荒废或降为一般村落，鄾名也为樊取代，后世则只有樊城而无鄾城了。东汉晚期后邓城也开始衰落，樊城即成为汉水北岸的中心，从而完成古代襄樊城市发展史上汉水北岸区域中心由邓城间或到鄾城最后到樊城的转换。其后，樊城继续随汉水南移、河床抬高而逐渐向南、东发展，直至形成今天樊城的格局。

可以说，樊城的变迁与襄阳城的发展较为类似，它从当初的居民点到军事堡垒，到县级治所，后下降到一般城镇，因政治地位和地理位置变化逐步取代邓城、鄾城成为汉水北岸重镇，并逐步发展为本区域的商贸中心，也经历了由北向南、从低到高的变化。

纵观整个古代襄樊城市变迁史，可谓走过了较为复杂的历程。它与现存的邓城、襄阳、樊城等三座古城密切相关，是三座古城既相对独立又彼此影响和更替的发展史。

古代襄樊城市的源头是至迟西周中期建都于今邓城城址的古邓城，并长期作为襄樊区域唯一的中心，形成"一城独镇"的局面。历史进入西汉后，汉水以北的邓县因秦之旧，县治不变；而汉水以南原楚之北津戍区域新设襄阳县，襄阳城开始兴起，这种格局使邓城与襄阳城隔汉水南北并雄，形成两个中心。东汉至西晋时期，襄樊城市发展达到鼎盛阶段，出现了邓城、襄阳、樊城"三城竞秀"和鄾城协辅的局面。南朝齐以后，邓县不存，邓、鄾城被逐步废弃，襄阳、樊城作为南北隔江并立的两座城镇得到同步发展，只是其性质已在悄然发生着变化。南朝以后更为历朝郡、州、府、路首府的襄阳，其区域政治、文化中心和军事重镇的地位日益突出；而樊城的政治地位逐步弱化，仅分别在西魏至唐代设县，偶尔置郡，之后则成为樊城镇，不过，其商贸中心的地位被逐步加强，并基本形成今天襄阳、樊城古城的城市格局。

注　释

[1]　《史记》卷四《周本纪》"仲山甫谏曰"句下《正义》引。

[2]　石泉：《古邓国、邓县考》，《古代荆楚地理新探》，武汉大学出版社，1988年。

[3]　于豪亮：《论息国和樊国的铜器》，《江汉考古》1980年第2期。

[4]　河南省博物馆、信阳地区文管会、信阳地区文化局：《河南信阳市平桥春秋墓发掘简报》，《文物》1981年第1期。

[5]　河南信阳地区文管会、光山县文管会：《春秋早期黄君孟夫妇墓发掘报告》，《考古》1984年第4期。

[6]　容庚：《商周彝器通考》，哈佛燕京学社，1941年。

[7]　中国社会科学院考古研究所：《殷周金文集成》9.4487，中华书局，1988年。

[8]　湖南省博物馆：《介绍几件馆藏周代铜器》，《考古》1963年第12期。

[9]　徐少华：《周代南土历史地理与文化》，武汉大学出版社，1994年。

[10]　石泉：《古邓国、邓县考》，《古代荆楚地理新探》，武汉大学出版社，1988年；徐少华：《周代南土历史地理与文化》，武汉大学出版社，1994年。

[11]　襄樊市文物普查办公室、襄樊市博物馆：《襄樊市文物史迹普查实录》，今日中国出版社，1995年。

[12]　郭沫若：《两周金文辞大系图录考释》考49，科学出版社，1957年。

[13]　唐兰：《论周昭王时代的青铜器铭刻（上编）》，《古文字研究（第2辑）》，中华书局，1980年。

[14]　湖北省文物考古研究所、襄樊市考古队、襄阳区文物管理处：《襄阳王坡东周秦汉墓》，科学出版社，2005年。

[15]　襄樊市文物管理处：《湖北襄樊市拣选的商周青铜器》，《文物》1982年第9期。

[16]　襄樊市文物考古研究所：《襄樊沈岗西周墓发掘简报》，《襄樊考古文集（第一辑）》，科学出版社，2007年。

[17]　襄樊市文物考古研究所：《襄樊邓城黄家村遗址2005年西区周代灰坑发掘简报》，《中原文物》2008年第3期；湖北省文物考古研究所、襄樊市博物馆：《湖北襄樊邓城韩岗遗址发掘报告》，《江汉考古》2002年第2期；襄樊市博物馆：《湖北省襄樊市邓城遗址试掘简报》，《江汉考古》2004年第2期。

[18]　陈千万：《湖北谷城发现的邓国铜器及相关问题》，《襄樊考古文集（第一辑）》，科学出版社，2007年。

[19]　襄樊市文物考古研究所、襄阳区文物管理处：《襄阳黄集小马家遗址发掘报告》，《襄樊考古文集（第一辑）》，科学出版社，2007年。

[20] 湖北省博物馆：《襄阳山湾东周墓发掘报告》，《江汉考古》1983年第2期。

[21] 湖北省博物馆：《襄阳蔡坡战国墓发掘报告》，《江汉考古》1985年第1期；襄阳首届亦工亦农考古训练班：《襄阳蔡坡12号墓出土吴王夫差剑等文物》，《文物》1976年第11期；《湖北襄樊蔡坡战国墓地第二次发掘报告》，《考古》2005年第11期；刘江生：《湖北襄阳蔡坡20号战国墓》，《考古》2007年第7期。

[22] 襄樊市博物馆：《湖北襄阳团山东周墓》，《考古》1991年第9期；拙作：《襄北楚陶器墓综述》，《江汉考古》2000年第2期。

[23] 湖北省文物考古研究所、襄樊市博物馆：《湖北襄樊市彭岗东周墓群第三次发掘》，《考古》1997年第8期；襄樊市文物管理处、襄樊市博物馆：《襄樊彭岗东周墓地第一次发掘简报》，《江汉考古》1999年第4期；襄樊市文物考古研究所：《襄樊彭岗墓地第六次发掘简报》，《襄樊考古文集（第一辑）》，科学出版社，2007年。

[24] 王先福、王志刚、范文强：《湖北襄樊贾庄发现东周墓》，《考古》2005年第1期。

[25] 襄樊市考古队：《襄樊团山卞营墓地第二次发掘》，《江汉考古》2000年第2期。

[26] 杨权喜：《襄阳山湾出土的鄀国和邓国青铜器》，《江汉考古》1983年第1期。

[27] 王少泉：《襄樊市博物馆收藏的山湾铜器》，《江汉考古》1988年第3期。

[28] 湖北省文物考古研究所、襄樊市博物馆：《湖北襄樊邓城韩岗遗址发掘报告》，《江汉考古》2002年第2期。

[29] 襄樊市考古队：《襄樊市彭岗东周遗址发掘简报》，《江汉考古》2000年第2期。

[30] 湖北省文物考古研究所、襄樊市博物馆：《湖北襄樊邓城韩岗遗址发掘报告》，《江汉考古》2002年第2期。

[31] 湖北省文物考古研究所、襄樊市考古队、襄阳区文物管理处：《襄阳王坡东周秦汉墓》，科学出版社，2005年。

[32] 襄樊市博物馆：《湖北襄阳余岗战国墓发掘简报》，《考古》1992年第9期；襄樊市博物馆：《襄樊余岗战国秦汉墓第二次发掘简报》，《江汉考古》2003年第2期。

[33] 襄樊市考古队：《襄樊王寨许家岗墓群发掘》，《江汉考古》1999年第4期。

[34] 襄樊市考古队：《襄樊彭岗汉墓群发掘简报》，《江汉考古》2000年第2期。

[35] 襄樊市文物考古研究所：《襄樊贾巷墓地发掘报告》，《襄樊考古文集（第一辑）》，科学出版社，2007年。

[36] 襄樊市文物普查办公室、襄樊市博物馆：《襄樊市文物史迹普查实录》，今日中国出版社，1995年。

[37] 湖北省文物考古研究所、襄樊市博物馆：《湖北襄樊真武山周代遗址》，《考古学集刊（9）》，科学出版社，1995年。

[38] 襄樊市文物考古研究所：《襄阳城内遗址发掘报告》，《襄樊考古文集（第一辑）》，科学出版社，2007年。

[39] 湖北省文物考古研究所、襄樊市博物馆：《湖北襄樊郑家山战国秦汉墓》，《考古学报》1999年第3期。

[40] 王善才、朱德君：《襄阳、宜城几处东周遗址的调查》，《江汉考古》1980年第2期；襄樊市文物普查办公室、襄樊市博物馆：《襄樊市文物史迹普查实录》，今日中国出版社，1995年。

[41] 襄樊市文物普查办公室、襄樊市博物馆：《襄樊市文物史迹普查实录》，今日中国出版社，1995年。

[42] 襄樊市文物考古研究所：《襄阳城内遗址发掘报告》，《襄樊考古文集（第一辑）》，科学出版社，2007年。

[43] 襄樊市博物馆：《湖北襄樊市岘山汉墓清理简报》，《考古》1996年第5期。

[44] 湖北省文物考古研究所、襄樊市博物馆：《襄樊市真武山西汉墓葬》，《江汉考古》1993年第4期。

[45] 襄樊市博物馆：《湖北襄阳城内三国时期的多室墓清理简报报告》，《江汉考古》1995年第3期；襄樊市文物考古研究所：《襄阳城东街汉晋墓地发掘报告》，《襄樊考古文集（第一辑）》，科学出版社，2007年。

[46] 襄樊市文物考古研究所：《襄樊真武山M20发掘简报》，《襄樊考古文集（第一辑）》，科学出版社，2007年。

[47] 襄樊市文物管理处：《襄阳贾家冲画像砖墓》，《江汉考古》1986年第1期。

[48] 襄樊市考古队：《襄樊檀溪隋唐宋墓清理简报》，《江汉考古》2000年第2期；襄樊市文物考古研究所：《襄樊檀溪墓地第二次发掘报告》，《襄樊考古文集（第一辑）》，科学出版社，2007年。

[49] 襄樊市文物考古研究所：《襄樊唐家巷墓地发掘简报》，《襄樊考古文集（第一辑）》，科学出版社，2007年。

[50] 襄樊市考古队：《襄樊檀溪周家湾南朝墓》，《江汉考古》1999年第4期。

[51] 襄樊市文物考古研究所：《襄阳城内民主路遗址明代遗存发掘简报》，《襄樊考古文集（第一辑）》，科学出版社，2007年。

[52] 襄樊市考古队：《襄樊檀溪隋唐宋墓清理简报》，《江汉考古》2000年第2期；襄樊市文物考古研究所：《襄樊檀溪墓地第二次发掘报告》，《襄樊考古文集（第一辑）》，科学出版社，2007年。

[53] 襄樊市博物馆：《襄樊市郑家山古墓清理简报》，《江汉考古》1993年第2期。

[54] 襄樊市文物普查办公室、襄樊市博物馆：《襄樊市文物史迹普查实录》，今日中国出版社，1995年；襄樊市文物考古研究所：《襄樊羊祜山墓地第三次发掘简报》，《襄樊考古文集（第

一辑）》，科学出版社，2007年。

[55] （清）陈运溶、吴庆焘：《荆州记九种·襄阳四略》，湖北人民出版社，1999年。

[56] 徐少华：《周代南土历史地理与文化》，武汉大学出版社，1994年。

[57] 襄樊市考古队：《襄樊长虹南路汉墓清理简报》，《江汉考古》1999年第4期。

[58] 襄樊市文物考古研究所：《襄樊长虹南路墓地第二次发掘简报》，《江汉考古》2007年第1期。

[59] 襄樊市考古队：《襄樊杜甫巷东汉、唐墓》，《江汉考古》2000年第2期。

[60] 襄樊市考古队：《襄樊市高庄墓群发掘报告》，《江汉考古》1999年第4期；襄樊市考古队：《襄樊市高庄墓群第三次发掘》，《江汉考古》2006年第1期。

[61] 襄樊市博物馆：《湖北襄樊市两座东汉墓发掘》，《考古》1993年第5期；襄樊市博物馆：《湖北襄樊市毛纺厂汉墓清理简报》，《考古》1997年第12期；襄樊市文物考古研究所：《襄樊松鹤路墓地发掘简报》，《襄樊考古文集（第一辑）》，科学出版社，2007年。

[62] 国家文物局：《中国文物地图集·湖北分册》，西安地图出版社，2002年。

（原载《中国历史地理论丛》2010年第1期）

襄阳地区汉代南阳郡属县治所初考

秦昭襄王二十八年（前279年），秦拔鄢邓后，襄阳地区纳入秦的统治范围，秦实行郡县制，奠定了本区行政建制的基础。西汉基本沿袭秦的郡县制，又并行封国制。据《汉书·地理志》《后汉书·郡国志》记载，汉代襄阳地区分属南阳郡、南郡管辖，而两郡郡治一个在宛城（今河南省南阳市），一个在江陵（今湖北省荆州市），襄阳地区只有县级治所，与县并行的是侯国。《汉书·地理志》所载南阳郡三十六县中，属今襄阳地区者有酂、春陵二侯国和筑阳、阴、山都、蔡阳、邓、朝阳六县；《后汉书·郡国志》所载南阳郡与西汉设县情况差不多，筑阳、山都、蔡阳三县更封为侯国（筑阳、山都、朝阳在西汉实已封为侯国），春陵改名为章陵，酂侯国改制为县，并分蔡阳置襄乡县。本文即以文献结合考古资料对汉代襄阳地区南阳郡属县治所进行初步考证。

一　酂侯国（县）

《汉书·地理志》"酂，侯国"下，颜师古注曰："即萧何所封。"同书列传第九记载萧何后代历为酂侯，直至王莽时绝嗣除国为县。

《水经注·沔水》篇记："（沔水）又东南过酂县之西南，县治故城南临沔水，谓之酂头。汉高帝五年（前202年），封萧何为侯国也。"从其记述沔水的流经线路看，沔水在经过酂县后再依次过谷城山（今谷城冷集尖角村固封山）南、阴县故城西、筑阳县东，则酂县大致位于今老河口市西北。明天顺《襄阳郡志》卷二、正德《光化县志》卷四"古迹"条下均载，古酂城为汉萧何所封之邑，故址悉存，但未明确记载故址位于何处。而清乾隆《襄阳府志》卷五"古迹"条下载："酂城，县东汉水上，秦置酂县，汉为侯国，萧何以元功为第一封此。……今与旧县城俱倾入汉水。"说明明清时期对酂城的位置已不甚了了。《大清一统志》、《中国历史地图集》及与之配套的《汉书地理志汇释》均将酂县的位置定在今老河口市北或西北[1]。那么，酂城是否就在今老河口市西北呢？

考古调查在该区域既未找到城址，也没有发现稍大的汉代遗址或墓地，考古资料得不到印证。

而依据第二、三次文物普查资料，在今汉水东岸老河口市东南部分布有近20处汉代文化遗存，尤以柴店岗遗址规模最大。该遗址位于老河口市仙人渡镇柴店岗村安家咀自然村东，处汉水东岸二级台地上，西侧因河水冲刷崩岸严重。分布范围略呈长方形，南北长约1000、东西宽约500米，可见文化层厚约0.7米。曾在遗址南部发掘了20余座两汉时期墓葬和汉代窑址，调查中还发现沿汉水东岸岗地上分布有密集的水井、窑址。遗址主体部分为汉代遗存，并发现有战国墓葬和少数东周时期遗物。遗址内文化堆积层厚薄不均，文化遗物十分丰富。采集标本全为陶片，以泥质灰陶为主，有少量夹砂红陶和泥质红、褐、黄陶，纹饰多绳纹，偶见瓦棱纹，器类有豆、盆、罐、盘、瓮、板瓦及筒瓦等[2]。现有地势四周高、中部低，推测原有夯土城垣，可能后来被平。

重要的是在遗址北约16千米处发掘了五座坟墓地，清理了7座西汉中期前后的长方形土坑竖穴木椁墓，发掘者推测，该墓地是一处规格相对较高的贵族家族墓地，或许与封于老河口的酂侯有关[3]。其东北侧紧邻九里山墓地，清理了战国晚期后段秦至东汉初年的中小型墓葬193座，而勘探发现该墓地分布墓葬上千座[4]。二者很可能是隶属于柴店岗遗址的贵族、平民墓地。

柴店岗遗址面积大，遗迹丰富，与其附属的九里山墓地起始时间均在公元前279年秦占领此区之时，与秦设酂县时代相当，内涵相同，二者的废止时间也都在东汉时期，结合其西岸崩塌与文献记载一致和外围有较为密集的汉代文化遗存分布等情况分析，该遗址很可能即是秦及东汉酂县、西汉酂侯封地。

二 舂（章）陵侯国

《汉书·地理志》载："舂陵，侯国。故蔡阳白水乡、上唐乡，故唐国。"颜师古注曰："《汉记》云：元朔五年（前124年），以零陵泠道之舂陵乡封长沙王子买为舂陵侯。至戴侯仁，以舂陵地形下湿，上书徙南阳。元帝许之，以蔡阳白水乡徙仁为舂陵侯。"《后汉书·列传第四》"城阳恭王祉传"也追述了舂陵侯的分封及延续过程，内容基本同上，"更始立，以祉为太常将军，绍封舂陵侯"。其后不明。

《水经注·沔水》记："沔水又东合洞口，水出安昌县故城东北大父山，西南流，谓之白水。又南经安昌故城东，屈经其县南，县，故蔡阳之白水乡也。汉元帝以长沙卑湿，分白水、上唐二乡为舂陵县。光武即帝位，改为章陵县，置园庙焉。魏黄初二年，更从今名，故义阳郡治也。"民国《枣阳县志》卷三"山水"条下对洞口水做了注释，洞口水（白水）正源有三：华阳河、优梁河、金鸡河，源头均为大阜山（即大父山）支脉，在吴店镇北汇为总流，是为白水南支——滚河。而在"优梁河"下有"过严家楼东，又南转西，过章陵故城南，又西南流十里，至吴家店东，入滚河"的记载，明确了章陵故城即舂陵城（晋安昌城）的位置。清乾隆《襄阳府志》卷五"古迹"也载："舂陵城，县南三十里。《汉书·志》：'舂陵侯国。'"《大清一统志》记："故城，今枣阳县治。"《中国历史地图集》和《汉书地理志汇释》定故城在今枣阳县城南[5]。

据调查，在今枣阳南约12千米处确有城址1座，当地俗称"舂陵城"。城址位于枣阳市吴店镇舂陵村东，北距枣阳市区约13千米，在一条南北走向的平缓岗丘上。城址平面呈长方形，南北长约290、东西宽约265米。除南部外，其余三面可见夯土城垣残迹。其中西城垣保存相对较好，长约290米，现底宽约20、残高2~3米；北城垣长约265、底宽8~10米，高出内地面约3米；东城垣北段残存部分；南城垣尽管不存，但该处高出外地面2~3米。西北角有高大土堆，可能为烽火台。北、东、西面残存护城河，已挖成堰塘，最窄处约5米，最宽处约30米。地表及城西北角土堆上暴露较多陶片，以泥质灰陶为主，大多饰绳纹，少量饰弦纹，器类有大量瓦当、筒瓦、板瓦、砖和罐、盆、碗、瓮、缸等。从遗物的特征判断，城址时代为汉代[6]。

城址南部不远发掘有赵家湾[7]、果园[8]、张家洼M1[9]等大型汉代墓地或墓葬。

从文献记载的地理位置、城址的规模、时代及外围遗址、墓地分布情况等综合判断，该城址即为汉代舂陵城。

三 筑阳县（侯国）

《汉书·列传第九》："孝惠二年（前193年），（萧）何薨，谥曰文终侯。子禄嗣，薨，无子。高后乃封何夫人同为酂侯，小子延为筑阳侯。"萧延晋封酂侯后，筑阳为县。《后汉书·列传第八》记汉光武帝于建武二十八年（52年）封吴汉次孙盱为筑阳侯；建初八年（83年）徙封盱为平春侯后，筑阳侯无继。

《汉书·地理志》载："筑阳，故谷伯国。莽曰宜禾。"应劭曰："筑水出汉中房陵，东入沔。"颜师古注曰："《春秋》云'谷伯绥来朝'是也。今襄州有谷城县，在筑水之阳。"《后汉书·列传第八》李贤注曰："筑阳，县名，属南阳郡，古谷国也，在筑水之阳，故城在今襄州谷城县（位置至今基本未变）西。筑水原名彭水，即今南河。"《水经注·沔水》："（沔水）又南过筑阳县东，筑水出自房陵县，东过其县，南流注之。"《大清一统志》卷二七〇载："筑水在谷城县南，自郧阳府保康县流入，至县东南入汉，今名南河。"可见，筑阳县南临南河，东去汉江不远，地在今谷城县城西。《中国历史地图集》和《汉书地理志汇释》证其位于今谷城县东北[10]。

从地理环境上看，今谷城县东北已临汉江，是否有城址或大型遗址已难以考证了。考古调查在谷城县西发现了一座汉代城址——张飞城（当地传说为三国时期张飞所筑，故名）遗址。位于谷城县城关镇西南部的肖家营村，在南河北岸低岗地上，南岸因受河水冲刷而遭破坏。分布略呈长方形，东西长约1500、南北宽约350米，面积约52.5万平方米，河岸断面可见文化层厚1.3~1.8米。暴露出多口陶井和红烧土。地表散见较多遗物，以汉代陶片为主，均为泥质灰陶，纹饰有绳纹、弦纹，器形有豆、罐及筒瓦、板瓦、井圈等。还发现有部分东周时期的陶鬲、豆、板瓦、筒瓦等残片，时代最早者可到春秋早期。据调查，这里原有夯土城垣，残高约2米，1969年修建襄渝铁路时被毁[11]。

该遗址规模较大，曾发现城垣，很可能就是汉代筑阳县城。上述颜师古注筑阳县曾为春秋谷伯城，此遗址所出春秋早期陶片正与其相对应。同时，在遗址西北不远的过山发现了一处大型墓地，墓葬数量达数百座之多，时代自春秋中期沿用至东汉，墓葬的规模或大或小，既有贵族墓，也有贫民墓，很可能就是本遗址的附属墓地[12]。过山，当地人称"谷山"，或与谷伯有关。遗址周围还较为密集地分布着聂家滩、马王台等近10处中小型汉代聚落遗址。

此外，在谷城县西南10余千米的九里坪墓群清理出2座东晋纪年墓，其墓砖上发现的"筑阳县"[13]地名或可作为筑阳县在附近的一个旁证。

四 阴 县

《汉书·地理志》提到"阴"时，颜师古注曰："即《春秋左氏传》所云迁阴于下阴者也，与鄀相近。今襄州有阴城县，县有鄀城乡。"《水经注·沔水》则明确说明"沔水又东南经阴县故城西"，即阴县故城在汉水东岸。而《后汉书·苏竟列传》记："……况拥兵据南阳阴县为寇。"李贤注："阴，县名，属南阳郡，故城在今襄州谷城县界北。"《旧唐书》卷三九志一九"襄州"条下有"省阴城入谷城"的记载，说明阴县即后世的阴城县，它应与谷城相邻，并在谷城县北，或许也在汉水西岸的谷城境内。且明正德《光化县志》卷四"古迹"条下正好有"古阴城今在谷城境"的记载。同时，因其与"鄀"相近，"鄀"据上考在汉水东岸的今老河口东南部，则"阴"处鄀和谷城之间，并紧靠汉水。谷城县即筑阳县，县治至今未变。《旧唐书》卷三九记："谷城，汉筑阳县，地属南阳郡，隋为谷城县。"《中国历史地图集》和《汉书地理志汇释》定其在今老河口市西北[14]。

从上述记载和考证看，对阴县的位置主要有两种不同的观点，一在今老河口市西北，一在今谷城县北。其究竟在何处就需要借助考古资料证实了。

据调查，今谷城县东北冷集镇尖角村有一处鄀阳城遗址，其或与阴县治有关。

遗址地处汉水西岸的固封山上，东去汉水约500米。分布范围南北长约300、东西宽约250米，文化层情况不明。未发现城垣遗迹。但地表暴露遗物较多，以汉代遗物为主，有较多的泥质灰陶鼎、甑、盆、罐、瓮、筒瓦、板瓦等，并有部分新石器时代石斧，陶鼎、盘、罐、碗，东周陶豆，以及南北朝至隋唐时期的较多青砖等[15]。

"楚工尹赤迁阴于下阴"见于《春秋左氏传·昭公十七年》,其时为春秋晚期,鄾阳城遗址内也包含有东周遗物,并延续到汉代乃至隋唐时期,正与阴县(阴城县)的时代大体相当。

同时,在遗址北侧的山冈上发现了一处规模较大的墓地——尖角墓地,早年发现有较多的汉代土坑、砖室墓葬。2009年因破获该墓地被盗案件追缴了一批重要文物,包括铜鼎、壶、钫、盖豆、盂、勺等容器,罐等日用器,1组11件编钟等乐器,剑、戈等兵器,车軎、马衔等车马器,以及玉璜、璧、环、佩等装饰品,除几件西汉铜鼎外,其余均出自一座战国早中期的楚墓,其中2件铜壶上有"危子曾自作铸壶"铭文,推测该墓很可能是楚国贵族"危子曾"的墓葬[16]。从出土器物分析,该墓规模较大,规格较高,大致相当于楚国封君一级墓葬,至少也是下大夫一级。该墓在尖角墓地的发现也将鄾阳城遗址的规格提高到了楚县级治所的位置。而包括出土铜鼎的贵族墓在内的大量西汉墓葬的发现也为鄾阳城遗址可能为阴县县治在此提供了进一步的证明。

遗憾的是,该遗址目前发现的面积相对较小,未见城垣痕迹,这或与调查不够仔细有关,也可能是受到早期破坏所致。该遗址在《水经注·沔水》中也有记载:"(沔水)又南过谷城东,又南过阴县之西,沔水东经谷城南,而不经其东矣。城在谷城山上,《春秋》:'谷伯绥之邑也。'墉堞颓毁,基堑亦存。"由此看出,其时址是存在的,只不过将其定为谷城(即谷国都城)城址似乎欠妥。当然,当地俗称此处为"鄾阳城"绝非无因,或与阴城县有"鄾城乡"有关。即使该遗址并非阴县县治,阴县县治也应就在附近。2009年为配合忠武输气管道在谷城城关镇肖家洼发现了一处秦汉时期的墓地,在输气管道正线两侧宽约200米的范围内清理墓葬150余座,并在墓地西部发现了1座底径80余米的大型封土堆,由此推测这里为一处大型墓地。该墓地西北距尖角墓地约11千米,东距汉水不到1千米[17]。它的发现为阴县县治在谷城冷集镇一带提供了重要佐证。

五 山都县(侯国)

关于山都,《汉书·地理志》《后汉书·郡国志》均仅提到其属南阳郡,后者最多加了"侯国"二字。《史记·表第五》列王恬启(后为避汉景帝讳将"启"字改为"开"字)于高后四年(前184年)封为山都真侯,元封元年(前110年)除国。东汉时又先后封马武、杨佗为山都侯,均仅一代。

《后汉书·列传一四》载:"季良名保,……为山都长。"李贤注:"山都,县,属南阳郡,故城在今襄州义清县东北,今名固城也。"清光绪《襄阳府志》卷五"古迹"条对历史上山都县的来源、位置等进行了归纳:"山都故城在县西北,秦置县,汉属南阳郡,宋属新野郡,齐属义安郡,后周省。(岑)彭夜勒兵马,申令军中,使明旦西击山都。注（山都）在今襄州义清县东北（《后汉书·岑彭传》）。沔南有固城，城侧沔川即新野山都县治也。旧南阳之赤乡，秦以为县，汉为侯国（《水经注》）。襄阳郡安养，后周废山都县入（《隋书·地理志》）。"然而，这些说法自相矛盾，如以李贤注在"义清县（隋唐义清县在今南漳一带）东北"和郦道元《水经注》的说法，则山都县在汉水以南，但从该县在刘宋时属新野郡和唐代为安养县（今樊城一带）来看，它似乎又并未越过汉水，即在汉水以北。

《后汉书·岑彭传》在提到山都时完整的文字记述为："（帝）令（岑）彭率傅俊、臧宫、刘宏等三万余人，南击秦丰。拔黄邮。丰与其大将蔡宏拒彭等于邓，数月不得进。帝怪以让彭，彭惧，于是夜勒兵马，申令军中，使明旦西击山都。"结合其后的文字"彭乃潜兵度沔水，击其将张杨于阿头山（《大清一统志》《湖广通志》均记在襄阳县西九或十里，清乾隆《襄阳府志》指出阿头山在汉水南岸的万山西）……直袭黎丘（《后汉书·郡国志》记'邔侯国，有犁丘城'。邔原为汉水以南的南郡属县）"之句可知，山都应在汉水北岸、邓城西，也正在"（襄阳）县西北"。《中国历史地图集》和《汉书地理志汇释》也定其在今襄阳县（区）西北[18]（现已改属樊城区）。

今在邓城城址正西约23千米处调查发现一处大型汉代遗址——乔岗遗址，它位于樊城区太平店镇乔岗村周边，当地人称"范杨镇"，传说为早年的一座城镇。这里为一处高出周围2~3米的台地，分布范围略呈长方形，东西长约1200、南北宽约700米。东部有一长150、宽8、残高1米的夯土台，可能为城垣残迹。遗址外被宽约100、低于外围地面约2米的水田环护，这些水田极有可能是被填平的护城河。从田沟断面可见文化层厚1米左右。堰塘、水沟断面及地表可见大量瓦片和少量陶片，以泥质灰陶为主，有少量泥质红陶，纹饰有绳纹、瓦楞纹、篦纹、卷云纹，器形有罐、盆及板瓦、筒瓦、瓦当等[19]。

该遗址周围有较多的同时代墓地，其中东约500米处原有一座较大的封土堆，位于樊城区太平店镇宋闸村西侧，名宋家闸墓，现基本被平，地表可见五花土面，平面略呈南北向椭圆形，长约25、宽约10米。该墓于2009年11月被盗，后经勘探调查，发现其为一带斜坡墓道的长方形竖穴土坑木椁墓，墓室南北长约21、东西宽约20米，地表距木椁板深约4米，地表以下0.7米即为青膏泥，南设墓道。下部尚未被盗。从墓葬形制分析，时代为战国至西汉[20]。墓葬规模相对较大，与襄州东津陈坡十号楚墓[21]相当，后者墓主人身份为下大夫，符合乔岗遗址为县治时其高级统治者的身份，进一步证实了该城的性质。

六 蔡阳县（侯国）

蔡阳为西汉新设县，《汉书·地理志》载："蔡阳，莽之母功显君邑。"东汉时期分封的蔡阳侯凡两见。一是《后汉书·列传第四》："（建武）十三年（37年），封祉嫡子平为蔡阳侯,以奉祉祀。"另一是《后汉书·列传三五》:"张酺字孟侯,……曾孙济,好儒学,光和中至司空,病罢。及卒,灵帝以旧恩赠车骑将军、关内侯印绶。其年,追济侍讲有劳,封子根为蔡阳乡侯。"

关于蔡阳城的位置,《后汉书·帝纪第一》载:"世祖光武皇帝讳秀,字文叔,南阳蔡阳人。"李贤注:蔡阳,县,故城在今随州枣阳县西南。而郦道元《水经注·沔水注二》记:"沔水又西经蔡阳县故城东,西南流注于白水,又西经其城南。"明确指出蔡阳县故城正处沔水折转段,其在城东自北向南流,到城南时又呈东西走向。沔水即今滚河,上游北支名沙河,史无疑义。《中国历史地图集》和《汉书地理志汇释》也将蔡阳城定在今枣阳市西南[22]。该河流经今枣阳琚湾镇西部时呈一较大的"Ω"形,在西侧拐角处正好有一座汉代城址符合上述方位要求。

该城址名翟家古城遗址,所在地的行政村和自然村也因城址的存在得名"古城村"。其位于枣阳市琚湾镇古城村外围。遗址面积较大,南北长约1000、东西宽约800米,是一处新石器时代、战国至汉代的大型遗址。遗址西北部有一座汉代城址,东部已遭破坏。现平面略呈长方形,分内、外城。外城东西残长约420、南北残宽约290米。西北角外凸,仅夯土西城垣较为明显,长约420米,垣现宽约32、高出外地面1~2.5米,北城垣西端残存少量。北城垣向外约50米残存宽约20、深1~2米的护城河。内城位于外城内中部,高出外城地面2~3米,原有高大城垣,二十世纪四十年代被平,残长168、残宽190米。据介绍,内城原有西、北、南三门,仅存小缺口。现可见西、北护城河,宽9~17、深1.5~2.5米。从断面看,内城文化层厚4米左右,包含物十分丰富,地表至2米深度为宋代以后文化层,以下主要为汉代文化层。地表暴露大量残陶片,主要为泥质灰陶板瓦、筒瓦和青砖。此外,还有陶鼎、鬲、豆、罐、盆、瓮等器类。从内城城垣下发现多座南北朝时期的墓葬看,该城址废弃于南北朝时期[23]。

无论从文献记载、今人研究成果还是城址规模、出土遗物等考证,该城当为汉代蔡阳县城无疑。

七 邓 县

邓县是襄阳地区最古老的县之一,始于春秋时期楚国所设。尽管文献上没有楚设邓县的记载,但通过襄阳高新区团山镇随后征集《邓公乘铜鼎》《邓尹疾铜鼎》[24]的铭文推知,楚国至迟在春秋晚期即已设有邓县。其源头就是邓国都城,秦汉因之,只是将其由直接归楚王管理的县纳入南阳郡管辖而已。

关于邓国国都和邓县,不仅众多的历史文献都有记载,不少传世青铜器也有涉及,而且近世已有多位学者做过研究[25],尤其是石泉先生在梳理翔实史料的基础上,结合考古调查，详细考证出古邓国国都和秦汉邓县在今樊城西北的可信结论，在此就不赘述。

今襄阳高新区团山镇邓城村南的邓城城址依然存在，在汉水北岸的低缓台地上，西、南侧有大李沟流过。城址基本保存完好，平面略呈长方形，面积约65万平方米。东、西、南、北垣分别长766、713、896、858米，墙体宽20米左右，残高2~5米，四角凸出，每面城墙正中各自有一个缺口，实为城门。城外护城河虽被平为农田，但较四周农田低1~2米。因其城墙尚未解剖，城内也未发掘，城址的始建年代不详，但城墙上暴露有较多的泥质灰陶盆、罐及筒瓦、板瓦残片，故其曾作为汉代城址毋庸置疑[26]。

同时，在城址外围有20余处周代至宋代的遗址、墓地，有的规模达100万平方米以上，迄今发掘遗址总面积近万平方米，墓葬3000余座，出土了大量的陶、瓷、铜、铁、漆、铅、锡、玉、石、玛瑙、水晶、金、银器等[27]。其中王坡[28]、余岗[29]、岭子、枣园、黄家村[30]等墓地均属大型的秦汉墓地，为邓城城址性质的确认提供了有力证据。

八　朝阳县（侯国）

《汉书·地理志》载："朝阳，莽曰厉信。"应劭曰："在朝水之阳。"该县为西汉新设，《史记·表第六》载，（汉）高祖七年（前200年），华寄因有功封朝阳侯，元朔二年（前127年）除国，之后即改为朝阳县，东汉时又一度封为侯国。《后汉书·列传第四》载："茂弟匡，……子浮嗣，封朝阳侯。"同书列传第四四也有"故朝阳侯刘护"之说。

李贤注《后汉书·列传第四》时指出："朝阳，县，属南（阳）郡，故城在今邓州穰县南，今谓之朝城。"《史记·世家三〇》："……尽以封广陵王胥四子：一子为朝阳侯；……"《史记正义》引《括地志》云："朝阳故城在邓州穰县南八十里。应劭云在朝水之阳也。"清光绪《襄阳府志》卷五"古迹"载："朝阳城在县北八十里，淯水右合浊水，俗谓之弱沟水，水于朝阳县，东南流经邓县故城南。习凿齿《襄阳记》曰，楚王至邓之浊水，去襄阳二十里，即此水也（《水经注》）。案《南阳府志》朝阳北属邓州，南属襄阳，今地去襄邓各八十里，县志即以为朝阳故治，考古推地则近矣。城址周不及三里，瓦砾犹在，俗讹为朝王城。"穰县即今邓州市，在穰县以南、今襄阳市襄州区（原襄阳县）与邓州市南境接壤地带且各距县城约40千米处正好有一座朝阳城遗址。

该遗址位于襄州区石桥镇黑龙村小石营自然村周边，在襄北岗地之一平缓台地上。遗址面积大，东西长约2000、南北宽约1500米，文化层厚1.2~2米。西北部可见夯土城垣残迹，其中北城垣西段和西城垣北段明显，分别长约160、250米，宽8~10米，残高1.5~2.5米。西城垣南段基本被平，但仍可看出其高出外围少许，从其长度推测，城址西垣总长约400米，东城垣情况不明。遗址西北角暴露出砖砌下水道、陶井等遗迹，地表遗存大量陶片及少量铜、石器。曾先后采集有石斧、磨、铜镞、弩机、"长宜子孙"镜、"五铢"钱、"大泉五十"钱等。暴露陶片以泥质灰陶为主，有少量泥质红陶，纹饰有绳纹、瓦楞纹、方格纹，器类有罐、壶、盆、瓮及板瓦、筒瓦、瓦当等，出土遗物具有典型的汉代及稍晚时期特征。1972年在遗址内出土的明嘉靖四十五年（1566年）地券上刻有"湖广道襄阳县排子河东岸朝王城"字样，据此判断，这里在明代已荒废很久，仅知城名"朝王城"[31]。"朝王城"应即朝阳城之别称或讹称，实际就是汉代朝阳县治遗址。

九 襄 乡 县

襄乡县仅在《后汉书·郡国志》下提到了县名，地望不详。《水经注·沔水》篇载："白水又西合氵育水，水出于襄乡县东北阳中山，西经襄乡县之故城北，按《郡国志》，是南阳之属县也。"《元和郡县志》卷二四载："枣阳县，本汉蔡阳地，属南阳郡，后汉分蔡阳立襄乡县，周改为广昌，隋仁寿元年改为枣阳县，因枣阳村为名也。"《舆地广记》卷八也载："后汉襄乡县属南阳郡，后废，故城在今县东北。"民国《枣阳县志》卷四"古迹"在引用上述关于襄乡县的记述后指出："襄乡县故城，按即今治东沙河南岸。"《中国历史地图集》和《汉书地理志汇释》也认为在今枣阳市东北[32]。

氵育水，上游即今沙河，按上述文献记载，襄乡县为今枣阳县前身，故城位于沙河东（南）岸，大致位置应与隋以后枣阳县城相邻或重叠，而隋以后枣阳县城位置基本未变，即今枣阳县城附近。调查发现今枣阳县城东部正残存一处东汉时期的城址。

城址位于北城街道办事处东园村，在沙河东岸的台地上，平面略呈方形，面积约81万平方米。1957年10月第一次文物普查时发现东、南段残存部分夯土城垣，残高3、残宽3.5米左右，1958年推平。城垣外有护城河，现残存东护城河南段、南护城河东段，残长1.6千米，残宽8、深3米左右。原地表暴露有较多的花纹砖、筒瓦、板瓦、瓦当及少量陶器残片，今在护城河断面可见少量砖瓦残片，具有典型的汉代特征[33]。该城应为东汉襄乡县故城。

注 释

[1] 谭其骧主编：《中国历史地图集》，中国地图出版社，1996年；周振鹤：《汉书地理志汇释》，安徽教育出版社，2006年。

[2] 襄樊市文物普查办公室等：《襄樊市文物史迹普查实录》，今日中国出版社，1995年；老河口市博物馆：《湖北老河口市柴店岗两汉墓葬》，《考古》2001年第7期；国家文物局主编：《中国文物地图集·湖北分册》，西安地图出版社，2002年；老河口市博物馆：《老河口市柴店岗砖厂汉代窑址清理简报》，《江汉考古》2004年第4期；范文强主编：《襄阳史迹扫描》，湖北

人民出版社，2013年。

[3] 湖北省博物馆：《光化五座坟西汉墓》，《考古学报》1976年第2期。

[4] 襄樊市文物考古研究所等：《老河口九里山秦汉墓》，文物出版社，2009年。

[5] 谭其骧主编：《中国历史地图集》，中国地图出版社，1996年；周振鹤：《汉书地理志汇释》，安徽教育出版社，2006年。

[6] 襄樊市文物普查办公室等：《襄樊市文物史迹普查实录》，今日中国出版社，1995年；国家文物局主编：《中国文物地图集·湖北分册》，西安地图出版社，2002年；范文强主编：《襄阳史迹扫描》，湖北人民出版社，2013年。

[7] 襄阳市文物考古研究所：《湖北枣阳赵家湾汉墓发掘简报》，待刊。

[8] 襄樊市考古队：《湖北枣阳果园汉墓发掘》，《江汉考古》2008年6月增刊。

[9] 襄樊市考古队：《枣阳张家洼M1发掘简报》，《江汉考古》2008年6月增刊。

[10] 谭其骧主编：《中国历史地图集》，中国地图出版社，1996年；周振鹤：《汉书地理志汇释》，安徽教育出版社，2006年。

[11] 襄樊市文物普查办公室等：《襄樊市文物史迹普查实录》，今日中国出版社，1995年；国家文物局主编：《中国文物地图集·湖北分册》，西安地图出版社，2002年；范文强主编：《襄阳史迹扫描》，湖北人民出版社，2013年。

[12] 湖北省文物考古研究所等：《谷城过山战国西汉墓葬》，《江汉考古》1990年第3期。

[13] 襄樊市文物普查办公室等：《襄樊市文物史迹普查实录》，今日中国出版社，1995年。

[14] 谭其骧主编：《中国历史地图集》，中国地图出版社，1996年；周振鹤：《汉书地理志汇释》，安徽教育出版社，2006年。

[15] 襄樊市文物普查办公室等：《襄樊市文物史迹普查实录》，今日中国出版社，1995年；国家文物局主编：《中国文物地图集·湖北分册》，西安地图出版社，2002年；范文强主编：《襄阳史迹扫描》，湖北人民出版社，2013年。

[16] 国家文物局等：《众志成城 雷霆出击——2010年全国重点地区打击文物犯罪成果精粹》，文物出版社，2011年。

[17] 襄阳市文物考古研究所2009年发掘、勘探资料。

[18] 谭其骧主编：《中国历史地图集》，中国地图出版社，1996年；周振鹤：《汉书地理志汇释》，安徽教育出版社，2006年。

[19] 襄樊市文物普查办公室等：《襄樊市文物史迹普查实录》，今日中国出版社，1995年；国家文物局主编：《中国文物地图集·湖北分册》，西安地图出版社，2002年；范文强主编：《襄阳史迹扫描》，湖北人民出版社，2013年。

[20] 襄阳市文物考古研究所2009年发掘、勘探资料。

[21] 湖北省文物考古研究所等：《襄阳陈坡》，科学出版社，2013年。

[22] 谭其骧主编:《中国历史地图集》,中国地图出版社,1996年;周振鹤:《汉书地理志汇释》,安徽教育出版社,2006年。

[23] 襄樊市文物普查办公室等:《襄樊市文物史迹普查实录》,今日中国出版社,1995年;国家文物局主编:《中国文物地图集·湖北分册》,西安地图出版社,2002年;范文强主编:《襄阳史迹扫描》,湖北人民出版社,2013年。

[24] 杨权喜:《襄阳山湾出土的鄀国和邓国青铜器》,《江汉考古》1983年第1期;王少泉:《襄樊市博物馆收藏的山湾铜器》,《江汉考古》1988年第3期。

[25] 石泉:《古邓国邓县考》,《古代荆楚地理新探》,武汉大学出版社,1988年;徐少华:《周代南土历史地理与文化》,武汉大学出版社,1994年;谭其骧主编:《中国历史地图集》,中国地图出版社,1996年;周振鹤:《汉书地理志汇释》,安徽教育出版社,2006年;王先福:《周代邓国地望考》,《荆楚历史地理与长江中游开发——2008年中国历史地理国际学术研讨会论文集》,湖北人民出版社,2009年。

[26] 襄樊市文物普查办公室等:《襄樊市文物史迹普查实录》,今日中国出版社,1995年;国家文物局主编:《中国文物地图集·湖北分册》,西安地图出版社,2002年;范文强主编:《襄阳史迹扫描》,湖北人民出版社,2013年。

[27] 襄樊市文物普查办公室等:《襄樊市文物史迹普查实录》,今日中国出版社,1995年;国家文物局主编:《中国文物地图集·湖北分册》,西安地图出版社,2002年;范文强主编:《襄阳史迹扫描》,湖北人民出版社,2013年。

[28] 湖北省文物考古研究所等:《襄阳王坡东周秦汉墓》,科学出版社,2005年。

[29] 襄樊市博物馆:《襄樊余岗战秦汉墓第二次发掘简报》,《江汉考古》2003年第2期;襄樊市博物馆:《湖北襄樊市余岗战国至东汉墓葬发掘报告》,《考古学报》1996年第3期。

[30] 襄阳市文物考古研究所:《襄阳黄家村》,科学出版社,2013年。

[31] 襄樊市文物普查办公室等:《襄樊市文物史迹普查实录》,今日中国出版社,1995年;国家文物局主编:《中国文物地图集·湖北分册》,西安地图出版社,2002年;范文强主编:《襄阳史迹扫描》,湖北人民出版社,2013年。

[32] 谭其骧主编:《中国历史地图集》,中国地图出版社,1996年;周振鹤:《汉书地理志汇释》,安徽教育出版社,2006年。

[33] 襄樊市文物普查办公室等:《襄樊市文物史迹普查实录》,今日中国出版社,1995年;国家文物局主编:《中国文物地图集·湖北分册》,西安地图出版社,2002年;范文强主编:《襄阳史迹扫描》,湖北人民出版社,2013年。

(原载《江汉考古》2014年第3期)

陆 器物学研究

襄随地区两周遗址出土陶鬲分析

众所周知，最能反映某一考古学文化遗存自身特征的遗物当属该遗址出土的陶器群，尤以其中之典型器物为甚。典型器物的选择取决于该器物在遗存中所占比例的多少、所处地位的轻重、沿用时间的长短、对相邻地区影响的大小及与人们生活联系的紧密程度等。毋庸讳言，陶鬲作为判断一种文化属性的标准器，当之无愧。它源于新石器时代龙山文化时期，发展于夏商时期，繁荣于两周时期，到战国时期迅速衰落并最终走向消亡，其形制之变化，对先秦考古学文化的研究有着重要的作用。

所谓襄随地区，泛指今汉水中游两岸河谷地区、南阳盆地南端及随枣走廊地区。这里除东部有少量低岗丘陵外，大都为淤积平原。因其独特的地理位置和优越的自然环境而成为人类开发较早、文化发达的区域之一。

文物普查资料表明，襄随地区两周时期遗址极其丰富，形成本区继新石器时代晚期之后的第二个考古学文化发展高峰。近些年来，在这片区域先后清理发掘了随州庙台子[1]、枣阳毛狗洞[2]、襄阳洪山头[3]、邹湾[4]、襄樊真武山[5]、韩岗[6]、彭岗[7]、余岗[8]、老河口锡铁山[9]、宜城郭家岗[10]、肖家岭[11]、桐树园[12]等两周时期遗址，出土了大量陶鬲标本，初步建立起了两周时期遗址较为完整的时代分期标尺，从而为研究这一区域两周时期文化面貌提供了丰富的实物资料。本文拟以其中堆积较厚、内涵丰富的遗址出土陶鬲为基础，说明本区两周时期陶鬲的型式、基本特征、分期、演进脉络及其渊源，进而初步探讨楚文化的源流基础。

一　型式、基本特征与分期

由于各遗址情况不同，对陶鬲的分型分式也有所区别，为便于说明陶鬲的形制变化，现根据其演化特点和造型风格，按照口径、腹径、三足外切圆径的对比及口、足部的明显变化将本区陶鬲统一划分为六型。

A型　大侈口，束短颈，口径大于或等于腹径，但明显大于三足外切圆径，肩部外凸不明显。据裆部变化可分为二亚型。

Aa型　瘪裆，足腔相对较深。可分为八式。

Ⅰ式：翻沿，近垂直腹壁，裆内瘪至肩部，大袋足。颈部以下饰细密绳纹，足部素面。

Ⅱ式：翻沿，斜弧腹，最大径在中腹，裆内瘪近肩部，小袋足。颈部以下饰绳纹。

Ⅲ式：翻沿，微鼓腹，最大径在中腹偏上，裆内瘪近肩部，矮柱足。颈部以下饰绳纹，少量足部素面。

Ⅳ式：翻沿，微鼓腹，最大径上移至近肩部，裆内瘪较高，矮柱足。颈部以下饰绳纹。

Ⅴ式：翻折沿，微鼓腹，最大径在近肩部，裆内瘪较高，矮柱足。颈部以下饰绳纹，部分鬲颈部饰模糊绳纹，肩部饰一周附加堆纹，或间一至多道抹痕（凹弦纹）。

Ⅵ式：除裆部微内瘪、柱足变高外，其余特征与Ⅴ式相同。

Ⅶ式：除最大径移至肩部、足腔较浅外，其余特征与Ⅵ式相同。

Ⅷ式：除沿略翻卷、足腔深外，其余特征基本与Ⅶ式相同。

Ab型 微鼓腹，联裆，足腔相对较浅。颈部以下饰绳纹，少量足部素面，部分鬲颈部饰模糊绳纹，肩或腹部饰一至多道抹痕或凹弦纹。可分为六式。

Ⅰ式：翻折沿，最大径在上腹，近半圆形联裆，裆线较高，足腔深。

Ⅱ式：翻折沿，最大径上移至近肩部，弧形联裆，裆线较高，足腔较深。

Ⅲ式：翻折沿，最大径在肩部，弧形联裆，裆线较高，足腔较浅。

Ⅳ式：翻折沿，最大径在肩部，平弧形联裆，裆线低，足腔浅。

Ⅴ式：与Ⅳ式差别不大。

Ⅵ式：平折沿，最大径在肩部，平行状联裆，裆线近平，足腔浅。

B型 侈口，束短颈，口径明显小于腹径，但略大于或等于三足外切圆径，肩部外凸较为明显。据裆部变化可分为二亚型。

Ba型 瘪裆。可分为七式。

Ⅰ式：翻沿，垂鼓腹，最大径在下腹，裆内瘪至肩部，袋足。颈部以下满饰绳纹，部分鬲肩、腹饰间断凹弦纹。

Ⅱ式：翻沿，微鼓腹，最大径在中腹偏上，裆内瘪近肩部，矮柱足，足腔较深。颈部以下饰绳纹，少量足部素面。

Ⅲ式：翻沿，鼓腹，最大径近肩部，裆内瘪至上腹，矮柱足，足腔较深。颈部以下饰绳纹，少量足部素面，部分鬲颈部饰模糊绳纹，肩或腹间有一至多道抹痕。

Ⅳ式：翻折沿，鼓腹，最大径近肩部，裆内瘪至中腹，柱足较高，足腔较深，纹饰与Ⅲ式相同。

Ⅴ式：除最大径上移至肩部、柱足更高外，其余特征与Ⅳ式相同。

Ⅵ式：除裆微内瘪、高柱足、足腔深外，其余特征与Ⅴ式相同。

Ⅶ式：仿铜陶鬲，翻卷沿，鼓腹，最大径在肩部，裆微内瘪，截锥状柱足较矮，足腔深。

Bb型　鼓腹，联裆。颈部以下满饰绳纹，部分鬲颈部饰模糊绳纹，肩或腹部间有一至多道抹痕或弦纹。可分为六式。

Ⅰ式：翻沿，最大径在中腹，半圆形联裆，矮柱足，足腔深。

Ⅱ式：翻沿，最大径在中腹偏上，弧形联裆，裆线较高，矮柱足，足腔较深。

Ⅲ式：翻折沿，最大径近肩部，弧形联裆，裆线较高，矮柱足，足腔较深。

Ⅳ式：近平折沿，最大径在肩部，平弧形联裆，裆线较低，高柱足，足腔浅。

Ⅴ式：平折沿，最大径在肩部，平行状联裆，裆线近平，高柱足，足腔浅。

Ⅵ式：翻卷沿，最大径在肩部，平行状联裆，裆线近平，高柱足，足腔浅。

以上两型陶鬲为本区陶鬲的主要形制，占出土数量的80%以上。

C型　侈口，束颈，口径等于或小于腹径、三足外切圆径。颈部以下饰绳纹，少量足部素面，部分鬲肩或腹部间有一至多道抹痕或凹弦纹。可分为七式。

Ⅰ式：整体宽扁，翻沿，短颈，微鼓腹，最大径在中腹，裆内瘪近肩部，矮柱足，足腔较深。

Ⅱ式：整体略呈方形，翻沿，短颈，鼓腹，最大径近肩部，裆内瘪至中腹，矮柱足，足腔较深。

Ⅲ式：整体变瘦高，翻折沿，颈稍变长，鼓腹，最大径近肩部，裆内瘪较高，矮柱足，足腔较深。

Ⅳ式：整体瘦高，翻折沿，长颈，微鼓腹，最大径在肩部，裆微内瘪，柱足变高，足腔较浅。

Ⅴ式：整体瘦高，肩部明显凸出，口径明显变小，翻折沿，颈较长，最大径在肩部，弧形联裆，裆线较低，高柱足，足腔浅。

Ⅵ式：整体瘦高，口径继续变小，翻卷沿，颈较长，最大径在肩部，平弧形联裆，裆线近平，高柱足，足腔浅。

Ⅶ式：除颈更短外，其余特征与Ⅵ式差别不大。

D型　釜形鬲。一般来说，除晚期出现近盆形鬲外，一直流行近瓮形鬲。束颈，圆肩，鼓腹，平底，三乳头状小足。颈部以下满饰绳纹，肩或腹部间有一至多道抹痕或凹弦纹，部分鬲颈部饰模糊绳纹。可分为六式。

Ⅰ式：侈口，翻沿，颈较长，鼓腹。

Ⅱ式：敛口，翻折沿，颈较长，大鼓腹。

Ⅲ式：敛口，翻折沿，颈较短，大鼓腹，腹微折。

Ⅳ式：敛口，平折沿，颈较短，大圆鼓腹。

Ⅴ式：敛口，卷折沿，颈较长，大鼓腹。

Ⅵ式：微侈口，卷折沿，颈较短，大鼓腹。

E型　小罐形鬲，数量不多。侈口，斜折沿，方唇，束颈极短，口径小于腹径，瘪裆。纹饰与C型相差不大。可分为三式。

Ⅰ式：仅见口沿，颈部相对较长，腹外鼓较甚。

Ⅱ式：裆微内瘪，口径等于三足外切圆径，截锥状柱足，足腔较深。

Ⅲ式：裆微内瘪，口径小于三足外切圆径，柱足，足腔较浅。

F型　异型鬲，数量少。卷沿，短直颈，圆肩，最大径在肩部，腹壁较直，平弧形联裆，裆线较低，三小袋状尖锥形足。肩部饰多道凹弦纹。可分为二式。

Ⅰ式：整体近方形，壁较直，裆线较高。

Ⅱ式：整体较矮宽，腹壁斜直，裆线近平。

通过参照各相关遗址地层、遗迹堆积情况，可将以上各型式陶鬲分为以下九组。

第一组：AaⅠ、AaⅡ、BaⅠ、EⅠ；第二组：AaⅢ、BaⅡ、CⅠ；第三组：AaⅣ、BaⅢ、BaⅣ、CⅡ、EⅡ；第四组：AaⅤ、AbⅠ、BaⅤ、BbⅠ、CⅢ、EⅢ；第五组：AaⅥ、AbⅡ、BaⅥ、BbⅡ、CⅣ、DⅠ；第六组：AaⅦ、AbⅢ、BbⅢ、CⅤ、DⅡ、FⅠ；第七组：AaⅧ、AbⅣ、BaⅦ、BbⅣ、CⅥ、DⅢ，FⅡ；第八组：AbⅤ、BbⅤ、DⅣ；第九组：AbⅥ、BbⅥ、CⅦ、DⅤ、DⅥ。

以上各组陶鬲，相关报告中已作了较为详细的类比分析，在此不赘述。根据其结果，可将这九组陶鬲对应地划分为九期，即西周早、中、晚期，春秋早、中、晚期，战国早、中、晚期，少量过渡性期别一并归入最近的期别中。由此，也就建立了本区两周遗址出土陶鬲的分期标尺。

二　演进过程

根据器形对比可知，本区最主要的两型陶鬲的演进过程基本一致，Aa、Ba型陶鬲（瘪裆鬲）自西周初年开始，至战国早期消失，Ab、Bb型陶鬲（联裆鬲）最早出现于春秋早期，一直沿用至战国晚期。C、D型陶鬲使用时间分别在西周中期、春秋中期或稍早，消亡于战国晚期；E、F型陶鬲使用时间相对较短，只分别流行于西周早期至春秋早期和春秋晚期至战国早期（表一）。其具体变化情况如下。

1. Aa、Ba型

整体：瘦高→矮胖。

口沿：沿略外翻→翻沿较甚→翻折沿→翻卷沿。

表一 襄随地区两周遗址出土陶鬲分期表

型别 时代	A型		B型		C型	D型	E型	F型
	Aa型	Ab型	Ba型	Bb型				
西周 初年	枣毛采:3							
西周 早期	枣毛H1:10		枣毛H1:24				随庙T4④:42	
西周 中期	襄真H36:4		襄真H36:3		襄真H39:4			
西周 晚期	襄真H81:15		襄真G3:4		宜郭H109:1			
西周之际			宜肖H22⑤:6				随庙T1③:23	

续表

型别 \ 时代	A型		B型		C型	D型	E型	F型
	Aa型	Ab型	Ba型	Bb型				
春秋 早期	宜郭H18②：2	襄真H12：1	宜肖H22④：5	襄真F9：1	宜郭H102：1			
春秋 中期	宜郭H214：1	襄真H15②：1	宜桐H2②：5	襄真G13：4	宜郭H3①：4	襄真H47：15	宜肖H22③：8	
春秋 晚期	宜郭H206：1	襄真H35：7		宜肖H1：2	宜郭H206：2	襄真H6：21		襄真H46：1
战国 早期	随庙H1：4	宜郭H204：1	随庙T1②：19	宜郭T16③：21	宜郭T18②：2	宜郭H153下：7		宜郭T7②：19
战国 中期		襄彭T7③：2		宜郭H153上：2		宜郭H153上：6		
战国 晚期		宜郭T22②：16		宜郭T22④：13	襄彭T2②A：3	宜郭T2②：19 宜郭T22②：15		

肩部：肩腹分界线不明显→溜肩，略弧圆→圆肩，肩部明显外凸。

腹部：深腹→浅腹，腹壁较直→微鼓腹→鼓腹，最大腹径在中、下腹→中腹偏上→近肩部→肩部。

裆部：裆内瘪十分厉害→微内瘪，即直至肩部→上腹近肩部→中腹→下腹。

足部：袋足→矮柱足→中高柱足→高柱足，足腔深→浅。

2. Ab、Bb型

整体：较瘦高→矮胖。

口沿：翻沿→翻折沿→平折沿→翻卷沿或卷折沿。

肩部：略圆弧→圆鼓肩，肩部外凸较甚。

腹部：深腹→浅腹，微鼓腹→鼓腹，最大腹径在中腹偏上→近肩部→肩部。

裆部：联裆半圆形→弧形→平弧形→平行状，裆线高→低→平。

足部：矮柱足→中高柱足→高柱足，足腔深→浅。

3. C型

整体：宽扁→瘦高，即横长方形→正方形→纵长方形。

口沿：口大→小，沿翻沿→翻折沿→翻卷沿。

颈部：束短颈→束长颈，微内收→高直领。

肩部：微圆弧→圆肩→圆鼓肩，凸出较甚。

腹部：浅腹→深腹，微鼓腹→鼓腹，最大腹径在中腹→近肩部→肩部。

裆部：内瘪较甚→微内瘪→高裆线联裆→平裆线联裆。

足部：矮柱足→中高柱足→高柱足，足腔深→浅。

4. D型

口沿：口小→较大，沿翻沿→翻折沿→平折沿→卷折沿。

颈部：较长—短—较长。

肩部：斜溜肩→圆肩→近平肩→圆肩。

腹部：宽扁→圆鼓→大宽→斜弧内收。

底部及足部变化不大。

5. E型

颈部：较高→较矮。

肩部：圆鼓→斜溜。

腹部：圆腹→微鼓。

裆部：内瘪较高→微内瘪。

足部：内聚→外扩，矮→较高，足腔深→浅。

6. F型

整体：近方形→横长方形。

口沿：直口→侈口。

肩部：圆鼓→圆折。

腹部：深腹→浅腹，腹壁近直→斜直。

裆部：裆线高→平。

足部：高→矮。

结合各型陶鬲的陶系和纹饰来看，其演进过程也呈现出一定的规律性，早期陶系多以夹砂红陶或褐陶为主，往后夹砂灰陶增多，逐渐出现了泥质灰陶鬲体、夹砂红（灰）陶鬲足。除F型异体鬲外，其他各型陶鬲均饰绳纹，早期绳纹较为细密，西周早期大部分足部素面无纹，到西周中期后颈部以下多满饰绳纹，少部分足部素面，绳纹有逐步变粗的趋势；且早期绳纹较为单纯，逐渐在绳纹间有一至多道抹痕或凹弦纹，并自西周晚期始，部分鬲颈部饰模糊绳纹，到春秋时期较为流行，战国时又少见。

通过排列本区各型陶鬲的演进过程可以看出，各型陶鬲的变化趋势基本一致，反映出平行发展的各型陶鬲在相同时期基本特征的一致性，并体现了其发展脉络的前后承继性。

三 文化渊源及楚文化源流问题

调查和发掘资料表明，自二里头文化以降，本区陶鬲的发展基本上是一脉相承的，尽管早中期商文化尚存在一定的缺环，但随州庙台子[13]商代文化层（相当于殷墟一至二期）出土陶鬲的形制特征与本区襄阳王树岗遗址[14]、枣阳墓子岗遗址[15]出土陶鬲有着明显的承继关系。当然，这种承继不是一成不变的，而是在逐步吸收、融合的过程中发展变化的。各型尤其是主型陶鬲，即使经历了长期的发展变化，仍然没脱离其祖型。而无论是二里头文化、商文化还是周文化，均来源于中原，其统治范围都曾到达过本区，尤其是商周文化更远达长江沿岸，黄陂盘龙城[16]、鲁台山[17]、新洲香炉山[18]等遗址就是很好的例证，它们在南进的过程中必然会受到当时当地土著文化或已波及此地的周边文化的影响，由此融进了一些新的文化因素，进而形成一定的地方特色。

本区出土西周初、早期陶鬲最典型的遗迹莫过于枣阳毛狗洞遗址H1[19]，其出土陶鬲数量多，类型全，但无一例外均为瘪裆、袋足，这种特征是典型的周式鬲做法，其基本形制与沣西西周早期居址[20]出土陶鬲风格一致。此外还有个别的商式鬲残留，如随州庙台子遗址[21]西周A型鬲即为分裆锥状袋足鬲，与该遗址商代层出土BaⅣ式陶鬲形制相近，其B型商鬲风格十分近似于安阳殷墟苗圃北地[22]出土相应陶鬲，只是因其数量极少，本文未予列出。由此可见，本区陶鬲的主要渊源应是中原周式鬲，尽管早期曾一度受到商式鬲的影响，但很快被周式鬲的影响所取代。

从西周中期开始，早期的袋足鬲几乎全部为柱足鬲所取代，这种现象在随枣走廊地区得到很好的印证，而汉水中游河谷地区、南阳盆地南端因未发现西周早期遗址，故无法证明早期遗存中袋足鬲与柱足鬲两者谁占统治地位，抑或可能全为袋足鬲，但此时柱足鬲的全面流行却是不争的事实。这一点与西周中晚期乃至东周早期中原地区仍以袋足鬲为主完全相反，如沣西张家坡五期墓葬[23]、上村岭虢国墓地[24]均以袋足鬲占绝对统治地位。那么，这种柱足鬲又从何而来呢？根据杨宝成先生的考证[25]，本区西周时期柱足鬲仍源于中原，具体而讲就是中原商文化与南阳盆地土著文化融合后产生的具有一定地方特征的器物，随之迅速南播，并很快在江汉地区占据了绝对统治地位，又在此基础上形成十分发达的楚式鬲。

柱足鬲的主型仍是瘪裆，这种特征在汉水中游河谷地区一直到春秋中期才消失，而在随枣走廊地区更是到战国早期才绝迹。从纵的方面而言，说明中原周文化的影响之深，从横的方面而言，随枣走廊为"汉阳诸姬"分封区，其保留周文化传统的习性更为根深蒂固，直到楚国并吞这些国家后才完全由弧裆鬲所统治。

在两种主型陶鬲中，Ab、Bb型鬲即弧裆鬲于春秋早期出现后与瘪裆鬲平行发展并逐渐占据主导地位，到战国早期后段完全取代瘪裆鬲进入独立发展时期后达到极盛，随着楚郢都的陷落而迅速衰落，并走向消亡。尽管该型陶鬲有别于同时代中原地区的矮体弧裆袋足鬲，但与同期发展的瘪裆鬲相比，除裆之外，其余的形制特征在演变上基本保持着同步性。春秋早期出现于本区的这种陶鬲已基本等同于普遍意义上的楚式大口鬲，从而标志着最早源于中原商周文化的楚式鬲的成熟。这种变化可能与春秋早期楚武王迁郢后急欲摆脱周王朝控制并在各方面力求改革有关。石泉先生考证楚郢都位于今宜城楚皇城[26]，只有位于郢都中心区附近，才有可能使一种新的器形出现后不久就迅速占领其周边地区。

本区除了两种主型陶鬲外，使用时间最长的陶鬲就是C型陶鬲，其春秋以前的瘪裆特征仍然有着中原周文化的遗风，其渊源自不必细说。而春秋晚期随之发展而来的小口弧裆高柱足鬲，显然较江陵、当阳等地的小口鬲出现时间晚得多，看来，该型鬲是在本型早期陶鬲基础上又受到地方文化因素影响而致。追溯这种小口鬲的本源，它当沿于中原周文化典型器形之一——甗的鬲部而来，对此，谭远辉先生在其著作《楚式小口鬲探源》一文[27]中已有详考，颇以为然。

至于D、E、F型陶鬲，尽管其使用时间不长，数量也不多，但仍然可以从中原文化的同型陶鬲中找到源头。这三型陶鬲中，因E型陶鬲时代早，故风格与中原周文化陶鬲更为接近，而D、F型陶鬲与中原周文化所属的罐式鬲有着密切的关系。综合本区各型陶鬲的形制特征和发展轨迹可以看出，它们均不同程度地与中原商周文化有着一定的关系，是在中原商周文化尤其是周文化的基础上逐步吸收和融合地方文化因素发展起来的具有自身特色的陶鬲文化。换言之，本区两周时期陶鬲应是典型周文化中陶鬲的变型。由此分析，以陶鬲为大宗及主要标型器的楚文化的本源应是中原周文化。

当然，囿于发掘资料所限，本文或许存在有失偏颇之处，相信随着本区两周遗址的不断发掘和实物资料的不断积累，由陶鬲所折射的楚文化源流问题会进一步明朗化。

注　释

[1] 武汉大学历史系考古教研室等：《西花园与庙台子》，武汉大学出版社，1993年。
[2] 襄樊市博物馆：《湖北枣阳毛狗洞遗址调查》，《江汉考古》1998年第3期。
[3] 襄樊市考古队等：《襄阳东津洪山头遗址发掘简报》，《江汉考古》1999年第4期。
[4] 焦枝复线襄樊考古队：《襄阳邹湾遗址发掘简报》，《江汉考古》1997年第4期。
[5] 湖北省文物考古研究所等：《湖北襄樊真武山周代遗址》，《考古学集刊（9）》，科学出版社，1995年。
[6] 湖北省文物考古研究所等：《湖北襄樊韩岗东周遗址发掘报告》，《江汉考古》2002年第1期。
[7] 襄樊市考古队：《襄樊市彭岗东周遗址发掘简报》，《江汉考古》2000年第2期。
[8] 襄樊市博物馆资料。
[9] 湖北省文物考古研究所等：《湖北老河口锡铁山东周遗址》，待刊。
[10] 武汉大学历史系考古教研室等：《湖北宜城郭家岗遗址发掘》，《考古学报》1997年第4期。
[11] 湖北省文物考古研究所等：《湖北宜城县肖家岭遗址的发掘》，《文物》1999年第1期。
[12] 湖北省文物考古研究所等：《宜城桐树园遗址发掘简报》，《江汉考古》1996年第1期。
[13] 武汉大学历史系考古教研室等：《西花园与庙台子》，武汉大学出版社，1993年。
[14] 焦枝复线襄樊考古队：《襄阳王树岗遗址二里头文化灰坑清理简报》，《江汉考古》2002年第4期。
[15] 襄樊市文物普查办公室等：《襄樊市文物史迹普查实录》，今日中国出版社，1995年。
[16] 湖北省博物馆：《一九六三年湖北黄陂盘龙城商代遗址发掘》，《文物》1976年第1期。
[17] 黄陂县文化馆等：《湖北黄陂鲁台山西周遗址与墓葬》，《江汉考古》1982年第4期。
[18] 武汉大学历史系考古教研室等：《湖北新洲香炉山遗址发掘》，待刊。
[19] 襄樊市博物馆：《湖北枣阳毛狗洞遗址调查》，《江汉考古》1998年第3期。
[20] 中国社会科学院考古研究所：《沣西发掘报告》，文物出版社，1962年。
[21] 武汉大学历史系考古教研室等：《西花园与庙台子》，武汉大学出版社，1993年。

［22］ 中国社会科学院考古研究所：《殷墟发掘报告（1958—1961）》，文物出版社，1987年。

［23］ 中国社会科学院考古研究所：《沣西发掘报告》，文物出版社，1962年。

［24］ 中国社会科学院考古研究所：《上村岭虢国墓地》，文物出版社，1962年。

［25］ 杨宝成：《试论西周时期汉东地区的柱足鬲》，《楚文化研究论集（第四集）》，河南人民出版社，1994年。

［26］ 石泉：《古代荆楚地理新探》，武汉大学出版社，1988年。

［27］ 谭远辉：《楚式小口鬲探源》，《楚文化研究论集（第四集）》，河南人民出版社，1994年。

（原载《江汉考古》2002年第4期）

九连墩一号楚墓人甲的复原与初步认识

2002年9~12月，为配合孝（感）襄（阳）高速公路建设，经国家文物局批准，湖北省文物考古研究所组织力量对位于正线上的枣阳九连墩一、二号楚墓和一、二号车马坑进行了抢救性发掘，经过一段时间的整理工作后，九连墩一号楚墓出土人甲基本得到复原。该墓出土的人甲不仅件数多，形制多样，而且保存相对完整，是研究战国时期防护装备发展状况的重要实物资料。

一　分布及保存状况

人甲甲片分置于南室、西室。

南室甲片几乎覆盖整个墓室，基本处在整个器物的中层，上层叠压着部分木质车马器，下层则是较重的铜质车马器和长兵器。甲片堆积较厚，一般有五六层，多者叠压十余层。甲片中夹杂有大量的车马器和部分兵器，其中车马器除较多的铜质附件外，还有多副车皮箱、车壁袋漆片，兵器以皮盾为主，并有28件铜剑和铜镞，以及5副马甲。

从甲片编联和捆扎痕迹较为完整的情况看，下葬时是成副随葬的，其中保存较好的人甲中大部分的身甲和裙甲分成两半副重叠在一起，距离较近，两半副有的方向相同，有的方向相反，由此推测，这些人甲随葬时为立放，可能有物体供悬挂或支撑；只有少量裙甲和袖甲仍保持原有编缀成副的样子，此类人甲应是编缀好后平放所致。

由于历史上多次水位变化，加上南室又曾被盗，南椁墙板因垮塌滑落室内，使得大多甲片的位置有所移动，并有部分甲片受损，特别是头胄、肩片、胸甲、背甲等重要部位的甲片残损严重，以致只有少量人甲才能通过保存相对较好的局部甲片叠压关系看出其原有的编联方式，并以此为依据对其他甲片进行复原。

西室甲片则因曾受水的浮力漂动而散于室内各处，甲片散而无序。

所有甲片内芯皮革已全部腐烂，仅余两面的漆片壳，编缀丝线同样朽尽，甲片已经散乱，仅少量甲片上残存编缀线或捆扎甲裙的丝带、丝线朽痕，依此大致推测出甲片的编联关系。

二 清理与复原

为更好地复原人甲，在现场发掘时采用托板分块整体取出甲片的方法将其移入室内进行清理，现场清理时按要求照相、绘图，并做好文字记录。

进入室内清理后，先参照绘图、照相的情况将发掘时分块取出的甲片按原位置拼对成一个整体；然后从保存较好的西端开始分块层层清理，清理前先照相，并绘出每层单块甲片的位置分布图，做好文字记录，再编号逐块取出并包装好，特别是对有着原始编联叠压关系的甲片，进行更详细的照相、绘图和文字记录。在整个清理过程中，注意对甲片的保湿。

拼对、复原时按照绘图、照相的情况、甲片的位置和形制区分出人甲的个体，再依据保存较为完整的裙甲、身甲、领甲、袖甲、头胄等不同部位甲片的叠压关系，参考已出土和复原的同类人甲进行拼对、复原。共复原或基本复原人甲30副，其中南室28副、西室2副。

三 人甲形制

根据整体形制的不同可分为两类，南室28副人甲为一类，西室2副为一类。

（一）第一类人甲

可分为裙甲、身甲、领甲、袖甲和头胄五部分，每副人甲的各个部分以共性为主。

1）整副裙甲呈扇形，有四排或五排。单片均呈上窄下宽的梯形，且自上排到下排逐步加宽，最下排甲片最短。除个别人甲甲片上、下部为单孔外，其余人甲甲片上部、最下排甲片下部的两侧及中间部位采用竖向或曲尺形布孔，孔数为2、2、2或3、3、2个，其他排甲片的下部仅在两侧竖向布两孔。横排采用固定式编联法，叠压方式为自右往左（依穿在身上自视角度看，下同）依次叠压；下排整体叠压在上排上，为活动式编联。每副裙甲沿横排布孔位置以丝线或窄丝带捆扎，以束紧整副甲裙，不使甲片活动，窄丝带两面涂有朱砂。甲裙缝合部位设在侧部，缝合处的一列甲片中部孔眼上有圆形片状铜扣。每副人甲之裙甲高52、上宽110、下宽145厘米左右。

2）身甲呈背心状，均由胸甲、背甲、肋片、肩片编联而成。胸、背甲片大多为上下两排，个别一、三排，左右三列，个别五列，四边及中部布孔，上排压下排，自中部往两边依次叠压；两边肋片各五块，甲片上部或一角有凹弧，外侧肋片在两侧布孔，内侧及中间肋片在上下部布孔，自外侧往中间依次叠压，上部的凹弧程度加大；肩片两片，前与胸甲连，后与背甲接，中部呈半圆形凹弧状，凹弧处即是颈部。为固定式编联。

3）领甲均分为左、中、右三块，单片呈内凹弧边长方形，中间片内侧中部有一较宽的浅凹口。左右侧片大小相同，形制及布孔方法相对，内侧各穿三或四孔，下边分两组每组两个穿孔；中间片两侧穿孔与左右侧片对应，下边也穿两组各两穿孔。采用固定编联法，中间片压侧片。

4）袖甲整体呈肩部粗、手部细的筒形，手臂内侧不封口。袖甲单甲片之中间或内侧片为弧边长方形，外侧片呈镰刀状，自手部往肩部尺寸逐步加大。同排甲片采用固定式编联法，上下排甲片则采用活动式编联法。

5）头胄整体呈半球形，有顶片、顶压片、前额片、垂缘片之分，顶片同为两块扁圆形甲片，内侧弧度小，外侧近半圆形，外缘均匀分布九个穿孔，中部顺向分四组，每组各穿两孔；垂缘片分上下两层；前额片呈倒"凹"字形。全固定式编联。

虽然南室28副人甲共性多，但甲片的颜色、形状、布孔、有无压边和编联等情况也有所不同，据此可将这些人甲分为七型。

A型　1副。甲片颜色呈黑色，表面十分光滑，髹漆考究，漆片相对较厚。裙甲四排十三列，单片尺寸较大，前三排上端及最下排甲片上下端正面有压边，竖向两孔，甲裙用七至十股细丝线分五排捆扎；身甲之胸甲、背甲各三排，甲片呈长方形，两侧有压边，外侧肋片一侧或两侧有压边；袖甲片十五排七列（靠手部的最下排为五列），单块甲片较小，每排七块甲片大小基本相同，甲片未被压住的部位周边压边，布孔数根据甲片宽度的增加以多排为单位依次增加，同排甲片由中间往两侧依次叠压；头胄顶压片一块，呈宽长方形，两侧边中部微弧凹，顶部中间有纵向凸起长梁；单块垂缘片较小，分上下两排，以丝线与顶片相连。

B型　1副。甲片颜色呈黑色，表面较为光滑，髹漆较为考究，漆片较薄。裙甲五排十四列，单片尺寸较小，除最右一列甲片正面上端和右侧有压边外，其余十三列甲片的上端和左侧有同样宽的压边。所有甲片的上部、最下排的下部各呈"一"字形均匀分布四个穿孔，上四排的下部只是各在两侧有一穿孔，捆扎方式不明；身甲之胸甲、背甲各有五块甲片，一侧或两侧有压边，两边肋片一侧或两侧压边；袖甲十三排五列，单块甲片较窄长，中间片上端与两侧、内侧片上端及外侧、外侧片上端靠内侧压边，所有甲片上部中间均穿一孔，中间片、内侧片两侧及外侧片内侧中部各穿三孔，成竖行排列，同排甲片由中间往两侧依次叠压；头胄顶片缺，垂缘片比第一种形制稍大，编联方式不明。

C型　1副。甲片颜色呈黑色，表面较为光滑，漆片较薄。裙甲四排十三列，单片尺寸较大，所有甲片上端均有压边，甲裙用窄丝带分五排捆扎；身甲之胸甲一排，中间片窄长，两侧压边，侧片呈"刀"形，无压边，背甲两排，下排甲片与胸甲相同，肋片较短宽；袖甲十三排七列，单块甲片较小，每排七块甲片大小基本相同，中间片上端及两侧压边，内、外侧片上端及外侧压边，中间片、内侧片四角各穿一孔，外侧片除外下角外其余三角各穿一孔；头胄仅残存垂缘片。

D型　1副。甲片颜色呈黑色，表面不甚光滑，漆片较薄。甲片缺失较多。裙甲的排、列与B型相同，单片甲片的布孔及压边与C型相同；身甲之胸甲、背甲、肋片、肩片与C型人甲一致；袖甲十三排五列，单块甲片较大，中间片和两内侧片上端压边，中间片及内侧片分别在中间、两侧穿一、两孔，外侧片之内侧上下端及上边中间各穿一孔；头胄缺，形制不明。

E型　3副。甲片颜色呈黑色，表面不甚光滑，漆片较薄。裙甲的排、列和单片甲片的布孔、压边与D型相同。根据其中一副人甲正面残存的丝线灰痕看，甲裙外以丝线按编联好的五横排孔眼位置捆扎五道；身甲之胸甲、背甲、肋片、肩片与D型人甲一致；袖甲十三排四列，单块甲片较大，同副人甲每排内侧片和外侧片两两相同，甲片上端压边，一种内侧片四角及上边中部各穿一孔，一种内侧片两侧边中部各并穿三孔，上边中部穿一孔，外侧片穿孔方法与D型相同；头胄之两顶片上有三块压片，自中间往两边叠压，垂缘片分上下两层，顶片边缘以丝线穿孔与上层垂缘片相连，上层垂缘片三块，呈横长方形，外侧两片较长，形制相同，穿孔相反，中间片较短，由中间往两边叠压，下层垂缘片共八片，左右各四片，对应部位甲片形制、尺寸相同，叠压方式不明，内侧片近方形，外侧片呈"刀"形。

F型　5副。甲片颜色呈黑褐色，表面较为粗糙，漆片较厚。裙甲的排、列及布孔方式与D型相同，但上边无压边或仅少量有轻微压痕，单片甲片尺寸较大；甲裙外以窄丝带按编联好的五横排孔眼位置捆扎五道；身甲之胸甲、背甲、肋片、肩片与D型人甲一致；袖甲的排、列与E型相同，内、外侧片上边中部各穿一孔，内侧片两侧或竖向三穿孔，或呈"⌐""¬"形对称四穿孔，其中上端内侧一穿孔，外侧三穿孔，外侧片内侧与内侧片两侧对应穿孔；胄顶片和顶压片与E型相同，上层垂缘片与顶片对应分为两块，其与顶片连接处对叠并以窄竹片外卷，再以竹篾穿孔捆扎，下层垂缘片均不全，推测为五至七块甲片编缀而成。

G型　16副。甲片颜色呈黑褐色，表面较为粗糙，漆片较厚。裙甲的排、列及压边情况与F型相同。单片甲片尺寸较小，甲裙外同样有五道窄丝带捆扎；身甲之胸甲、背甲、肋片、肩片与D型人甲一致；袖甲的排、列及布孔方式与F型相同；头胄形制与F型相同。

（二）第二类人甲

2副人甲形制基本相同，只是布孔方式略有区别，分前、后身甲上旅、腰、下旅和领甲、披膊甲，无头胄。

所有甲片尺寸均较小,身甲上旅及腰的甲片除肋片外均略呈上窄下宽的纵梯形,长约6厘米;下旅略呈上窄下宽的横梯形,长约5.7厘米。甲片的宽度按从上到下计算,上旅每两排增加0.2厘米,腰及下旅甲片每一排增加0.2厘米。领甲甲片呈窄长方形,长6、宽3.8厘米。披膊甲片则呈上宽下窄的倒梯形,长约4.3厘米,宽度按从上到下计算,每排依次递减0.2~0.3厘米。

前、后身甲上旅各八排七列,第八排两侧各有一块凹弧边"刀"形肋片。腰四排三十列。下旅四排,因甲片残存数量少,又未见排列于边缘的斜边梯形或三角形甲片,无法复原下旅,从现有情况看,下旅甲片排列有两种可能,一是与腰相同,呈筒形;一是前后分开,各呈弧形,即自上而下每排甲片数量依次递减两片。横排甲片采用固定式编联,由一侧向另一侧依次叠压,上下排之间采用活动式编联,下排压上排。腰部在一侧开合。

领甲仅残存边缘各一列甲片,四块甲片直行连接前、后身甲,固定式编联。围脖部分甲片缺失。

披膊甲片残缺较甚,现存十一排,但列数不明,甲片编联方式与身甲相同。

由于甲片已完全散乱,编联丝线已腐烂,两类人甲的具体缝缀方法不明。

四　制作方法

关于甲胄的制作方法,成书于战国时期的《考工记》的记载应是对当时制作甲胄情况的真实反映。《考工记·函人》载:"凡为甲,必先为容,然后制革。"即在选取材料后根据人的形貌进行裁制,结合本墓出土人甲形制,我们可大致了解其制作方法。不过,因两类人甲形制的明显区别,二者在前期制作上应有所不同。

(一)制模

具体体现在第一类人甲上,该类人甲型式多样,除同排的裙甲片基本相同外,其他甲片的形制和大小有较大区别,特别是弧度较大的头胄顶片、顶压片制作难度较大,即使是形制简单的裙甲片、袖甲片,也是一面中部微凸,另一面相应微凹,这靠从选好的较为平整的皮革上直接裁制成型显然难以达到,应是经过模压的结果。也就是说,该类人甲首先要依照已有或设计好的甲片形制制作多种不同的模具,以当时的铸造水平和模压甲片的要求而论,这种模具应是青铜制作的。

(二)模压或裁制

第一类人甲在模具制好后,将选好的皮革原料依不同甲片的形制粗裁出革料,其四周稍大于模型边缘,经过浸泡使革料软化后放入模具内压合,待革料干燥定形后取出修整,使其成型。

第二类人甲甲片小而平整，型式少而简单，直接按照设计好的甲片样式从选取的革料上裁制定型即可。

由于所有甲片的皮革均已腐烂，仅余漆片，其选材的动物种属难以确定。从现有漆片内空的厚度看，第一类人甲甲片中有部分为"合甲"，即由双层皮革叠合，第二类人甲甲片则全为单层皮革。

（三）钻孔

根据设计好的编联丝线或丝带需穿过的位置，用前端有圆形刃口的金属冲在成型的甲片上钻出孔眼。

（四）髹漆

甲片钻孔后，用调和好的生漆或熟漆涂刷甲片两面，一般需多层涂刷，前后层涂刷应间隔一段时间。第一类人甲漆片较厚，髹漆层数自然较多；第二类人甲甲片则相反。

（五）编联

髹漆的甲片干燥后，用丝线或丝带按照设计好的编联方式将甲片按不同的部位编联成一副完整的人甲。

（六）捆扎

人甲编联成副后，在腰部开合部位的一列裙甲甲片上穿上圆片状铜扣，再用丝线或丝带系住，而后分别用成束丝线或组带在裙甲上捆扎五或六道。

当然，除了不同类的人甲在具体制作技术上有所不同外，数量多的第一类人甲也由于型的不同而在具体制作技术上有所区别，如选取革料、选择编联或捆扎材料、髹漆等。

五　初步认识

通过对九连墩一号楚墓人甲的整理和复原，我们对两类人甲的特点、防护功能、作用及其所反映出的相关问题有了基本的认识。

（一）第一类人甲

1）从形制和制作方法上看，这类人甲属比较典型的楚甲，它与迄今发掘出土的楚甲风格完全一致，不仅与时代基本相当的荆门包山二号墓[1]、江陵望山一号墓[2]、藤店一号墓[3]出土人甲的形制和制作方法相同，而且与战国早期的长沙浏城桥一号墓[4]（长沙楚墓M89）、随州擂鼓墩一号墓[5]（曾侯乙墓）出土人甲风格一脉相承。

2）它们的防护功能强，穿戴起来可以使除面部及需要活动的大腿以下部位外的其他部分得到有效保护。其大小与真人相仿，又与实用兵器及车马器同出于一室，显然是作为军队防护装备之用。由于此类人甲整体较为厚重，防护面积大，使人的灵活性受到一定程度限制，仅适宜于活动范围不大的车战将士使用，这从曾侯乙墓出土遣策中关于此类甲胄的记载和同出一室中有大量的车马器、长兵器等可得到证明，进而说明重装车兵是当时楚国的主要兵种。

3）与第一类28副人甲同室随葬有28把铜剑，结合铜剑一般夹杂于甲片中出土的情况推测，每副人甲可能原配有1把铜剑，这又从另一方面证明了南室铠甲是作为军事防护的装备。

4）如前述，28副人甲可分为七型，前四型各1副，后三型分别有3、5、16副，它们在数量和形制上的不同，意味着这些铠甲有等级上的差别，这也是当时较为严格的等级制度在军队中的一种反映。《周礼·函人》载："犀甲七属，兕甲六属，合甲五属。"其区别"属"数的标准是制甲皮革的坚硬程度，"革坚则札长"，"属"数就少，穿戴者的身份也就相对较高，其中A、C型"五属"，其余人甲"六属"。与A、C型相对应的是其制作考究，甲片相对较薄而光滑，应是较高级别、指挥作战的军官所穿，其中形制独特、制作更为考究的A型人甲的主人级别应最高；B、D型在制作上较之前者稍差，地位可能也稍低；第E型铠甲相对较为讲究，甲片较薄而光滑，可能是军队中最低级官吏所有；后两型人甲最多，制作较为粗糙，漆片较厚，它们是军队中人数最多的普通军士所有。不同级别的铠甲在选取皮革、制作方法上有所不同，级别越高，选料更精，制作方法更讲究。

5）尽管这批人甲有多种形制，甲片类型也多样，但同一类型甲片的整体形制和布孔方式相同，相同部位甲片的使用数量和编联叠压方式基本一致，反映出楚甲胄在类型、形制上较为严格的要求，表明楚甲胄制作上的规模化和统一化。不过，所有人甲中，尺寸相同者不是很多，即使是同一形制，也有着尺寸上的出入，体现出"量体裁衣"的设计特点，即根据人体的高矮胖瘦进行编联，反映了以人为本的思想。

6）该类28副人甲是迄今出土楚甲数量最多的一次（曾侯乙墓除外），也是复原楚甲数量最多的一次，且间接反映了墓主人的身份和职位。曾侯乙墓属国君级别的墓葬，作为当时楚之附庸曾国（作者赞同曾随同国说）的最高军事统帅，死后以象征强大武备的数量众多的人甲随葬是礼制决定的，而且曾侯乙墓随葬人甲的形制也可能说明了穿戴这类铠甲者是直接受该国国君指挥并次于国君的将领们，其地位较高。该墓所复原的甲胄中头胄均是顶片有凸脊并由数量较多甲片编缀而成的，甲"五属"，而本墓相同形制的人甲仅第一类A型人甲1件，其身份地位大致与前者相近，约相当于"上大夫"级，这也为本墓出土铜礼器等礼制反映出来的墓主人身份所证实。同时，结合本墓与人甲同出的大量兵器和车马器推测，墓主人应是一位高级将领。这种形制的铠甲分别在江陵天星观一号墓、荆门包山二号墓中分别出土过1、2件，一方面说明了三者的墓主人身份相当；另一方面反证了本墓主人的武将职位，后两墓主人从其出土的文字材料知，其身份一为楚封君、职位不明，一为楚左尹、为管理司法的文职官吏，二者出土少量的铠甲只是因礼制需要而随葬。

7）从现有楚墓发掘资料看，楚甲只在贵族墓葬中才能随葬，这与当时兵制上着重装铠甲的车战军士为"士"级及以上爵秩相印证，而且楚墓中出土人甲的数量与墓主人的身份成正比，即数量越多，身份越高，但这不等于墓主人身份越高，随葬人甲的数量越多。此类楚甲还分别在长沙浏城桥一号墓[6]（长沙楚墓M89）、江陵藤店一号墓[7]、江陵望山一号墓[8]等"大夫"级墓葬中分别出土过1件；人甲放置的墓室同时有较多的兵器和车马器随葬，而且墓主人身份越高，这种要求也越严格；出土人甲的墓葬主人性别均为男性，无论是国君级的曾侯乙墓还是"大夫"级的天星观M1、包山M2和本墓均是如此，而与后三墓并穴合葬的天星观M2、包山M1和九连墩M2等女性墓均未出土人甲。

（二）第二类人甲

1）从甲片大小、布孔方式、整体形制和制作方法上看，这类人甲属秦式风格，与秦始皇兵马俑坑出土俑甲[9]、秦陵陪葬坑K9801出土的石铠甲[10]十分接近。

2）虽然此类人甲与秦式人甲有很大的共性，但也小有区别，主要体现在除披膊甲片外的前后身甲上：①与秦甲甲片尺寸基本一致不同，此类甲片略呈上窄下宽的梯形，上下排甲片的宽度在前后身上旅每两排递增0.2厘米，腰及下旅则每排递增0.2厘米；②与秦甲同排甲片由中间往两边依次叠压不同，此类人甲同排甲片的叠压方式则往同一方向依次叠压；③秦甲上旅、腰部甲片上下排分别为整体固定式编联，依次上排压下排，下旅甲片上下排为活动式编联，下排压上排，此类人甲上下排均为活动式编联，下排压上排。这些特征与本墓第一类人甲甲片形制和叠压方式相同，此类形制的人甲显然是秦、楚两种文化融合的结果。

3）同类甲片在楚地还见于长沙楚墓M109、M185[11]和江陵九店M33、M253[12]，它们的时代也在战国中期晚段或战国晚期早段，其时正是秦楚战争频繁之际，这种防护性能相对较差但形制简单、规格统一更适合批量生产、整体轻薄易于活动并被秦人作为骑兵装备的秦式甲被楚引进，也成为战争发展的必然。

4）秦式甲传入楚地后主要发现于"士"级墓葬中，本墓虽然也出土了2副秦式人甲，但未与大量使用兵器、车马器同置南室，反而与生活用器同出一室，推测其不是作为实用的防护装备使用，可能为猎装。由此看来，这种作战灵活的秦式甲尚未引起楚国上层贵族的足够重视，成为其时楚国思想保守、不思进取的证明。

注　释

[1]　湖北省荆沙铁路考古队：《包山楚墓》，文物出版社，1991年。

[2]　湖北省文物考古研究所：《江陵望山沙冢楚墓》，文物出版社，1996年。

[3]　荆州地区博物馆：《湖北江陵藤店一号墓发掘简报》，《文物》1973年第9期。

[4]　湖南省博物馆：《长沙浏城桥一号墓》，《考古学报》1972年第1期；湖南省博物馆等：《长沙楚墓》，文物出版社，2000年。

[5]　湖北省博物馆：《曾侯乙墓》，文物出版社，1989年。

[6]　湖南省博物馆：《长沙浏城桥一号墓》，《考古学报》1972年第1期；湖南省博物馆等：《长沙楚墓》，文物出版社，2000年。

[7]　荆州地区博物馆：《湖北江陵藤店一号墓发掘简报》，《文物》1973年第9期。

[8]　湖北省文物考古研究所：《江陵望山沙冢楚墓》，文物出版社，1996年。

[9]　始皇陵秦俑坑考古队：《临潼县秦俑坑试掘第一号简报》，《文物》1975年第11期；始皇陵秦俑坑考古队：《秦始皇陵东侧第二号兵马俑钻探试掘简报》，《文物》1978年第5期。

[10]　始皇陵考古队：《秦始皇陵园K9801陪葬坑试掘简报》，《考古与文物》2001年第1期；陕西省考古研究所等：《秦始皇陵园K9801T2G2甲4整理简报》，《考古与文物》2004年第2期。

[11]　湖南省博物馆等：《长沙楚墓》，文物出版社，2000年。

[12]　湖北省文物考古研究所：《江陵九店东周墓》，科学出版社，1995年。

（原载《楚文化研究论集（第六集）》，湖北教育出版社，2005年）

襄宜地区西周遗存出土陶器的初步研究

襄宜地区即今湖北襄樊至宜城一带，从地理概念上看，它属汉水中游淤积平原，北接南阳盆地，南邻江汉平原，西靠鄂西山地，东交随枣走廊，是南北交通要道和文化传播的重要通道。二十世纪八十年代以前，这里西周文化遗存的发现一直是个空白，使中原姬周文化与南方文化的比较研究，特别是寻找早期考古学楚文化的渊源或传播途径难以找到结合点。1989年首次在汉水中游南岸的襄樊真武山遗址发掘出了西周中、晚期遗存[1]，1990年又在汉水中游重要支流——蛮河东岸的宜城郭家岗遗址发掘出了西周晚期遗存[2]，2002年则在襄北岗地的襄阳小马家遗址发掘出了西周早、中期遗存[3]，这三处遗存不仅在地域上覆盖了襄宜地区的中、南、北区段，而且在时代上基本贯穿了整个西周时期，同时，各遗址还有丰富的东周文化遗存分布。本文试图通过这三处遗址西周遗存出土陶器的形制特征分析其文化因素，进而对早期考古学楚文化作一初步探讨。

一 各遗存出土陶器的形制特征概要

以上三处遗址的西周遗存主要为灰坑遗迹，并有少量的文化层分布，出土遗物比同遗址的东周遗存要少得多，除少量石器及卜骨、卜甲外，绝大多数为陶器，主要器类及其形制特征因时代早晚的不同而有所变化。

1. 小马家遗址

该遗址的西周遗存仅发现三座灰坑，坑口均遭破坏，各坑出土陶片数量不等。总的说来，陶质以夹砂为主，陶色多红陶，绳纹陶片占陶片总数的大半，绳纹线条一般纤细紧密。可能由于灰坑受被破坏的影响，有的器类不全。

根据各灰坑出土陶器的形制特征，可分别将其时代划分为前后三段：H3为西周早期后段，出土陶片数量少，主要器类有鬲、盆、瓮；H1在西周中期前段，出土陶片数量相对较多，主要器类有鬲、簋、盆、罐；H2在西周中期后段，出土陶片数量较多，主要器类有鬲、甗、簋、盂、盆、罐。

正是因为同类器物在形制上的变化，才推断出三座灰坑存在时代上的早晚，但同类器物的形制特征基本上一脉相承，晚期遗物多是在继承早期特征的基础上发展变化而来，这一点在标型器鬲上体现得最充分。

鬲　均为大口深腹。H3出土鬲整体瘦高，通高大于口径，翻沿，无颈，窄高裆，裆间断面呈锐角三角形，足间距较小，近空袋状分裆，从足的残断处推测为矮截锥状柱足，足面无纹饰。H1不见可复原的鬲，仅见鬲足，矮柱足，足腔较深，素面，足面有削痕。H2出土鬲近方体，通高略小于口径，卷沿，束短颈，裆自肩部内瘪，裆间断面呈钝角三角形，矮柱足，同坑所出鬲足除1件乳状袋足外全为矮柱足，有的足面饰绳纹，或有削痕，还有"二次包制"鬲足。

甗　仅见于H2，连体甗，较宽胖，甗体近盆形，侈口，近无颈，腹较浅，束腰较粗短，矮柱足。

簋　仅见于H1、H2，形制相同，为敞口厚唇圈足簋，前者所出为素面，后者所出为壁饰绳纹。

盂　仅见于H2，侈口，束短颈，圆折肩。

盆　或为口沿，或为底。H3所出口沿大敞口，无颈；H1所出底为凹圜底较深；H2所出口沿侈口，束颈较短，圆折肩。

罐　有两种形制，一种为侈口、束颈、折肩罐，出于H1、H2，其中H1所出颈稍细长，H2所出颈稍短粗，身饰细绳纹；另一种为侈口、束长颈、圆腹、圜底、素面罐，仅见于H2。

瓮因仅个别，在此不予叙述。

小马家遗址虽然出土陶器数量不多，但主要器类基本齐全，时代特征也十分明显。

2. 真武山遗址

该遗址的西周遗存主要有H36、H79、H81、G3及遗址第4层，出土陶器之陶系以夹砂红陶和红褐陶居多，以绳纹常见。其中H36属西周中期，绳纹较细，主要器类有鬲、甗、豆、罐；H79、H81和G3属西周晚期，绳纹较粗，前两灰坑主要器类均为鬲、甗、豆、盆，G3主要器类有鬲、豆；遗址第4层属西周晚期，主要器类有鬲、罐。各单位出土陶器的数量以标型器鬲为多。

鬲　深腹瘪裆，有大口、小口之别。西周中期鬲整体相对较瘦高，通高略大于口径，近无颈或短颈，裆内瘪较高，柱足相对较高，内聚，足面无纹饰；西周晚期鬲整体较宽扁，通高略等于或小于口径，短颈，裆内瘪程度较小，柱足稍高。

甗　西周中期H36甗形制不明，结合H39出土的具有该时期形制特点的甗看，甗体稍宽胖，腹相对较深，腰较粗；西周晚期甗整体瘦高，甗体侈口，颈极短，深腹，腰较细，鬲体较瘦高，弧裆，柱足较高。

豆　柄较矮。西周中期浅盘、粗柄，西周晚期豆柄变细。

盆　西周中期未见盆；西周晚期盆侈口，束颈相对较长，宽折肩，浅凹底。

罐　西周中期罐形制不明；西周晚期罐侈口，束短颈，折肩，斜弧壁，凹圜底。

3. 郭家岗遗址

该遗址的西周遗存主要有H66、H109及遗址中区第4层，属西周晚期。陶质以夹砂陶为主，陶色以红陶居多，陶片主要用绳纹装饰，中绳纹占大宗，主要器类有鬲、豆、罐（原报告定名瓮）。

鬲　浅腹瘪裆，有大口、小口之分。整体较矮宽，近方体，侈口，束短颈，裆内瘪程度较小，足间距较大，柱足较高。

豆　浅弧盘，柄较细高。

罐　侈口，颈极短，宽折肩，凹圜底较浅。通过三个遗址西周遗存出土主要陶器的形制特征对比，可将其分为三期五段。一期一段：小马家遗址H3，为西周早期后段。二期二段：小马家遗址H1，为西周中期前段。二期三段：小马家遗址H2、真武山遗址H36，为西周中期后段。三期四段：真武山遗址H79、H81、G3和第4层，为西周晚期前段。三期五段：郭家岗遗址H66、H109和中区第4层，为西周晚期后段。尽管同类器物在不同发展阶段有着各自的特点，但这只是在主要形制基本相同基础上的发展，且其演变也有规律可循。

鬲　虽有大、小口之分，但差别不是很明显，只是鬲的口径略大于或小于腹径而已，此外，小口鬲出现时间稍晚，始自西周中期后段，不过，两者的演变趋势基本一致。整体由较瘦高变为较矮胖，口沿由侈口翻沿变为卷沿，颈部由无颈变为短颈，腹由深变浅，裆由分裆变为高瘪裆再变为矮瘪裆，裆间距由小到大，足由矮截锥状柱足到矮柱足再到较高柱足。

甗　从西周中期开始出现，甗体由较宽胖变为较瘦高，颈由无颈变为短颈，腹由较浅到较深，腰由较粗到较细，足由矮柱足变为较高柱足，足间距较大。

簋　仅见于西周中期，为敞口、厚唇、浅腹、碗状高圈足簋，西周晚期消失。从关中地区西周早期的遗址和墓葬中出土较多的厚唇、深腹、矮圈足簋推测，本区在西周早期或许也有簋存在。

盂　仅发现于西周中期，无法比较其变化。

豆　豆盘由较深到较浅，豆柄由较短粗变为细高。

盆　均为大口，口由敞口到侈口，颈由无颈到短颈，肩由圆折到扁折，凹圜底由较深到较浅。

罐　侈口、束颈、宽折肩、深腹、凹圜底罐整体形制变化不大，只是颈由长到短再到极短，肩由稍窄变为较宽；侈口、束长颈、圆腹、圜底罐则仅见于西周中期后段。

二　不同期段陶器的文化因素分析

从上部分襄宜地区已发掘的三处西周遗存出土陶器的形制特征看，它们的基本特征是十分明显的，有着一脉相承的风格，但同时又在发展中求变化，并逐步向一种新的文化风格过渡（图一）。

西周早期后段的遗存仅见小马家遗址H3，其出土陶片数量少，在特征上表现出强烈的姬周文化特色，以夹砂陶为主，红陶居多，流行细绳纹，主要器类为鬲、盆、瓮，它们的整体特征与沣西地区西周早期遗存出土陶器基本一致。侈口翻沿深腹分裆鬲体也可以从沣西地区西周早期同型鬲中找到祖型，并直接与时代上早于本灰坑、地域上邻近本区的淅川下王岗遗址[4]和枣阳毛狗洞遗址[5]西周早期前段遗存所出同型鬲有着较为明显的承继关系。不过，这种鬲的足为矮截锥状柱足，它与侈口、翻沿、深腹、分裆鬲体结合后的形制，既不同于沣西地区侈口、翻沿、深腹、分裆、空锥足鬲，也有别于沣西地区侈口、翻沿、浅腹、瘪或联裆、高柱足鬲，结合矮截锥状柱足鬲于商代晚期在南阳盆地较为流行[6]而本区又正好在南阳盆地南端的情况看，该型鬲是姬周文化传播到南阳盆地后同时受到当地文化固有传统影响发生变化的结果，其主流是姬周文化。大敞口、翻沿、无颈盆口沿与沣西97SCDT1④：4之B型Ⅱ式盆[7]风格相近。

西周中期前段的遗存也只有小马家遗址H1，出土陶片的数量依然较少，其陶质、陶色及纹饰的特征与西周早期后段同遗址的H3基本一致，器类组合为鬲、簋、盆、罐，鬲仅见矮柱足，较前段的矮截锥状柱足又向前发展了一步，外形更近圆柱体。簋，从沣西地区看，应是周人从商人那里继承而来并在西周初年就已出现，且形制特征基本与商代晚期并无二致，即厚唇、深腹、矮圈足、碗形、几何纹簋。当然，周人在继承的基础上又有新的发展，形成了侈口、浅腹、较高圈足、素面簋，此型簋也正好在本区的该段出现，这是姬周文化传播的必然结果。不过，本型簋兼有商代陶簋的厚唇作风，同时形体较小，似乎又具豆的特征，而这两段西周遗存又不见豆，这与沣西地区簋、豆同出不一样。盆只见底，深凹圜底，与沣西的平底有别。侈口束长颈折肩深腹绳纹罐与张家坡早期居址H413之侈口束颈折肩深腹绳纹罐[8]有明显的承继关系，只是后者整体更显得瘦长，颈较短粗，而且此型罐还可在沣西地区先周时期97SCMH18：4之侈口斜折沿短领折肩深腹绳纹罐[9]上找到原型，故其无疑是姬周文化的典型器物。

西周中期后段遗存出土陶器的陶质、陶色变化不大，纹饰仍以绳纹为主，但细绳纹所占比例降低，中绳纹大量增加，器类组合有鬲、甗、簋、盂、豆、盆、罐。鬲的形制特征开始发生较大变化，除个别姬周文化较典型的乳头状分裆袋足鬲外，几乎全被柱足鬲所统

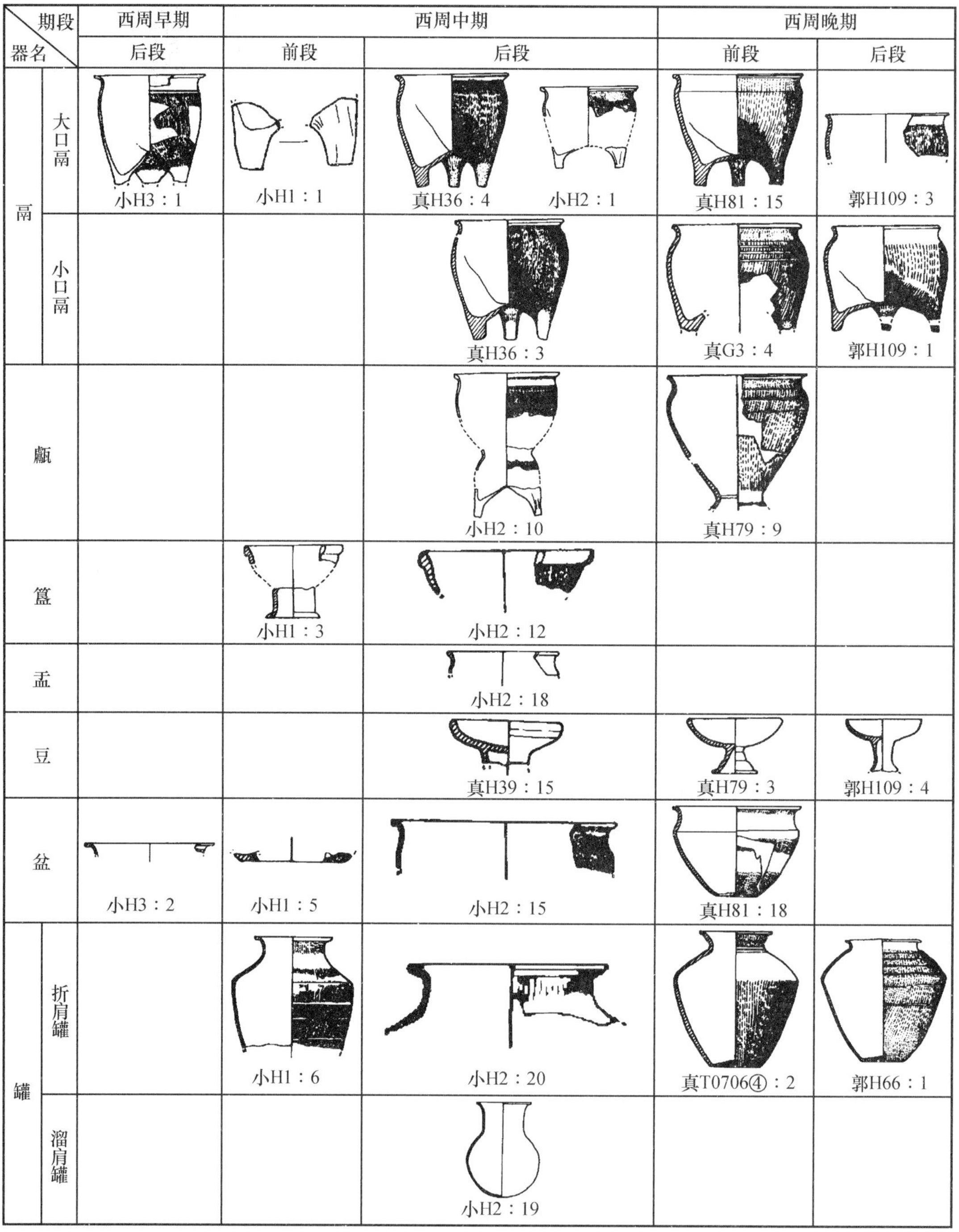

期段\器名		西周早期 后段	西周中期 前段	西周中期 后段		西周晚期 前段	西周晚期 后段
鬲	大口鬲	小H3:1	小H1:1	真H36:4	小H2:1	真H81:15	郭H109:3
	小口鬲			真H36:3		真G3:4	郭H109:1
甗				小H2:10		真H79:9	
簋			小H1:3	小H2:12			
盂				小H2:18			
豆				真H39:15		真H79:3	郭H109:4
盆		小H3:2	小H1:5	小H2:15		真H81:18	
罐	折肩罐		小H1:6	小H2:20		真T0706④:2	郭H66:1
	溜肩罐			小H2:19			

图一 西周陶器分期图

治；新出现了小口鬲，这种小口鬲总的特征只是在口、腹径的对比上有所区别，其余特征与沣西地区大口鬲相比区别不大；两种鬲体相对较瘦高，可看清裆线者全为瘪裆，该期裆内瘪程度较大，裆线高，柱足高度有所增加；出现了被视为"楚式鬲"典型特征的"二次包制"柱形鬲足。甗整体较宽胖，甑体宽扁，粗腰，主要形制特征也与沣西地区先周和西周早期同型甗风格相近，只是鬲体为矮柱足，不同于沣西地区鬲体的尖锥足或袋足，这一点与本区鬲的风格既有继承又有发展相一致。簋仍保持西周中期早段的形制。盂在本段开始出现，其侈口、卷沿、束颈、圆折肩的风格与在西周中期偏早阶段开始出现的张家坡西周遗址和墓葬中的侈口斜折沿无颈折肩盂[10]不同，与洛阳北窑西周早期的敛口鼓腹盂[11]区别更大，故其可能是具有本地特色的器型。豆也从本段开始出现，浅盘、粗柄的形制一样在沣西地区较为流行，但与前者基本为折盘的情形不同，本区更常见的是弧盘。侈口束颈圆肩盆口沿是在前段盆口沿的基础上发展而来的，与盂有着相同的形制。侈口束颈折肩深腹绳纹罐，与前段相比只是颈稍短而已；侈口束长颈圆腹圜底素面罐仅见于本段，形制独特，似乎是东周时期楚文化典型器长颈罐的祖型。

西周晚期遗存出土陶器的陶系和纹饰与西周中期后段相近，但泥质灰陶数量有所增加。主要器类中簋消失，变成了整个东周楚文化日用陶器较为固定的组合形式：鬲、豆、盆、罐，只是此时各类器物的型式还不是很复杂。其形制基本上从前段延续下来。分别自西周早、中期沿用下来的大、小口深腹鬲仍继续流行，裆仍然内瘪，且内瘪程度减小，柱足继续变高。豆仍是浅弧盘，柄渐细高。盆为侈口、束颈、折肩、浅凹底。侈口、束颈、折肩、深腹、绳纹罐依然沿用，颈更短且变细。

襄宜地区西周遗存出土陶器的演变情况表明，本区西周陶器的文化特征十分明显，整体风格一脉相承，同时，其形成过程是在继承基础上的发展。西周早期后段陶器的主体文化因素是姬周文化，并渗入了商代晚期因受商文化影响而开始出现的一些地方文化因素。西周中期以文化的传承性为主，姬周文化特色仍然较为浓烈，但不可避免地出现了一种新的文化在形成过程中的创新和发展，初步形成了一些新的文化因素，其中以"二次包制"鬲足的出现为标志，即考古学楚文化代表性器物"楚式鬲"的特征开始呈现出来。到西周晚期，虽然仍部分地继承了前期的姬周文化因素，但自身特色愈来愈浓，如已有器型风格与祖型的较大差别，与姬周文化柱足鬲的鬲足足尖变矮乃至消失的情况完全相反，本区柱足鬲的鬲足有逐渐增高的趋势，瘪裆的作风也在大幅度减弱等，种种迹象表明，此时的文化面貌正在酝酿大的改变，为春秋早期楚文化的全面形成准备了条件。

三　早期考古学楚文化的探讨

按文献记载，可以确认的连续不断的楚文化发展史可上溯至商末周初鬻熊"事文王"

时，经熊绎受封、昭王南征、熊渠扩张，到楚武王都郢，楚国由一个"土不过同"的周王朝"南土"小国逐步走上加快发展和征战称霸的道路，楚文化也随之由滥觞期走向成熟期。从整个发展过程看，这一阶段无疑是楚文化的滥觞期，即早期楚文化的形成期，时代终西周一世。由于这一时期楚文化文献资料的相对薄弱，文献记载又有诸多相互矛盾之处，因而考古学方面的发现和研究就显得更为重要。

所谓考古学楚文化"就是中国古代楚人所创造的一种有自身特征的文化遗存"[12]。其核心体现在"自身特征上"。众所周知，考古学楚文化的认识是随着考古发掘资料的不断积累和研究逐步深入的，截至目前，自春秋早期开始的整个东周时期的楚文化序列已基本清楚，但早期楚文化的面貌因认识的不同和研究方法的差异而难有定论。

在这里，我们姑且抛开对楚文化内涵上的分歧，也暂不考证文献所记楚族的来源和活动路径，进而按其活动区域去寻找早期楚文化，而是从大家普遍接受的"楚式鬲"特征入手来探讨早期楚文化的形成和发展。

"楚式鬲"是考古学楚文化中一种有普遍意义的代表性器物，苏秉琦先生在比较"殷式鬲"、"周式鬲"和"楚式鬲"时对"楚式鬲"的基本特征作了说明："器体腹底由里向外穿过底壁，外壳部分略呈空心圆锥体，从器体外面紧紧地裹住核心腹壁的'螺钉'，加上再从外面套上去的'螺母'，两部分从器体的内外两面牢牢地粘着腹壁；足间裆部实际就是器体的腹底；空足很浅，有的甚至若有若无。"[13]这无疑是对成熟期"楚式鬲"特征的总结，其以腹底与足的显著特点区别于"殷式鬲"和"周式鬲"，在鬲体上的大口、小口之别则是其不同类型而已。正是由于腹底的这种结构，才使得其裆部呈弧线内凹或近平或略外圜，形成联裆，鬲足成为截锥状或圆形实柱足，足腔较浅。这也为东周文化遗存出土的大量"楚式鬲"所证实。

具有显著特征的"楚式鬲"既然有其成熟的形态，就必然有其渊源，不少学者从多个角度进行了探讨，因在时代或文化传播的地域上存在缺环而难有突破，如在强盛楚国的腹心地区，这种"楚式鬲"向上只能早到西周晚期；尽管鄂东地区在西周早期后段就已出现"具有'楚式鬲'风格"的矮截锥足鬲，其来源是南阳盆地的矮柱足鬲，该类鬲从南阳盆地南部经随枣走廊进入鄂东，再向西影响到楚国腹心地区[14]，这种传播途径显然较自新石器时代以来中原文化与南方文化交流主要通过更为便捷的"南襄走廊"要迂回得多，况且这一传播途径所经过的区域与早期楚文化的覆盖范围不相关联。随着汉水中游和南阳盆地南端西周早、中期遗存的发现，这种"楚式鬲"形成和发展的脉络逐步清晰地呈现在了我们面前。

"二次包制"柱形鬲足在小马家遗址西周中期后段灰坑的发现，至少表明"楚式鬲"在该阶段已经成形，考古学楚文化的特征已凸现。然而这种鬲足在同属该遗址的更早阶段遗迹中尚未发现，可能是更早段遗迹的发掘数量少而且出土陶器数量极为有限之故，当然也不排除该型鬲足是在前段周式风格陶鬲基础上在此段创造出来的新类型。结合同灰坑所出陶鬲鬲体的形制看,该型鬲也应为大口、深腹、瘪裆,并为同时代同区域的真武山遗址H36出土陶鬲所印证。如此,其就兼具周、楚两种文化因素。从纵的方面而言,这种鬲与本遗址西周早期后段和西周中期前段鬲的风格一脉相承,进而直接追溯到姬周文化系统中。从横的方面而言,这种鬲还在邻近的南阳黄龙庙岗、龚营遗址西周地层或遗迹单位[15]中发现较多,其出土陶器的特征仍以姬周文化为主。由此看来,考古学楚文化的主源应是姬周文化。

姬周文化产生后,随着西周王朝的建立迅速向外扩张,自新石器时代以来就作为中原文化向南传播重要通道的"南襄走廊"起着同样的作用,姬周文化借助其地理优势自南向北推进,逐步与当地的文化发生碰撞。虽然姬周文化以其强大的生命力占据了主流,但同时不可避免地会受到地方文化的影响,并经当地民族的有意创新,产生一些新的文化因素也就成为必然,这种情况又会随着时间的推移而变得越来越明显。早期楚文化就是在这种背景下产生和形成的。

关于楚人在西周时期的活动范围,与确认楚早期都城丹阳的地望密切相关,不少专家学者依据众多较早的关于楚族源流的文献记载,考证出楚族源出中原,商末周初,楚先祖鬻熊事文王,周楚关系密切,成王封鬻熊曾孙熊绎子爵,居丹阳,熊绎所居丹阳在汉水上游,初封时"土不过同",即楚人的活动范围较为狭小,当不过今鄂西北、豫西南、陕东南区域。周昭王时,可能楚人欲自强,昭王南征并死于汉上。周夷王时,熊渠革新图强,"不与中国之号谥",楚人进行了第一次较大规模扩张,将楚人的活动范围向东、南扩展到汉水中游[16]。周厉王时,熊渠主动退却,避免了被周灭国的危险。直到楚武王迁郢,楚国才真正摆脱了狭小的地域限制,开始了大规模的扩张行动,楚文化也因此得到迅速发展,并逐渐进入繁盛期。

本区三处西周遗存的文化特征也正好印证了这段历史,反映了早期楚文化的发展历程。西周早期,由于楚人依附于周人,楚人的文化几乎完全从属于姬周文化,没有形成真正意义上的楚文化,故反映在本区最北、也是离丹阳最近的小马家遗址西周早期后段遗存中的文化面貌基本属姬周文化系统。即使是在西周中期前段,也同样以姬周文化为主,少有创新。只是到了西周中期后段,楚人力图对外扩张,先从自身文化创新开始,才有了典型"楚式鬲"的萌芽,但由于楚仍在周的控制下,这种鬲仍表现出较多的姬周文化特征。西周晚期,楚人走上自立图强的道路,创新意识进一步增强,因而在本区中、南部的真武山、郭家岗遗址的西周晚期遗存中出现了更多有自身特色的文化因素,并随之继续向南传播,南部的江汉平原等地也因此发生了文化面貌的变化。

襄宜地区目前发现的三处遗址不仅有西周文化遗存,而且被东周文化遗存所叠压,其中小马家遗址两周遗存分处南北两区,且在时代上有较大缺环,与西周遗存同处南区的晚期遗存是否因上部被破坏而不存尚难以确定，但北区的春秋晚期或战国早期文化遗存属典型的楚文化遗存，其文化面貌继承了西周遗存的特征。真武山、郭家岗遗址则分别自西周中、晚期始分成连续叠压的多个层位，时代连贯，文化序列没有中断，文化面貌一脉相承。随后，本区内相继出现了数量众多、分布密集的楚文化遗址。

注　释

[1] 湖北省文物考古研究所等：《湖北襄樊真武山周代遗址》，《考古学集刊（9）》，科学出版社，1995年。

[2] 武汉大学历史系考古教研室等：《湖北宜城郭家岗遗址发掘》，《考古学报》1997年第4期。

[3] 襄樊市考古队：《湖北襄阳黄集小马家周代遗址》，待刊。

[4] 河南省文物研究所等：《淅川下王岗》，文物出版社，1989年。

[5] 襄樊市博物馆：《湖北枣阳毛狗洞遗址调查》，《江汉考古》1988年第3期。

[6] 杨宝成：《试论西周时期汉东地区的柱足鬲》，《楚文化研究论集（第四集）》，河南人民出版社，1994年。

[7] 中国社会科学院考古所丰镐工作队：《1997年沣西发掘报告》，《考古学报》2000年第2期。

[8] 中国社会科学院考古研究所：《沣西发掘报告》，文物出版社，1962年。

[9] 中国社会科学院考古所丰镐工作队：《1997年沣西发掘报告》，《考古学报》2000年第2期。

[10] 中国社会科学院考古研究所：《张家坡西周墓地》，中国大百科全书出版社，1999年。

[11] 叶万松等：《洛阳北窑西周遗址陶器的分期研究》，《考古》1985年第9期。

[12] 俞伟超：《关于当前楚文化的考古学研究问题》，《先秦两汉考古学论文集》，文物出版社，1985年。

[13] 苏秉琦：《从楚文化探索中提出的问题》，《江汉考古》1982年第1期。

[14] 杨宝成：《试论西周时期汉东地区的柱足鬲》，《楚文化研究论集（第四集）》，河南人民出版社，1994年。

[15] 武汉大学考古系资料。

[16] 叶植：《论楚熊渠称王事所涉及的地望问题》，《楚文化研究论集（第四集）》，河南人民出版社，1994年。

（原载《楚文化研究论集（第七集）》，岳麓书社，2007年；

《考古与文物》2007年"先秦"增刊）

随枣走廊两周遗址典型陶器的分期

随枣走廊是湖北北部的一个地理单元,东北、西南分别为桐柏山、大洪山所阻隔,中部形成一条西北至东南向的通道,因形似"走廊"且正处随州、枣阳所辖地域而得名。其西北与南阳盆地相接,进而直达中原地区,东南则与汉东平原相通,自古以来,既是一条南北交通要道,也是一条南北文化交流要道。文物普查资料表明[1],该区域内的周代文化遗存不仅数量多,而且分布十分密集。同时,由于其所处的特殊地理环境,使得该地区的周代文化有着自身的发展轨迹并自成序列。本文即以该区域内发掘的两周遗址为基础对其典型陶器的分期作一探讨。

一 遗址发掘概况

随枣走廊地区先后发掘的周代遗址有枣阳毛狗洞遗址[2]、随州庙台子遗址[3]和枣阳周台遗址[4]。这三处遗址相距不远,出土陶器器类基本相同,时代上连贯,文化面貌上一脉相承,它们的发掘使本地区两周遗址的陶器分期标尺得以建立。

毛狗洞遗址是在文物普查过程中发现的一内涵丰富的灰坑(H1)中直接清理的一处周代文化遗存,该灰坑出土陶片数量多,可修复的陶器数量也不少,其中以鬲为主,并有甗、罐、缸等,鬲的形制较为复杂,以深瘪裆锥足鬲居多,也出现了深瘪裆柱足鬲;此外,在地表还采集了大量陶片。由于遗址破坏严重,H1和其他地表采集的遗物没有地层依据,只能根据类型学对比推测其大致年代。H1出土遗物,无论是陶质、陶色、纹饰,还是器类及其形制,都有西周早期风格;而且采集的周代陶器,既有与H1出土同型器相同的特征,也有比其早和晚的特征,但最晚不过西周中期。

庙台子遗址是本区经科学发掘的第一处周代文化遗存,发掘面积仅100平方米,地层堆积虽不厚,但早晚关系清楚,其周代文化层分3层,分别为第2、3、4层。遗迹发现不多,仅有两座开口于第1层下打破第2层的灰坑H1、H2。第4层出土陶器有鬲、甗、簋、豆、盆、罐、缸等,除分裆锥足鬲有商文化的遗风外,其余器物的整体特征与毛狗洞遗址H1基本一致;第3层出土的陶器以截锥状柱足鬲最具特色,伴出甗、簋、豆、罐,虽然这些器物总的风格与第4层一脉相承,但在形制上存在着较大缺环,通过综合比较,可将其时代定在春秋早期；第2层及H1、H2与第3层相比，器类变化不大，同样是在形制上有更大的发展，借助于类型学的考察，推测它们的时代以战国早期为宜。

周台遗址是本区已发掘周代遗址中规模最大、地层堆积最厚、遗迹最丰富且时代连贯的一处周代文化遗存，发掘面积近600平方米，地层堆积最厚达2米以上。遗址的周代文化层分3层，分别为第3A、3B、3C层，发现灰坑25座、灰沟3条、房址3座、水井4口、墓葬3座，且这些遗迹的叠压、打破关系较为复杂，为我们对遗址的分期提供了重要的地层依据。同时，无论是地层还是遗迹，都出土了大量陶片，器类有鼎、敦、壶、鬲、甗、甑、簋、豆、盂、盆、罐、瓮、缸、器盖等，它们有着鲜明的时代特征，可划分为从西周晚期到战国中期前后连续发展的六个阶段。

由于以上三处遗址出土的陶器在时代早晚上有着发展脉络的承继性，在时代相同时又有器物特征上的一致性，根据出土器物的类型学特征结合遗址的层位关系，我们可以得到它们相互之间的对应关系，从而为这三处遗址出土陶器的分期奠定基础（表一）。

表一 随枣走廊已发掘遗址的层位关系对照表

毛狗洞遗址	H1					
庙台子遗址	第4层	第3层			第2层	
周台遗址		M3、G4	F3、H8、H18	第3C层和H24～H27、G5、J3、J4	第3B层和H7、H21、H22、J2、M1、M2	H4～H6、H13～H17、H19、H20、J1、F2、F4	第3A层和H1～H3、H10～H12、G3

二 典型陶器的主要型式

以上三处遗址出土的陶器，器类虽然较多，但主要器形只有鬲、甗、簋、豆、盆、罐六种，其数量占出土陶器的80%以上，其演变序列清晰、文化特征明显，是本区陶器的代表。为此，我们选择以上六种陶器中具有分期意义的器形来分析随枣走廊地区两周遗址典型陶器的型式和分期。

1. 鬲

为主要炊器，自西周早期一直沿用至战国时期，形制表现较为复杂。依据足的不同类型可分为四型。

A型 锥足鬲。数量不多，完整器集中于较早时期，鬲足发现较多。按照裆和足部的变化可分为六式。

Ⅰ式：整体瘦高。侈口，翻沿，近无颈，口径基本等于腹径，腹壁近直，尖袋状锥足较小，分裆不明显，裆线较低，三足略内聚，足面无纹。标本庙T1④：26（图一，1）。

Ⅱ式：整体更瘦高。大侈口，翻沿，长颈，口径与腹径的差别不大，腹壁近直，裆内瘪较甚，裆底呈夹角状，三足内聚，足腔深，足面无纹。标本毛H1：23（图一，2）。

Ⅲ式：整体变宽。口、腹、足腔与Ⅱ式接近，裆底呈弧形，三足近直，足面无纹。标本毛采：3（图一，3）。

Ⅳ式：仅见鬲足，足体较高，裆线高，足腔深，足面满饰绳纹。标本周H25：4（图一，4）。

Ⅴ式：仅见鬲足，足体稍矮，裆线较高，足腔变浅，足面除个别素面外满饰绳纹。标本周H21：15（图一，5）。

Ⅵ式：仅见鬲足，足体较矮，裆线较低，足腔浅。标本周H3：6（图一，6）。

B型　柱足鬲。是本区的主型陶鬲。依据口部特征的不同可分为二亚型。

Ba型　大口柱足鬲。是遗址出土数量最多和从早到晚连续演变的一型陶鬲。侈口，沿外翻，溜肩，口、腹径基本相等，微鼓腹，瘪裆。按照口、颈、裆、足部的变化可分为八式。

Ⅰ式：仅见1件，口部残，下腹鼓，裆内瘪特甚呈分裆状，三足顶部交接处呈小锐角，高柱足较细，足腔近袋状。足以上饰中绳纹。标本毛H1：7（图一，7）。

Ⅱ式：整体较瘦高，尖唇，微束颈，上腹鼓，裆内瘪较甚，三截锥状中高柱足内敛，足腔较深。颈以下满饰细绳纹。标本毛H1：26（图一，8）。

Ⅲ式：整体相对变矮胖，圆唇，颈部不明显，中腹鼓，裆内瘪较甚，三截锥状矮柱足略内敛，足腔较深。颈以下满饰细绳纹。标本周G4：1（图一，9）。

Ⅳ式：整体较矮胖，圆唇，颈部不明显，中上腹鼓，裆内瘪程度变小，三矮柱足近直，足腔较浅。颈以下除足下部外满饰中绳纹。标本周G4：5（图一，10）。

Ⅴ式：整体变化不大，翻折沿，方唇，束短颈，上腹鼓，裆内瘪程度稍小，三中高柱足较直或外撇，足腔有浅有深。颈以下满饰中绳纹，肩部贴一周附加堆纹或间有一至两道抹痕。标本周H8②：1（图一，11）。

Ⅵ式：除上沿翻折并外卷、下沿面平厚外，其余特征与Ⅴ式基本相同。标本周H26：1（图一，12）。

Ⅶ式：整体相对较高，翻卷沿，沿圆厚，束短颈，最大径在上腹，裆微内瘪，裆底部较高，柱足有高有矮，足腔有深有浅。标本周H22：19、周H15：2（图一，13、14）。

Ⅷ式：整体变化不大。翻卷沿，束颈外扩，裆底较矮，矮柱足，足腔较浅。标本周H10：6（图一，15）。

Bb型　小口柱足鬲。数量不多。微侈口，圆肩，上腹鼓，下腹弧收，最大腹径在中腹或偏上，腹径明显大于口径。按照口、颈、裆、足部的变化可分为四式。

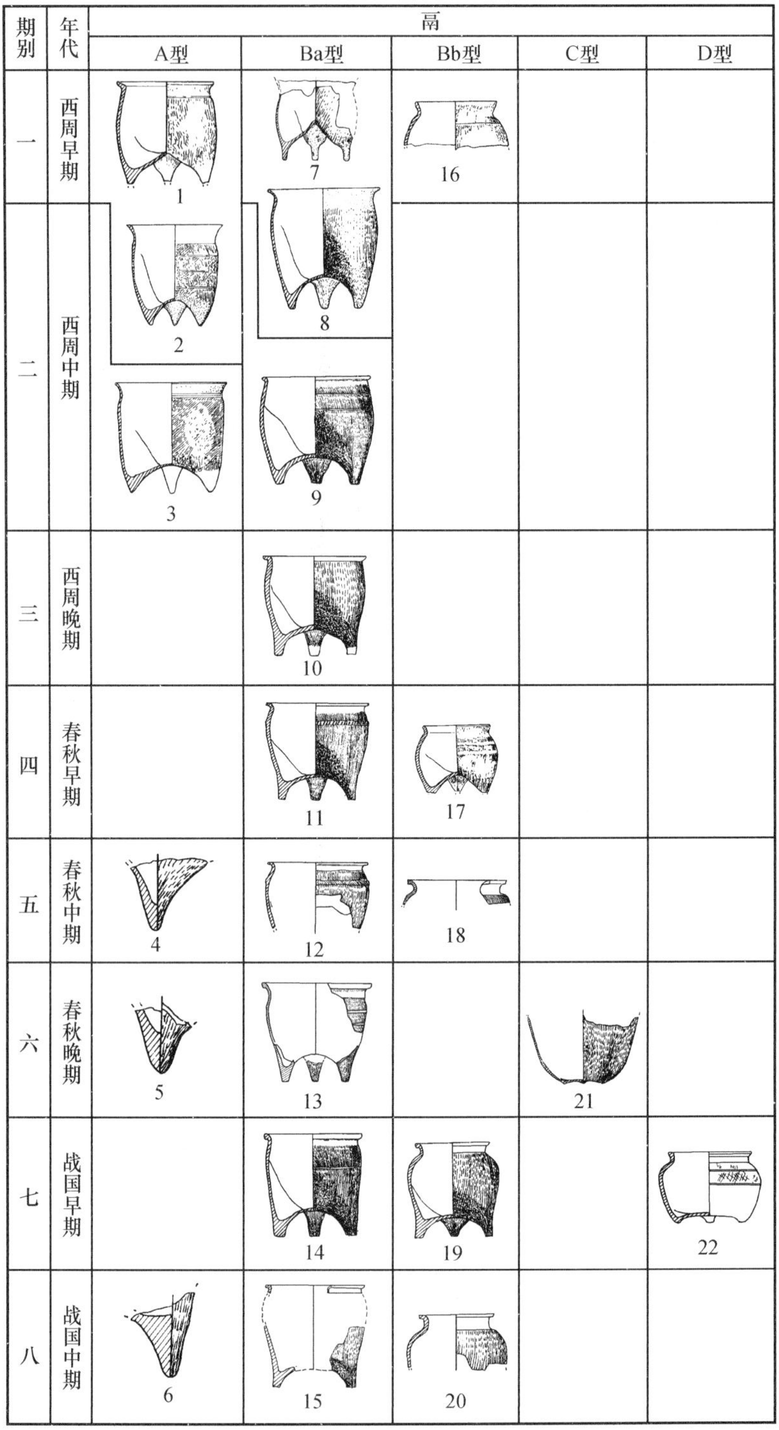

图一　随枣走廊两周遗址陶鬲分期图

1～6.AⅠ～AⅥ式鬲（庙T1④：26、毛H1：23、毛采：3、周H25：4、周H21：15、周H3：6）　7～12.BaⅠ～BaⅥ式鬲（毛H1：7、毛H1：26、周G4：1、周G4：5、周H8②：1、周H26：1）　13、14.BaⅦ式鬲（周H22：19、周H15：2）　15.BaⅧ式鬲（周H10：6）　16、17.BbⅠ、BbⅡ式鬲（庙T4④：42、庙T1③：23）　18、19.BbⅢ式鬲（周T9③C：16、周F2：3）　20.BbⅣ式鬲（周T6③A：7）　21.C型鬲（周T20③B：3）　22.D型鬲（周J1：17）

Ⅰ式：仅余口沿。圆唇，斜颈，最大径在中腹。标本庙T4④：42（图一，16）。

Ⅱ式：中腹以上特征与Ⅰ式相同，裆自中腹微内瘪，矮截锥状柱足，足腔深。标本庙T1③：23（图一，17）。

Ⅲ式：翻折沿，束短颈，最大径移至肩部，弧裆，柱足较高，足腔浅。标本周T9③C：16、周F2：3（图一，18、19）。

Ⅳ式：仅余口沿，除束颈边长外，其余特征与Ⅲ式相同。标本周T6③A：7（图一，20）。

C型　乳足鬲。数量不多，且多仅见足部，只有1件连接腹部的残器，深腹，下腹缓收，矮平裆，三小乳状足。标本周T20③B：3（图一，21）。

D型　袋足鬲。发现少量几件，仅1件保存完整。整体宽扁，小口微侈，翻折沿，矮领，圆肩，浅腹，上腹鼓，下腹弧收，矮平裆，矮尖袋足。标本周J1：17（图一，22）。

2. 甗

为主要炊器之一，数量也相对较多，在各遗址的每个时代都较为流行。整体形制上下一致，甗体侈口，沿外翻，束颈，鼓腹，束腰，鬲体溜肩。根据鬲体足的不同可分为二型。

A型　锥足甗。数量较少，且基本存在于西周早期。整体较矮，束腰极短而相对较粗，鬲体瘪裆较甚，裆底呈夹角状，矮锥足，足腔深。标本毛H1：2（图二，1）。

B型　柱足甗。是甗的主体。侈口，沿外翻，束颈，束腰，瘪裆，柱足。按照整体、口、腰、裆、足的变化可分为八式。

Ⅰ式：整体瘦高。口径远大于肩径，腰细短，肩部短凸，裆内瘪较甚，裆底高并呈弧形，足较高细，足腔较深。标本毛H1：11、毛H1：16（图二，2、3）。

Ⅱ式：除整体稍宽、腰较长外，其余特征与Ⅰ式接近。标本毛采：31、毛采：20（图二，4、5）。

Ⅲ式：仅见腰部，稍变细，肩部下溜。标本周G4：7（图二，6）。

Ⅳ式：整体稍宽，斜束颈极短，圆肩，最大径在肩部，口、肩径基本相等，甗壁斜收，腰稍短粗。标本庙T1③：54、庙T4③：80（图二，7、8）。

Ⅴ式：整体稍矮胖。甗体口径与最大腹径基本相等，翻折沿，短颈，肩部圆，腰部较短细，裆内瘪程度相对较小，裆底较高。标本周J3：13（图二，9）。

Ⅵ式：除沿翻卷外，其余形制与Ⅴ式相同。标本周J3：3、周H22：8（图二，10、11）。

Ⅶ式：在Ⅵ式基础上，上腹外鼓较甚，即上腹径明显大于口径，腰部较长，裆底较矮。标本周H5：2（图二，12）。

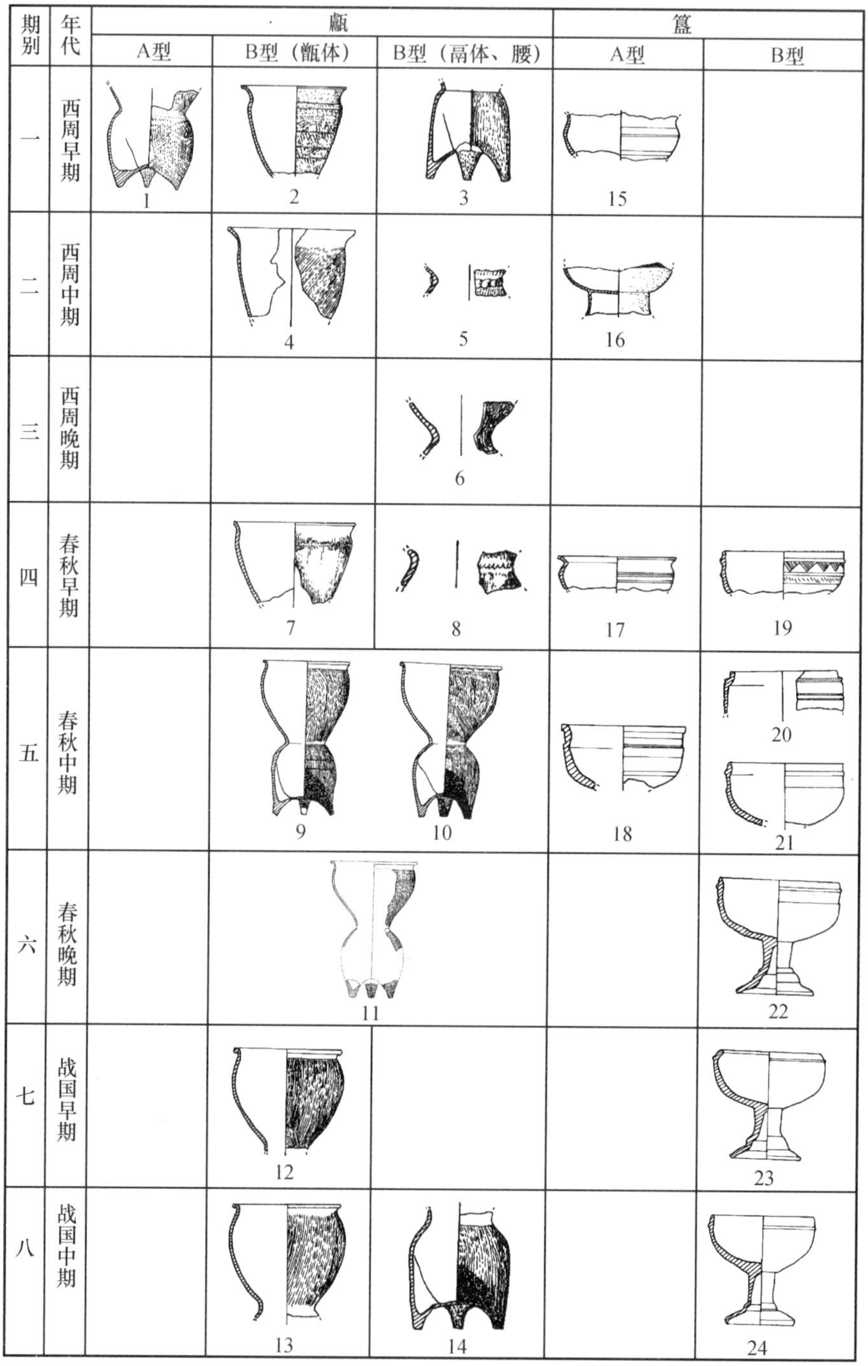

期别	年代	鬲			簋	
		A型	B型（瓶体）	B型（鬲体、腰）	A型	B型
一	西周早期	1	2	3	15	
二	西周中期		4	5	16	
三	西周晚期			6		
四	春秋早期		7	8	17	19
五	春秋中期		9	10	18	20, 21
六	春秋晚期			11		22
七	战国早期		12			23
八	战国中期		13	14		24

图二　随枣走廊两周遗址陶鬲、簋分期图

1.A型鬲（毛H1∶2）　2、3.BⅠ式鬲（毛H1∶11、毛H1∶16）　4、5.BⅡ式鬲（毛采∶31、毛采∶20）　6.BⅢ式鬲（周G4∶7）　7、8.BⅣ式鬲（庙T1③∶54、庙T4③∶80）　9.BⅤ式鬲（周J3∶13）　10、11.BⅥ式鬲（周J3∶3、周H22∶8）　12.BⅦ式鬲（周H5∶2）　13、14.BⅧ式鬲（周H3∶2、周T4③A∶2）　15~18.AⅠ~AⅣ式簋（庙T4④∶82、毛采∶29、庙T3③∶41、周J3∶18）　19~24.BⅠ~BⅥ式簋（庙T3③∶65、周T10③C∶20、周H25∶3、周H22∶10、周F2∶10、周T3③A∶8）

Ⅷ式：除肩斜溜、腰较粗、裆微瘦、裆底较平外，其余特征与Ⅶ式基本相同。标本周H3∶2、周T4③A∶2（图二，13、14）。

3. 簋

是次于豆的食器，周台遗址出土数量较多，毛狗洞遗址和庙台子遗址则少见。根据能否承盖的不同可分为二型。

A型　数量极少，均残存上部。不承盖。按照整体的变化可分为四式。

Ⅰ式：侈口，束颈稍长，扁鼓腹。标本庙T4④∶82（图二，15）。

Ⅱ式：侈口，翻沿，短束颈，扁鼓腹，宽圈足。标本毛采∶29（图二，16）。

Ⅲ式：侈口，翻沿，束颈极短，扁鼓腹。标本庙T3③∶41（图二，17）。

Ⅳ式：敞口，平折沿，口沿下壁面呈宽带状内凹，弧腹内收，圜底。标本周J3∶18（图二，18）。

B型　承盖。按照整体、口、柄或圈足的变化可分为六式。

Ⅰ式：残存上部，直口微敛，直壁。除纹饰外的壁面平，壁饰两道凸弦纹。标本庙T3③∶65（图二，19）。

Ⅱ式：仅存上部。子口，圆唇，折肩，圜底。上腹壁除纹饰外的壁面平。壁饰三道凹弦纹。标本周T10③C∶20（图二，20）。

Ⅲ式：仅存上部。子口，上腹直，下腹急收，圜底。口沿下饰一道凸弦纹，弦纹下壁面呈宽带状内凹。标本周H25∶3（图二，21）。

Ⅳ式：直口或微敛口，圆唇，微鼓腹，圜底，矮粗柄，阶梯状喇叭形圈座。纹饰特征与Ⅲ式相同。标本周H22∶10（图二，22）。

Ⅴ式：口内敛较甚，折沿，方唇，折肩，腹壁自肩部弧收，底、圈座形制及纹饰特征与Ⅴ式基本相同。标本周F2∶10（图二，23）。

Ⅵ式：除口近直外，其余特征与Ⅳ式相同。标本周T8③A∶8（图二，24）。

4. 豆

是常见的食器，也是出土数量最多的器物，时代特征不甚明显。根据盘壁的不同可分为二型。

A型　折盘豆。近直口，微折盘，浅腹。按照柄的变化可分为五式。

Ⅰ式：折盘在下腹处，柄较粗高，柄内空大。标本庙T4④∶87、庙T2④∶72（图三，1、2）。

Ⅱ式：折盘处上移，粗高柄，柄内空较大。标本周G4∶3（图三，3）。

Ⅲ式：除柄稍矮外，其余特征与Ⅱ式相近。标本庙T2③：69、T2③：52（图三，4、5）。

Ⅳ式：近直口或微敛口，柄较高细，柄中空较小，喇叭状圈座。标本周J3：5（图三，6）。

Ⅴ式：近直口，柄较细高，柄中空呈锥状至柄上部，内底平，喇叭状圈座。标本周H14：1、周T13③A：7（图三，7、8）。

B型　弧盘豆。敞口，弧盘。按照腹深、柄的变化可分为四式。

Ⅰ式：盘腹较深，粗高柄，柄中空较大并至盘底。标本周G4：2（图三，9）。

Ⅱ式：盘腹稍浅，柄稍矮，柄中空且缩小。标本庙T4③：4（图三，10）。

Ⅲ式：腹相对较浅，柄较细矮，柄中空较小，圈座较窄。标本周T9③C：15（图三，11）。

Ⅳ式：腹相对较浅，柄较细高，柄中空小，圈座较窄。标本周H21：12、周H5：4（图三，12、13）。

5. 盆

数量相对较多。大口，除近直口、直腹盆因数量少不作讨论外，其余主要为侈口、有颈、深腹盆，根据颈、肩、腹的不同可分为二型。

A型　束颈、折肩或折腹盆，腹壁自折肩或折腹部位斜弧内收。其是盆的主型。按照口沿、颈、肩、腹部的变化可分为六式。

Ⅰ式：大侈口，翻沿，颈较长，颈壁内斜，口径远大于肩径，肩微外凸下折。标本毛采：19（图三，14）。

Ⅱ式：敛口，翻折沿，短束颈，颈壁呈斜直状外扩下折，口径基本与腹径相等，折肩。标本周M3：4（图三，15）。

Ⅲ式：敛口，沿外翻，束颈变长，颈壁仍呈斜直状外扩下折，折肩，肩径明显大于口径。标本周G4：4（图三，16）。

Ⅳ式：侈口，翻折沿，方唇，长颈微束，颈壁略呈弧形外扩，折肩外凸不甚，肩径基本等于口径。标本周J3：4、周H21：5（图三，17、18）。

Ⅴ式：侈口，翻折沿，方唇，微束颈更长，颈壁略内弧，折肩略外凸，肩径明显小于口径。标本周H5：3（图三，19）。

Ⅵ式：敛口，宽沿翻折，束颈极短，溜肩，上腹扁折。标本周T2③A：2（图三，20）。

B型　束颈弧腹盆。数量不多，完整器也少。侈口，沿外翻，束颈，溜肩，鼓腹，下腹弧收，口径与最大肩、腹径相差不大。按照口、颈、肩、腹部的变化可分为四式。

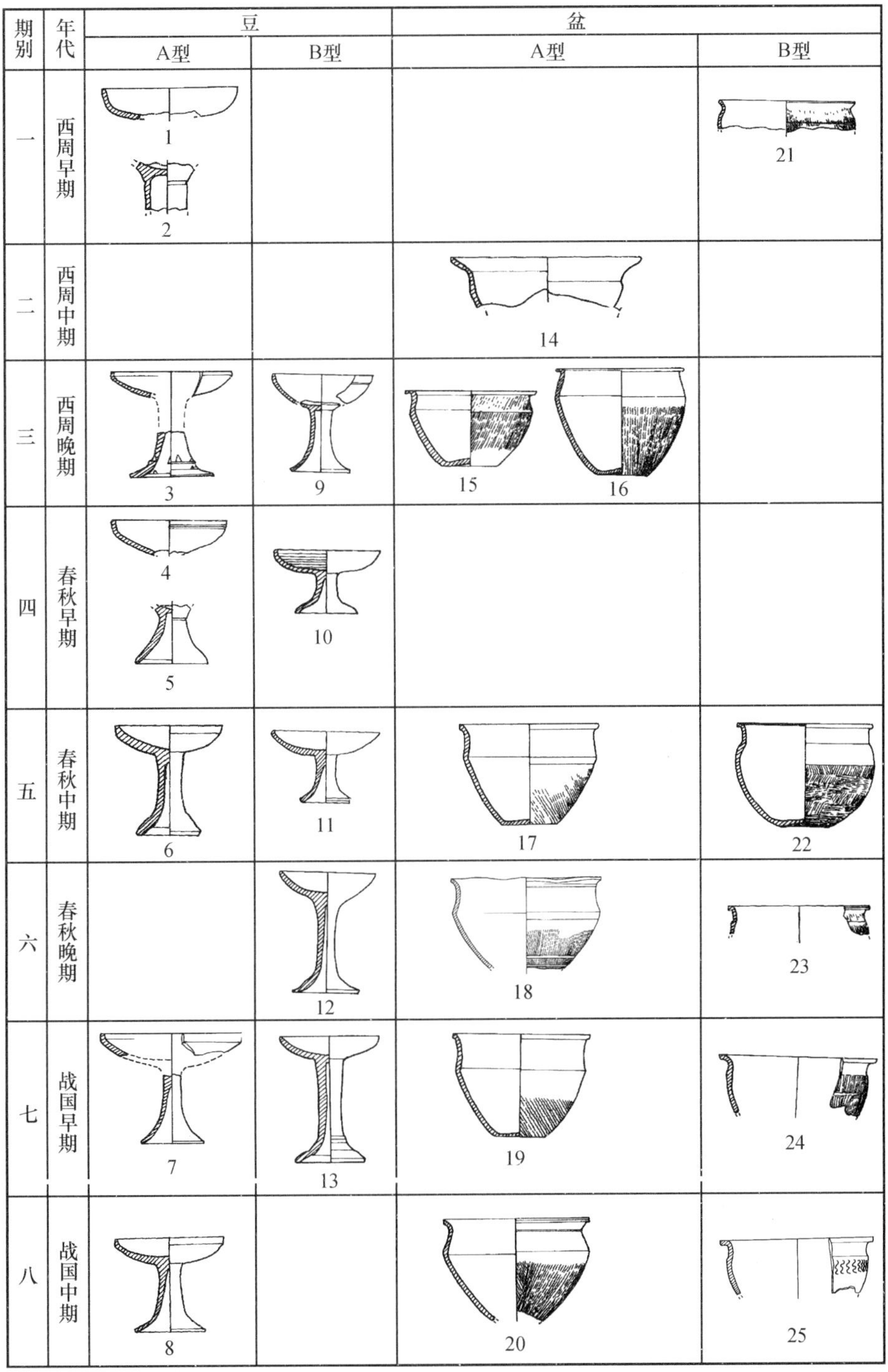

期别	年代	豆		盆	
		A型	B型	A型	B型
一	西周早期	1, 2			21
二	西周中期			14	
三	西周晚期	3	9	15, 16	
四	春秋早期	4, 5	10		
五	春秋中期	6	11	17	22
六	春秋晚期		12	18	23
七	战国早期	7	13	19	24
八	战国中期	8		20	25

图三 随枣走廊两周遗址陶豆、盆分期图

1、2. AⅠ式豆（庙T4④：87、庙T2④：72） 3. AⅡ式豆（周G4：3） 4、5. AⅢ式豆（庙T2③：69、庙T2③：52） 6. AⅣ式豆（周J3：5） 7、8. AⅤ式豆（周H14：1、周T13③A：7） 9~11. BⅠ~BⅢ式豆（周G4：2、庙T4③：4、周T9③C：15） 12、13. BⅣ式豆（周H21：12、周H5：4） 14~16. AⅠ~AⅢ式盆（毛采：19、周M3：4、周G4：4） 17、18. AⅣ式盆（周J3：4、周H21：5） 19、20. AⅤ、AⅥ式盆（周H5：3、周T2③A：2） 21~23. BⅠ~BⅢ式盆（庙T4④：35、周J4：5、周H22：21） 24、25. BⅣ式盆（周H5：13、周T11③A：5）

Ⅰ式：束颈极短，圆肩，最大径在肩部。标本庙T4④：35（图三，21）。

Ⅱ式：束颈较长，圆肩，最大径在上腹。标本周J4：5（图三，22）。

Ⅲ式：均为口沿。束颈较短，溜肩，最大径在中腹或略偏上。标本周H22：21（图三，23）。

Ⅳ式：均为口沿。束颈较短，圆肩或折肩，最大径在肩部或上腹部。标本周H5：13、周T11③A：5（图三，24、25）。

6. 罐

是各遗址出土数量最多的器物之一，也是形制最为复杂的器物，而且基本无同一型罐能沿袭始终，即大多数罐的时代特征不甚明显。从大的方面根据有无双耳的不同可分为二型。

A型　无耳罐。小侈口，沿外翻，束颈，有深腹、浅腹之分，浅腹罐只见口沿，时代特征不明显，深腹罐具有一定的分期意义。深腹罐按照口、颈、肩部的不同分为二亚型。

Aa型　侈口折肩深腹罐。短颈，浅凹底。腹饰绳纹。按照整体、肩、腹的变化可分为四式。

Ⅰ式：整体瘦高，肩长溜下折，肩径远大于口径。标本毛H1：15（图四，1）。

Ⅱ式：整器较矮胖，宽沿近平，肩径与口径的比差缩小，腹较浅，浅凹底。标本周M3：1（图四，2）。

Ⅲ式：整器高，翻卷沿上昂，肩径与口径的比差相对较小，深腹，平底。标本周M1：1（图四，3）。

Ⅳ式：整器宽胖，翻卷沿下压，肩径远大于口径。标本庙H2：2（图四，4）。

Ab型　侈口圆肩深腹罐。腹饰绳纹。按照口沿、颈部的变化可分为四式。

Ⅰ式：仅存口沿。颈较短，颈壁内斜凹较甚。标本庙T3④：44（图四，5）。

Ⅱ式：口外侈相对较甚，平折沿，颈较短，颈壁较大弧度内凹。标本周T10③C：27（图四，6）。

Ⅲ式：均残存口沿。口略外侈，翻折沿，颈较长，颈壁微呈弧形内凹。标本周T10③B：13（图四，7）。

Ⅳ式：口略外侈，沿翻折，方唇，颈较长，颈壁直，溜肩。标本周J1：7（图四，8）。

B型　双耳罐。依据整体、口沿、颈部、双耳的不同可分为四亚型。

Ba型　中长颈、深腹、双鼻耳罐。整体匀称，侈口，翻折沿，束中长颈，溜肩，深腹，上腹鼓，下腹弧收，腹径大于口径，凹圜底。按照口沿、颈部的变化可分为三式。

Ⅰ式：平折沿，平唇，颈较长，颈壁近直。标本周J4：4（图四，9）。

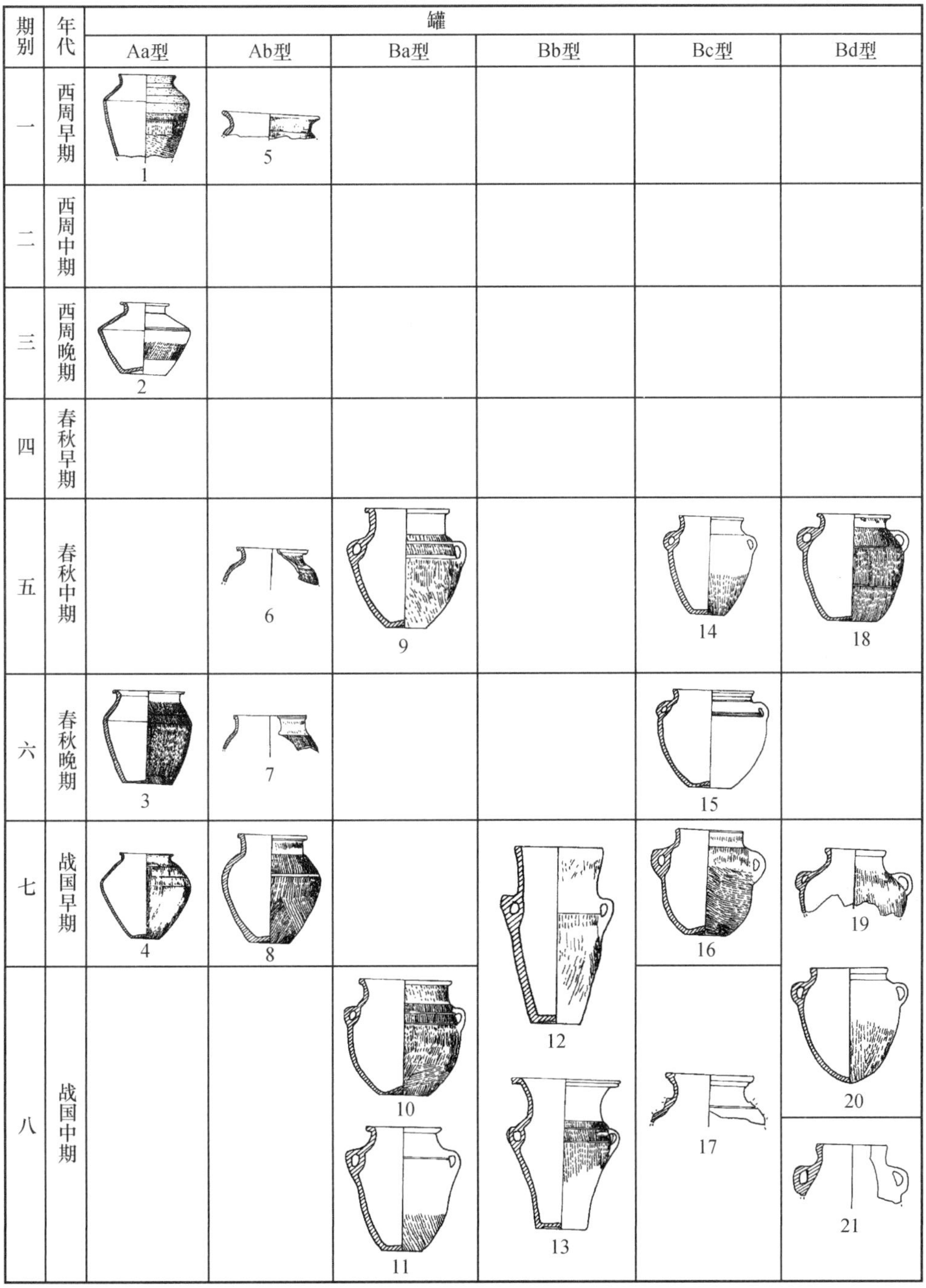

期别	年代	罐					
		Aa型	Ab型	Ba型	Bb型	Bc型	Bd型
一	西周早期	1	5				
二	西周中期						
三	西周晚期	2					
四	春秋早期						
五	春秋中期		6	9		14	18
六	春秋晚期	3	7			15	
七	战国早期	4	8			16	19
八	战国中期			10、11	12、13	17	20、21

图四 随枣走廊两周遗址陶罐分期图

1~4. AaⅠ~AaⅣ式罐（毛H1∶15、周M3∶1、周M1∶1、庙H2∶2） 5~8. AbⅠ~AbⅣ式罐（庙T3④∶44、周T10③C∶27、周T10③B∶13、周J1∶7） 9~11. BaⅠ~BaⅢ式罐（周J4∶4、周T5③A∶6、周H10∶7） 12、13. BbⅠ、BbⅡ式罐（周J1∶14、周J1∶9） 14~17. BcⅠ~BcⅣ式罐（周J3∶11、周H21∶10、周J2∶2、周T9③A∶10） 18~21. BdⅠ~BdⅣ式罐（周J3∶14、庙T3②∶25、庙H1∶6、周T7③A∶10）

Ⅱ式：翻折沿，方唇，颈稍短，颈壁呈弧形内凹。标本周T5③A：6（图四，10）。

Ⅲ式：整体瘦高，翻折沿，方唇，颈稍短，颈壁自上部斜外扩。标本周H10：7（图四，11）。

Bb型　长颈深腹双鼻耳罐。整体瘦高，长颈，溜肩，深腹，凹圜底近平。按照口沿、颈、腹部的变化可分为二式。

Ⅰ式：微侈口，窄平折沿，平唇，颈壁略弧，上腹微鼓，下腹近斜直状弧收。标本周J1：14（图四，12）。

Ⅱ式：大侈口，翻折沿，方唇，唇内、外沿面各有一道浅凹槽，颈壁呈较大弧度内凹，上腹鼓，下腹呈内曲弧形缓收。标本周J1：9（图四，13）。

Bc型　小口、短颈、双鼻耳罐。整体相对较矮胖，窄折沿，束短颈，圆肩，腹相对较浅，上腹鼓，下腹弧收，最大腹径明显大于口径，凹圜底。按照口沿、颈、腹部的变化可分为四式。

Ⅰ式：整体相对瘦高，微侈口，最大腹径在上腹，凹圜底较浅。标本周J3：11（图四，14）。

Ⅱ式：整体矮胖，侈口，平折沿，平唇，最大腹径在上腹，凹圜底较深。标本周H21：10（图四，15）。

Ⅲ式：整体变矮胖，外沿下压，最大腹径在中腹，凹圜底较深。标本周J2：2（图四，16）。

Ⅳ式：残存口沿，微侈口，内侧内敛，平折沿，平唇。标本周T9③A：10（图四，17）。

Bd型　短颈、深腹、双弓耳罐。短颈，上腹鼓，深腹。按照口沿、颈部的变化可分为四式。

Ⅰ式：侈口，翻沿，耳孔内壁平，孔纵断面呈半圆形。标本周J3：14（图四，18）。

Ⅱ式：近直口，卷折沿，颈稍长。标本庙T3②：25（图四，19）。

Ⅲ式：直口，平折沿，凸圜底。标本庙H1：6（图四，20）。

Ⅳ式：耳孔内壁内凹，孔纵断面呈椭圆形。标本周T7③A：10（图四，21）。

三　典型陶器的层位共存关系和分组

上述典型陶器的型式划分实际上是以地层学和类型学相结合的方法得出的，其中地层学是基础。按照其类型学特征，结合各型陶器的层位关系，我们可将上述典型陶器分为八组。

第一组：层位关系有毛狗洞遗址H1和庙台子遗址第4层。器型较少，有AⅠ、AⅡ、

BaⅠ、BaⅡ、BbⅠ式鬲，A型、BⅠ式甗，AⅠ式簋，AⅠ式豆，BⅠ式盆，AaⅠ、AbⅠ式罐。

第二组：主要为毛狗洞遗址采集遗物，个别为周台遗址被扰进稍晚时代层位的早期遗物。器型不多，有AⅢ、BaⅢ式鬲，BⅡ式甗，AⅡ式簋，AⅠ式盆。

第三组：层位关系有周台遗址M3、G4。器型也不多，有BⅣ式鬲，BⅢ式甗，AⅡ、BⅠ式豆，AⅡ、AⅢ式盆，AaⅡ式罐。

第四组：层位关系有庙台子遗址第3层和周台遗址F3、H8、H18。器型数量依然较少，有BaⅤ、BbⅡ式鬲，BⅣ式甗，AⅢ、BⅠ式簋，AⅢ、BⅡ式豆。

第五组：层位关系有周台遗址第3C层和H24～H27、G5、J3、J4。器型数量增多，有AⅣ、BaⅥ、BbⅢ式鬲，BⅤ、BⅥ式甗，AⅣ、BⅡ、BⅢ式簋，AⅣ、BⅢ、BⅣ式豆，AⅣ、BⅡ式盆，AbⅡ、BaⅠ、BcⅠ、BdⅠ式罐。

第六组：层位关系有周台遗址第3B层和H7、H21、H22、J2、M1、M2。器型数量更多，BⅥ式甗和AⅣ、BⅢ、BⅣ式豆，AⅣ、BⅡ式盆继续使用，新出现的有AⅤ、BaⅦ式、C型鬲，BⅣ式簋，AaⅢ、AbⅢ、BcⅡ、BcⅢ式罐。

第七组：层位关系有庙台子遗址第2层和周台遗址H4～H6、H13～H17、H19、H20，J1，F2、F4。不仅器型数量较多，而且前组在本组继续使用的器型也很多，有BaⅦ、BbⅢ式鬲，BⅥ式甗，BⅡ式簋，BⅢ、Ⅳ式豆，AⅣ式盆，AaⅢ、AbⅢ、BaⅠ、BcⅢ、BdⅠ、BdⅡ式罐，新出现的器型有D型鬲，BⅦ式甗，BⅤ式簋，AⅤ式豆，AⅤ、BⅣ式盆，AaⅣ、AbⅣ、BbⅠ、BbⅡ、BdⅡ、BdⅢ式罐。

第八组：层位关系有周台遗址第3A层和H1～H3、H10～H12、G3。前组在本组继续使用的器型依然不少，有AⅣ、BaⅦ式、D型鬲，BⅦ式甗，BⅡ、BⅢ、BⅣ式簋，AⅤ、BⅢ、BⅣ式豆，BⅣ式盆，AaⅢ、AbⅢ、AbⅣ、BcⅢ式罐，新出现的器型有AⅥ、BaⅧ、BbⅣ式鬲，BⅧ式甗，BⅤ式簋，AⅥ式盆，BaⅡ、BaⅢ、BcⅣ、BdⅣ式罐。

由于时代较早的毛狗洞遗址只是清理性试掘，庙台子遗址的发掘面积不大，二者所得资料有限，加上各遗址在形成之初范围较小，客观上造成了前四组典型陶器器型的相对缺失和在时代上的某些缺环，自第四组之后这种情况有了很大的改变，不仅器型丰富了许多，而且同种器型的沿用和过渡也十分明显。

四 典型陶器的分期和年代推测

以上典型陶器正是建立在地层学和类型学上的分组，使得每组陶器表现出不同的时代特征，据此，我们将八组典型陶器对应地分为八期（图一～图四）。

第一期：该组所有器物整体瘦高。鬲，大侈口，沿外翻，颈部微内凹，且颈、肩、上腹分界不明显，基本呈上下线状连贯，深腹，除AⅠ式近分裆外，其余鬲的裆近肩部呈垂直状内瘪且较甚，裆底交接处多有夹角，三足内聚，锥足鬲占主体，柱足鬲极少且足矮细、足腔深。甗的作风与鬲相近。AⅠ式簋，扁鼓腹。AⅠ式豆，折盘深，柄较粗。AaⅠ式罐，小口微外侈，肩长斜下折。它们表现出西周早期文化特征，与沣西西周早期居址[5]和张家坡墓地西周早期墓地[6]同型器物特征基本一致。其中AⅠ式分裆锥足鬲显然是本区商代陶鬲的残留，而BaⅠ式鬲无疑有先周文化风格。因此，我们推断本组的年代为西周早期，有的还可早到殷末周初。

第二期：该组AⅢ、BaⅢ式鬲和BⅡ式甗与第一期的风格比较接近，只是时代特征更晚一些，如鬲的整体变宽，裆自肩部向下呈斜行内瘪，且中部内瘪更甚，裆底基本呈弧形，B型鬲足变粗，为截锥状柱足。BⅡ式甗之上部稍宽，腰稍长。AⅡ式簋已完全脱离了西周早期前段斜深腹、矮宽圈足、几何纹的殷式簋作风，从而成为周人在西周早期后段和西周中期前段流行的浅腹、较高圈足、素面簋。AⅠ式盆之口径与肩径的比差较大，与西周中期沣西地区常见的同型盆形制相差不大。依据其形制判断，我们认为本期以西周中期为宜。其中BaⅢ式鬲与襄樊真武山H36所出BⅠ式鬲[7]相近，这种形制的鬲还可在黄陂鲁台山H1之Ⅲ式鬲[8]上找到许多共同点，其时代可能稍晚，约在西周中期偏晚阶段，其余器型则相当于西周中期偏早阶段。

第三期：本组器物中，BaⅣ式鬲与BaⅢ式鬲相比，只是裆内瘪程度相对较小，柱足变高，时代应稍晚。AⅡ、BⅠ式豆，豆盘较深，豆柄较粗，具备时代较早的特征。AⅡ、AⅢ式盆，翻折沿，折肩外凸，下腹弧收，其中AⅡ式盆整体较矮，折腹近口部，AⅢ式盆整体较高，折腹处离口部较长，它们分别与沣西地区西周中、晚期同型盆[9]类似，从周台遗址陶盆的发展序列看，这种形制的盆要早于与本遗址稍晚层位或遗迹单位所出相同形制的襄樊真武山AⅠ式盆[10]。AaⅡ式罐明显变矮胖，除凹圜底较深、中腹饰绳纹不同于沣西张家坡M304之B型Ⅺb式罐[11]的平底、下腹素面风格外，其余形制及纹饰特征几乎完全相同。由此，本期年代相当于西周晚期，AⅡ式盆、AaⅡ式罐的时代特征明显偏早，可能属西周晚期的偏早阶段。

第四期：该组的BaⅤ式鬲，翻折沿，方唇，束短颈，瘪裆不深，矮柱足或高柱足。其延续西周晚期风格，除整体型制外，在肩部贴附加堆纹的做法与宜城肖家岭春秋早期H18之Ⅰ型1、2式鬲[12]几乎一致。BⅣ式甗同样有西周时期特征。AⅢ式簋仍然承继前期同型簋的风格；BⅠ式簋为新的器型，其形态特征显然与沣西、洛阳地区出土西周簋差别较大，整体形制与当阳赵家湖[13]、江陵九店甲组墓[14]出土簋较为相似。AⅢ式豆的矮粗把特别是中间带凹弦纹或凸箍的豆柄与1992年沣西西周晚期墓出土的豆柄[15]有着一致的风格。综合上述因素，我们认为，本期时代以春秋早期为宜。

第五期：该组的AⅣ式鬲仅见鬲足，其高裆深腹的形制显然有西周锥足鬲特点；BaⅥ

式鬲与BaⅤ式鬲相比，只是口沿和颈部有小的变化，其余特征基本一致；BbⅢ式鬲，小口弧裆，其形制与南阳龚营遗址[16]春秋中期较常见的同型鬲一致。BⅤ、BⅥ式甗，甑体变宽胖，后者沿开始翻卷，腰较长，鬲体有的裆内瘪不深，裆底较矮，柱足不高，足腔较深，呈现出相对较晚的特点。AⅣ式簋与AⅢ式簋相比有较大的不同。至于豆，无论是AⅣ式折盘豆，还是BⅢ、BⅣ式弧盘豆，豆盘普遍变浅，豆柄变高变细，其形制虽在春秋早期已然出现，但由于其沿用时间长，时代特征上不是很明显，似乎更多地具有春秋中期的特点。AⅣ式盆，翻折沿，颈部略凹，其形制介于襄樊真武山AⅠ、Ⅱ式盆[17]之间；BⅡ式盆也有与以上对比遗址所出同型盆一致的特征。BaⅠ式罐与大悟吕王城T2③：48之Ⅱ式罐[18]类似。按照本组典型陶器群的总体特征，本期年代应在春秋中期。

第六期：该组的AⅤ式鬲足，裆线变低，足腔变浅；BaⅦ式鬲在前期基础上继续发展，主要反映在翻卷沿的出现和流行，相对于本区而言，这是一种全新的风格，与黄陂鲁台山M9之Ⅰ式鬲[19]相近；而大深腹、弧裆近平、矮乳状足的C型鬲可从曲阜鲁国故城春秋中、晚期遗址、墓葬出土的陶鬲中[20]找到许多相同特征。BⅣ式簋与前期簋的形制一脉相承且变化不大。B型盆全为口沿。AaⅢ式罐与AaⅡ式罐之间有较大的缺环。综此，本期年代约当春秋晚期。

第七期：从出土的陶器群看，本期与前期的衔接十分紧密。D型鬲较多地见于本地、南阳盆地及江陵地区的春秋晚期至战国早期遗址、墓葬中。BⅦ式甗之甑体作风与宜城郭家岗之Ⅶ式甗[21]较近。BⅤ式簋、AⅣ式豆及B型罐都表现出较晚的特点。据以上标型器的形制特征推测，本期年代约为战国早期。

第八期：本组的BaⅧ式鬲近平裆，形制与江陵战国中期楚文化遗址和墓葬出土的同型鬲风格一致。BⅤ式甗之甑体肩部外鼓较甚，鬲体瘦高，裆略瘪，裆底较低平，明显较前期为晚。BⅤ式簋除口部外，基本特征与BⅣ式一致。豆的变化不大。AⅥ式盆折肩处外凸。依据以上时代特征明显的器物形制，并与相同层位共出的高蹄足鼎、带卡口的敦盖看，本期年代约当战国中期。

通过已发掘遗址出土典型陶器的层位关系，结合各型陶器的时代特征，我们将随枣走廊地区的典型陶器分为八期，其基本涵盖了除战国晚期以外的整个两周时期，延续时间是连贯的，发展脉络是清晰的，可以说基本建立了本区两周遗址陶器的时代序列。同时，其文化面貌也是独特的，即使是与邻近的襄宜平原和南阳盆地也有较大的不同。这除了有地理环境的因素外，还应有政治格局的不同和变化，因限于篇幅，将另外撰文论述。

注　释

［1］　襄樊市文物普查办公室等：《襄樊市文物史迹普查实录》，今日中国出版社，1995年。
［2］　襄樊市博物馆：《湖北枣阳毛狗洞遗址调查》，《江汉考古》1988年第3期。

[3] 武汉大学考古教研室等：《西花园与庙台子》，武汉大学出版社，1993年。

[4] 襄樊市文物考古研究所等：《枣阳周台遗址发掘报告》，《襄樊考古文集》（第一辑），科学出版社，2007年。

[5] 中国科学院考古研究所：《沣西发掘报告》，文物出版社，1962年。

[6] 中国社会科学院考古研究所：《张家坡西周墓地》，中国大百科全书出版社，1999年。

[7] 湖北省文物考古研究所等：《湖北襄樊真武山遗址》，《考古学集刊（9）》，科学出版社，1995年。

[8] 黄陂县文化馆等：《湖北黄陂鲁台山两周遗址和墓葬》，《江汉考古》1982年第2期。

[9] 中国社会科学院考古研究所：《张家坡西周墓地》，中国大百科全书出版社，1999年。

[10] 湖北省文物考古研究所等：《湖北襄樊真武山遗址》，《考古学集刊（9）》，科学出版社，1995年。

[11] 中国社会科学院考古研究所：《张家坡西周墓地》，中国大百科全书出版社，1999年。

[12] 湖北省文物考古研究所等：《湖北宜城县肖家岭遗址的发掘》，《文物》1999年第1期。

[13] 湖北省宜昌地区博物馆等：《当阳赵家湖楚墓》，文物出版社，1992年。

[14] 湖北省文物考古研究所：《江陵九店东周墓》，科学出版社，1995年。

[15] 中国社会科学院考古研究所沣镐队：《1992年沣西发掘简报》，《考古》1994年第11期。

[16] 武汉大学考古系资料。

[17] 湖北省文物考古研究所等：《湖北襄樊真武山遗址》，《考古学集刊（9）》，科学出版社，1995年。

[18] 孝感地区博物馆：《大悟吕王城重点调查简报》，《江汉考古》1985年第3期。

[19] 黄陂县文化馆等：《湖北黄陂鲁台山两周遗址和墓葬》，《江汉考古》1982年第2期。

[20] 山东省文物考古研究所等：《曲阜鲁国故城》，齐鲁书社，1982年。

[21] 武汉大学历史系考古教研室等：《湖北宜城郭家岗遗址发掘》，《考古学报》1997年第4期。

（原载《襄樊考古文集（第一辑）》，科学出版社，2007年）

襄樊余岗墓地楚式青铜礼器分期研究

余岗墓地位于今襄樊市樊城区西北约3千米处的一条低岗——余岗上，西距古邓城城址约1.5千米，整个墓地呈"凹"字形，东西长约1000米，南北宽约500米，是一处大型的楚、秦、汉墓地。周围有山湾、蔡坡、团山、彭岗、沈岗、卞营、贾庄、黄家村等多个规模不等的楚墓地分布（图一）。1987年以来，该墓地曾发掘春秋中期至西汉中期的墓葬700余座[1]，2004~2005年在墓地东北部发掘墓葬291座，其中174座楚墓中有16座墓葬共

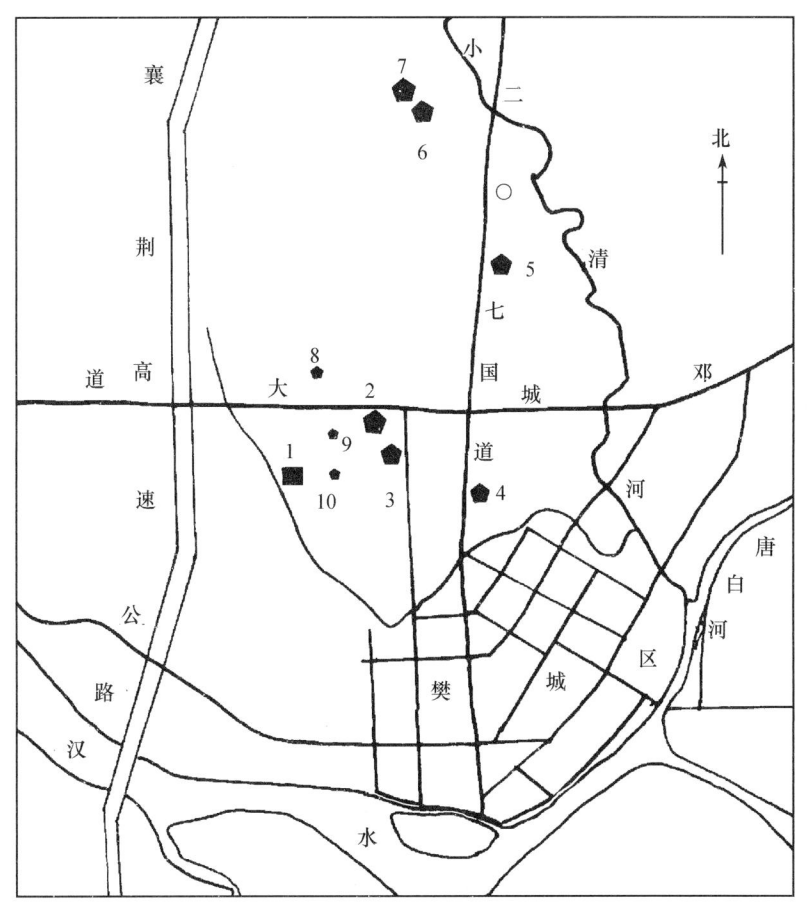

图一 余岗墓地位置及周围楚墓地分布示意图
1.邓城城址 2.余岗墓地 3.沈岗墓地 4.彭岗墓地 5.团山墓地 6.山湾墓地 7.蔡坡墓地 8.贾庄墓地 9.卞营墓地 10.黄家村墓地

出土楚式青铜礼器40件。本文拟以这批青铜礼器为基础，对其类型学特征及其相对年代、演变轨迹等进行初步研究，以期对整个邓城区域楚式青铜礼器的相关问题研究奠定基础。

一　青铜礼器的类型学特征

40件青铜礼器的器类不多，仅有鼎、盆、盏、簠、敦、盒、尊缶、铏、匜等。其中炊器虽仅鼎一种，但数量最多，达17件，是各墓必备的青铜礼器，除一座墓葬出土2件外，其余每墓各有1件。食器种类多，但各类数量不一，敦最多，有8件，簠、盏分别有3、2件，盆、盒各仅1件，酒器中尊缶、铏分别4、3件，水器则只有匜1件。它们都有比较明显的时代特征，且数量较多的鼎、敦、尊缶等有发展延续关系，可分为多个式别。

鼎　17件，基本形制相同。微敛口，折沿，方唇，上腹直或微鼓，下腹弧收，圜底或近平，附长方形耳，三兽面蹄足，上承盖。腹、盖多饰蟠螭、蟠虺纹，上、中腹间一般以一周凸棱分隔。按照口、腹、底、耳、足、盖及纹饰的变化可分为十式。

Ⅰ式：1件，出自M279。口外圆凸棱承盖，深腹，中腹外鼓较甚，底圆凸，直耳微内敛，耳壁直，蹄足矮直；盖为后铸补充而成，浅折盘状，顶有四柱平环状握手。上腹饰方块状细密蟠虺纹，中腹上部饰一周波曲套卷云纹，下部饰蕉叶卷云纹（图二，1）。

Ⅱ式：2件，出自M241、M268。口外圆或方凸棱承盖，深腹，上、中腹壁近直，底圜弧，耳直立，耳壁直，蹄足变长，足根部兽面浅而模糊，下端微撇；浅折盘状盖，顶有六柱平环状握手。腹、盖均饰方块状细密蟠虺纹（图二，2）。

Ⅲ式：1件，出自M237。口外圆凸棱承盖，腹相对稍浅，自上腹开始弧收，耳上部略撇，耳壁微内弧，足稍高并弯曲较甚；浅弧盘状盖，顶有七柱平环状握手。腹、盖饰交龙纹（图二，3）。

Ⅳ式：3件，出自M199、M215。整体形制与Ⅱ式差别不大，只是耳壁中部微弧，足外撇稍甚；盖顶有六或七柱平环状握手。腹、盖均饰"S"形细密蟠虺纹（图二，4）。

Ⅴ式：1件，出自M178。与Ⅳ式相比，腹略变深，耳中部向内弧凹，耳壁弧，盖再微折。腹、盖分饰"S"形、方块状细密蟠虺纹（图二，5）。

Ⅵ式：5件，出自M175、M180、M194、M214、M227。在Ⅴ式基础上腹更深，足更高且外撇较甚；盖盘折，顶为兽纽衔环，周围三环纽。腹、盖多饰"S"形细密蟠虺纹，个别腹饰勾连雷纹，或盖饰粗疏蟠螭纹（图二，6）。

Ⅶ式：1件，出自M177。腹稍浅，足变矮而直立。腹、盖饰"S"形细密蟠虺纹（图二，7）。

Ⅷ式：1件，出自M173。腹较深，足矮直且粗。腹饰云雷地变形交龙纹（图二，8）。

Ⅸ式：1件，出自M289。腹变浅，底近平，足细高并微外撇，足根部兽面勾勒简洁。

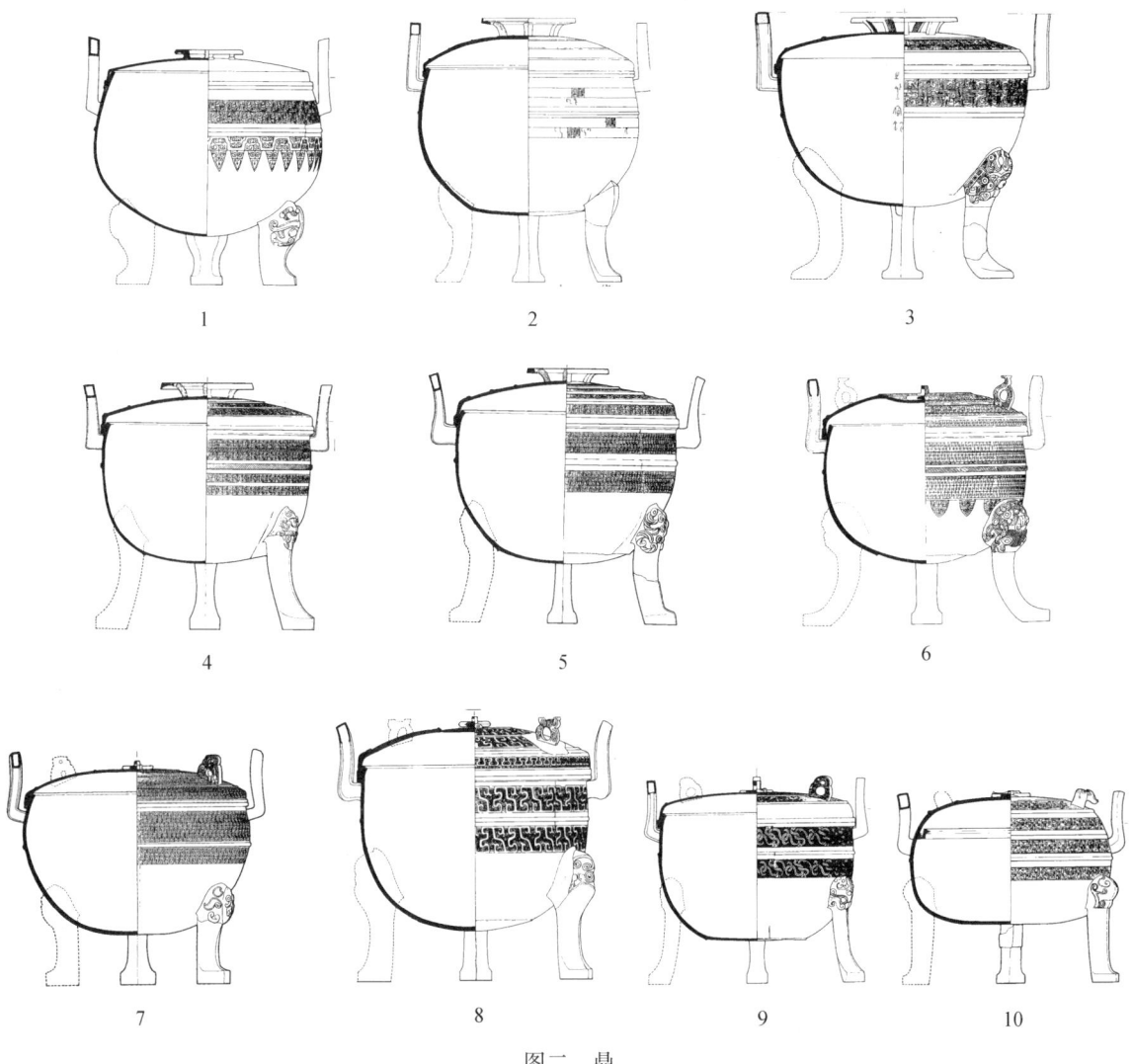

图二 鼎
1. Ⅰ式（M279∶5） 2. Ⅱ式（M241∶14） 3. Ⅲ式（M237∶2） 4. Ⅳ式（M199∶1） 5. Ⅴ式（M178∶5）
6. Ⅵ式（M180∶2） 7. Ⅶ式（M177∶2） 8. Ⅷ式（M173∶5） 9. Ⅸ式（M289∶1） 10. Ⅹ式（M112∶10）

腹、盖分饰乳点地蟠蛇、细虺纹（图二，9）。

Ⅹ式：1件，出自M112。变化较明显，子口承盖，浅腹，蹄足较矮直；浅弧盘状盖，盖周牛纽。盖顶中部饰蟠蛇纹，盖外壁面及腹饰凸出明显的乳点地蟠螭纹（图二，10）。

盆 1件，出自M237。微敛口，宽折沿上仰，微束颈，折肩，肩有双索状耳，弧腹内收，平底；承覆碗状盖。盆颈部饰窃曲纹，腹、盖壁饰"山"字状变形窃曲纹（图三，1）。

盏 2件，出自M241、M279。形制、大小相同，局部纹饰略异。直口，折沿，束颈，折肩，弧腹内收，圜底近平，两侧爬兽耳，前后环耳，三矮兽蹄足；上承折盘状盖，盖顶中部有镂空蟠龙喇叭状握手，盖周四个两两对称环纽。颈、上腹、中腹上部和盖顶壁面饰方块状细密蟠虺纹，中腹下部、盖侧壁面饰蕉叶卷云纹（图三，2）。

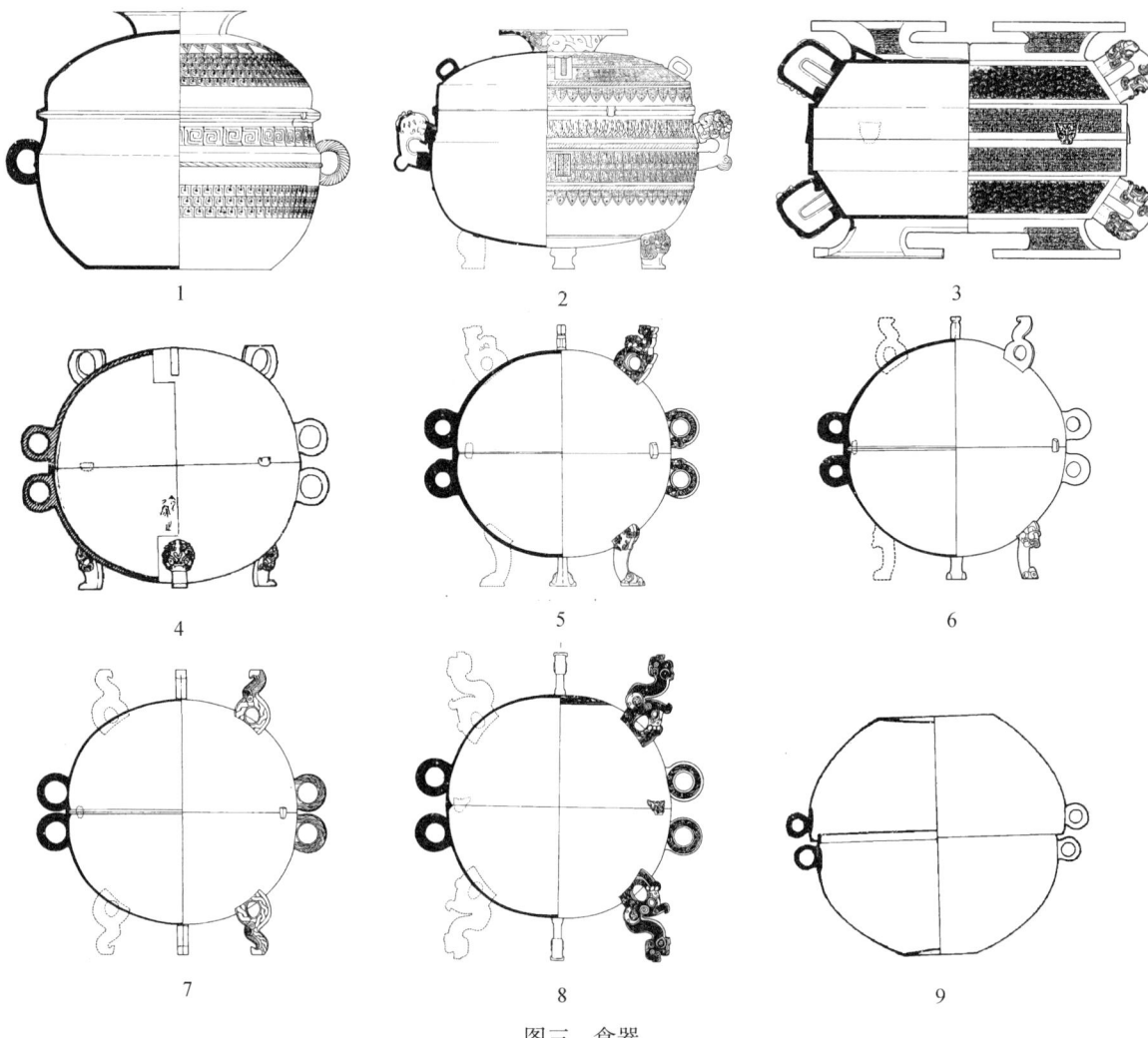

图三 食器

1. 盆（M237∶1） 2. 盏（M241∶2） 3. 簠（M214∶1） 4. Ⅰ式敦（M227∶2） 5. Ⅱ式敦（M178∶4）
6. Ⅲ式敦（M199∶2） 7. Ⅳ式敦（M177∶3） 8. Ⅴ式敦（M173∶6） 9. 盒（M289∶2）

簠 3件，出自M180、M214、M215。形制相同。体、盖合扣，平面呈长方形，口部直壁，中部曲折斜收，平底，体、盖各有两爬兽耳及四矩形足。除体底面、足内壁面外的器壁满饰四方连续细密蟠虺纹，但布局略有不同，出自M214的1件是顺向以"S"形结构为基础的单体双头群虺交体纹（图三，3），另2件为左右对称的双虺交体纹。

敦 8件，体、盖合扣而成，体、盖各有双环耳，体有三足，盖有三纽，盖口有三卡扣。根据整体形状和足、纽的变化可分五式。

Ⅰ式：2件，出自M215、M227。整体呈扁圆形，蹄足矮，盖周环纽。1件体、盖壁饰乳点地蟠蛇纹，盖顶饰蟠龙纹；1件素面（图三，4）。

Ⅱ式：2件，出自M178、M194。整体近圆形，蹄足稍高，盖周龙首状环纽，龙首纹饰繁复。均素面（图三，5）。

Ⅲ式：1件，出自M199。与Ⅱ式相比，仅盖周呈简洁的"S"形鸟首状纽（图三，6）。

Ⅳ式：2件，出自M175、M177。足、纽形制完全相同，为简洁的"S"形鸟首状环形，较矮，其他同Ⅲ式（图三，7）。

Ⅴ式：1件，出自M173。整体呈椭圆形，足、纽均呈立兽形，纹饰繁复。盖顶面嵌错三虎纹（图三，8）。

盒 1件，出自M289。体、盖扣合，子口，微折肩，弧腹内收，小平底微凹，盖略大于体，各有双环耳。素面（图三，9）。

尊缶 4件。直口，折沿，束颈，溜肩，鼓腹，微凹底，中腹有四环纽，两两相对，上承盖，盖缘四纽。按照颈、腹的变化可分三式。

Ⅰ式：1件，出自M215。颈较短粗，腹大鼓，下腹曲收近直壁，浅弧盘状盖。外壁饰乳点地蟠蛇纹（图四，1）。

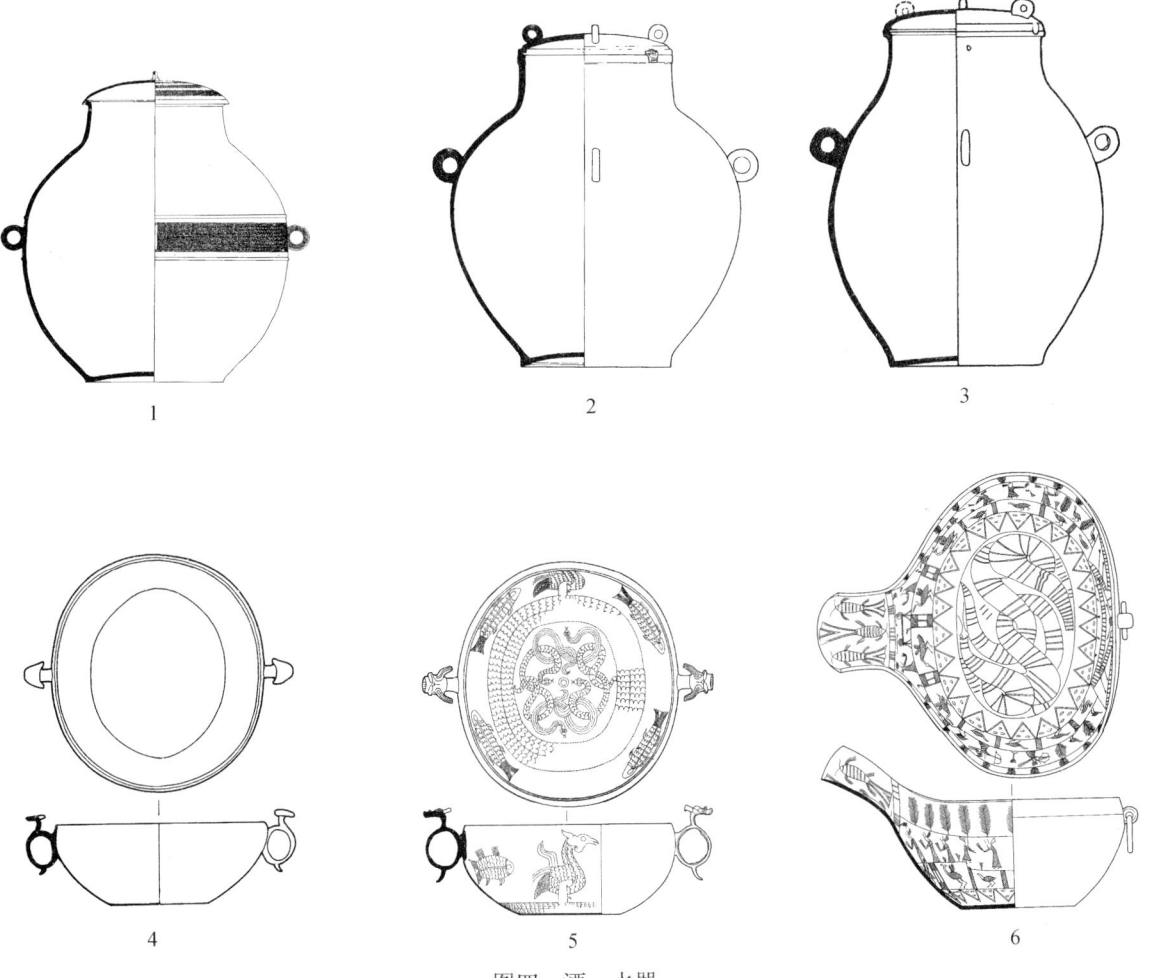

图四 酒、水器

1. Ⅰ式尊缶（M215∶3） 2. Ⅱ式尊缶（M180∶3） 3. Ⅲ式尊缶（M175∶3） 4. Ⅰ式匜（M279∶7）
5. Ⅱ式匜（M237∶4） 6. 匜（M173∶4）

Ⅱ式：2件，出自M180、M214。颈稍长、细，鼓腹较Ⅰ式差，浅折盘状盖。素面（图四，2）。

Ⅲ式：1件，出自M175。在Ⅱ式基础上，颈更长、细，下腹斜收成斜壁（图四，3）。

钶　3件，平面呈椭圆形，微敛口，微鼓腹，小平底，龙形环耳。按照纹饰的变化可分二式。

Ⅰ式：2件，出自M241、M279。素面（图四，4）。

Ⅱ式：1件，出自M237。内壁线刻龙、凤、蛇纹（图四，5）。

匜　1件，出自M173。平面横椭圆形，敛口，弧腹内收，平底，前有长方形流上翘，后有纽衔环。内壁针刻宴饮、狩猎等礼仪活动间鸟、鱼等纹（图四，6）。

二　青铜礼器的相对年代

此次发掘出土的40件青铜礼器尽管分别出于M112、M173、M175、M177、M178、M180、M194、M199、M214、M215、M227、M237、M241、M268、M279、M289等16座墓中，但均与陶器同出，因其使用上的延续性，有的青铜礼器表现出与墓葬时代的不同步性，即使是同墓所出的青铜礼器也可能存在时代不同步的情况。为此，我们暂时撇开伴生器物的时代特点，主要依据青铜礼器本身的特征与同时代同类标准器的对比，推测出各器制作的相对时代（表一）。

表一　余岗墓地楚式青铜礼器相对年代表

器类	器名	式别	春秋中期	春秋晚期		战国早期		战国中期	
			后段	前段	后段	前段	后段	前段	后段
炊器	鼎	Ⅰ	—						
		Ⅱ		—					
		Ⅲ		——					
		Ⅳ		—					
		Ⅴ			—				
		Ⅵ			——				
		Ⅶ				——			
		Ⅷ				——			
		Ⅸ						—	
		Ⅹ							—

续表

器类	器名	式别	春秋中期 后段	春秋晚期 前段	春秋晚期 后段	战国早期 前段	战国早期 后段	战国中期 前段	战国中期 后段
食器	盆		—	—	—				
	盏			—	—	—			
	簠				—				
	敦	Ⅰ			—	—			
		Ⅱ				—			
		Ⅲ				—			
		Ⅳ				—			
		Ⅴ					—		
	盒							—	
酒器	尊缶	Ⅰ			—	—			
		Ⅱ			—				
		Ⅲ				—	—		
	鉌	Ⅰ		—	—				
		Ⅱ			—				
水器	匜					—	—		

1. 鼎

Ⅰ式鼎无疑是17件鼎中最早的器型，其形制、纹饰特征与当阳赵家湖春秋中期ZHM4：1之C型Ⅰ式鼎[2]相比，仅本式鼎的下腹上排饰波曲纹，纹饰有比前者更早的特点。与之对应的是，Ⅰ式鼎的铸造方法也呈现出过渡性，耳、足等虽开始使用分铸法，但底范仍呈三角形，并非圆形，而圆形底范的出现与铜器分铸法铸造是密切相关的，其始自春秋中期的新郑铜器群[3]，本式鼎表现出的新、旧两种特点对其时代的界定提供了重要依据，即它不应晚于春秋中期后段。

Ⅱ式鼎的形制与麻城李家湾M70：3鼎比较近似，只是本鼎底稍平，时代可能略晚，麻城李家湾M70：3鼎上有"楚旅之石沱"铭文，据考证，旅可能就是公元前575年晋楚鄢陵之战中为晋军所俘获的楚公子旅[4]。同时，这种形制、纹饰的鼎与淅川下寺春秋晚期前段M2：43鼎[5]相似。在M241中，该鼎同出的盏与沈岗墓地M4盏[6]如出一模，后者伴出的鼎又与当阳慈化《楚子超鼎》相同。《楚子超鼎》，据考证为楚康王之器[7]。综合以上分析推测，该式鼎制作于春秋中晚期之际，流行于春秋晚期前段。

Ⅲ式鼎无论是形制还是纹饰，都与淅川下寺春秋晚期前段M3：12佣饮鼎[8]完全相同，其时代应相当，即春秋晚期前段。

Ⅵ式鼎在盖上有一个突变。M214鼎的形制与下寺M10:48[9]十分接近，盖面、耳面、盖纽面纹饰完全相同，只是腹壁纹饰略有不同，而下寺M10:48腹壁纹饰与同一式别的M227鼎腹壁纹饰相同；M175鼎的形制除一长方形耳一环耳外，与下寺M11:5饮鼎[10]接近，腹壁纹饰（勾连雷纹）一致。M227鼎的形制与安徽寿县蔡侯申墓[11]相同，寿县蔡侯墓的时代不会早于公元前491年蔡国东迁，也不晚于公元前447年蔡被灭国。那么，该式鼎的制作年代很可能在春秋晚期后段前半叶，流行于春秋晚期后段后半叶至战国初年。

而介于Ⅲ、Ⅵ式鼎之间的Ⅳ式鼎紧承Ⅲ式鼎的风格，只在足高上略有变化，且沿用Ⅱ式鼎的纹饰，其制作的时代当为春秋晚期前段。Ⅴ式鼎的变化则主要体现在纹饰上，新出现的"S"形细密蟠虺纹也只发现于淅川下寺春秋晚期后段的M10:46敦[12]上，在本区也主要流行于Ⅵ式鼎上，由此知，Ⅴ式鼎有春秋晚期前段的形制特点，但装饰纹样的时代特征又相对较晚，其时代大致在春秋晚期前段后半叶至后段前半叶间。

Ⅶ式鼎继续保持Ⅵ式鼎的风格，只在形制上小有变化，纹饰则不变，且与该鼎同出的Ⅵ式敦也同Ⅵ式鼎组合，这二式鼎在时代上应相差不远，以春秋、战国之际至战国早期前段为宜。

Ⅷ式鼎的形制较为特殊，器形相对较大，其纹饰云雷地变形交龙纹在当阳曹家岗春秋晚期后段M5袝葬坑K:7勺上开始出现[13]，流行于战国早期[14]。

Ⅸ式鼎的形制、腹壁纹饰与淅川下寺M11:3[15]较为接近，但本式鼎特征明显要晚，其壁较薄，底近平，足更高直，并有分棱的趋势。其腹壁纹饰与下寺M11:21车軎壁面纹饰几乎相同，这种纹饰还在寿县蔡侯墓车軎上出现。而鼎盖壁面纹饰与曾侯乙墓C.236鼎[16]主体纹饰十分接近。从总体特征看，该鼎的时代不应早于战国早期，而是应大致流行于战国早期后段，或可到战国中期前段。

与Ⅹ式鼎有相同形制与纹饰的鼎在四川新都战国中期墓[17]中出现，后者的1件鼎上有"邵之食鼎"铭文，说明了他与战国时期楚之大姓"邵（昭）"的特殊关系，楚地发现的"邵"氏贵族墓葬就有战国中期后段的荆门包山M2[18]、江陵望山M1[19]。结合上述新都墓有比较多的秦文化因素看，其时代很可能在秦占领当地之前不久。这种鼎制还与淅川徐家岭M1:2牛纽鼎十分接近，而徐家岭M1:2牛纽鼎的形制与纹饰显然与和尚岭M2:34鼎有承继关系，只是耳不一，和尚岭M2:34有"唯十又四年"纪年纽、镈钟[20]，考察整个的器物形制，和尚岭M2的时代在楚惠王十四年（前475年）的可能性较大，徐家岭M1时代为战国早期后段正好继承了这种鼎的特点。可见，Ⅹ式鼎制作和流行于战国早期后段至战国中期后段。

2. 盆

盆仅出1件，其形制较为特殊，形制与淅川下寺春秋晚期前段M2:69之盆[21]较为接近，不过，纹饰有较早的特征，主要体现在西周晚期至春秋早期青铜器上流行的窃曲纹的继续使用，只是本器窃曲纹已十分简洁，并完全退化了，且腹、盖"山"字形纹也是窃曲纹的变体且应是蟠虺纹的一种雏形，都呈现出相对较晚的特征。形制相同但纹饰全为"山"字状变形窃曲纹的盆在邻近的沈岗墓地M65也出土1件，沈岗M65与盆同出的还有1件具春秋中期特征的立耳鼎[22]。而余岗M237盆同出春秋晚期前段流行的Ⅲ式鼎。盆上流行的纹饰与出土有"陈公子中庆"簠的随州季氏梁墓地春秋中期墓葬鼎盖、上腹纹饰相同[23]。由此推测，该型盆应流行于春秋中期，春秋晚期前段仍有沿用。

3. 盏

分别与Ⅰ、Ⅱ式鼎同出的2件盏，其形制、纹饰与当阳赵家湖春秋中期后段JM9：11出土盏[24]一致，从整体特征看，其确比襄阳老馆铺[25]、淅川下寺M7出土春秋中期后段盏[26]稍晚，但又早于淅川下寺春秋晚期前段M1盏[27]和《熊审之盏》[28]，他们的使用年代应在春秋中期后段至晚期前段之间。

4. 簠

簠的形制较为单一，没有变化。其中M180、M215之簠与下寺春秋中期早段M36：5[29]的形制、纹饰完全相同，M214簠的形制继续在下寺春秋晚期前段流行，纹饰在同时段的下寺M3：13四足盒形器[30]上出现，同时，M180、M215及M214簠的形制、纹饰分别与淅川下寺春秋晚期后段M10：44的直壁及盖顶、斜壁纹饰[31]相同。可见，该型簠流行于春秋中期后段至春秋晚期后段之间。更可作为参考的是，M180、M215之簠的形制与纹饰还与"楚子弃疾"簠一致，楚子弃疾即楚平王，其在位时间为公元前528年～公元前516年，该簠是春秋晚期后段的断代标准器[32]。还有，这3件簠身主要纹饰同时出现在当阳曹家岗M5之祔葬坑"王孙雹"簠身直、斜壁上，"王孙雹"很可能就是楚平王之后告急于秦的申包胥，时间大约在公元前510至公元前501年[33]，而稍晚的安徽寿县蔡侯墓出土"蔡侯申"簠[34]较其特征为晚也正好验证了这一点。由此进一步判断，余岗墓地3件簠的时代以春秋晚期后段为宜。

5. 敦

Ⅰ式敦的形制与淅川下寺春秋晚期晚段M10：46敦[35]相同，但纹饰特征稍晚，其时代当不早于春秋晚期后段。

Ⅱ式敦与Ⅰ式敦相比，只是在环纽上加有龙首形装饰，时代应仅略晚，依然在春秋晚期后段。

Ⅲ式敦环纽变化不大，与当阳赵家湖春秋晚期后段YM6：2敦[36]相同。这种敦还出现在安徽寿县蔡侯墓[37]中。其制作和流行时代当不出春秋晚期后段至战国初年范围。

Ⅳ式敦已是上下几乎完全相同，其形制继承了Ⅲ式敦盖的特点，可以说除无卡扣外，其他与Ⅲ式敦盖完全相同。上下一体的高足、纽球形敦是出现于战国早期的器型，与淅川徐家岭战国早期后段M1、M10较为复杂足、纽的敦[38]相比，本式敦特征应较早，应可到战国早期前段。

Ⅴ式敦是典型的战国中期形制，此式敦在大量的战国中期楚墓中出现，如荆门包山M2[39]、江陵望山M1[40]、天星观M2[41]及江陵九店多座战国中期后段墓葬[42]等，其流行时代应在战国中期，或可到战国晚期前段。

6. 盒

此种器型的盒发现极少，仅在邻近的蔡坡M4中发现1件[43]，考察蔡坡M4的整个器群，其时代似以战国早期后段为宜，该盒的时代也大致使用于此时，或可沿用到战国中期前段。

7. 尊缶

Ⅰ、Ⅱ、Ⅲ式尊缶分别与淅川下寺春秋晚期M1、M10、M11同类尊缶[44]形制基本相同，其中Ⅰ式尊缶与下寺M1尊缶相比，形制、纹饰要晚，Ⅲ式尊缶则几乎与下寺M11尊缶完全相同。他们的时代应相当于春秋晚期前、后段之际至春秋末年、战国初期。

8. 舟

3件舟的形制、大小、制作技术均与出土有"蔡公子义（工）"簠的河南潢川高稻场春秋晚期墓葬之舟一致[45]，结合从该墓同出鼎、簠、敦（实为盏）、盘、盥缶的形制、纹饰整体判断其时代为春秋晚期后段看，这种形制的舟流行时间不晚于春秋晚期后段。而当阳赵家湖JM9、ZHM8也出器身形制基本相同的铜舟[46]，只是耳为环耳，其时代为春秋中期后段或春秋晚期前段[47]，这也界定了余岗墓地出土的龙形环耳舟的时代不会早于春秋晚期前段。就纹饰而言，素面舟即Ⅰ式舟的时代稍早，针刻纹饰舟即Ⅱ式舟的时代应稍晚。

9. 匜

该器与春秋、战国之际的太原赵卿墓M251：540形制相同，并除口、底的鱼纹布局不同外，内壁纹饰几乎完全相同[48]，且与河南陕县后川M2042：8[49]铜匜礼仪活动纹布局及内容基本相同，同时，湖南长沙战国中期M266：6铜匜内壁[50]也有同样的主题纹饰。看来，这种匜兴起于春秋、战国之际，流行于战国早、中期。

三 青铜礼器的演变轨迹

通过前面的比较可以看出，余岗墓地出土的40件青铜礼器，单个器物的演变轨迹较为清晰，这不仅体现在出土数量多的器物有着时代特征的连贯性上，而且也体现在同一性质的器类（主要是食器）因时代的不同存在着替代的规律，后者即是器物组合随时代发生变化的反映。当然，正如上部分开篇所言，由于部分同墓所出的青铜礼器存在时代上的不同步性，使得器物组合的演变轨迹表现出与单个器物的不完全一致性，不过，这种一定时间上的差异也只是相对的，整组器物在一定的时间段上还是比较稳定的，可以大致反映出当时的组合状况。

（一）器物形制

1. 炊器

器类仅鼎一种，数量最多，达17件，但型别单一，全为折沿无颈附耳圆腹圜底盖鼎（繁鼎）。该型鼎基本贯穿于整个余岗楚墓时代发展的始终，前后演变的脉络十分清晰。

时代最早属春秋中期后段的Ⅰ式鼎口内敛相对较甚，自口部至中腹偏下一直外弧，形成垂腹，底圜凸较甚，耳直立略内敛，耳壁直，外缘棱角分明，蹄足矮而直立；口外凸棱承盖，盖浅折盘，矮四柱平环状握手。

继之而来属春秋晚期前段的Ⅱ、Ⅲ、Ⅳ式鼎整体形制差别不大，与Ⅰ式鼎相比，口微敛，上、中腹壁近直或内弧，底圆凸弧度较大，耳上部微外撇，耳壁直或中部微内弧，棱角分明或呈圆弧形，蹄足变高；口外凸棱承盖，浅弧盘状，较高六或七柱平环状握手。而三式之间，局部前后有小的变化，中腹由略鼓到弧收，耳壁由直壁到中部略内弧、长边四角由直角到弧角，蹄足由略曲到微外撇，足根部兽面由简洁、模糊到繁缛、凹凸分明、组合纹饰种类多且复杂；盖上支撑平环的弯柱有六根或七根，平环由内低外高到内、外一般高。

流行于春秋晚期前段后半叶至后段前半叶之间的Ⅴ式鼎在形制上直接承接于Ⅳ式鼎，只是腹略变深，底部近平，耳上部外撇程度变大，耳壁弧度加大；盖微折盘。

春秋晚期后段发现较多的Ⅵ式鼎口近直，腹变深，腹壁基本自口部向下渐收，底部较为坦平，耳部形制基本未变，蹄足加高，下端外撇幅度相对较大；口外仍为凸棱承盖，盖折盘，个别顶部下凹，最大的变化表现在盖顶平环状握手消失，代之以兽纽衔环，盖周增加三环纽。

约当春秋战国之际出现、战国早期前段流行的Ⅶ式鼎在Ⅵ式鼎的基础上小有变化，腹较浅，蹄足较矮直，足根部纹饰相对简洁；而战国早期流行的Ⅷ式鼎形体相对较大，腹较深，上、中腹壁近直，凸圜底，蹄足稍高、直；同时段或稍晚流行的Ⅸ式鼎腹相对略深，平底，耳近直立，蹄足较细高，下端微撇。

制作和流行于战国早期后段至战国中期后段的Ⅹ式鼎有较大变化，由其以前的后外凸棱承盖变为子口承盖，浅腹，蹄足较矮直，浅弧盘状盖，盖周缘三牛纽。

2. 食器

共五种，分别为盆、盏、簠、敦、盒。从青铜器的发展历史看，在这五种食器中，盆无疑是最早出现的，作为食器的盆即盂，它参与中原周式青铜器的组合，在西周早期就已出现，但在楚式青铜器中发现较少，时代也相对较早。余岗墓地发现的唯一1件盆具有春秋中期的风格。

作为典型楚式青铜器的盏仅2件，时代相对较晚，流行于春秋中期后段至晚期前段之间，其主体近直口、厚折沿、微束颈、折肩、上中腹弧收、承弧盘状盖的形制也似乎正是继承了盆的特征，只是环耳变成了兽耳，并附加了三足及多个环纽。同时，在其他区域发现的盏有的自铭"盏盂"也从侧面作出了印证。

春秋晚期后段，盏消失，新出现了敦。在某种程度上，敦实际上是由盏发展而来，或者说这两器因功用相同，在器名上本就没有严格区分开，如本墓地M227出土的Ⅰ式敦就自铭为"盏"，一些传世或出土的盏有的亦自铭"敦"。最早的Ⅰ式敦整体呈扁圆形，长方形卡扣，三兽面蹄足矮小，盖上三环纽较矮，纽顶与盖顶基本平齐或略低；同处春秋晚期后段时代略晚的Ⅱ式敦整体近圆形，三兽面蹄足变高，环纽上部加龙首，纽顶高出盖顶较多；流行于春秋晚期后段至战国初年的Ⅲ式敦仅在盖的环纽上更加简洁，变为鸟首形；约当春秋战国之际至战国早期前段的Ⅳ式敦三足、纽的形制相同，整敦变成了体、盖完全一致的器形；战国中期常见的Ⅴ式敦体、盖形制相同，整体略呈椭圆形，兽面卡扣，顶、底铸造繁复的立鸟足、纽。

敦的流变是盒也为许多考古资料所证实，但本墓地所出盒仅1件，其时代并非直接沿袭最晚形制的敦，而正好在Ⅳ、Ⅴ式敦之间，填补了这二式敦之间的空白，其形制较之战国晚期取代敦参与组合的盒又有比较明显的区别，或许就是去掉足、纽且将体、盖底部由外凸变成略凹的"敦"。

通过以上分析可以看出，不仅出土数量较多的敦有着纵向的演变和发展，即使是同为食器的盆、盏、敦、盒也有着先后的沿袭关系[51]，这也直接导致了器物组合的变化。

至于簠，它的出现也较早，与簋的功用相同，《周礼·舍人》："凡祭祀共簠簋。"《说文解字》："饭器也，方曰簠，圆曰簋，盛黍稷稻粱器。"余岗墓地出土的3件簠在形制上几乎无变化，具有春秋晚期后段的特征。

3. 酒器

两种，分别为尊缶、铷，其功用有别，一为盛酒器，一为饮酒器。

尊缶的整体形制差别较小，春秋晚期前、后段之际至战国初年的三式尊缶颈由较短粗渐次变长细，腹部的外鼓程度逐渐减小，下腹由曲收到斜收。

铷的形制简洁，基本没有变化，时代特征单一，都在春秋晚期前段。

4. 水器

仅匜1件，出现在战国早、中期，无法比较形制的变化。

（二）器物组合

16座青铜礼器墓均有陶器参与组合，如果除开陶器谈组合，实际上是不完整的，因受研究对象所限，这里暂时只按铜器器类来划分。

除2座仅各见1件鼎外，其余14座墓的基本组合有：鼎、盏、铷，鼎、盆、铷，鼎、簠、缶，鼎、簠、敦、缶，鼎、敦、缶，鼎、敦，鼎、敦、匜，鼎、盒等几种，各有炊、食器，或加酒、水器。

通过上表可以看出，大部分器物组合与单个器物的时代特征相符，但也有少量时代早晚变化不一致的器物组合在一起，出现了与单个器物发展存在一定矛盾的演变序列，这也决定了出土该组合器物墓葬的时代。

尽管Ⅰ式鼎、盆及盏分别具有春秋中期前、后段的特征，但因参与组合的铷时代特征较晚，致使鼎、盏、铷及鼎、盆、铷两种组合在余岗墓地的时代不早于春秋晚期前段，同时，后者的鼎为Ⅲ式、铷为Ⅱ式，较前者组合中的鼎、铷为晚，也使得鼎、盆、铷的组合较鼎、盏、铷的组合稍晚，或可到春秋晚期后段前半叶，这也可从出土两种组合的2座墓葬为同向并排而葬得到证明（表二）。

表二 余岗墓地楚式青铜礼器组合演变表

墓号	炊器	食器					酒器		水器	时代
	鼎	盆	盏	簠	敦	盒	尊缶	铷	匜	
M279	Ⅰ		√					Ⅰ		春秋晚期前段
M241	Ⅱ		√					Ⅰ		
M237	Ⅲ	√						Ⅱ		春秋晚期前、后段

墓号	炊器	食器					酒器		水器	时代
	鼎	盆	盏	簠	敦	盒	尊缶	钘	匜	
M199	Ⅳ				Ⅲ					春秋晚期后段
M215	Ⅳ2			√	Ⅰ		Ⅰ			
M178	Ⅴ				Ⅱ					
M180	Ⅵ			√			Ⅱ			
M194	Ⅵ				Ⅱ					
M214	Ⅵ			√			Ⅱ			
M227	Ⅵ				Ⅰ					
M175	Ⅵ				Ⅲ		Ⅲ			战国早期前段
M177	Ⅶ				Ⅳ					
M289	Ⅸ					√				战国早期后段
M173	Ⅷ				Ⅴ				√	战国中期前段

春秋晚期后段，鼎、簠、尊缶，鼎、簠、敦、尊缶，鼎、敦等三种组合并存，尽管其中有时代较早、属春秋晚期前段的Ⅳ式鼎与较晚的Ⅲ式敦组合，同鼎、簠组合的尊缶为Ⅱ式，而同鼎、簠、敦组合的尊缶为Ⅰ式，但整体时代框架基本相同。考察楚式青铜礼器组合的变化史，再结合鼎、簠、敦、尊缶组合中簠、敦共存的过渡性特点可知，以上三种组合的发展顺序依次为鼎、簠、尊缶，鼎、簠、敦、尊缶，鼎、敦。

到战国早期前段，青铜礼器的组合较为单纯，基本为鼎、敦，或加尊缶。而战国早期后段，青铜礼器的组合变为鼎、盒。战国中期前段主体组合仍为鼎、敦，并增加了水器匜。因为整个战国时期出土青铜礼器的墓葬较少，其组合可能不足以反映全貌，中间还存在缺环，如战国早期后段鼎、敦组合在其他墓地中依然存在而余岗墓地缺失，且未见铜壶参与组合等。

余岗墓地虽然发掘的楚墓数量多，但不仅出土青铜礼器的墓葬数量少，而且青铜礼器组合的套数也少，除1座墓有2套外，其余最多仅各有1套，且有较多组合不全的现象，这应该与墓地的性质和整个墓地墓主人的身份相关。

从整体来看，余岗墓地的青铜礼器组合的演变轨迹从早到晚可分为以下几组。

第一组：鼎、盏、钘。

第二组：鼎、盆、钘。

第三组：鼎、簠、尊缶。

第四组：鼎、簠、敦、尊缶。

第五组：鼎、敦。

第六组：鼎、敦、尊缶。

第七组：鼎、盒。

第八组：鼎、敦、匜。

（三）纹饰

40件青铜礼器中大部分都有纹样装饰，其时代特征较为明显，演变轨迹既有单类器物前后发展的体现，也有整体变化的反映。由于鼎前后延续的时间较长，发展序列清晰，故其在单类器物纹饰的演变中也最为典型，其余器类因数量少而难以展示出自身的纹饰变化过程。

1. 单类器物纹饰演变

（1）鼎

所有17件鼎均有纹样装饰，装饰部位主要在上、中腹部及盖面和耳内、外壁，还有足根面。

春秋中期后段的Ⅰ式鼎上腹及耳壁面装饰方块状细密蟠虺纹，中腹上部装饰春秋早期较为流行的波曲纹，中腹下部则为简化的蕉叶纹，也是春秋早期同类纹饰的变体；足根兽面相对简洁，由重环、卷云、圆圈、单虺等多种纹饰组成；盖因为后补铸而未装饰纹样。

春秋晚期前段的Ⅱ式鼎虽依然在上腹部及耳壁面和盖面装饰方块状细密蟠虺纹，但下腹部的波曲、蕉叶纹不见，也代之以方块状细密蟠虺纹；足根面纹饰完全模糊；盖面近口部及平环面分饰绚索纹，盖顶握手内素面，弯柱面饰"人"字纹。略晚的Ⅲ式鼎上腹部、耳壁面、盖面以整体较粗、细密线条勾勒的双头单体交龙纹装饰，与春秋早期偏晚阶段出现并在春秋中期流行的粗疏简单线条交龙纹有所区别；足根兽面组成纹饰繁杂；盖顶握手内斜"十"字出卷云纹套方块状细密蟠虺纹，平环及弯柱顶面各饰斜线、"W"纹。基本处于相同时代且形制与Ⅱ式相比变化不大的Ⅳ式鼎上、中腹部及盖面和耳壁面也饰细密蟠虺纹，但由多体方块状组合简化为单体"S"形，为上下两排，盖外侧缘近口部与Ⅱ式相同；盖顶面弯柱内侧自外向内依次为绚索纹、重环纹、涡漩纹，平环、弯柱顶面均饰"人"字纹；足根面纹饰变化不大，只是较为模糊。

承前启后的Ⅴ式鼎纹饰组合相对复杂，上、中腹部单体纹饰与Ⅳ式鼎相同，即"S"形蟠虺纹，但分三排，且上下排朝向相反；耳壁面内侧及盖顶、侧面主体纹饰沿用方块状细密蟠虺纹，耳壁及盖顶面外侧分饰绚索纹、重环纹；顶部中心饰涡漩纹、外套重环纹，握手弯柱外侧盖顶及平环面饰勾连"S"纹，弯柱顶面"人"字纹不变；足根面饰多条小虺组成的兽面。

春秋晚期后段至战国初年的Ⅵ式鼎纹样较为多样，且腹部、耳壁、盖面主体纹饰多不相同。腹、盖面"S"形细密蟠虺纹的风格沿袭Ⅴ式风格，有的变为四排，上下排朝向均相反，有的腹部饰云雷纹地勾连雷纹；耳壁面多饰绚索纹，或间重环纹，个别与Ⅲ式鼎腹部纹饰相同；有的盖顶面饰八组蟠龙纹，有的饰双头单体交龙纹，有的饰圆角方块状细密小蟠虺纹；自该式鼎开始，足根部兽面仅以卷云线条组合而成，仅个别与Ⅲ式鼎足基本一致。

见于战国早期前段的Ⅶ式鼎继续沿袭前期风格，腹部、耳壁、盖面几乎全部以朝向相反的"S"形细密蟠虺纹装饰。而战国早期一直实际使用的Ⅷ式鼎纹饰特征发生了根本性变化，腹部、盖面饰云雷纹地交龙纹，耳壁面饰多种形状单体卷云纹组合而成的勾连云纹；战国早期偏晚阶段的Ⅸ式鼎腹部饰乳点地首尾缠绕的蟠蛇纹，耳壁面饰方块状细密蟠虺纹，盖壁面饰繁密的乳点地细虺纹，盖顶面饰八组蟠龙纹；战国晚期后段新兴并流行于战国中期的Ⅹ式鼎腹部和盖壁面饰繁密的乳点地蟠螭纹，耳壁饰三角状勾连卷云纹，盖中心饰八组蟠龙纹，外以两排绚索纹夹三线方折"S"纹。

（2）盆

属春秋中期的盆颈部所饰窃曲纹，流行于西周晚期至春秋早期，但在本器上有所简化，中腹和盖壁中部饰进一步简化的"山"字状变形窃曲纹，盖壁上部饰蕉叶纹，握手内饰单线重环纹。

（3）盏

春秋中期后段至春秋晚期前段的2件盏颈、上腹及盖壁面均饰方块状细密蟠虺纹，颈部还衬以波折卷云纹，中腹及盖缘近口部饰蕉叶纹；盖顶握手内饰涡漩或方块状细密蟠虺纹；足根兽面以重环、圆圈、卷云等多种纹饰组成。

（4）簠

在春秋晚期后段流行的簠，除体底面、足内壁面外的器壁满饰细密蟠虺纹，或为以"S"形结构为基础的单体双头群虺交体纹，或为左右对称的双虺交体纹。

（5）敦

敦在型制上虽然有一定时段的演变序列，但主体纹饰相对简洁。春秋晚期后段新出现的2件Ⅰ式敦只有1件体、盖壁面饰乳点地首尾相接的方折蟠蛇纹，盖顶面饰八组蟠龙纹；另1件素面。而春秋晚期后段至战国早期前段的Ⅱ、Ⅲ、Ⅳ式敦体、盖壁均素面。战国中期的Ⅴ式敦也只是在盖顶面嵌错三虎纹。

（6）盒

无纹样装饰。

（7）尊缶

春秋晚期后段的Ⅰ式尊缶饰乳点地蟠蛇纹，然而继之发展到战国早期前段的Ⅱ、Ⅲ式尊缶均素面。

(8) 錍

春秋晚期前段的Ⅰ式錍素面，到稍晚时在Ⅱ式錍内壁出现针刻凤鸟、龙、蛇纹装饰。

(9) 匜

战国早期前段即出现并流行至战国中期的匜，内壁针刻宴饮、狩猎等礼仪活动间有鱼、鸟纹。

2. 整体变化

综合以上各器纹饰的发展变化和时代特征可以看出，装饰在单体器物上的纹样也有着一定的共性，且随着时代的推移也发生着相似的变化。

(1) 纹饰内容

余岗墓地时代特征最早的纹饰属春秋中期后段，它们继承了春秋早期流行纹饰的某些特点，并加以变化，如在盆上出现的简化或变形窃曲纹，Ⅰ式鼎中腹上部的波曲纹，Ⅰ式鼎中腹下部和盏中腹下部、盖上下缘及盆盖下缘的蕉叶卷云纹，等等，这些纹饰中仅后者在春秋晚期前段还在使用，之后消失不见。而从春秋中期后段开始流行的主体纹饰是细密蟠虺纹，一直沿用到战国早期前段，且时代较早，器物上装饰的面积较大，使用的范围也较大；同时，约在春秋晚期前、后段之际，较多的"S"形细密蟠虺纹逐步取代其以前的方块状细密蟠虺纹，纵向"S"形又略早于横向"S"形。分隔主体纹饰的斜十字或波折套卷云纹也只见于春秋晚期前段以前的少量器物上。

而春秋早期即已出现但余岗墓地直到春秋晚期前段才出现的蟠螭纹到战国中期仍在使用，只是春秋晚期前、后段纹样粗疏，战国中期则细小，后者还增加了地纹；春秋晚期前、后段之际发现一组凤鸟、鱼、龙、蛇等动物纹样，其后不见。

春秋晚期后段新出现了多种纹饰，一是乳点地蟠蛇纹，战国早期后段仍在使用，不过，前者蛇身方折，后者蛇身圆曲；二是八组蟠龙纹，基本无变化地沿用到战国早期后段，全部装饰在器盖顶部；三是云雷纹地勾连雷纹，延续到战国早期前段。

战国早期还发现一种云雷纹地交龙纹；后段又出现细密乳点地小虺纹及狩猎、宴饮等故事纹，沿用到战国中期。

春秋早期较为流行重环纹一般只作为辅助或组合纹饰出现在春秋晚期前段以前的器物盖、足上，而同样为辅助纹饰的绚索纹从春秋中期后段一直使用到战国早期前段，斜线、"人"字、"W"形等作为从最早就装饰在器盖握手或分隔主体纹饰凸棱上的纹饰，基本上随着握手器物的消失而不见（表三）。

表三　青铜礼器主体纹饰演变表

纹样		春秋中期后段	春秋晚期前段	春秋晚期后段	战国早期前段	战国早期后段	战国中期前段	战国中期后段
变形窃曲纹		——						
波曲纹		——	——					
蕉叶卷云纹		——	——					
细密蟠虺纹	方块状		——	——				
	"S"形			——	——	——		
蟠螭纹						——	——	——
蟠蛇纹				——	——			
蟠龙纹				——	——	——		
云雷地勾连雷纹				——	——			
云雷地交龙纹				——	——			
凤鸟、龙、蛇动物纹		——	——					
宴饮、狩猎故事纹				——	——	——		

（2）纹饰布局

春秋中期后段至春秋晚期前段，所有器物均有纹样装饰，春秋晚期后段随着新器类敦、尊缶的出现，部分器物表面开始不再装饰纹样；春秋晚期后段的部分器物也开始突破以前体、盖主体纹饰基本一致的特点，出现了体、盖纹饰不一样的做法。

（3）装饰技术

大部分器物的纹饰采用直接翻模铸造技术，但大约在春秋晚期前、后段之际出现了针刻技术，战国早、中期继续使用，早期用针细密点刻，晚期则直接拉刻。

余岗墓地出土的这批青铜礼器尽管种类和数量不多，但他们的组合、形制、纹饰等特征基本表现出了襄樊邓城区域楚式青铜礼器的特点，大致勾勒出了其演变序列，为本区乃至所有地域出土楚式青铜礼器的分期研究奠定了基础。

注　释

[1] 襄樊市博物馆：《湖北襄阳余岗战国墓发掘简报》，《考古》1992年第9期；襄樊市博物馆：《襄樊余岗战国秦汉墓第二次发掘简报》，《江汉考古》2003年第2期；襄樊市考古队2004、2005年发掘资料。

[2] 湖北省宜昌地区博物馆等：《当阳赵家湖楚墓》，文物出版社，1992年。

[3] 郭宝钧：《商周铜器群综合研究》，文物出版社，1981年。

[4] 湖北省文物考古研究所：《湖北麻城市李家湾春秋楚墓》，《考古》2000年第5期。

[5] 河南省文物研究所等：《淅川下寺春秋楚墓》，文物出版社，1991年。

［6］　襄樊市文物考古研究所2004年发掘资料。

［7］　余秀翠：《当阳发现一组春秋铜器》，《江汉考古》1983年第1期；夏渌、高应勤：《楚子超鼎浅释》，《江汉考古》1983年第1期。

［8］　河南省文物研究所等：《淅川下寺春秋楚墓》，文物出版社，1991年。

［9］　河南省文物研究所等：《淅川下寺春秋楚墓》，文物出版社，1991年。

［10］　河南省文物研究所等：《淅川下寺春秋楚墓》，文物出版社，1991年。

［11］　安徽省文物管理委员会等：《寿县蔡侯墓出土遗物》，科学出版社，1956年。

［12］　河南省文物研究所等：《淅川下寺春秋楚墓》，文物出版社，1991年。

［13］　湖北省宜昌地区博物馆：《当阳曹家岗5号楚墓》，《考古学报》1988年第4期；高应勤、夏渌：《王孙雹簠及其铭文》，《文物》1986年第4期。

［14］　马承源：《商周青铜器纹饰综述》图469、图470，上海古籍出版社，2002年。

［15］　河南省文物研究所等：《淅川下寺春秋楚墓》，文物出版社，1991年。

［16］　湖北省博物馆：《曾侯乙墓》，文物出版社，1989年。

［17］　四川省博物馆等：《四川新都战国木椁墓》，《文物》1981年第6期。

［18］　湖北省荆沙铁路考古队：《包山楚墓》，文物出版社，1991年。

［19］　湖北省文物考古研究所：《江陵望山沙冢楚墓》，文物出版社，1996年。

［20］　河南省文物考古研究所等：《淅川和尚岭与徐家岭楚墓》，大象出版社，2004年。

［21］　河南省文物研究所等：《淅川下寺春秋楚墓》，文物出版社，1991年。

［22］　襄樊市文物考古研究所2004年发掘资料。

［23］　随县博物馆：《湖北随县城郊发现春秋墓葬和铜器》，《文物》1980年第1期。

［24］　湖北省宜昌地区博物馆等：《当阳赵家湖楚墓》，文物出版社，1992年。

［25］　张昌平：《襄阳县新发现一件铜盏》，《江汉考古》1993年第3期。

［26］　河南省文物研究所等：《淅川下寺春秋楚墓》，文物出版社，1991年。

［27］　河南省文物研究所等：《淅川下寺春秋楚墓》，文物出版社，1991年。

［28］　李学勤：《楚王熊审盏及有关问题》，《中国文物报》1990年5月31日。

［29］　河南省文物研究所等：《淅川下寺春秋楚墓》，文物出版社，1991年。

［30］　河南省文物研究所等：《淅川下寺春秋楚墓》，文物出版社，1991年。

［31］　河南省文物研究所等：《淅川下寺春秋楚墓》，文物出版社，1991年。

［32］　徐俊英：《南阳征集"楚子弃疾"铜簠》，《中国文物报》1989年5月26日。

［33］　湖北省宜昌地区博物馆：《当阳曹家岗5号楚墓》，《考古学报》1988年第4期；高应勤、夏渌：《王孙雹簠及其铭文》，《文物》1986年第4期。

［34］　安徽省文物管理委员会等：《寿县蔡侯墓出土遗物》，科学出版社，1956年。

［35］　河南省文物研究所等：《淅川下寺春秋楚墓》，文物出版社，1991年。

［36］ 湖北省宜昌地区博物馆等：《当阳赵家湖楚墓》，文物出版社，1992年。
［37］ 安徽省文物管理委员会等：《寿县蔡侯墓出土遗物》，科学出版社，1956年。
［38］ 河南省文物考古研究所等：《淅川和尚岭与徐家岭楚墓》，大象出版社，2004年。
［39］ 湖北省荆沙铁路考古队：《包山楚墓》，文物出版社，1991年。
［40］ 湖北省文物考古研究所：《江陵望山沙冢楚墓》，文物出版社，1996年。
［41］ 荆州市博物馆：《荆州天星观二号墓》，文物出版社，2003年。
［42］ 湖北省文物考古研究所：《江陵九店东周墓》，科学出版社，1995年。
［43］ 湖北省博物馆：《襄阳蔡坡战国墓发掘报告》，《江汉考古》1985年第1期。
［44］ 河南省文物研究所等：《淅川下寺春秋楚墓》，文物出版社，1991年。
［45］ 信阳地区文管会等：《河南潢川县发现黄国和蔡国铜器》，《文物》1980年第1期。
［46］ 湖北省宜昌地区博物馆等：《当阳赵家湖楚墓》，文物出版社，1992年。
［47］ 叶植：《赵家湖楚墓的分期研究——楚墓的分期研究之一》，《湖北省考古学会论文选集（2）》，《江汉考古》1991年增刊。
［48］ 山西省考古研究所等：《太原晋国赵卿墓》，文物出版社，1996年。
［49］ 黄河水库考古队：《1957年河南陕县发掘简报》，《考古通讯》1958年11期。
［50］ 湖南省博物馆等：《长沙楚墓》，文物出版社，2000年。
［51］ 刘彬徽：《楚式青铜器研究》，湖北教育出版社，1996年。

（原载《江汉考古》2010年第3期）

枣阳九连墩二号楚墓马勒的复原研究

马勒即整副马络头之统称，《说文·革部》："勒，马头落衔也。"《说文·金部》衔字段注："勒，马头落衔也。落谓络其头，衔谓关其口，统谓之勒也。"

虽然历年来发掘的楚墓不少，出土的马器也有相当数量，但由于保存的原因，我们见到的大多只是一些零散的金属马勒组件，而完整复原的马勒基本没有。2002年，枣阳九连墩一、二号墓及衬葬的两座车马坑被发掘，其保存较为完整，随葬器物类别齐全，数量明确，成为研究大型楚墓器物组合及与先秦礼制对应的典型代表[1]。本文就依据该墓出土马器的位置、类别、数量，参照保存完整的秦始皇陵铜车马[2]对其马勒进行推测复原。

一 马勒构件概况

九连墩二号楚墓（编号M2）车马器全部出土于北室，葬于北室西半部最下层的椁底板上。马勒构件包括铜马衔（镳）16套、贴金铜节约12件、铅锡节约36件、铅锡铺196个。

以上构件基本分成三部分堆放。第一部分位于西端中部靠近西壁处，共12件贴金铜节约和3套铜马衔（镳），其中靠西壁叠放5件贴金铜节约，旁边置1套铜马衔（镳），周围散落22件铅锡铺，以皮革穿连，均残断，并有一段穿在木马镳中部的孔内；在其东南部间隔约0.2米并列6件贴金铜节约，还有1件贴金铜节约散置于其北约0.1米处，在并列6件贴金铜节约的东部约0.18米处并放2套铜马衔（镳），周围散置铅锡铺30个，同样有皮革穿连的残留。第二部分完全压在西段南部顺东壁放置的2件木车伞下，除1件铅锡节约散处主体西北约0.3米外，其余11件铅锡节约、2套铜马衔（镳）和48个用皮革穿连的铅锡铺集中堆放于距西壁1米左右并紧贴南壁的部位。第三部分置于西距西壁约1.6米、北距北壁0.6米的部位，在边长约0.6的范围内集中放置着24件铅锡节约、11套铜马衔（镳）和96个对折皮革穿连的铅锡铺，他们相互交错，杂乱叠放，还有一层未穿连铅锡铺、髹红漆、未对折的宽扁形皮带。

所有铜马衔镳形制基本相同，两节套合，每节两端各一大一小两环，大、小环或椭圆形，或圆形，或扁圆形，或一圆、一椭圆形，小环相套，索状杆。马镳，弧形杆，两端较细，中部较粗，平头，中段对穿两长方形孔，两孔间与外侧横断面分别呈椭圆、圆形。髹红漆。马衔通长23.7、镳长25.2厘米。

12件贴金铜节约和36件铅锡节约的形制、纹饰、大小也基本相同，均为浅覆盘形，弓形穿有三、四个之分，顶面于羽状、云纹地上浅浮雕三分纹饰，正中为卷云状涡旋纹，周边为龙纹，龙首、身各部位加填羽点、卷云、斜线纹。铜节约通高1.45、直径7厘米，铅锡节约通高1.15、直径6.8厘米。

镳，管状，横断面呈"C"形，有长、中长、中短、短四种，出土时以皮带穿连，长、短镳混杂使用，间距短者约2厘米，长者约15厘米。直径1.3、分别长8.7~9.2、6~7.2、2.4~3、长1.4~2厘米。

穿连镳的皮带有宽、窄两种，分别宽3.6、1.8米，均厚0.15厘米，穿连镳时宽带对折两次四层，窄带对折一次两层。残存的穿镳皮带两结之间一般有两镳，长短不一，个别发现四镳，为中短镳。

髹红漆未对折皮带有两种形制。一种较宽厚，有两层皮带分别在一面全部和另一面两边缘髹漆后将未完全髹漆的面相对叠压，边缘用线对穿缝合，有的还在中间加一路缝合线，针线孔细密，带宽2、整体厚0.3厘米；另一种较窄薄，仅存漆皮和少量丝织物，推测为薄皮带外包一层丝织物后髹漆，丝织物在皮带一面中部横向缝合。

二 马勒结构的复原推测

从九连墩二号墓出土上述马器的位置、器类及其保存情况看，马勒是编缀完整下葬的，其现存状况给我们复原马勒的数量和编缀情况提供了线索。

能说明问题的是以上提到的第一、二部分马器。第二部分马器有2套马衔镳及12件铅锡节约、48件镳，正好可以将其分为2套马勒。而第一部分节约为贴金铜质，数量也是12件，镳52件，但有3套马衔镳，其中1套就与5件贴金铜节约、22件镳集中堆放一起，这显然完全是同一套马勒的组成部分，考虑到整副下葬又历经两千多年穿连皮带朽烂后各构件的可能位置，则不难判断该部分除多出1套马衔镳外也刚好配成2套马勒，只是这2套马勒的铅锡镳各为26个。而第三部分的11套马衔镳、24件铅锡节约和96件铅锡镳，剔除7套马衔镳外，同样可以配成4套马勒，其构件的质地、形制及配置数量与第二部分完全相同。也就是说，该墓出土的可明确为马勒构件者能配成8套马勒，整理过程中将其分别编号M2∶432、M2∶434、M2∶443、M2∶444、M2∶456、M2∶457、M2∶458、M2∶459。

依据出土现状分析，8套马勒的配置基本相同，各有1件铜马衔、2件木马镳、6件铅锡节约、24或26件铅锡镳。其中，靠西壁2套马勒（M2∶432、M2∶434）的12件节约顶面贴金箔，并各有铹26件，各1套的6件节约中有四穿者2件，三穿者4件，均等分；靠南壁2套马勒（M2：443、M2：444）的节约顶面不贴金箔，各有铹24件，各1套的6件节约中有四穿者2件，等分，三穿者4件，为四穿缺一相对穿；二者东部中间集中堆放的4套马勒（M2：456、M2：457、M2：458、M2：459）节约顶面也不贴金箔，共有5件等分四穿节约，2件等分三穿节约，17件四穿缺一相对穿之三穿节约，因集中堆放而无法明了各套三或四穿节约的配置情况。

因穿连皮带残断严重，仅M2：432残存小段皮带，并有一段皮带穿在1件马镳中部的孔内，上穿1短铹，还可见脱落1铹的压痕，而其他残存的小段皮带上穿有2或4件铹，所穿铹的长短不一，两侧残断处即结点。按其残存状况，结合秦陵铜车马之马勒，可大致复原该套马勒的结构（图一）。

整套马勒由皮带穿连各种构件编缀而成，即用皮带穿连2或4个铹形成多根短带，分别系结于以1件马衔套连的2件马镳和6件节约上。6件节约呈横"日"字形布局，马口、眼后左、右侧各1件，马鼻上部、马额顶部各1件，马额顶部1件等同于有的马勒上的当卢，其中马眼左、右侧节约为四穿，其余均为三穿。颔带两或四根，如为四根，则其前端分别穿系于马镳四孔内，同镳两根颔带后端直接系于马口左、右侧节约之一穿鼻上，带长约12厘米；如为两根，则从马镳之一孔过节约之一鼻孔后系于马镳另一孔。鼻带三根，从穿颔带的节约前内侧穿各引一根横向鼻带，向中间系结于马鼻上部1件节约的两侧穿鼻上，横鼻带长约16厘米；马鼻上部节约的另一鼻孔引另一根鼻带向上至马额顶部，系结于节约的前鼻上，纵鼻带长约25厘米。颊带两根，分别自马口左、右侧节约之后穿鼻引一根颊带沿马颊向后系结于马眼后部左、右侧节约的前穿鼻上，颊带长约27厘米。额带两根，分别连接马额顶部两侧与马眼左、右侧上部穿鼻，额带长约21厘米。项带一根，呈弧形，直接穿连在马眼左、右侧节约后穿鼻上，长度不明。喉带两根，一端分别穿到马眼左、右侧节约之下部穿鼻或三穿节约之一或两鼻上，另一端待整副马勒套到马头上后交系于马喉部位，长度不明。以上各短带中，颔带从节约穿鼻到马镳孔的带上各穿2件短铹，而额带可能穿4件铹，喉带可能未穿铹，其余各根带上则都穿2件铹，但长短不一，具体情况不明。

与M2：432几乎并列放置且构件一致的M2：434之结构应与其完全相同。

M2：443、M2：444在构件配置和形制上与M2：432相比，除少2件铹、三穿节约的穿鼻呈等分四穿缺一相对穿的布局外，其余都相同，前者可能使颔带上的铹仅2件，后者不会影响短带的穿连方式。故其结构也应与M2：432相同。

而集中堆放的M2：456、M2：457、M2：458、M2：459四套马勒，尽管在构件的数量和主要形制上与M2：443、M2：444一致，但节约有等分三穿、等分四穿缺一相对穿之三穿和等分四穿之分，而等分四穿节约仅5件，同时，穿连皮带残断，这些节约又集中在一起，致使各套马勒所用三或四穿节约的具体情况不明。仅能根据M2：432的结构推测

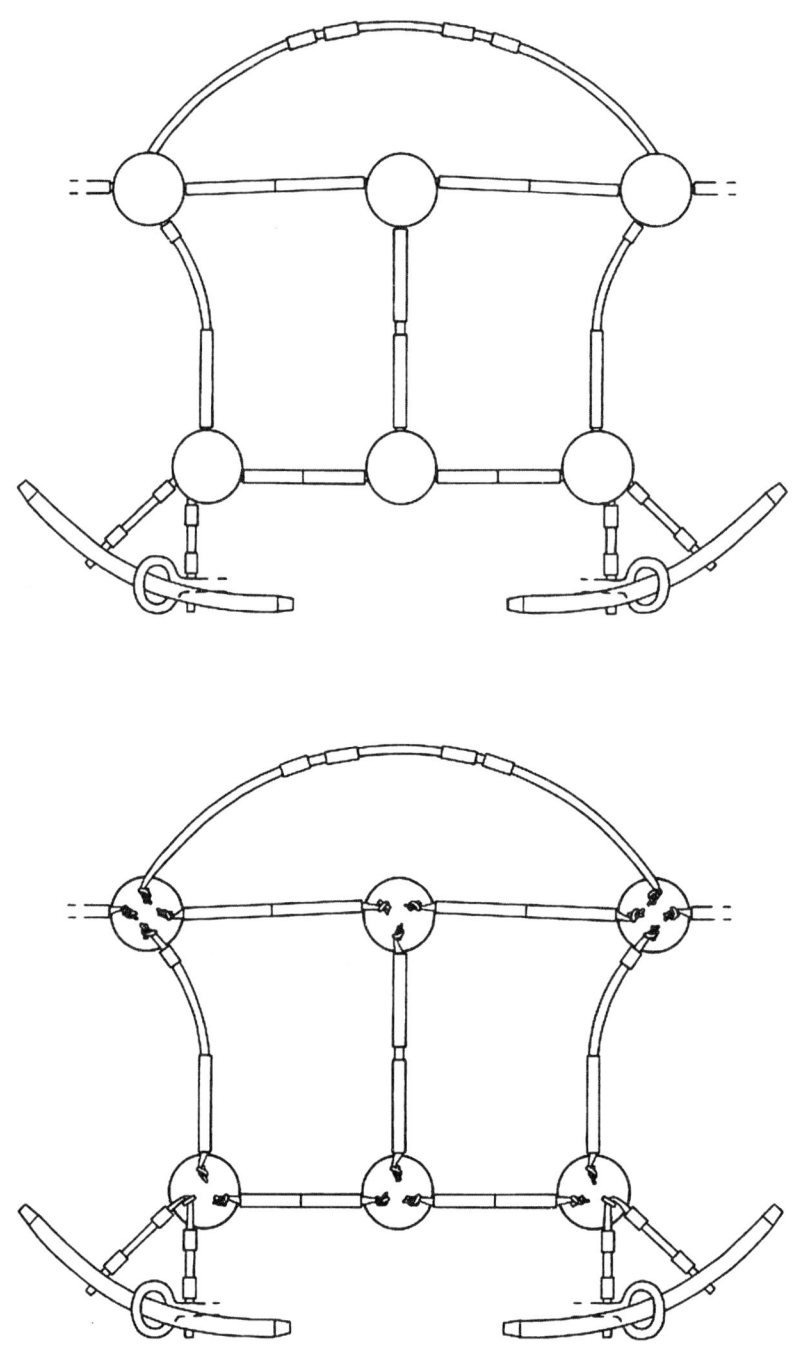

图一　九连墩二号楚墓马勒（M2∶432）复原图

这4套马勒的结构大致相同，只是在皮带穿连上有细微区别，主要体现在马眼后左、右侧节约或为2件四穿节约，或1件四穿、1件三穿节约或2件三穿节约。如有2件四穿节约，则其穿连方法与以上4套一致；如为1件四穿、1件三穿节约或2件三穿节约，则穿连三穿节约上的一或两根喉带上端直接系于其中一穿鼻上，或分成两股系结于靠外侧的两穿鼻上。

与M2∶456、M2∶457、M2∶458、M2∶459四套马勒同地堆放的两种髹红漆皮带中，窄薄者可能为系于马勒上的䩨，宽厚者可能为同样系于马勒上的缰。

三　与车马坑的对应关系

九连墩二号墓西部有祔葬车马坑（编号CH2），坑内葬8车16马，其中自南向北之南部4车（CH2∶1、CH2∶2、CH2∶3、CH2∶4）及第6、7车（CH2∶6、CH2∶7）各配2马，第5车（CH2∶5）配4马，最北部1车未配马。

8车，除最北部1车外，其余7车各出铜车軎2件共14件。CH2∶3出大、小单环各2件，CH2∶5分别出大、小单环4、2件，部分车还出少量轭帽、衡帽、壁插等构件，唯独不见马器。从配置情况看，马器并未葬入车马坑，而是放置到墓葬中，也就是说，该墓所葬马器是与车马坑组合成套的，车马坑有16匹马，墓葬正好也有16套马衔镳，这绝非巧合，而只能是拆开分葬所致。九连墩一号车马坑（编号CH1）与一号楚墓（编号M1）也是如此，一号车马坑有车33乘、马72匹，但坑中不仅不见马衔镳，就连车軎也未葬入；而一号墓放置车马、兵器的南室正好有马衔镳72件、车軎23对及组合不全的单个车軎或辖6件，其缺失部分当因被盗造成。

但是，九连墩二号墓所出与马衔镳组合而成的马勒仅有8套，另外缺失的8套并未下葬，也可能当时根本就没有准备，这可从陪葬马匹均为杀死后所葬得到一点儿启示，同时，部分马衔铸造后不见使用痕迹也可证明其是专门下葬所用的明器。

以上8套马勒分三处堆放，2套者各一处，4套者一处，说明其应为3乘车所用，其中2马车2乘、4马车1乘。因车马坑中仅CH2∶5为1车4马，则同放一处的4套马勒（M2∶456、M2∶457、M2∶458、M2∶459）应当为其所有；另外2套马勒对应的车乘则需要考证车型、车阵才能作出判断。

南部的CH2∶1、CH2∶2车舆无存，CH2∶3、CH2∶4、CH2∶5车舆结构相同，均为格栏式，辕直首，无輴，宽门，结合CH1的排列规律看，CH2∶1、CH2∶2、CH2∶3、CH2∶4、CH2∶5应为一组车阵，CH2∶5铜车器最多，配4马。推测CH2∶1、CH2∶2、CH2∶3、CH2∶4、CH2∶5为该坑的警卫车，4马车则应为指挥车，其在该组中首先配置马勒也是自然的。同时，与CH2∶5之4套马勒同时堆放的还有7套马衔镳，加上该部分马器西南不远处的另1套单独的马衔镳，正好构成该组车阵中其他4车8马的配置，这也反证了关于CH2∶1、CH2∶2、CH2∶3、CH2∶4、CH2∶5为同一组车阵的推测。

而CH2∶1、CH2∶2、CH2∶3、CH2∶4、CH2∶5北部的CH2∶6、CH2∶7加上最北部的CH2∶8均为不能分组的独立车型，其车子结构较小巧，舆上设护栏或輴，窄门，CH2∶6有伞，CH2∶7有十余个铜壁插，CH2∶8有遮阳棚，鉴于二号墓为女性，推测这三乘车为宫廷女性的专用礼车，并区分于不同场合使用[3]。当然，因CH2∶8无牵引结构，仅存车舆，故它也不可能配置马勒，那么，以上复原的2件为1套的马勒显然应属于各有2匹马的CH2∶6、CH2∶7的配置，而相对豪华的1套贴金节约马勒（M2∶432、M2∶434）可能属紧邻车阵指挥车CH2∶5的主车CH2∶6所有，另1套马勒（M2∶443、M2∶444）则属CH2∶6北侧的主车CH2∶7所有。

此外，与7套马衔镳、4套马勒同出的还有2件木橛（M2∶414、M2∶415），橛与衔的功能类似，都是御马工具，《韩非子·奸劫弑臣》："无捶策之威，衔橛之备，虽造父不能以服马。"《史记·司马相如列传》："犹时有衔、橛之变。"《索隐》："橛，騑马口长衔也。"这2件木橛与秦陵1、2号铜车左右骖马口中的铜橛形制一致，其作用应相同。结合其所出位置可知，本墓所出的2件木橛（M2∶414、M2∶415）很可能是CH2∶5下葬的4匹马中左右骖马与马衔配套使用的控具，服马口中则无橛。这一点还可以从M1所出10件木橛与CH1下葬4马车3乘、6马车1乘的对应关系得到证实，即6件木橛分属3乘4马车的左右骖马，另4件木橛属1乘6马车的左右騑马和左右骖马等4马所有。

注　释

[1]　刘国胜：《湖北枣阳九连墩楚墓获重大发现》，《江汉考古》2003年第2期；王红星：《枣阳九连墩楚墓发掘的主要收获》，《考古》2003年第7期。

[2]　秦始皇兵马俑博物馆等：《秦始皇陵铜车马发掘报告》，文物出版社，1998年。

[3]　秦始皇兵马俑博物馆等：《秦始皇陵铜车马发掘报告》，文物出版社，1998年。

（原载《楚文化研究论集（第十一集）》，上海古籍出版社，2015年）

作者著述列表

一 专 著

1. 《襄樊市文物史迹普查实录》（副主编，250万字），今日中国出版社，1995年。

2. 《中国文物地图集·湖北分册》（副主编，170万字），西安地图出版社，2002年。

3. 《襄阳王坡东周秦汉墓》（第四、五章，第七章第一、四节和第二节之二、三、第三节之二、三部分，71万字），科学出版社，2005年。

4. 《襄樊考古十年（1996—2006）》（宋元明清时期、附表，审校），湖北美术出版社，2006年。

5. 《襄樊考古文集（第一辑）》（六篇文章，并组稿、通稿、审校，95万字），科学出版社，2007年。

6. 《文化襄樊》（第三章，约5万字），湖北人民出版社，2009年。

7. 《老河口九里山秦汉墓》（第一、三、五章，96万字），文物出版社，2009年。

8. 《襄阳文物丛书》（总主编）之一《襄阳史迹扫描》（第三至五章，40万字），湖北人民出版社，2013年。

9. 《襄阳文物丛书》（总主编）之一《襄阳瑰宝巡礼》（131篇中的13篇，35万字），湖北人民出版社，2013年。

10. 《襄阳黄家村》（第壹、贰、肆部分，100万字），科学出版社，2013年。

二 论 文

1. 《枣阳雕龙碑遗址发掘考证》，《襄樊社科研究》1992年第3期（收入本书）。

2. 《襄北楚陶器墓综述》，《江汉考古》2000年第2期（收入本书，并更名为《襄阳邓城区域楚陶器墓综述》）。

3. 《襄樊建城史探源》，《襄樊首届炎黄文化研究会论文集》；《中国名城》2003年第11期。

4.《襄随地区两周遗址出土陶鬲分析》,《江汉考古》2002年第4期(收入本书)。

5.《楚文化在宜城平原发展的考古学观察》,《襄樊考古文集(第一辑)》,科学出版社,2007年(收入本书)。

6.《湖北省古桥梁》,《中国文物地图集·湖北分册》,西安地图出版社,2002年。

7.《湖北省古塔》,《中国文物地图集·湖北分册》,西安地图出版社,2002年。

8.《湖北省摩崖石刻》,《中国文物地图集·湖北分册》,西安地图出版社,2002年。

9.《九连墩一号楚墓人甲的复原与初步研究》,《楚文化研究论集(第六集)》,湖北教育出版社,2005年(收入本书)。

10.《襄阳秦墓初探》,《考古与文物》2004年"先秦考古"增刊(收入本书)。

11.《襄宜地区西周遗存出土陶器的初步研究》,《楚文化研究论集(第七集)》,岳麓书社,2007年;《考古与文物》2007年"先秦"增刊(收入本书)。

12.《雕龙碑文化遗存文明曙光的渐进》,《中国·枣阳雕龙碑文化研讨会文集》,武汉出版社,2012年(收入本书)。

13.《襄樊邓城区域两周遗存文化属性分析》,日本早稻田大学《长江流域文化研究所年报(第5号)》,2007年(收入本书)。

14.《襄樊邓城区域楚墓地考析》,《江汉考古》2006年第4期(收入本书)。

15.《邓城——樊城演进历程考》,《襄樊学院学报》2007年第1期。

16.《从考古发现看襄阳古城的历史变迁》,《襄樊学院学报》2007年第9期。

17.《随枣走廊两周遗址典型陶器的分期》,《襄樊考古文集(第一辑)》,科学出版社,2007年(收入本书)。

18.《襄樊余岗墓地楚式青铜礼器分期研究》,《江汉考古》2010年第3期;《余岗楚墓》(附录一),科学出版社,2011年(收入本书)。

19.《襄樊三国时段地下遗存》,《襄樊学院学报》2008年第6期(收入本书)。

20.《周代邓国地望考》,《荆楚历史地理与长江中游开发——2008年中国历史地理国际学术研讨会论文集》,湖北人民出版社,2009年(收入本书)。

21.《襄樊秦墓楚文化因素的初步考察》,《楚文化研究论集(第九集)》,上海古籍出版社,2011年(收入本书)。

22.《古代襄樊城市变迁进程的初步研究》,《中国历史地理论丛》2010年第1期(收入本书)。

23.《从考古发现看襄樊城市发展进程》,《"汉江讲坛"文集(一)》,2010年(鄂襄内图字〔2010〕025号)。

24.《襄阳地区在早期楚文化研究中的地位》,《楚文化论丛(第1辑)》,湖北人民出版社,2011年(收入本书)。

25.《襄阳邓文化遗存的楚文化因素考察》,《楚文化研究论集(第十集)》,湖北美术出版社,2011年(收入本书)。

26.《襄阳楚王城或为楚熊渠所封鄂王城初考》,《楚简楚文化与先秦历史文化国际学术研讨会论文集》,湖北教育出版社,2013年(收入本书)。

27.《试论博物馆建设在襄阳城市化进程中的作用》,《博物馆与城市化——2011年湖北省博物馆协会学术研讨会论文集》,湖北人民出版社,2011年。

28.《明代襄藩王室墓葬的发现与研究》,《湖北文理学院学报》2012年第9、10期(收入本书)。

29.《台湾博物馆人性化经营特色的考察》,《博物馆建设与特色彰显——2012年湖北省博物馆协会学术研讨会论文集》,湖北人民出版社,2012年。

30.《枣阳九连墩二号楚墓马勒的复原研究》,《楚文化研究论集(第十一集)》,上海古籍出版社,2015年。

31.《中小型博物馆社会教育实现方式探究》,《博物馆与社会教育——2013年湖北省博物馆协会学术研讨会论文集》,湖北人民出版社,2013年。

32.《襄阳地区汉代南阳郡属县治所初考》,《江汉考古》2014年第3期(收入本书)。

33.《汉水中游西周考古遗存与早期楚国中心的探索》,《湖北文理学院学报》2015年第3期。

三 考古学简报或报告

1.《襄樊郑家山古墓清理简报》,《江汉考古》1993年第2期。

2.《随枣走廊几处新石器时代遗址调查》,《江汉考古》1995年第4期。

3.《湖北襄樊彭岗东周墓群第三次发掘》,《考古》1997年第8期。

4.《襄阳邹湾遗址发掘简报》,《江汉考古》1997年第4期。

5.《湖北襄樊郑家山战国秦汉墓》,《考古学报》1999年第3期。

6.《襄阳东津洪山头遗址发掘简报》,《江汉考古》1999年第4期。

7.《明襄阳王墓调查》,《江汉考古》1999年第4期。

8.《襄樊彭岗东周遗址发掘简报》,《江汉考古》2000年第2期。

9.《襄樊彭岗汉墓群发掘简报》,《江汉考古》2000年第2期。

10.《襄樊团山下营墓地第二次发掘》,《江汉考古》2000年第2期。

11.《襄樊檀溪隋唐宋墓清理简报》,《江汉考古》2000年第2期。

12.《湖北襄阳法龙王树岗遗址二里头文化灰坑清理简报》，《江汉考古》2002年第4期。

13.《湖北襄樊贾庄发现东周墓》，《考古》2005年第1期。

14.《湖北襄樊蔡坡战国墓地第二次发掘报告》，《考古》2005年第11期。

15.《襄樊高庄墓群第三次发掘》，《江汉考古》2006年第1期。

16.《巴东县吴家坝遗址（西区）2006年发掘报告》，《湖北库区考古报告集（第四卷）》，科学出版社，2007年。

17.《枣阳周台遗址发掘报告》，《襄樊考古文集（第一辑）》，科学出版社，2007年；《考古与文物》2007年"先秦考古"增刊。

18.《襄阳黄集小马家周代遗址发掘报告》，《襄樊考古文集（第一辑）》，科学出版社，2007年。

19.《襄阳城内遗址发掘》，《襄樊考古文集（第一辑）》，科学出版社，2007年。

20.《襄阳城内民主路遗址明代遗存发掘简报》，《襄樊考古文集（第一辑）》，科学出版社，2007年。

21.《汉水中游河谷地区新石器时代遗址调查》，《襄樊考古文集（第一辑）》，科学出版社，2007年。

22.《襄樊邓城黄家村遗址2005年西区周代灰坑发掘简报》，《中原文物》2008年第3期。

23.《襄樊太平店发现一合唐代墓志》，《江汉考古》2009年第1期。

24.《湖北襄樊市黄家村遗址周代灰坑的清理》，《考古》2009年第11期。

25.《襄樊邓城黄家村遗址2005年东区周代遗存发掘简报》，《江汉考古》2010年第3期。

26.《湖北襄阳楚王城西周城址调查简报》，《江汉考古》2012年第1期。

四　社科课题

1.《关于襄樊文化遗存问题的研究》，2010年襄樊市社会科学研究中标课题，收入《襄阳历史文化丛书》之《文化襄阳：璀璨的精神家园》，湖北人民出版社，2013年。

2.《关于襄阳历史遗迹研究》，2011年度襄阳市"汉江智库"社会科学研究中标课题，收入《襄阳历史文化丛书》之《历史襄阳：难忘的悠久记忆》，湖北人民出版社，2013年。

五　专题文章

1. 《襄樊市博物馆》，《中国博物馆志》，华夏出版社，1996年。

2. 《九连墩战国楚墓发掘纪实》，《炎黄》2003年第1期。

3. 《叫响楚文化品牌》，《襄樊晚报》2004年12月16日；又收入《我说襄樊魅力》，中国文联出版社，2005年。

4. 《潜在的魅力——出土文物》，《襄樊晚报》2004年12月21日；又收入《我说襄樊魅力》，中国文联出版社，2005年。

5. 《襄樊考古2004年回眸》，《襄樊日报》2005年2月19日第4版。

6. 《楚墓考古支撑起断裂的历史》，《襄樊日报》2005年10月6日第4版。

7. 《新石器时代考古发现见证襄樊五千年文明史》，《襄樊日报》2005年12月11日第4版。

8. 《宋元明清的文物》，《襄樊晚报·城事周刊》2007年6月12日。

9. 《九连墩的精美文物》，《襄樊晚报·城事周刊》2007年8月7日。

10. 《追寻邓国历史文化》，《襄樊晚报·城事周刊》2008年1月22日。

11. 《从文物瑰宝看襄樊文明进程（上）》，《襄樊日报·文化视线》2008年11月7日B1版。

12. 《从文物瑰宝看襄樊文明进程（中）》，《襄樊日报·文化视线》2008年11月14日B1版。

13. 《从文物瑰宝看襄樊文明进程（下）》，《襄樊日报·文化视线》2008年11月23日B4版。

14. 《从文物瑰宝看襄樊文明进程——最具特色的青铜器》，《襄樊日报》2008年12月12日B3版。

15. 《从文物瑰宝看襄樊文明进程——与日常生活密切相关的陶瓷》，《襄樊日报》2009年1月4日B3版。

16. 《从文物瑰宝看襄樊文明进程——精美的楚国漆器》，《襄樊日报》2009年1月9日B3版。

17. 《从文物瑰宝看襄樊文明进程——弥足珍贵的石器、玉器》，《襄樊日报》2009年1月16日B3版。

18. 《谈谈羊祜山石象生墓》，《襄樊日报》2009年8月5日B3版。

19. 《三国时的襄阳城》，《襄樊日报》2010年6月17日B3版（《旅游周刊》）。

20.《特点鲜明、价值突出的襄樊物质文化遗存》,《襄樊日报》2010年7月22日B3版(《文化视线》)。

21.《邓城见证了襄樊早期城市的辉煌和变迁》,《襄樊日报》2010年7月29日B3版(《文化视线》)。

22.《明襄王室墓葬寻踪》,《襄樊日报》2010年8月11日B3版(《文化视线》)。

23.《破解蛮王洞石刻》,《襄樊日报》2010年8月25日B3版(《文化视线》)。

24.《一方墓志、半块残碑讲述的习氏迁徙史》,《襄樊日报》2010年9月1日B3版(《文化视线》)。

25.《三国时期的邓城》,《襄阳日报》2011年1月20日B3版(《旅游周刊》)。

26.《三国樊城今何处》,《襄阳日报》2011年1月27日B3版(《旅游周刊》)。

27.《从文物瑰宝看襄阳文明进程》,《史话襄阳》总第二期,2011年12月。

28.《打造古战场文化主题公园的构想》,《襄阳纵横》2011年第6期。

29.《绝壁上的冥阳洞庙》,《襄阳晚报》2012年11月27日第26版。

30.《风雨沧桑话檀溪》,《史话襄阳》总第六期,2013年7月。

31.《楚兴襄阳六百年》,《史话襄阳》总第六期,2013年7月;《襄阳日报》2014年8月20日第10版。

32.《襄阳瑰宝巡礼》,《古隆中文化》2013年秋季号。

后　　记

　　本文集是《襄博文库》的第一部，是笔者20余年来在襄阳从事考古研究的部分成果结集。笔者自1990年7月从武汉大学历史系考古专业毕业后，一直在襄阳市博物馆（考古所）从事考古、博物馆和文物保护工作，特别是在2009年以前基本上以田野考古工作为主。笔者在对考古发掘资料进行整理的基础上，致力于考古研究工作，形成一批相关的学术成果，并通过多种形式进行发表，得到同行的肯定。

　　本文集选取了笔者在部分文博刊物、学报和文集刊发的22篇论文，其内容可分为六个部分。一是"雕龙碑文化遗存研究"。共2篇论文，主要是对笔者参加本遗址发掘后粗浅认识的总结。二是"楚文化研究"。这是笔者研究的重点，也是收录成果最多的一部分，共7篇论文。依托襄阳地区的重点遗存包括邓城、楚皇城、楚王城及周边文化遗存的发现与发掘情况探讨了中心遗存的性质，进而探索楚文化在襄阳地区的发生、发展历程。三是"秦墓研究"。共2篇论文，主要通过对今襄阳城区周边近年来发掘和重新认识的秦墓的考察，初步确立了秦墓的分期和文化因素成因。四是"三国、明代考古学遗存研究"。共2篇论文，主要是通过文物普查结合考古发掘资料分别探讨了襄阳三国时期地下文化遗存的面貌和明代襄藩王室墓葬的形制、埋葬制度。五是"历史地理研究"。共3篇论文，主要利用新的考古发掘资料分别探讨了古邓国地望、古代襄阳建城历程和今襄阳地区汉代南阳郡属县的治所地望。六是"器物学研究"。共6篇论文，主要通过笔者参加考古资料整理的认识，探索了九连墩楚墓人甲、马勒及襄阳地区两周遗址、墓葬出土陶、铜器的分期与特征。其中《襄北楚陶器墓综述》和《襄随地区两周遗址出土陶鬲分析》原发表时遗漏了线图，本次作了补充；同时，对每篇论文字句的不当之处进行了修订。此外，2010年12月"襄樊市"虽然更名为"襄阳市"，但为尊重历史，文中原时段使用的地名未作改变。

　　笔者在每篇论文的撰写过程中都得到馆内外一些同事和专家的支持、指导，特别是家属的支持和理解，在此一并表示衷心感谢！

　　因笔者才识浅陋，错误之处在所难免，特别是在早期的研究中更是如此，敬请方家批评指正。

王先福
2015年11月28日